JN446037

Creating a Flow Chart for
understanding the Algorithm

알고리즘 이해를 위한

순서도 작성

金泳秀 지음

홍릉과학출판사

Preface

머리말

컴퓨터를 이용하여 어떤 문제를 해결하려면 적절한 프로그램을 작성해야 한다. 그러나 프로그램을 작성하기 이전에 문제를 해결하기 위한 절차인 알고리즘을 순서도를 통하여 표현하고 설계하는 것은 프로그래머에게 매우 중요한 작업이다.

초보적인 프로그래머 단계에서 유능한 프로그래머로 성장하기 위해서는 주어진 문제에 대해 다양한 알고리즘들을 구상하는 능력과 효율적인 알고리즘을 찾아내는 능력을 기르는 과정은 반드시 거쳐야 할 중요한 과정이다. 이를 위해 많은 기초적인 문제들에 대한 알고리즘을 순서도로 표현하는 훈련 과정이 요구된다.

본서는 컴퓨터 프로그래밍을 하기 이전에 문제 해결의 처리 절차에 대한 표현 방법을 모르는 초보적인 프로그래머들이 특별한 프로그래밍 지식이 없어도 알고리즘을 이해할 수 있도록 프로그래밍 위주가 아닌 순서도 위주로 설명하였다. 다만 C프로그램 원시코드는 실습에 이용하도록 부록에 실어두었다.

많은 기본 수학적인 알고리즘들에 대하여 순서도 작성을 보여줌으로써 기본 지식에 충실하도록 하였고, 주어진 문제에 대하여 다양한 알고리즘 방법들을 다루었고 하나의 알고리즘이 나오기까지의 문제 해결의 단계별 절차에 대한 개념을 이해시키는 데 그림과 표를 최대한 도입하여 도해적인 설명과 본문의 간단명료한 설명을 사용함으로써 강의자 위주가 아닌 학습자 위주로 창의적이고 자기 주도적인 학습을 할 수 있도록 전개하였다.

대학의 한 학기 강의 교재로 사용하기에 적합하도록 분량과 난이도를 적절히 조정하였으며, 각 장의 마지막에는 연습 문제를 두었고 부록에는 정보처리산업기사 실기시험의 유형별 문제를 제시하여 다양한 문제를 통해 알고리즘의 구상 능력과 표현 능력을 기르도록 하였다. 기도하며 원고를 준비하는 많은 시간동안 따뜻하게 도와주신 많은 분들에게 감사의 말씀을 드리며 학습자들에게 조금이나마 도움이 되었으면 하는 기대를 해본다.

2015년 2월

김 영 수

Contents

차례

Chapter 01

프로그램 개요

Understanding Algorithm

1.1 컴퓨터의 구성과 동작

오늘날 컴퓨터는 과학 기술 계산, 사무 자동화, 기업 업무(business), 교육, 의료, 국방 분야 등 사회전반에 걸쳐서 폭넓게 사용되고 있다. 컴퓨터 시스템들은 그 크기와 성능은 다양하나 공통적으로 하드웨어(hardware)와 소프트웨어(software)로 구성된다. 하드웨어는 컴퓨터를 구성하고 있는 모든 장치로서 인간의 두뇌(brain)를 포함한 몸체(body)와 같은 기능을 하며, 소프트웨어는 하드웨어를 움직이기 위한 프로그램으로서 인간의 마음(mind)과 같은 기능을 한다. [그림 1-1]은 컴퓨터의 구성요소를 보여주고 있다.

1.1.1 컴퓨터 하드웨어

컴퓨터를 구성하는 하드웨어의 3대 장치는 중앙처리장치(CPU : central processing unit), 기억장치(memory unit), 입출력장치(I/O unit : input and output unit)로 구성된다. CPU는 프로그램의 명령어들을 실행하는 장치이며, 제어를 담당하는 제어장치(control unit)와 연산을 담당하는 산술논리연산장치(ALU : arithmetic and logic unit)로 구성되어 있다. 기억장치는 현재 실행되고 있는 프로그램과 데이터를 저장하고 있는 주기억장치(main memory unit)와 현재 실행되고 있지 않는 프로그램과 데이터를 저장하는 보조기억장치(auxiliary memory unit)로 구분된다.

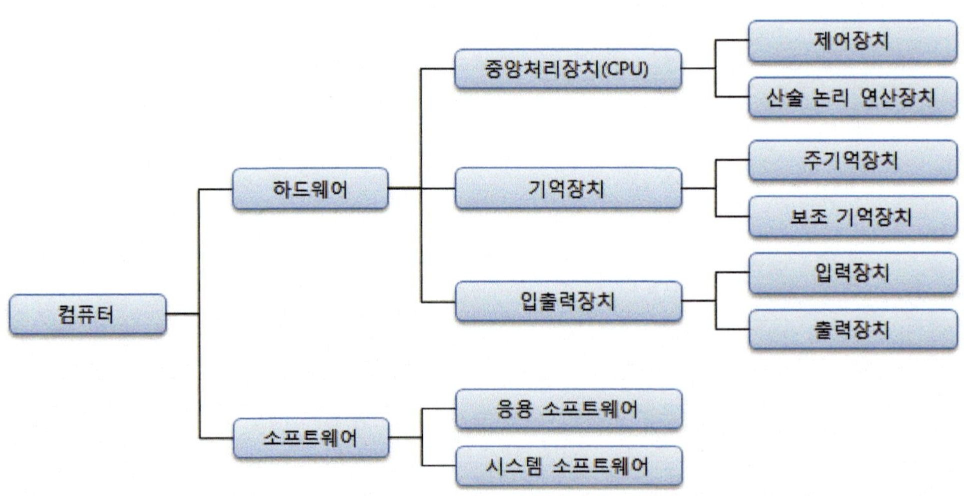

[그림 1-1] 컴퓨터의 구성요소

컴퓨터 하드웨어는 스스로 동작할 수 없으므로 하드웨어를 동작시키는 컴퓨터 프로그램을 통하여 사용자가 원하는 작업을 수행하게 된다. 컴퓨터 하드웨어를 동작시키고 컴퓨터에 어떤 일을 처리하는 데에는 여러 가지 명령어들이 필요하고 이 명령어들의 집합을 프로그램이라 한다. 프로그램은 하드디스크, CD, DVD와 같은 보조기억장치에 미리 저장되어 있다가 실행 시에 컴퓨터 시스템의 주기억장치로 옮겨지고 CPU가 주기억장치로부터 프로그램의 명령어들을 꺼내서 실행한다. CPU는 보조기억장치에 있는 프로그램에 직접 접근할 수 없으므로 모든 프로그램은 보조기억장치에서 주기억장치로 옮겨진 후에 실행될 수 있다.

주기억장치에 들어있는 프로그램의 명령어들은 CPU 내부로 차례대로 읽혀져 들어온다. 이때 CPU 내의 제어장치가 이 명령을 해석하고 그에 따라 전자적인 신호들을 발생시키고 이 신호들이 산술논리연산장치를 동작시켜 연산하거나 입출력장치를 동작시켜 입출력하거나 주기억장치를 동작시켜 저장하는 일을 수행한다.

1.1.2 컴퓨터 소프트웨어

컴퓨터의 하드웨어와 대조적으로 소프트웨어(software)가 있으며 이는 여러 가지 종류의 프로그램들을 총칭하는 용어이다. 소프트웨어는 크게 응용 소프트웨어(application software)와 시스템 소프트웨어(system software)로 구분된다. [그림 1-2]는 소프트웨어와 하드웨어의 관계를 보여주고 있다.

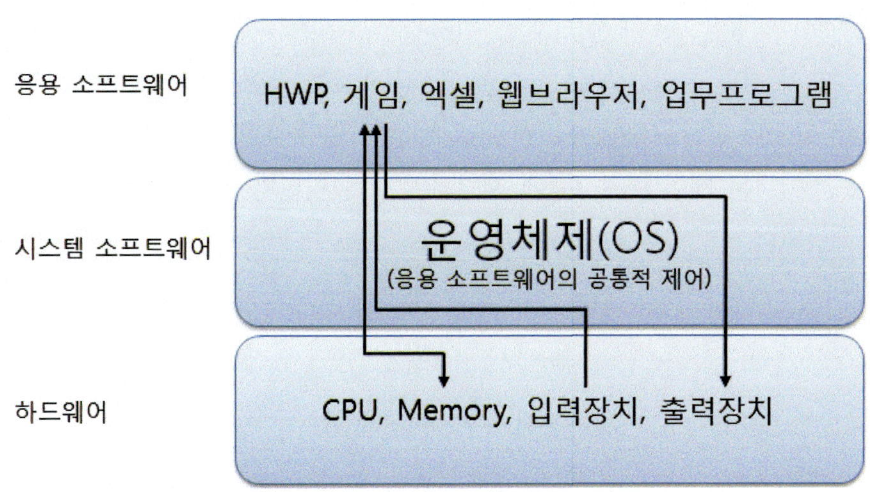

[그림 1-2] 소프트웨어와 하드웨어의 관계

응용 소프트웨어는 사용자가 특정한 업무를 직접 수행할 수 있도록 해주는 모든 소프트웨어를 통칭하는 용어이다. 응용 소프트웨어의 예를 들면 게임(game), 워드프로세서(word processor), 스프레드시트(spreadsheet), 데이터베이스(database), 웹브라우저(web browser), 미디어 플레이어(media player), 미디어 개발 툴(media development tool) 및 기업의 업무 프로그램 등이 있다.

시스템 소프트웨어는 컴퓨터 하드웨어를 관리하고 제어하기 위한 프로그램들을 총칭하는 용어이다. [그림 1-2]에서 보는 바와 같이 시스템 소프트웨어는 응용 소프트웨어가 실행하기 위한 환경을 제공하고 응용 소프트웨어가 하드웨어 자원들을 이용할 수 있도록 하드웨어 제어 기능을 제공한다. 시스템 소프트웨어의 예를 들면 운영체제(operating system), 장치 드라이버(device driver), 유틸리티(utility), 언어 번역 프로그램 등이 있다.

이들 중 운영체제는 가장 기본적인 시스템 소프트웨어이며, 메모리, 하드디스크, 화면장치와 같은 컴퓨터 하드웨어 자원들을 관리하여 응용 프로그램들이 이들 자원들을 사용할 수 있도록 만들어주는 프로그램이다. 장치 드라이버는 운영체제가 컴퓨터에 부착된 특정 하드웨어 장치에 접근할 수 있도록 그 특정 하드웨어 장치를 동작시키거나 제어하는 프로그램이다. 유틸리티는 컴퓨터를 분석하고 구성하고 최적화하거나 관리하는 프로그램이다. 언어 번역 프로그램은 프로그래밍 언어를 이용하여 작성된 프로그램을 기계어(machine language)로 번역해주는 프로그램이며 어셈블러(assembler), 컴파일러(compiler), 인터프리터(interpreter) 등이 있다.

앞에서 설명한 운영체제는 좁은 의미의 운영체제이다. 이에 비하여 넓은 의미의 운영체제는 앞에서 예로 들었던 모든 시스템 프로그램들을 포함하며 이는 제어 프로그램(control program)과 처리 프로그램(processing program)으로 구분할 수 있다. 좁은 의미의 운영체제와 장치 드라이버는 제어 프로그램에 해당되며, 유틸리티와 언어 번역 프로그램은 처리 프로그램에 해당된다.

1.2 프로그래밍 절차

1.2.1 프로그래밍 언어와 언어 번역기

인간이 컴퓨터에게 수행할 명령들을 전달하기 위해 고안된 언어를 프로그래밍 언어라고 한다. 프로그래밍 언어는 C, C++, JAVA와 같은 고급언어와 어셈블리어(assembly language), 기계어(machine language)와 같은 저급언어가 있다. 이들 중 기계어는 컴퓨터가 이해하기에는 쉽지만 인간이 작성하거나 읽기가 어려운 2진수로만 표현된 언어이다.

기계어를 제외한 인간이 읽을 수 있는 프로그래밍 언어를 사용하여 문서 편집기(word processor)로 작성한 문서파일(text file)형식의 프로그램을 원시 프로그램(source program)이라고 한다. 원시 프로그램은 인간이 이해하기 쉬우나 컴퓨터는 이를 바로 실행할 수 없으므로 컴파일러와 같은 번역 프로그램을 통하여 CPU가 실행할 수 있도록 이진파일(binary file)형식의 기계어로 변환되어야 한다. 한편 어셈블리어는 기계어와 1:1로 대응되는 저급언어이고 CPU의 내부구조와 컴퓨터 하드웨어를 이해하는 프로그래머가 작성할 수 있으며 어셈블러(assembler)에 의해 기계어로 변환된다.

[그림 1-3]은 프로그램 개발 단계와 실행 단계를 보여주고 있다. 한 예로서 보여준 게임프로그램과 운영체제가 동시에 주기억장치 내에서 실행되고 있지만 모두 기계어 형태로 적재되어 있다. 이들 각각은 원시 프로그램의 작성에서부터 주기억장치에서의 실행에 이르기까지 일련의 프로그램 개발 과정을 통해 개발된 결과이다.

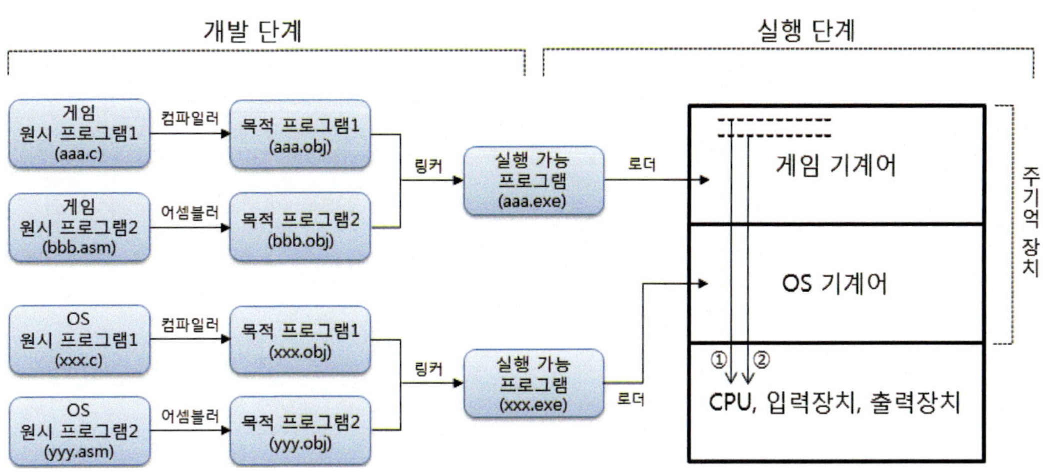

[그림 1-3] 프로그램 개발 단계와 실행 단계

[그림 1-3]과 같이 프로그래머가 작성한 원시 프로그램들은 컴파일러 또는 어셈블러에 의해 기계어로 된 목적 프로그램(object program)들로 변환된다. 1개 이상의 목적 프로그램들은 다시 링커(linker)에 의해 하나의 실행 가능 프로그램(executable file)으로 변환되고 이는 다시 로더(loader)에 의해 주기억장치에 적재되어 실행된다.

1.2.2 소프트웨어 개발 과정

일반적으로 알려진 소프트웨어 개발 과정(software development process)은 [그림 1-4]와 같다.

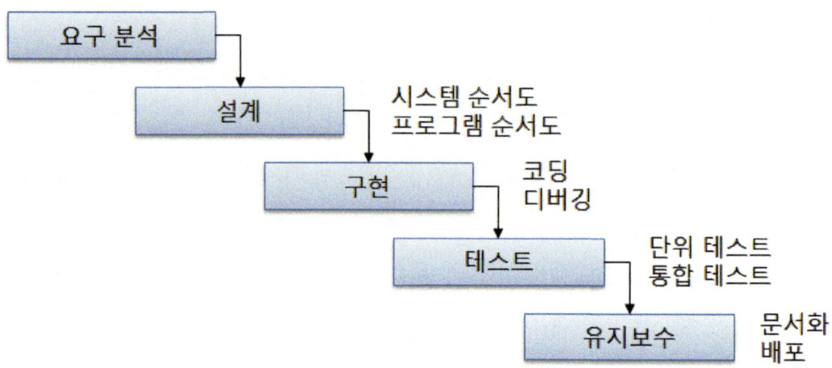

[그림 1-4] 소프트웨어 개발 과정(software development process)

(1) 요구 분석 단계

첫 번째 단계인 요구 분석 단계는 현재 되어져 있는 것들을 이해하기 위하여 기존 시스템의 모든 면들을 조사함으로써 요구사항을 분석하고 문서화하는 단계이다. 이 단계에서는 시스템 사용자들과 대화를 통하여 시스템과 연관된 어떤 문제들을 식별해내고, 해결할 방법이 아니라 해결할 목표에 대하여 요구사항 명세서(requirement specification)를 작성한다. 요구사항 명세서는 기능, 정보, 인터페이스 등을 포함하고 있다. 예를 들어 성적 처리 시스템인 경우 그 사용자들인 학생, 교수, 직원의 요구사항이 포함되어야 한다. 요구 분석 단계는 시스템 분석가가 담당한다.

(2) 설계 단계

설계 단계는 새로운 시스템을 설계하기 위해서 요구 분석 단계에서 정의된 요구사항들을 기반으로 설계 명세서(design specification)를 작성한다. 설계 명세서는 시스템 순서도뿐만 아니라 데이터베이스 설계, 사용자 인터페이스 설계 등을 포함하고 있다. 설계 명세서는 시스템 구현 방법과 관련되어 있으므로 요구사항 명세서보다 더 전문적이고 기술적인 방법으로 작성된다. 이 단계는 시스템 설계자가 담당하며, 프로그래머가 담당할 수도 있다.

(2–1) 시스템 순서도 작성 단계

그 다음으로 진행해야 할 시스템 순서도 작성과 프로그램 순서도 작성 단계이다. 이 단계들의 결과물인 시스템 순서도와 프로그램 순서도에 대한 예시를 [그림 1-5]에 나타내 보였다. 시스템 순서도 내의 처리 부분(process1, process2)은 단위 프로그램을 나타내며 각각은 프로그램 순서도에 의해 상세히 표현될 수 있다.

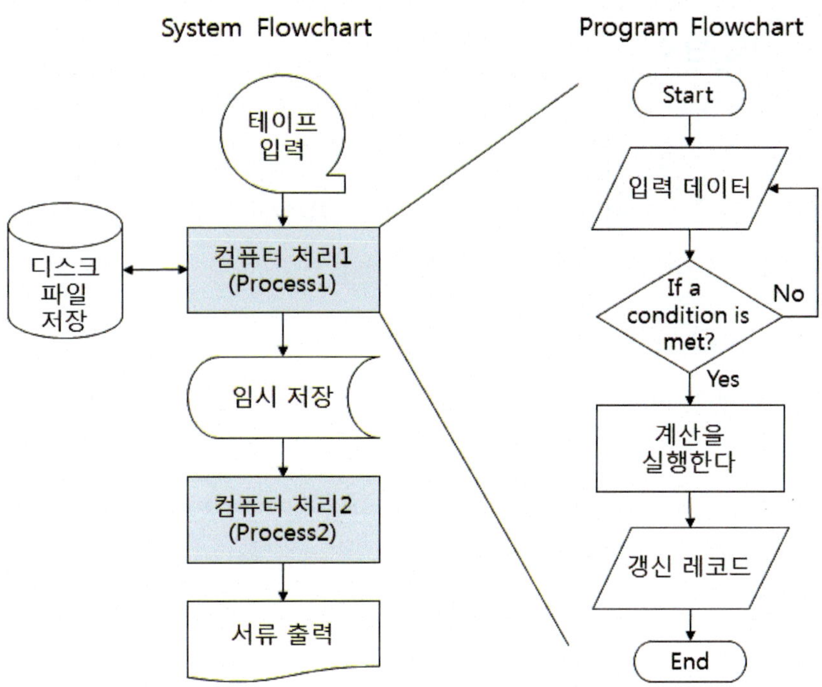

[그림 1–5] 시스템 순서도와 프로그램 순서도

시스템 순서도 작성 단계는 개발할 시스템에 요구되는 모든 단위 프로그램들과 그들이 어떻게 상호 관계를 맺고 있는지를 상세하게 도형으로 나타낼 수 있다. 시스템 순서도는 시스템이 어떻게 일하는지 흐름을 나타내주며 주요한 입력, 처리 및 출력의 관계를 보여준다. 그러나 처리 부분, 즉 단위 프로그램 각각이 구체적으로 어떻게 일하는지를 명시하지는 않는다.

(2-2) 프로그램 순서도 작성 단계

프로그램 순서도(program flowchart) 단계는 설계 명세서와 시스템 순서도를 기반으로 프로그램 요구 사항들을 정의하고 이들에 최적인 알고리즘을 만들어내기 위하여 단위 프로그램에 대한 프로그램 논리를 순서도로 구현하는 단계이다.

(3) 구현 단계

프로그램 순서도 단계에 이어 그 다음에 진행해야 할 단계들은 코딩(coding), 디버깅(debugging), 테스팅(testing) 및 문서화(documentation) 단계가 있다. 이들 모두는 프로그래머가 진행할 단계들이다.

(3-1) 코딩 단계

코딩(coding) 단계는 일명 프로그래밍 단계라고도 한다. 마치 건축에서 설계도면과 일치되도록 집을 짓는 것과 같이 프로그램 순서도와 일치되도록 프로그래밍 언어의 명령어들을 표현하여 원시 프로그램을 작성하는 단계이다. 원시 프로그램은 문서편집기(word processor)에 의해 편집되고 이는 다시 디스크에 저장된다.

(3-2) 디버깅 단계

디버깅(debugging) 단계는 일명 컴파일 및 링크 단계라고도 한다. 이 단계는 잘못 코딩된 프로그램으로 인한 구문 오류(syntax error)들, 링크 오류(link error)들뿐만 아니라, 잘못 작성된 프로그램 순서도로 인한 프로그램 논리 오류(logic error)를 수정하는 단계이다. 원시 프로그램으로부터 목적 프로그램을 생성하는 과정에서 컴파일러는 구문 오류(syntax error)를 보여주며, 목적 프로그램들로부터 실행 프로그램을 생성하는 과정에서는 링커가 링크 오류(link error)를 보여주기 때문에 이들은 수정하기가 쉽다. 그러나 프로그램 논리 오류는 프로그램을 실행시킨 후에 잘못된 출력 결과만으로 찾아낼 수 있으며 이는 프로그램 순서도에 문제가 있으므로 이를 재작성하고 코딩도 다시 해야 한다.

(4) 테스트 단계

테스트(test) 단계는 모의실험 데이터를 사용하여 소프트웨어를 시험 운영하면서 프로그램의 오류를 최종적으로 수정하는 단계이다. 모의실험 데이터는 프로그램에서 발생될 수 있는 모든 경우의 수를 포함하는 샘플 데이터이다. 먼저 각 단위 프로그램을 시험하는 단위 테스트(unit test)를 시행하고 오류가 없을 때 단위 프로그램들을 결합하여 시험하는 통합 테스트(integrated test)을 거친다. 단위 테스트에서 원하는 결과가 출력되지 않는다면 프로그램의 논리에서 오류가 생긴 경우이므로 프로그램 순서도 단계부터 각 단계를 차례로 재검토하여야 한다. 통합 테스트에서 원하는 결과가 출력되지 않는다면 분석 단계부터 차례로 재검토하여야 한다.

(5) 문서화 단계

문서화 단계는 소프트웨어가 적당하게 사용되고 효율적으로 유지되기 위해서 개발한 소프트웨어 관련 정보를 문서화하여 보관하는 단계이다. 문서화는 일반적으로 세 가지로 구분되며, 즉 사용자 문서화, 시스템 문서화, 기술적 문서화가 있다. 사용자 문서화는 사용자 설명서라고 불리며 이는 사용자가 단계별로 소프트웨어를 사용하는 방법을 보여준다. 시스템 문서화는 소프트웨어 자체를 정의하는 것이며, 이는 초기 개발자에서 담당자가 변경되어도 쉽게 소프트웨어를 유지하고 개선할 수 있도록 순서도, 입출력 형식, 원시 프로그램을 보관하는 것을 의미한다. 기술적 문서화는 소프트웨어에 대한 설치 방법과 업데이트 방법을 의미한다.

1장 요점 정리

- **컴퓨터 하드웨어 :** 컴퓨터의 물리적인 구성요소를 말하며 기능적으로 크게 중앙처리장치, 기억장치, 입출력장치의 세 가지로 구성된다.
- **컴퓨터 소프트웨어 :** 컴퓨터 하드웨어 위에서 실행되는 모든 프로그램들을 총칭하는 용어이며 크게 시스템 프로그램과 응용 프로그램으로 구분할 수 있다.
- **컴퓨터 프로그램(program) :** 컴퓨터 하드웨어를 동작시키는 명령어들의 집합을 말한다.
- **제어장치(control unit) :** 기억장치에 있는 기계어 명령어를 한 명령씩 읽어 와서 해독하고 타이밍을 발생시키는 CPU 내의 한 장치이다.
- **산술논리 연산장치(ALU) :** 제어장치의 타이밍에 따라 사칙연산 등 연산을 수행하는 CPU 내의 한 장치이다.
- **원시 프로그램(source program) :** 문서 편집기로 사람이 작성한 최초의 프로그램이다.
- **목적 프로그램(object program) :** 원시 프로그램을 컴파일하여 얻은 2진수 명령어 코드(기계어)
- **실행 가능 프로그램(executable program) :** 목적 프로그램을 링크하여 얻은 2진수 명령어 코드(기계어)로서 기억장치에서 적재되어 실행 가능함
- **구문 오류(syntax error) :** 정해진 문법에 어긋나게 코딩한 것
- **논리 오류(logical error) :** 잘못된 순서도나 코딩으로부터 틀린 결과가 나오는 것
- **순서도(flowchart) :** 어떤 업무를 처리하는 과정을 순서적으로 나타낸 것
- **코딩(coding) :** 입출력 설계와 순서도에 따라 원시 프로그램을 작성하는 일
- **시스템 순서도(system flowchart) :** 시스템 설계 단계에서 컴퓨터 외부에서 수행되는 모든 과정을 표현하는 순서도
- **프로그램 순서도(program flowchart) :** 컴퓨터 내부에서 수행되는 처리과정을 표현한 것으로 프로그램의 논리를 나타내는 순서도

1장 연습 문제

1. 컴퓨터 프로그램은 실행되기 위해 어느 기억장치에 들어있어야 하는가?

2. CPU 내의 제어장치는 어떤 기능을 하는가?

3. 컴퓨터 소프트웨어는 크게 두 가지로 구분되는 데 이들은 무엇인가?

4. 프로그래밍 언어에서 고급언어와 기계어의 차이점은 무엇인가?

5. 어떤 한 프로그램이 실행되기 전까지 프로그램의 개발 과정을 설명하시오.

6. 소프트웨어 개발 과정에서 작성하는 시스템 순서도와 프로그램 순서도를 구분하여 설명하시오.

7. 소프트웨어 개발 과정에서 코딩 단계는 무엇을 하는 단계인가?

8. 소프트웨어 개발 과정에서 디버깅 단계는 무엇을 하는 단계인가?

9. 디버깅에서 구문 오류와 논리 오류를 구분하여 설명하시오.

10. 2장에서는 프로그램 순서도를 더 상세히 배우며 또한 어떤 변수에 값을 저장하는 과정에 대한 표현방법도 배우게 된다. 예를 들어 변수 A에 30을 저장하는 과정을 “A = 30”으로 표현한다. 그렇다면 만약 W에 30을 저장하고, H에 50을 저장한 후, W와 H를 곱한 결과값을 A에 저장한다면, 이 세 과정을 차례대로 표현해 보라.

Chapter 02

Understanding Algorithm

순서도와 기본 논리

2.1 알고리즘과 순서도

2.1.1 알고리즘이란

수학이나 컴퓨터 과학에서 말하는 알고리즘은 수학적인 문제를 풀기 위한 절차를 의미한다. 즉, 알고리즘이라는 용어는 한정된 개수의 단계들을 통해 어떤 문제를 해결하기 위한 절차라고 정의를 내릴 수 있다. 알고리즘은 최초에 수학에서 출발하였지만 컴퓨터 과학의 알고리즘으로 발전하였다. 컴퓨터 프로그램은 컴퓨터에 의해 수행되는 정교한 알고리즘들이 모여서 구성된 것이라고 말할 수 있다.

알고리즘은 수학 계산과 데이터 처리 등을 위해서 사용된다. 예를 들면, 특정한 각에 대한 사인(sine)값 구하기, 1부터 100까지 정수의 합 구하기, 데이터의 오름차순 정렬하기(sort), 목록(list)에서 특정 데이터 검색하기(search) 등의 수많은 알고리즘들이 있다. 우리의 일상생활에서도 많은 알고리즘들이 사용되고 있는 것을 볼 수 있다. 예를 들면, 전화기로 친구에게 전화하기, 버튼으로 엘리베이터 작동하기, 돈으로 커피 자판기 작동하기 등의 매우 많은 알고리즘들이 있다. 만약 이들의 알고리즘들이 잘못 짜여있으면, 자동판매기와 엘리베이터가 오동작을 할 것이다.

알고리즘은 한정된 개수의 단계들로 구성되는데, 여기서 각 단계는 하나 이상의 반복되는 연산들을 종종 포함하고 있다. 이러한 알고리즘은 다음의 조건을 만족해야 한다. 즉, 각 연산들은 명확하고 애매모호하지 않아야 하며, 또한 실행 가능해야 하고, 입력 자료는 있을 수도 있으나 없어도 무관하며, 출력 결과는 반드시 하나 이상이 나와야 하며, 유한 회수의 연산 후에는 끝이 나야 한다.

2.1.2 알고리즘과 순서도의 예제

알고리즘을 좀 더 쉽게 이해하기 위하여 두 변수(variable)에 들어있는 값(value)을 서로 맞바꾸는 교체(swap) 알고리즘의 예를 생각해보자. [그림 2-1-1]과 같이 2개의 유리잔 각각에 서로 다른 음료수가 들어있을 때 각 음료수를 서로 다른 유리잔으로 옮기는 알고리즘의 예를 들어보았다.

[그림 2-1-1] 2개의 유리잔의 초기 상태

이 알고리즘은 다음과 같은 전제 조건을 가정하고 있다. 즉, 두 개 유리잔의 위치는 정해져 있으므로 A와 B 자체를 어떤 다른 장소로 옮길 수 없다. 하지만 유리잔 A 내의 음료수는 유리잔 B로 옮겨져야 하고 유리잔 B 내의 음료수는 유리잔 A로 옮겨져야 한다는 것이다.

두 개 내용물의 교체를 위하여 어떠한 순차적인 단계들이 수행되어져야 하는가? 이 문제를 풀기 위해서는 [그림 2-1-2]와 같이 임시적인 저장 장소로 사용할 유리잔 하나를 더 준비해야 한다. 만약 이 임시적인 유리잔을 Temp라고 가정했을 때, 음료수들을 교체하기 위한 처리 절차는 [그림 2-1-2]와 같다.

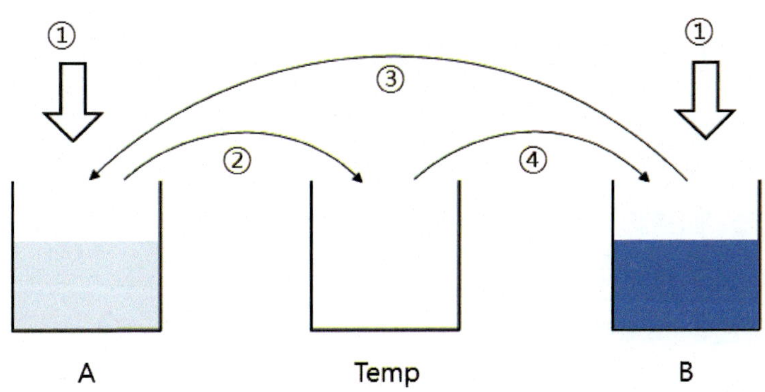

[그림 2-1-2] 두 개의 유리잔의 내용물을 교체하는 처리 절차

컴퓨터 프로그램에서 유리잔은 변수(variable)에 해당하고 음료수는 값(value)에 해당한다. 즉 컴퓨터에서 유리잔은 저장 장소로서 변수 A, B, Temp로 나타내고, 음료수는 변수에 저장

되는 내용물로서 수학적인 숫자일 수 있다. 이들 변수 이름을 사용하여 교체 알고리즘의 처리 절차를 표현하면 [그림 2-1-3]과 같다.

알고리즘을 표기하는 방법은 여러 가지가 있으나 그 중에서 순서도(flowchart)와 의사코드(pseudo-code)가 가장 많이 사용된다. 순서도는 도형으로 표현되어 이해하기가 쉬우므로 프로그래밍 초보자에게 매우 유용하다. 교체 알고리즘과 그에 해당하는 프로그램 순서도를 [그림 2-1-3]에 나타내었다.

알고리즘

단계 ① : 서로 다른 두 개의 값을 변수 A와 B에 각각 넣는다.

단계 ② : A의 값을 Temp 내에 할당한다. (Temp ← A)

단계 ③ : B의 값을 A 내에 할당한다. (A ← B)

단계 ④ : Temp의 값을 B 내에 할당한다. (B ← Temp)

단계 ⑤ : A와 B에 들어있는 값들을 출력한다.

순서도

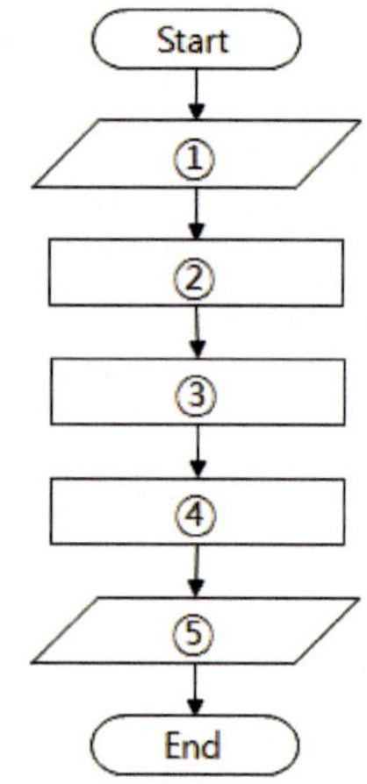

[그림 2-1-3] 교체 알고리즘과 프로그램 순서도

2.1.3 순서도란

순서도는 해결해야 할 문제에 대한 논리적인 흐름을 미리 약속된 기호들을 사용하여 도형으로써 표현한 것이다. 프로그램의 논리를 전개하는 순서도는 국제적으로 통일된 기호를 사용해야 하므로 국제표준화기구(ISO)에서 30여개의 표준 기호를 제정하여 이들을 사용하고 있다.

순서도는 해결할 문제에 대한 논리적 흐름을 표현하고 있으므로 시스템과 프로그램을 설계하는데 있어서 그 기초 자료로 사용된다. 순서도는 이와 관련된 모든 사람들에게 시스템의 논리에 대해 의사소통하는 좋은 수단이 되며, 문제를 더 효율적으로 분석하게 만들고 오류를 더 쉽게 수정하도록 만들며, 업무의 인수인계를 대비하여 프로그램의 유지 보수의 기본 자료로 사용될 수 있다.

2.2 순서도의 종류

순서도는 개발할 시스템에 대한 데이터의 전체적인 흐름을 보여주기 위한 시스템 순서도(system flowchart)와 시스템 순서도 내에 있는 단위 프로그램의 논리적 흐름을 보여주기 위한 프로그램 순서도(program flowchart)로 구분된다.

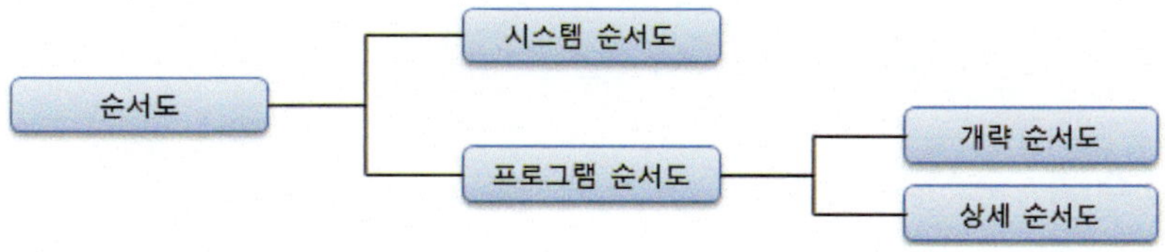

[그림 2-2-1] 순서도의 분류

[그림 2-2-2]는 시스템 순서도와 프로그램 순서도의 예를 보여주고 있다. 여기서는 그림에 나타낸 순서도들의 내용을 이해하기보다도 이들 두 순서도의 차이점은 이해하는데 중점을 둔다. 시스템 순서도는 입출력 데이터와 처리들을 포함하여 전체적인 흐름을 나타내지만, 프로그램

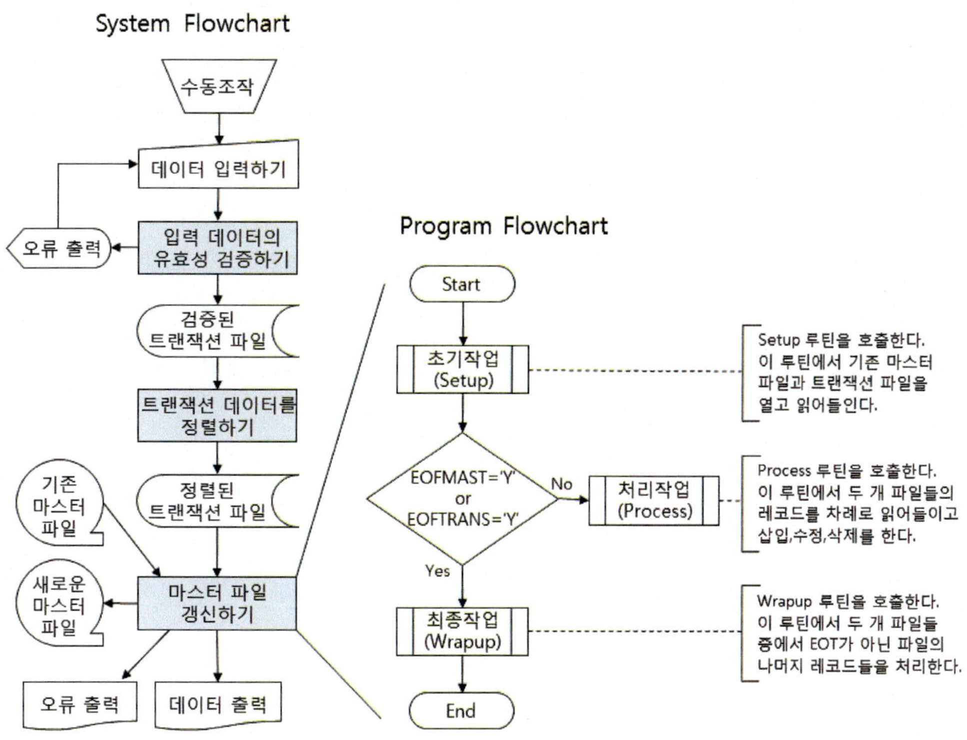

[그림 2-2-2] 시스템 순서도와 프로그램 순서도

순서도는 시스템 순서도 내의 특정 처리에 대하여 구체적인 처리 절차를 나타낸다.

그림의 시스템 순서도에서 직사각형으로 표시된 처리(process) 기호들은 서로 다른 단위 프로그램들을 나타낸다. 즉, '입력 데이터의 유효성 검증하기(Validate transactions)', '검증된 데이터를 정렬하기(Sort transactions)', '마스터 파일 갱신하기(Update master)'은 각각 서로 다른 단위 프로그램이다.

[그림 2-2-2]의 프로그램 순서도는 시스템 순서도의 마지막 처리인 '마스터 파일 갱신하기'에 대한 단위 프로그램의 순서도이다. 이 프로그램 순서도는 이해를 돕기 위하여 복잡한 전체 프로그램 순서도의 일부만을 나타낸 것이다.

2.2.1 시스템 순서도

시스템 순서도는 개발할 시스템이 어떤 작업을 어떻게 처리하는지에 대한 전체적인 흐름을 나타내는 순서도이다. 즉, 최초 자료에서 출발하여 최종 결과에 이르기까지 데이터의 흐름을 중심으로 어떤 작업이 어떤 매체를 통해 이루어지는지를 나타낸다. 시스템 순서도에서 단위 프로그램은 하나의 단계로 표시되며 간략하게 요점만 표현되고 그 내부 처리 과정은 표현되지 않는다.

시스템 순서도는 시스템 설계의 초기 단계에서 작성되며, 시스템 내에 처리되는 업무들의 전체적인 연관성을 쉽게 검토하고 파악하도록 해주고, 개발할 시스템에 대한 전체적인 분석을 할 수 있도록 해준다. 최종 단계에서는 작성해야 할 단위 프로그램의 개수와 프로그램의 작업 순서를 파악할 수 있도록 해준다.

2.2.2 프로그램 순서도

시스템 순서도는 수행해야 할 작업들이 어떤(what) 것들인지 총괄적으로 표현하는 반면에, 프로그램 순서도는 그 작업들 각각이 어떻게(how) 처리되어야 하는지를 나타낸다. 프로그램 순서도는 시스템 순서도에 나타난 단위 프로그램들 각각에 대하여 프로그램의 논리를 표현한 것이다.

프로그램 순서도는 주어진 문제 해결을 위하여 처리해야 할 절차를 고안해내는 데 이용된다. 또한 프로그램 순서도는 해당 프로그램에 대한 기록 매체 역할을 하고 업무 관련자들 간에 의사소통을 쉽게 만든다. 프로그램 순서도는 순서도의 세밀성에 따라 개략 순서도(general flowchart)와 상세 순서도(detailed flowchart)로 구분할 수 있다.

2.2.3 개략 순서도

개략 순서도는 단위 프로그램을 주요한 논리 단계들로 구성하여 기본 골격만을 나타내기 위한 순서도이다. 이는 주어진 문제가 복합한 경우 복잡해질 수 있는 프로그램 논리를 한 눈에 파악할 수 있게 단순화시켜 전개할 수 있도록 해준다. [그림 2-2-3]은 개략 순서도의 예를 나타내보였다.

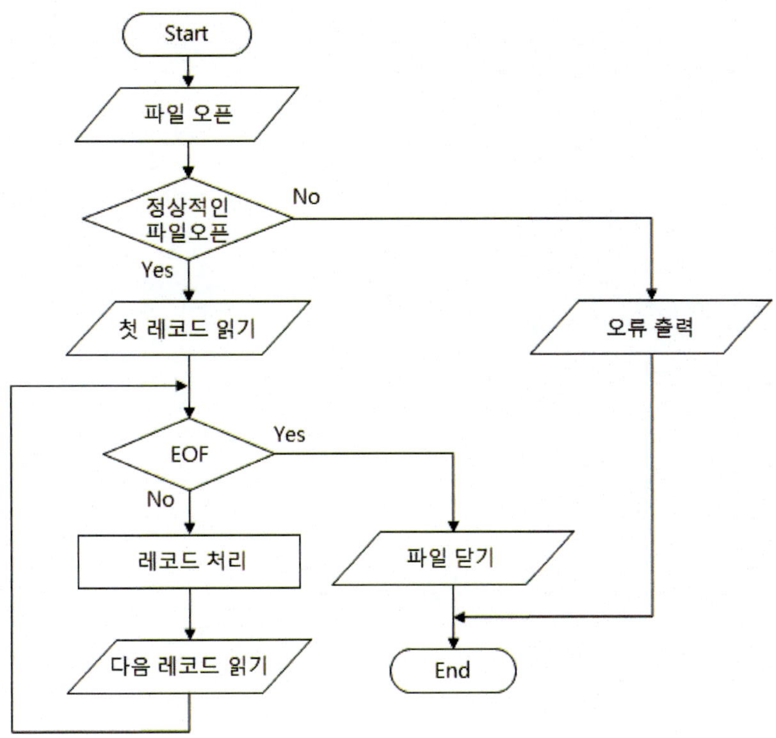

[그림 2-2-3] 개략 순서도

2.2.4 상세 순서도

상세 순서도는 개략 순서도에 나타난 주요한 논리 단계들 각각에 대하여 프로그램으로 바로 전환할 수 있을 정도로 상세하게 나타낸 순서도이다. 즉, 순차적인 데이터 이동 처리뿐만 아니라 컴퓨터의 모든 연산들이 표현된다. [그림 2-2-4]는 상세 순서도의 예를 나타내보였다.

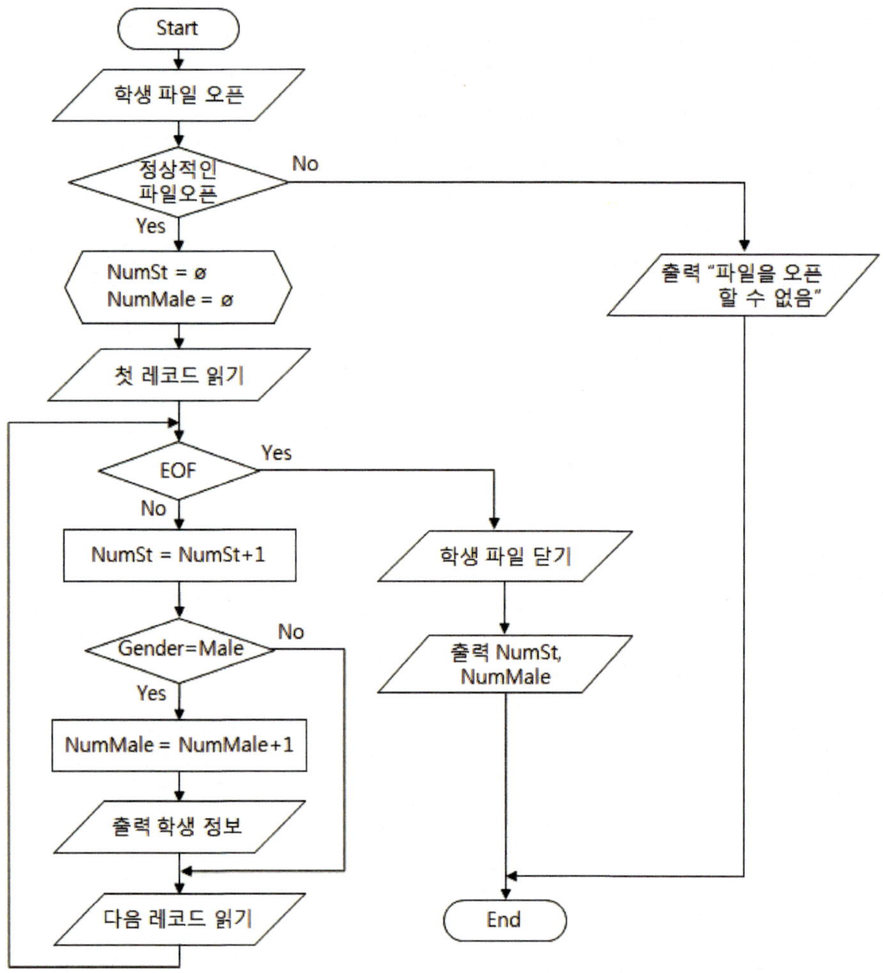

[그림 2-2-4] 상세 순서도

주어진 문제가 단순한 경우 상세 순서도로 바로 표현하기가 쉽고 이를 이해하기도 쉽다. 그러나 주어진 문제가 복잡한 경우에는 상세 순서도로 바로 표현하기가 어려우므로 먼저 개략 순서도를 사용하여 프로그램의 개략적인 논리를 정립하고 이를 검토한 후에 개략 순서도의 구성요소에 대하여 보다 자세하게 상세 순서도로 표현한다.

2.3 순서도의 기호

순서도 작성에 사용되는 기호는 크게 세 가지로 (1) 기본 기호(basic symbol)들, (2) 추가적인 프로그래밍 관련 기호들, (3) 추가적인 시스템 관련 기호들로 구분될 수 있다.

2.3.1 순서도의 기본 기호

기본 기호는 시스템 순서도와 프로그램 순서도에 공통적으로 사용되는 기호이다. 이 기호에는 실행하고자 하는 작업을 나타내는 처리 기호, 키보드 입력과 화면 출력을 나타내는 입출력 기호, 연속되는 순서도의 위치로 안내하는 연결자 기호, 순서도 단계의 설명을 위한 주석 기호 등이 있다.

명칭	기호	의미
처리 (process)		연산 동작, 기억장소 값의 변경 또는 업무에서 요구되는 지정된 동작 등 실행하고자 하는 처리 과정을 나타낸다.
입출력 (input/output)	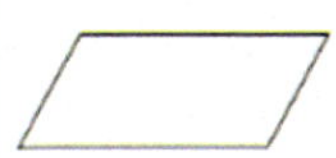	일반적인 입력과 출력의 내용을 나타낸다. 키보드에 의한 데이터 입력과 화면장치에 의한 데이터 출력이 한 예이다.
연결자 (on page connector)		흐름이 한 페이지 안에서 다른 곳으로 연결됨을 나타낸다. 연결되는 두 연결 부위들을 같은 문자로 표시한다.
페이지 연결자 (off page connector)		흐름이 다른 페이지로 연결됨을 나타낸다. 연결되는 두 연결 부위들을 같은 문자로 표시한다.
흐름선 (flow line)	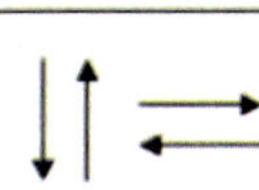	순서도의 흐름의 방향을 나타낸다. 선이 연결되는 순서대로 작업이 진행된다.
주석 (comment)	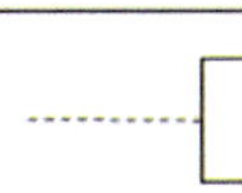	점선으로 연결한 입출력, 처리와 같은 순서도의 한 부분을 구체적으로 설명하는 기호이다.

2.3.2 추가적인 프로그래밍 관련 기호

프로그래밍 관련 기호는 프로그램 논리와 관련된 기호로서 프로그램 순서도에 사용된다. 이 기호에는 변수의 초기값 설정을 위한 준비 기호, 비교 판단에 따라 분기하기 위한 판단 기호, 미리 정의된 루틴을 호출하기 위한 정의된 처리 기호 등이 있다.

명칭	기호	의미
단자 (terminator)		순서도의 시작과 끝을 나타낸다.
준비 (preparation)	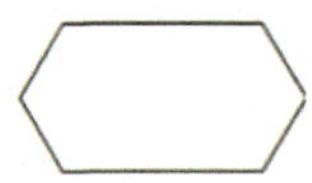	변수의 초기값, 기억장소의 설정 등 프로그램에서 필요한 초기값 설정을 위해 사용된다.
판단 (decision)		비교 판단을 나타내기 위한 기호이다. 판단 조건에 따라 왼쪽, 오른쪽 또는 아래쪽 방향 중에서 한 쪽 방향으로 흐름이 진행된다.
정의된 처리 (predefined process)		다른 곳에 미리 정의된 부프로그램(subprogram) 또는 서브루틴(subroutine)을 호출하기 위한 기호이다.

2.3.3 추가적인 시스템 관련 기호

시스템 관련 기호는 시스템 순서도에서 데이터가 입력되고 출력되는 데이터의 흐름을 나타내기 위한 기호이다. 이 기호에는 온라인 기억장치, 자기 디스크, 자기 드럼, 자기 코어, 자기 테이프 등과 같이 데이터의 입출력에 사용되는 매체들을 나타내는 기호들과, 병합, 정렬, 대조, 추출 등과 같이 데이터의 변환을 나타내는 기호들이 있다.

명칭	기호	의미
서류 (document)		출력장치를 통한 출력을 나타내거나 문서화 된 서류를 나타낸다.
수동 입력 (manual input)		온라인 키보드 등을 통해 사용자가 수동적으로 입력해야 하는 기능을 나타낸다.
화면 표시 (display)		온라인 화면장치, 프린터 등을 통하여 데이터가 출력되는 것을 나타낸다.
온라인 기억장치 (on-line storage)	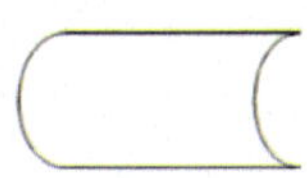	온라인 상태에서 데이터가 저장된 장소와 방법을 표시하지 않는 일반적인 목적의 데이터 기억장치를 나타낸다.
자기 테이프 (magnetic tape)		자기 테이프 매체에 의한 순차 접근 데이터의 입력과 출력을 나타낸다.
자기 디스크 (magnetic disk)		자기 디스크 매체에 의한 직접 접근 데이터의 입력과 출력을 나타낸다. 데이터베이스나 데이터 파일을 의미한다.
자기 드럼 (magnetic drum)		자기 드럼 매체에 의한 직접 접근 데이터의 입력과 출력을 나타낸다. 하드디스크 드라이브를 의미한다.

명칭	기호	의미
자기 코어 (magnetic core)	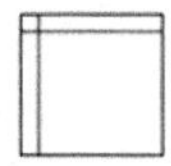	초기의 컴퓨터에서는 자기 코어 메모리를 의미하며 현재의 컴퓨터에서는 RAM(random access memory)를 의미하고 있다.
오프라인 기억장치 (off-line storage)		저장 매체의 종류에 관계없이 오프라인 상태의 저장 매체에 대한 기록(저장)을 나타낸다.
통신 연결 (communication line)	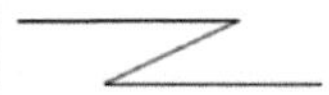	유선 또는 무선의 통신 회선을 통해 한 장소에서 다른 장소로 정보가 전송됨을 나타낸다.
수동 조작 (manual operation)	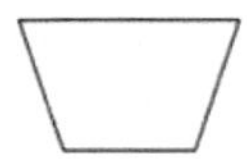	오프라인 상태에서 기계적 도움이 없이 손으로 조작하여 인간의 속도로 데이터를 처리함을 나타낸다.
병합 (merge)		2개 이상의 세트들을 하나의 세트로 합치는 작업을 나타낸다.
추출 (extract)		한 세트로부터 필요한 부분만을 분리하여 추출함을 나타낸다.
정렬 (sort)		순서 없이 배열된 한 세트의 항목들을 정해진 기준에 의거하여 순서대로 배열함을 나타낸다.
대조 (collate)		서로 다른 2개 이상의 세트들로부터 또 다른 2개 이상의 세트들을 형성함을 나타낸다.

시스템 관련 기호들 중에는 과거의 시스템에서 사용되었으나 현재의 시스템에서는 별로 사용되지 않는 기호들, 즉, 펀치 카드(punch card), 펀치 테이프(punch tape), 키 작업(keying), 디스켓(diskette), 카세트(cassette) 등과 같은 기호들은 위 표에서 설명을 생략하였다.

2.4 순서도의 작성과 장점

2.4.1 순서도 작성의 일반적 규칙

순서도는 일반적으로 표준 기호들을 사용하여 작성한다. 그러나 특별한 기호들이 필요할 때에는 추가로 개발되어 사용될 수도 있다. 이미 개발되어 주로 사용하고 있는 표준 기호들은 앞 단원에서 설명하였으며, 이들 기호들을 가지고 순서도를 작성할 때 고려해야 할 일반적인 작성 규칙은 다음과 같다.

- 순서도는 논리적인 시작과 종료를 확실히 가지고 있어야 한다.
- 모든 필요한 요구 사항들이 논리적인 순서로 순서도에 표현되어야 한다.
- 순서도는 간단하고 명료하며 따라가기 쉬워야 한다. 다시 말하면 순서도를 이해하는 데 애매할 수 있는 여지가 없어야 한다.
- 순서도의 흐름은 일반적으로 위에서 아래로 또는 좌에서 우로 작성된다.
- 기호 모양의 가로-대-세로, 즉 폭-대-높이의 비율은 정해진 규정은 없으나 서로 다른 기호들 간에 구분이 되도록 작성되어야 한다.

또한 순서도의 특정한 몇몇 기호들은 다음과 같은 작성 규칙을 요구한다.

- 처리 기호로부터는 오직 하나의 흐름선이 나와야 한다.
- 판단 기호에 대해서 진입하는 흐름선은 오직 하나이지만 빠져나오는 흐름선들은 다수 개이며 Yes와 No와 같이 가능한 답을 표시해야 한다.
- 단자 기호와 관련하여 오직 하나의 흐름선이 사용된다.
- 표준 기호들 내에서 간단하게 작성한다. 설명이 필요할 때 데이터 또는 계산적 단계들을 설명하는 주석 기호를 사용할 수 있다.
- 만약 순서도가 복잡하게 되면, 연결자 기호를 사용하는 것이 더 좋다.
- 가능하면, 두 개의 흐름선(flow-line)을 가로지르는 것은 피해야 한다. 굳이 가로질러야 하는 경우에는 두 선이 마주치는 부분에서 한 선은 직선으로, 다른 한 선은 가로지르는 선으로 표시해야 한다.

그리고 순서도는 주어진 문제를 해결하는 데 요구되는 모든 과정을 논리적으로 전개해야 하므로 여러 단계들을 통하여 점검하고 수정하는 과정을 반복해야 한다. 정확하고 효율적인 순서도를 작성하기 위하여 거쳐야 할 작성 단계들을 요약하면 다음과 같다.

[1단계] 작업 식별 : 처리되어야 할 작업들을 순서대로 나열한다. 다음에 일어날 작업이 무엇인지 또는 다음 작업 이전에 어떤 승인이 요구되는지 질문해본다.

[2단계] 작업 조직화 : 단자 기호 속에 '시작(Start)'을 적어 넣는다. 그 후에 모든 과정에 대하여 처리(process)들과 판단(decision)들을 나타낸다. 각 과정이 일어나는 순서대로 이들을 화살표로 연결한다. 판단이 필요한 곳에는 판단 기호에서부터 각 가능한 해답까지 화살표로 연결한다. 순서도의 마지막에는 단자 기호 속에 '종료(End)'를 적는다.

[3단계] 순서도 테스트 : 순서도를 완성한 후에는 어떤 것을 간과한 것이 없는지 확실하게 재점검한다. 즉, 각 단계에 대하여 정확하게 표현되었는지 확인하고 관련된 다른 사람에 보여서 이해가 쉬운지 알아본다.

[4단계] 순서도 향상 : 만약 순서도를 향상시키고 싶으면, 식별했던 각 단계들을 살펴보고 불필요한 단계나 포함시켜야 할 어떤 다른 단계가 있는지 점검한다. 또한 문제를 해결하는 데 처리 시간을 단축하는 가장 효율적인 방법을 찾기 위해 요구사항을 만족하면서 각 단계들이 반드시 필요한지 그리고 새로운 기법이 도입될 수 있는지 점검한다.

2.4.2 순서도 이용의 장점

순서도를 이용함으로써 얻어지는 장점은 다음과 같다.

- 의사소통 : 순서도들은 관련된 모든 사람들에게 시스템의 논리를 알리는데 좋은 수단이 된다.
- 효과적인 분석 : 순서도의 도움으로 해결해야 할 문제가 더 효과적인 방법으로 분석될 수 있다.
- 적절한 문서화 : 프로그램 순서도들은 문서화 역할을 하며, 이는 여러 가지 목적들을 위해 사용되어진다.
- 효율적인 코딩 : 순서도들은 시스템 분석 단계와 프로그램 개발 단계 동안에 안내서 또는 청사진으로서의 역할을 한다.
- 적절한 디버깅 : 순서도는 프로그램 디버깅에 도움을 준다.
- 효율적인 프로그램 관리 : 순서도는 프로그래머가 프로그램 유지보수를 좀 더 효율적으로 할 수 있도록 한다.

2.5 프로그램의 기본 논리 구조

2.5.1 순차 구조(1)

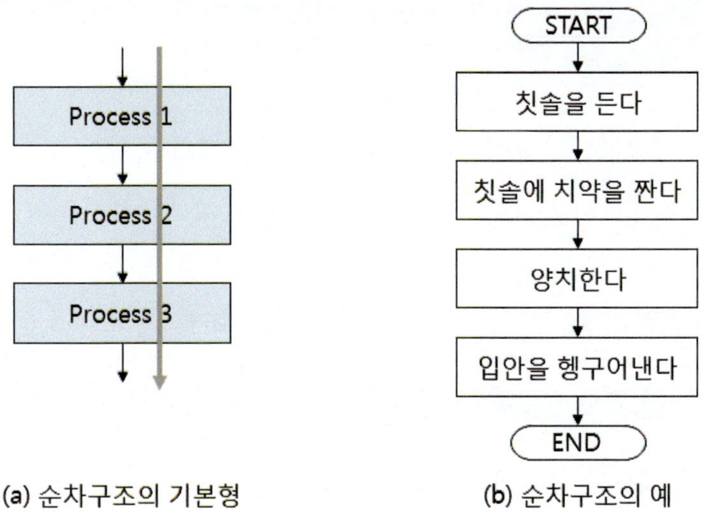

[그림 2-5-1] 순차 구조와 간단한 예

프로그램의 기본 논리 구조는 순차, 선택, 반복의 3가지 논리 구조로 구분한다. 순차 구조는 하나의 명령을 처리한 후에 다음 명령을 차례대로 하나씩 수행하는 단순한 논리 구조이다. 순차 구조는 모든 논리의 기본이며 단순한 처리가 요구되는 문제에 사용된다.

[그림 2-5-1(a)]는 순차 구조의 기본형이다. process1의 처리를 완료한 후에 process2를 처리하고, process2의 처리를 완료한 후에 process3의 처리를 완료한다.

[그림 2-5-1(b)]는 순차 구조의 간단한 예이며 양치하는 과정이다. 그 처리 절차는 다음과 같다. 1) 칫솔을 든다. 2) 칫솔에 치약을 짠다. 3) 양치한다. 4) 입안을 헹구어낸다.

2.5.2 순차 구조(2)

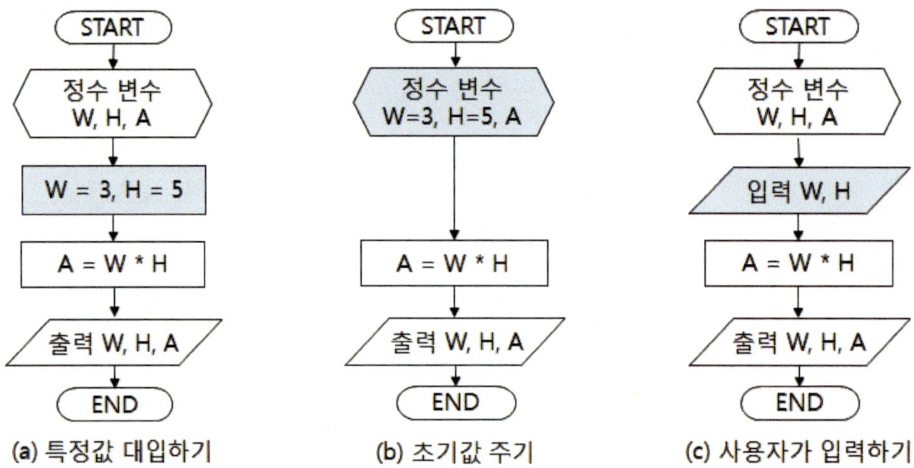

[그림 2-5-2] 변수에 값을 저장하는 방법을 보여주는 순서도

순서도에 사용되는 수식에는 [변수 = 값], [변수 = 변수], [변수 = 값과 변수로 구성된 수식] 등이 있다. 대입연산자(=)를 기준으로 오른쪽은 값(value)을 의미하고 왼쪽은 변수(variable)를 나타낸다. 즉, 수식의 의미는 대입연산자의 오른쪽에 놓인 계산식이 계산되어 나온 결과 값이 대입연산자의 왼쪽에 있는 변수에 저장됨을 나타낸다.

[그림 2-5-2]는 사각형의 면적을 구하는 순서도이며 그 처리 절차는 다음과 같다.

1) 변수 W, H에 사각형의 밑변(width)과 높이(height)을 얻어낸다.
2) 밑변 W와 높이 H를 곱한 값을 면적(area)을 나타내는 변수 A에 넣는다.
3) W, H, A의 값을 화면에 출력한다.

[그림 2-5-2]의 순서도는 어떤 변수에 값을 저장하는 서로 다른 세 가지 방법을 보여주고 있다. 이들에는 (a) 특정한 값을 대입하는 방법 (b) 초기값을 주는 방법 (c) 사용자가 키보드로 입력하는 방법이 있다. (b)는 (a)보다 더 간단한 표현이다.

C 프로그래밍 언어에서는 이들 방법들이 다음과 같이 표현된다.

특정값 대입하기(대입문)	초기값 주기(선언문)	사용자가 입력하기(입력문)
int W, H, A; W=3; H=5;	int W = 3, H = 5, A;	int W, H, A; scanf("%d %d",&W,&H);

2.5.3 선택 구조(1)

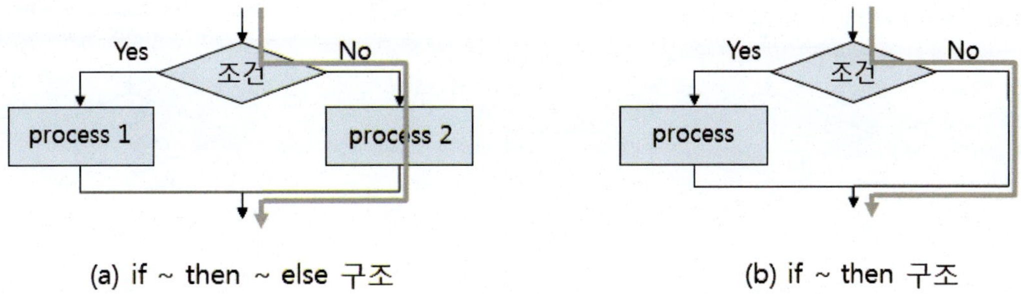

[그림 2-5-3] 선택 구조의 기본형

선택 구조는 어떤 조건에 따라 서로 다른 처리들 중에서 하나를 선택해서 처리하는 논리 구조이다. 비교 조건 또는 판단 조건을 나타내기 위해 판단(decision) 기호를 사용하며, 조건의 만족 여부에 따라 판단 기호의 왼쪽, 오른쪽 또는 아래쪽 방향 중에서 한쪽 방향으로 처리가 진행된다.

[그림 2-5-3(a)]의 선택 구조는 if~then~else 구조라고 한다. 만약 조건이 만족하면 process1을 처리하고, 만약 조건이 만족되지 않으면 process2를 처리한다. 알맞은 조건에 따라 둘 중에 하나가 처리된다.

[그림 2-5-3(b)]의 선택 구조는 if~then 구조라고 한다. 만약 조건이 만족하면 process를 처리하고, 만약 조건이 만족되지 않으면 아무 것도 처리하지 않는다.

다음 표는 이들 구조에 대한 의사 코드이며 C 언어의 코드도 매우 유사하다. 선택구조의 시작점은 조건이 놓인 지점이며 선택구조의 끝점은 분기된 두 경로가 다시 만나는 지점이다.

if~then~else 구조	if~then 구조

if (조건) then
    process1;
else
    process2;
endif
	if (조건) then
	    process;
	endif

2.5.4 선택 구조(2)

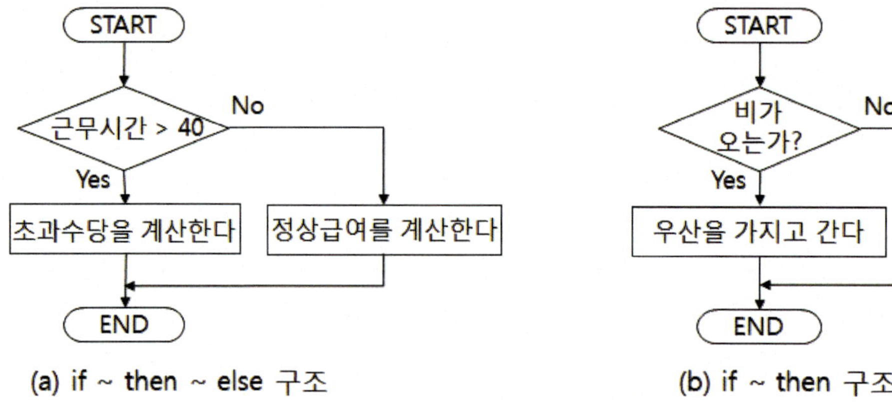

[그림 2-5-4] 선택 구조의 간단한 예(1)

[그림 2-5-4(a)]는 선택 구조 중에서 if~then~else 구조의 간단한 예를 보였다. 만약 근무시간이 40시간을 초과하면 초과수당을 계산하고, 만약 근무시간이 40시간 이하이면 정상급여를 계산한다. 알맞은 조건에 따라 둘 중에 하나가 처리된다.

[그림 2-5-4(b)]는 선택 구조 중에서 if~then 구조의 간단한 예이다. 만약 비가 오면 우산을 가지고 가며, 만약 비가 오지 않으면 아무 처리도 하지 않는다.

판단 기호 내에 있는 조건을 판단하여 판단 결과가 참(true)인지 거짓(false)인지에 따라 그 처리가 결정된다. 참과 거짓은 순서도에서 "Yes"와 "No"로 각각 표시된다.

다음 표는 이들 구조에 대한 의사코드이며 C언어의 코드도 매우 유사하다.

if~then~else 구조	if~then 구조

if (조건) then
    초과수당을 계산한다;
else
    정상급여를 계산한다;
endif
	if (조건) then
	    우산을 가지고 간다;
	endif

2.5.5 선택 구조(3)

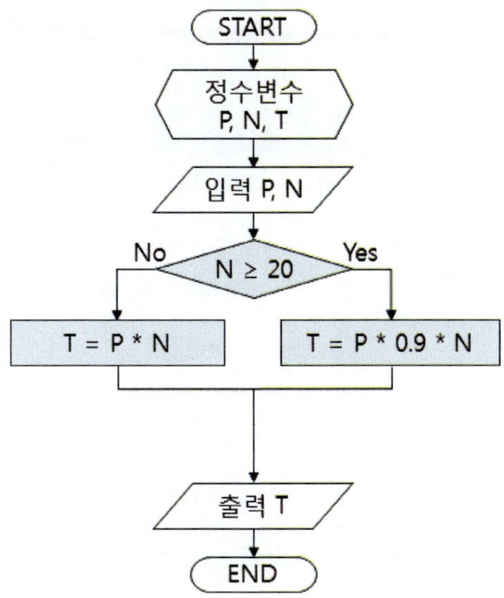

[그림 2-5-5] 선택 구조의 간단한 예(2): 수량에 따라 할인율을 적용하는 순서도

[그림 2-5-5]는 어떤 상품의 단가와 수량을 각각 P와 N에 입력하고, 수량 N이 20개 이상이면 단가 P를 10% 할인하고, 수량 N이 20개 미만이면 할인하지 않고 판매하는 경우 총 판매금액 T를 출력하는 순서도이다.

[그림 2-5-5(a)]는 선택구조 중에서 if~then~else 구조로 순서도를 작성된 예를 보였다. 그 처리절차는 다음과 같다.

1) 단가와 수량을 각각 P와 N에 입력한다.
2) 만약 수량 N이 20개 이상이면, 10% 할인율을 적용하여 총 판매금액 T를 계산하고, 만약 수량 N이 20개 미만이면, 할인율을 적용하지 않고 T를 계산한다.
3) 총 판매금액 T를 출력한다.

[그림 2-5-5(b)]는 선택구조 중에서 if~then 구조로 순서도를 작성된 예를 보였다. [그림 2-5-5(a)]와의 차이점은 만약 수량 N이 20개 이상인 경우에만 10% 할인율을 적용하여 단가를 $P = P * 0.9$와 같이 계산해두고, 이를 총 판매금액 계산에 적용한다.

2.5.6 반복 구조(1)

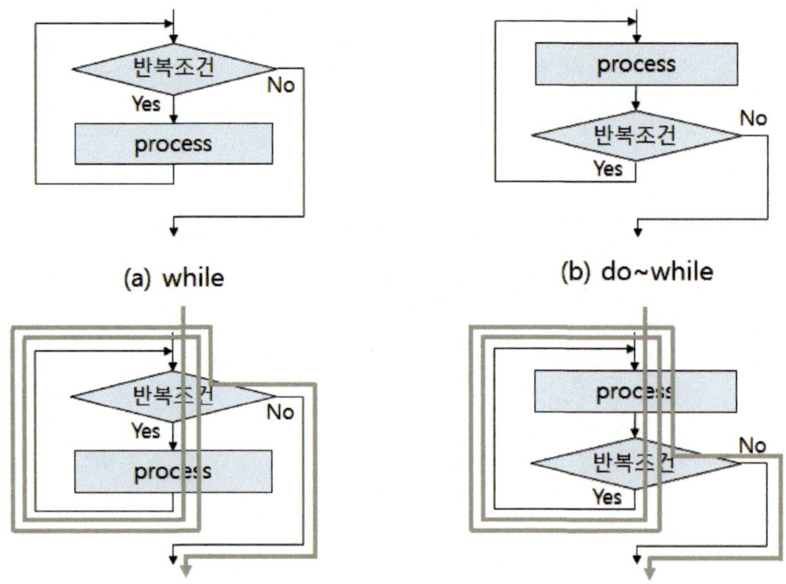

[그림 2-5-6] 반복 구조의 기본형

반복 구조는 어떤 조건이 만족될 때까지 처리하고자 하는 부분을 반복적으로 수행하는 논리 구조이다. 반복되는 처리 횟수를 제어하기 위하여 판단기호를 사용하고, 반복조건을 판정하여 그 조건에 따라 처리를 반복하든지 종료하든지 결정한다.

반복 구조는 [그림 2-5-6(a)]와 같이 반복조건이 처리(process)보다 앞서는 경우를 while 구조라고 하며, [그림 2-5-6(b)]와 같이 반복조건이 처리(process)보다 뒤에 오는 경우를 do~while 구조라고 한다. 이 두 구조의 차이점은 while 구조는 처리를 수행하기 전에 먼저 반복조건을 판정하므로 최악의 경우에는 한 번도 처리(process)를 수행하지 못하는 경우도 있다. 반면에 do~while 구조는 처리(process)가 반복조건 판정보다 앞서므로 최소한 한 번의 처리를 수행한다.

다음 표는 이들에 대한 의사 코드이며 C언어의 코드도 이와 매우 유사하다.

while 구조	do~while 구조

while (반복조건)
    process ;
endwhile
	do
	    process ;
	while (반복조건)

2.5.7 반복 구조(2)

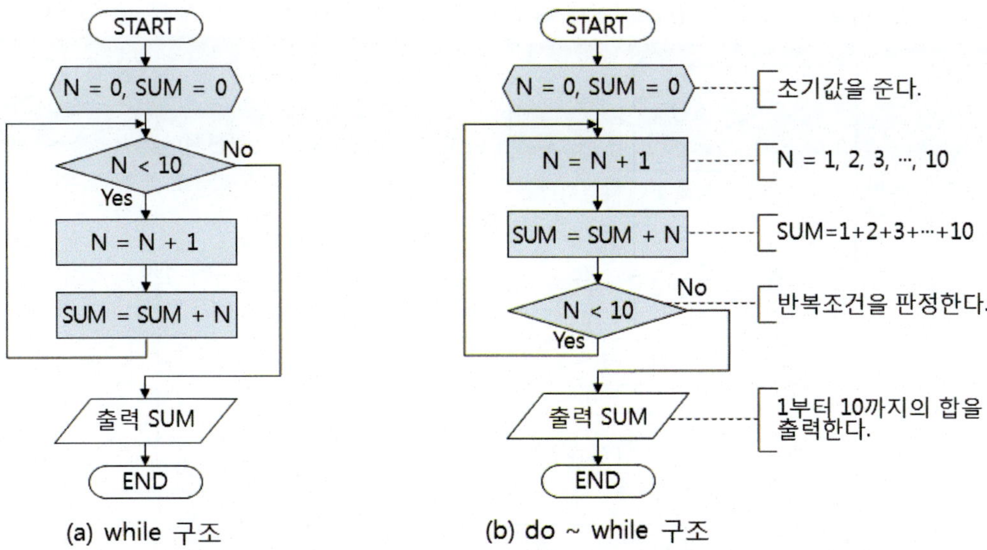

[그림 2-5-7] 반복 구조의 예 : 1~10까지 정수의 합을 구하는 순서도

반복 구조의 순서도를 이해하기 위하여 1부터 10까지의 정수의 합을 구하는 순서도를 [그림 2-5-7]에 보였다. [그림 2-5-7(a)]에는 while 구조를, [그림 2-5-7(b)]에는 do~while 구조를 사용하여 동일한 결과를 얻을 수 있음을 보였다.

[그림 2-5-7(b)]의 do~while 구조를 사용한 순서도의 진행 과정은 다음과 같다.

1) N = 0, SUM = 0은 N과 SUM을 0으로 초기화한다.

2) N = N+1은 반복 처리할 때마다 N의 값을 1 증가시킨다.

3) SUM = SUM + N은 현재 SUM 값에다 N 값을 더한 새로운 값을 SUM에 저장한다.

4) N<10의 반복조건을 판정하여 N이 10 미만이면 2)과정부터 반복 처리한다.

5) N<10의 반복조건을 판정하여 N이 10 이상이면 반복을 종료한다.

6) 반복처리 동안에 누적된 SUM 값을 출력한다.

[그림 2-5-7]의 순서도에서 주의하여야 할 사항은 조건식이다. 만약 판단기호 내에 N≤10을 사용하거나 N>10을 사용하면 논리적인 오류가 발생한다. 즉, 만약 조건식이 N≤10 이라면 반복처리 부분이 11회 수행되어 1부터 11까지의 합이 출력되며, 만약 조건식이 N>10 이라면 반복처리 부분이 1회만 수행되어 합이 구해지지 않는다.

2.5.8 구조적인 순서도

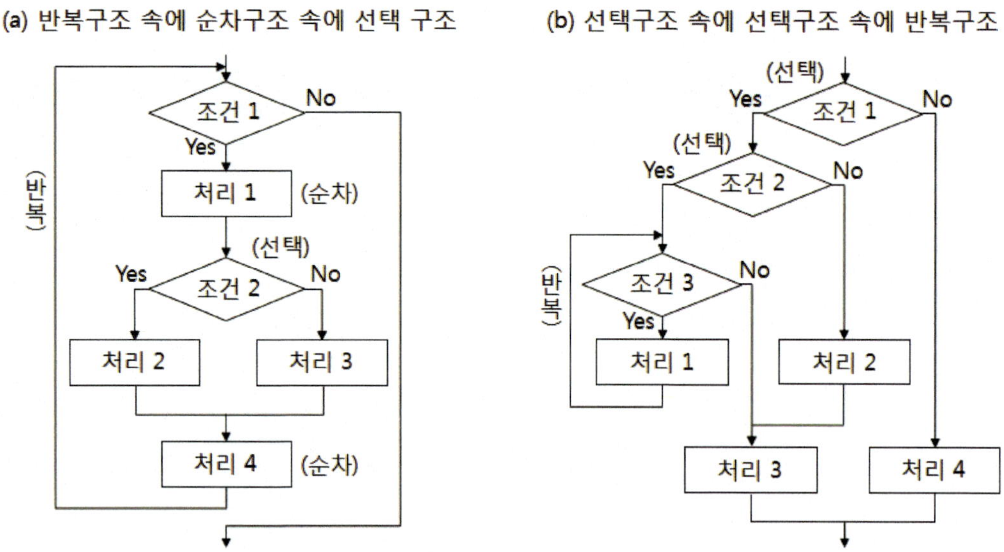

[그림 2-5-8] 논리 구조들이 조합된 구조적인 순서도의 예

지금까지 프로그램의 논리 구조인 순차 구조, 선택 구조, 반복 구조에 대하여 알아보았다. 이 세 가지 구조를 적절하게 이용하면 어떤 논리 문제도 풀 수 있다. 간단한 문제인 경우에는 한 가지 구조로 풀거나 아니면 두 가지 구조를 조합하여 풀 수 있다. 더 복잡한 문제인 경우에는 세 가지 구조를 조합하여 풀어야 할 경우도 있다.

[그림 2-5-8]에는 이들 논리 구조들이 조합된 순서도의 예들을 나타내보였다. [그림 2-5-8(a)]는 반복구조 속에 순차구조가 있고 이 구조 속에 선택구조가 들어있는 경우이며, [그림 2-5-8(b)]는 선택구조 속에 선택구조가 있고 이 구조 속에 반복구조가 들어있는 경우이다. 이와 같은 순서도의 프로그램을 구조적인(structured) 프로그램이라 하며, 이는 프로그램 해독과 코딩을 매우 쉽게 만든다.

구조적인 프로그램은 다음과 같은 특징을 가진다.

1) 구조적인 프로그램은 순차구조, 선택구조, 반복구조들로만 구성된다.
2) 하나의 구조 끝에 다른 구조를 붙일(stacking) 수 있다.
3) 하나의 구조 내부에 다른 구조를 내포(nesting)시킬 수 있다.

2.5.9 CASE 구조

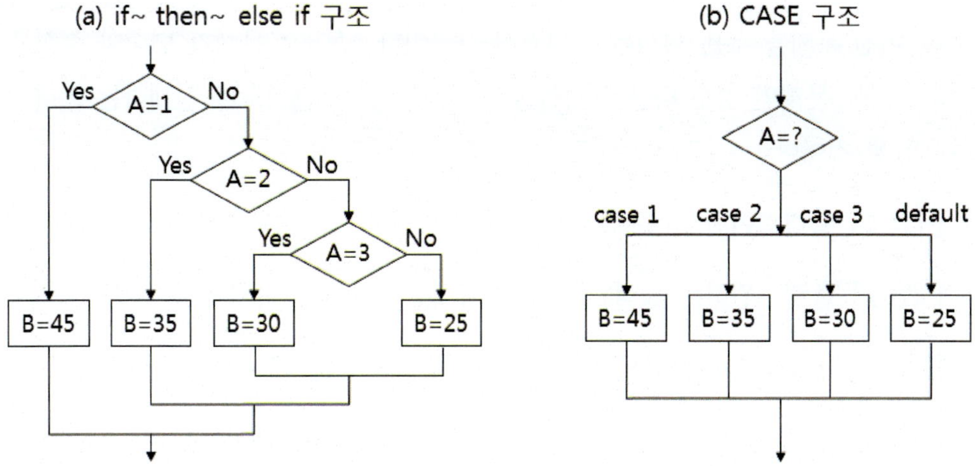

[그림 2-5-9] CASE 구조

[그림 2-5-9]는 품질의 등급(1등급, 2등급, 3등급, 4등급)에 따라 Kg당 가격이 45만원, 35만원, 30만원, 25만원인 어떤 농산물이 있는 경우 농산물의 등급에 따라 가격을 결정하는 순서도들이다.

[그림 2-5-9(a)]는 if~then~else if 구조라고 하며, 이는 if~then~else 구조의 else 속에 if~then~else 구조가 내포된(nested) 구조이다. 즉, A = 1 선택구조 내에 A = 2 선택구조가 있고 이 선택구조 내에 A = 3 선택구조가 포함되어 있다. 여기서 A=1와 같이 판단기호 속에 있는 '='는 대입연산자가 아니고 같음을 나타내는 등호이므로 주의해야 한다. 한편 [그림 (a)]를 사람들이 더욱 쉽게 이해하도록 [그림 (b)]의 CASE 구조로 표현할 수 있고 그에 대한 명령문을 프로그래밍 언어들이 허용하고 있다.

CASE 구조는 단일 변수의 여러 가지 값을 검사할 때만 사용하고, 다수의 변수들을 검사해야 한다면 개별적인 if~then~else 선택구조를 여러 번 사용한다. CASE 구조는 항상 if~then~else 선택구조로 대체할 수 있기 때문에 반드시 필요한 것은 아니지만 사용이 더 편리할 때가 있기 때문에 존재한다.

2.6 순서도 작성을 위한 논리적 사고

주어진 문제를 푸는 열쇠는 논리적인 사고이다. 주어진 문제가 변수와 수식을 이용하여 풀어야 하는 문제인 경우 다음 사항들을 고려하는 것은 순서도를 전개하는 논리적인 사고에 도움이 될 것이다.

[1단계] 입력 : 어떤 변수에 값을 어떻게(초기화, 입력, 대입) 얻을 것인가?

[2단계] 출력 : 원하는 결과가 무엇인가? 어떤 값을 출력해야 하는가?

[3단계] 변수 : 입력과 출력에 어떤 변수들이 필요한가? 나열해 본다.

[4단계] 구조 : 어떤 논리구조(순차, 선택, 반복)를 사용해야 하는가? 스케치한다.

[5단계] 처리 : 어떤 변수를 어떻게 처리해야 하는가? 필요하면 수식을 만든다.

실습 1 점수를 입력하여 60점 이상이면 "합격", 60점 미만이면 "불합격"을 출력하는 순서도를 작성하시오.

힌트
(1) 입력 : 키보드 입력할 점수(Score) S (2) 출력 : "합격"과 "불합격"
(3) 변수 : S (4) 구조 : 순차 구조와 선택 구조
(5) 처리 : 특별한 수식 처리가 없음

실습 2 상품의 수량과 단가를 입력하고, 수량이 30개 미만이면 할인을 적용하지 않고 30개 이상이면 20% 할인하여 총 금액을 출력하는 순서도를 작성하시오.

힌트
(1) 입력 : 키보드 입력할 수량(Number) N, 단가(Price) P
(2) 출력 : 총금액(Amount) A
(3) 변수 : N, P, A
(4) 구조 : 순차 구조와 선택 구조
(5) 처리 : 한 조건에서는 할인 없이 A계산, 다른 조건에서는 할인하여 A계산

실습 3 1부터 10까지 모든 정수의 합을 구하는 순서도를 작성하시오.

힌트 우선 구하고자 하는 문제를 수식으로 표현해본다.

$$SUM = 1 + 2 + 3 + 4 + 5 + \cdots + 9 + 10$$

다음 [그림 2-6]과 같이 1) 순차구조, 2) 변수 N을 도입한 순차구조, 3) 변수 N을 이용한 반복구조 순으로 단계적으로 변환하여 해결한다.

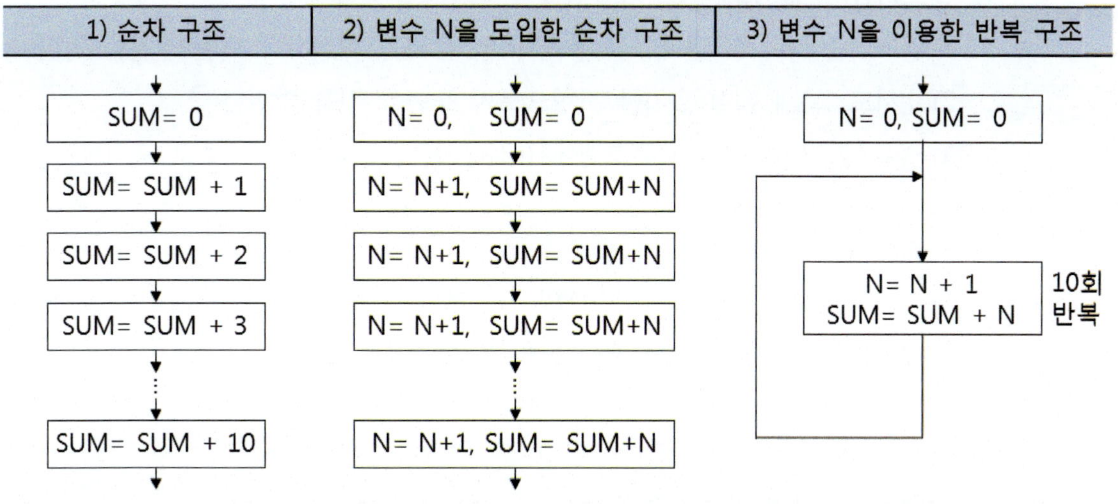

[그림 2-6] 순차 구조에서 반복 구조로 변환하는 과정

순차 구조에서 반복 구조로 변환하기까지의 과정은 다음과 같다.

1) **순차구조 :** SUM = 0에서 시작하여 SUM = SUM + 1, SUM = SUM + 2, SUM = SUM + 3 식으로 1씩 증가된 상수를 차례대로 SUM에 누적해나간다.
2) **변수 N을 도입한 순차 구조 :** 1씩 증가된 상수 대신에 1씩 증가된 변수 N을 SUM에 누적하는 과정을 10줄의 순차 구조로 작성한다.
3) **변수 N을 이용한 반복 구조 :** 반복되는 수식 [N = N + 1, SUM = SUM + N]에 대하여 우선 무한루프 형태로 반복 구조를 작성한다. 그 후에 이 수식의 앞쪽이나 뒤쪽에 N≤10의 반복조건을 추가해 넣는다. 최종적으로 완성된 순서도는 [그림 2-5-7]과 같다.

[그림]의 3)번의 마지막 반복구조의 입력, 출력, 변수, 구조 및 처리는 다음과 같다.

(1) 입력 : N = 0, SUM = 0으로 초기화 (키보드 입력은 필요하지 않다.)

(2) 출력 : 1~10까지의 정수의 합 SUM

(3) 변수 : 1씩 증가되는 수를 저장하는 정수변수 N,
덧셈 누적을 저장하는 정수변수 SUM

(4) 구조 : 순차 구조와 while 또는 do~while 반복구조 (반복 횟수 10회)

(5) 처리 : N = N + 1 (N을 1씩 증가), SUM = SUM + N (SUM에 N을 누적)

2장 요점 정리

1. 알고리즘과 순서도

1) 알고리즘 : 유한한 단계들을 통해 어떤 문제를 해결하기 위한 절차를 말한다.

2) 순서도 : 문제 해결 절차를 도형으로써 표현한 것을 말한다.

3) 변수 : 알고리즘이나 프로그램에서 사용하는 기억장소를 기호로 표현한 것

2. 시스템 순서도와 프로그램 순서도

1) 시스템 순서도 : 개발할 시스템의 전체적인 작업의 흐름을 나타내는 순서도

2) 프로그램 순서도 : 프로그램의 논리를 표현한 순서도

3. 순차 구조 : 순서도의 세 가지 구조 중 단순히 한번만 처리하고 종료하는 구조

(예제) 사각형의 면적 구하기

4. 선택 구조 (분기형) : 순서도의 세 가지 구조 중 조건에 따라 분기하는 구조

1) if~then~else 형 : 조건에 따라 둘 중에 하나를 선택하여 처리한다.

(예제) 일정 수량을 기준으로 총판매금액을 다르게 계산하기

2) if~then 형 : 조건이 만족되는 경우에만 처리를 수행한다.

(예제) 일정 수량 이상이 되었을 때만 특정 할인율을 계산하기

3) CASE 형 (다중 분기형) : 조건에 따라 다수 중에 하나를 선택하여 처리한다.

(예제) 농산물의.0 등급에 따라 가격 결정하기

5. 반복 구조 (순환형, 루프형) : 순서도의 세 가지 구조 중 반복 처리하는 구조

1) while 형 : 처리를 수행하기 전에 반복 조건을 판단한다. 그러므로 반복 조건이 처음부터 맞지 않아 처리를 한 번도 수행하지 않을 수 있다.

(예제) 1부터 10까지의 정수 합 구하기

2) do~while 형 : 처리를 수행한 후에 반복 조건을 판단한다. 그러므로 최소한 1번 이상 처리를 수행한다.

(예제) 1부터 10까지의 정수 합 구하기

2장 연습 문제

1. 알고리즘의 정의를 기술하시오.

2. 알고리즘과 연관시켜 순서도에 대하여 설명하시오.

3. 프로그램 순서도에서 개략 순서도와 상세 순서도의 차이점을 설명하시오.

4. 아래 설명에 해당하는 순서도의 기호를 그리시오.

1) 여러 경로들 중에서 어느 경로를 선택할 것인지 결정하는데 사용한다.
2) 출력장치를 통한 출력을 나타내거나 문서화 된 서류를 나타낸다.
3) 처리하고자 하는 업무나 연산의 내용을 기술하는데 사용한다.
4) 미리 정의되어 있는 서브루틴을 호출하는 경우에 사용한다.
5) 내용을 정확하게 이해시키기 위하여 설명을 붙이는 경우에 사용한다.
6) 데이터의 입력과 출력을 나타내는데 사용한다.
7) 작업 수행 이전에 변수의 초기값을 설정하거나 미리 기억장소를 할당해둔다.
8) 한 페이지 내에서 순서도의 흐름이 다른 위치로 연결될 때에 연결 관계를 나타낸다.

5. 순서도를 작성할 때 고려해야 할 일반적인 작성 규칙을 설명하시오.

6. 다음 순서도를 실행한 결과는?

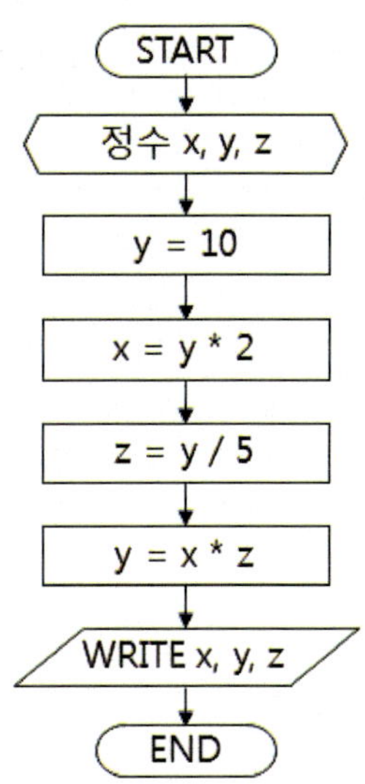

7. 사각형의 가로를 X, 세로를 Y라고 했을 때 사각형의 넓이를 출력하는 순서도를 아래 방법들을 사용하여 작성하시오. 단 가로와 세로는 8과 5라고 가정한다.

1) 변수에 값을 입력하는 방법

2) 변수에 초기값을 지정하는 방법

3) 변수에 저장(대입)하는 방법

8. A에는 7이 들어있고 B에는 3이 들어 있다. A에 1을 빼고 B에 2를 더한 다음 A와 B를 곱해서 X에 저장하고 이를 출력하는 순서도를 작성하고자 한다. 순서도에서 잘못된 곳들을 올바르게 수정하고 잘못된 이유를 밝히시오.

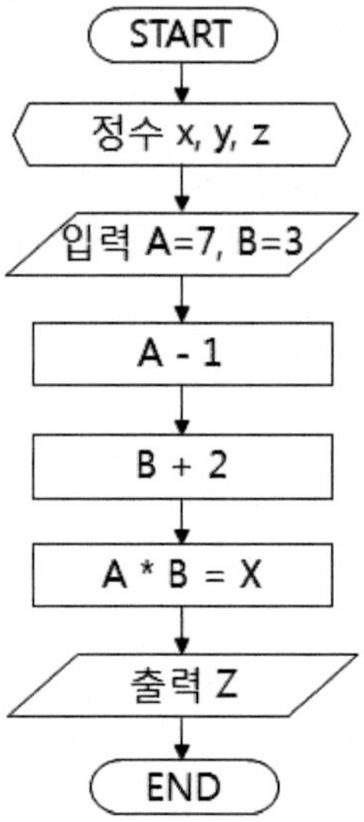

9. 변수 A에는 7이 들어 있다. 변수 B에 정수를 읽어 들이고 변수 A는 1 증가시키고, 변수 B는 1 감소시켜서 A와 B를 출력하는 순서도를 작성하시오.

10. 한 시간에 평균 800Km로 달리는 항공기로 x 시간을 계속 달리면 몇 Km를 갈수 있는지를 출력하는 순서도를 작성하시오.

11. 공휴일인 내일 친구와 단 둘이 바다여행을 떠나고자 한다. 친한 친구 1명에게 전화하여 약속하는 과정에 대한 순서도를 작성하시오.

1) 만약 전화통화에 성공하면 약속을 의논하고, 만약 전화통화에 실패하면 여행을 포기한다.

2) 만약 약속 의논에 성공하면 여행을 준비한다. 만약 약속 의논에 실패하면 여행을 포기한다.

(힌트 : 변수 없이 문장으로 구성한다. 조건을 판단하기 이전에 처리할 내용이 무엇인지 생각해본다. 구조적인 순서도로 표현되었는지 확인한다.)

12. 월 기본요금이 5,000원이고 통화량이 50분을 초과하는 사용요금은 분당 100원이라면 x 분을 사용했을 때 국제 전화요금을 출력하는 순서도를 작성하시오.

사용시간	50분 이하	50분 초과
전화요금	기본요금 5,000원	기본요금 5,000원 + 초과 분당 100원

13. 한 상품의 단가(P)와 수량(N)을 입력하고, 총판매금액(T)이 20만원을 초과하면 10% 할인하여 실제 판매금액(R)을 출력하는 순서도를 작성하시오.

14. 1부터 99까지의 홀수의 합을 구하는 순서도를 작성하시오.

15. 양의 짝수인 n을 입력하고 1부터 n까지의 짝수의 합을 구하는 순서도를 작성하시오.

Chapter 03

Understanding Algorithm

순차 구조

3.1 변수, 상수 및 명령문들

3.1.1 변수와 상수의 차이점

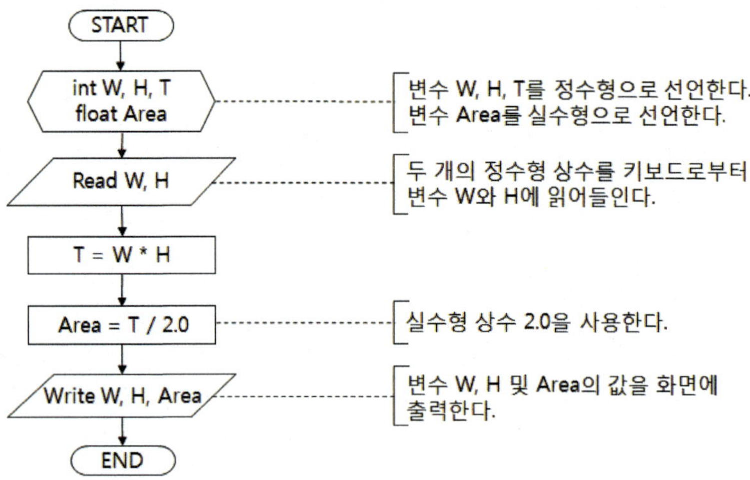

[그림 3-1-1] 변수와 상수의 사용 예: 삼각형의 면적 구하기

프로그램에서 처리하는 데이터는 상수와 변수로 구분한다. 상수는 바뀌지 않는 고정된 값을 의미하며 숫자 상수와 문자 상수가 있다. 변수는 이러한 상수를 저장하는 주기억장치의 한 저장장소에 대한 이름을 의미하며 시간이 흐름에 따라 다른 내용으로 변경될 수 있다.

(1) 상수

숫자 상수는 소수점이 없는 정수형 상수와 소수점을 가진 실수형 상수로 구분된다. [그림 3-1-1]에 있는 Area = T/2.0에서 2.0은 실수이며 정수 2와는 다른 상수이다. 문자 상수는 하나의 문자로 된 문자형 상수와 2개 이상의 문자들로 구성된 문자열 상수가 있다. 다음 표는 정수형, 실수형, 문자형, 문자열 상수에 대한 예이다.

상수	정수형	실수형	문자형	문자열
예	-35, 0, 86	-12.0, 0.3, 7.5	'a', 'A', '2', ' ', '+'	"A", "Smith", "1945"

(2) 변수

변수이름을 정하는 일반적인 규칙에 의하면 변수의 첫 번째 문자는 영문자로 시작하고 두 번째 문자부터는 영문자나 숫자가 온다. [그림 3-1-1]에 있는 Area = T/2.0에서 Area는 실수형 변수이며 T는 정수형 변수이다. C언어에서는 변수이름에 대문자와 소문자를 구분하므로 예를 들어 Area와 area는 서로 다른 변수로 인식한다.

3.1.2 변수에 상수를 다루는 명령문들

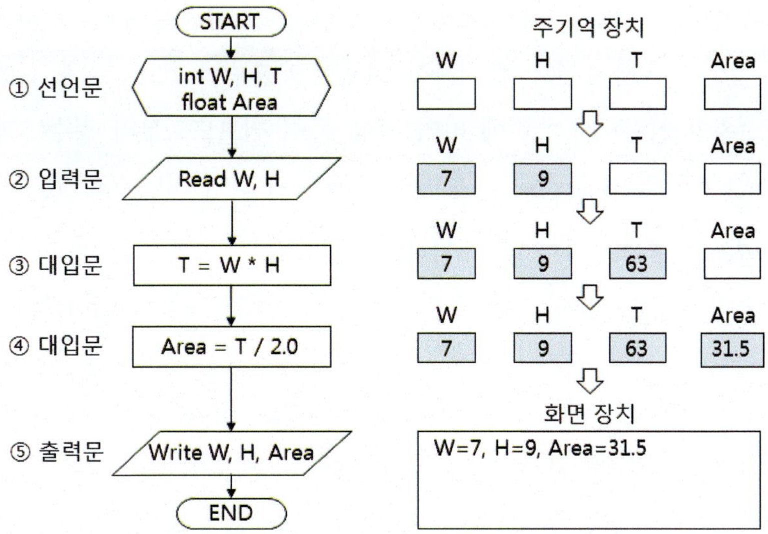

[그림 3-1-2] 변수에 상수 다루기

프로그램에서 변수를 사용하려면 선언문을 이용하여 사용할 변수를 선언해야 하며, 선언한 변수에 상수를 저장하려면 입력문이나 대입문을 이용해야 한다. 또한 변수의 값을 출력하기 위해서 출력문을 이용한다. 이들 명령문들의 예를 표에 나타내었다.

(1) 선언문에 의해 변수 선언하기

변수는 상수를 저장하기 위한 한 기억장소를 의미한다. 변수가 사용할 기억공간을 미리 확보하기 위하여 프로그램의 맨 앞부분에 선언문을 이용하여 변수이름을 선언한다. 이때 변수에 저장할 상수의 유형에 따라 기억공간의 크기가 달라지므로 정수(integer)형, 실수(floating-point number)형, 문자(character)형으로 구분하여 변수를 선언한다. [그림 3-1-2]와 같이 변수 W, H, T, Area가 선언되고 나면 그들의 기억공간이 확보되며 어떤 값도 아직 저장되지 않는 상태가 된다.

순서도	C명령문	C언어 사용 예
① 선언문	int, float	int W,H,T; float Area;
② 입력문	scanf	scanf("%d %d", &W,&H);
③ 대입문	=	T = W * H ;
④ 대입문	=	Area = T / 2.0 ;
⑤ 출력문	printf	printf("W=%d, H=%d, Area=%f\n", W,H,Area);

(2) 입력문에 의해 변수에 값 입력하기

변수에 상수(값)를 넣기 위한 방법으로 입력문(read)이 있다. 입력문은 사용자가 직접 키보드로부터 원하는 값을 입력하여 변수에 저장할 수 있도록 한다. 또한 입력문은 데이터 파일로부터 값을 입력하여 변수에 저장할 때에도 사용된다. C언어의 scanf( )문은 입력문의 일종이며, ( )속의 입력서식 "　"에 따라 예를 들어 키보드로부터 정수 7과 9를 입력한 경우 그 값들이 변수 W와 H에 각각 저장됨을 [그림 3-1-2]이 보여주고 있다.

(3) 대입문에 의해 변수에 값 대입하기

변수에 상수 값을 넣기 위한 또 다른 방법으로 대입(assignment)문이 있다. 대입문은 대입연산자(=)를 기준으로 왼쪽에 변수를, 오른쪽에 수식을 가진다. 대입문의 수행 과정은 2단계로 이루어진다. 1) 현재의 값을 적용하여 오른쪽 수식을 계산하여 결과 값(value)을 얻는다. 2) 오른쪽에서 얻은 결과 값을 왼쪽 변수(variable)에 저장한다. [그림 3-1-2]는 대입문 T = W * H와 Area = T/2.0이 수행된 결과로 T와 Area의 기억공간에 63과 31.5가 각각 저장됨을 보여주고 있다. 대입문의 오른쪽 수식에 사용되는 연산자는 + (덧셈), - (뺄셈), *(곱셈), /(나눗셈)이다. 이들 연산자에 의해 연산되는 변수와 상수를 피연산자라고 한다.

연산자들 중에서 /와 %는 정수의 나눗셈에서 특별한 연산기능을 가진다. 연산자 /는 정수 나눗셈에서 몫을 구하는 데 사용되고, 연산자 %는 정수 나눗셈에서 나머지를 구하는 데 사용된다. 그들의 사용 예를 다음 표에 나타내었다.

연산기호	연산 기능	사용 예	결과 값
/	정수 나눗셈 몫	Q = 10 / 3	Q = 3
%	정수 나눗셈 나머지	R = 10 % 3	R = 1

(4) 출력문에 의해 변수의 값 출력하기

출력문(write)은 변수의 값을 화면장치에 출력하는데 사용되는 명령문이다. 또 출력문은 변수의 값을 파일로 출력할 때에도 사용된다. C언어의 printf( )문은 출력문의 일종이며, ( )속의 출력서식 "　"에 따라 W, H, Area의 값들이 화면장치에 출력됨을 [그림 3-1-2]이 보여주고 있다.

3.2 근무시간수를 주,일,시간으로 변환하기

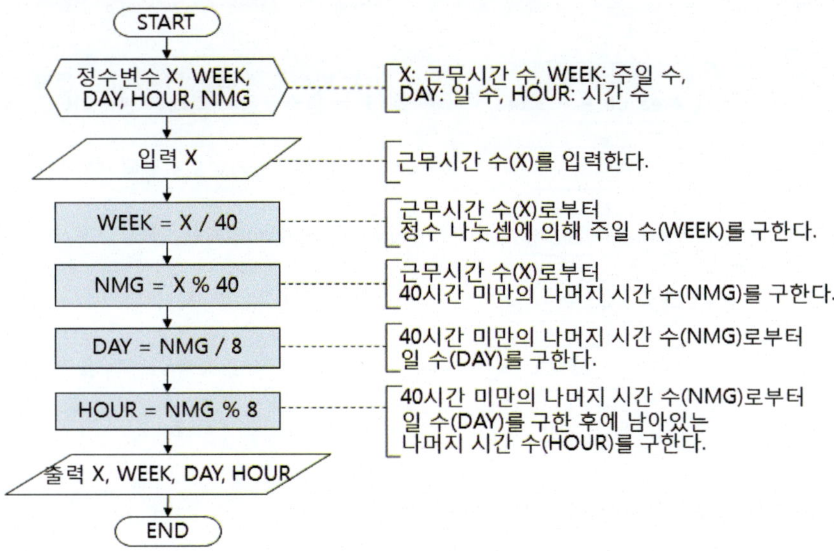

[그림 3-2] 근무시간 수를 주, 일, 시간으로 변환하는 순서도

주 5일제로 근무하며 하루에 8시간씩 근무하는 경우 근무시간수를 입력하고 이를 주, 일, 시간으로 변환하는 순서도는 [그림 3-2]와 같다.

주 5일, 하루 8시간 근무인 경우 1주일 근무시간은 40시간이다. 그러므로 예를 들어 근무시간 수가 95시간이라면 이를 주, 일, 시간으로 변환하는 계산식은 다음과 같다.

```
              2주간 ········ 몫(WEEK)                  1일간 ········ 몫(DAY)
           ──────────                               ──────────
40시간 )  95시간                          8시간 )  15시간
          80시간                                    8시간
         ──────────                               ──────────
          15시간 ········ 나머지(NMG)                7시간 ········ 나머지(HOUR)
```

위 계산식에서 보는 바와 같이 근무시간 수 95시간으로부터 2주 1일 7시간을 얻을 수 있다. [그림 3-2]의 순서도의 처리절차는 다음과 같다.

1) 근무시간수 X를 입력한다.
2) 근무시간수 X를 40시간으로 나눈 몫을 WEEK에 저장한다.
3) 근무시간수 X를 40시간으로 나눈 나머지를 NMG에 저장한다.
4) 나머지 시간 NMG를 8시간으로 나눈 몫을 DAY에 저장한다.
5) 나머지 시간 NMG를 8시간으로 나눈 나머지를 HOUR에 저장한다.

3.3 원의 면적과 둘레 구하기

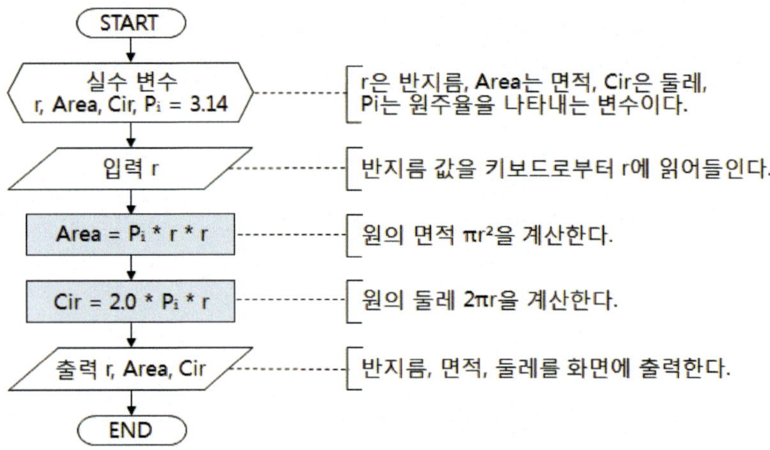

[그림 3-3] 원의 면적과 둘레를 구하는 순서도

[그림 3-3]은 원의 반지름을 입력하고 원의 면적과 둘레를 구하여 출력하는 순서도이다. 만약 원주율이 π이고 반지름이 r이라면 다음 공식을 이용할 수 있다.

원의 면적 $Area = \pi * r^2$
원의 둘레 $Cir = 2 * \pi * r$

순서도에서 원의 면적과 둘레를 구하는 처리절차는 다음과 같다.

1) 원주율 π를 3.14로 정하고 수식 계산에 상수 3.14 대신에 변수 Pi를 사용하기 위해 Pi = 3.14로 초기화한다. 실제로 원주율 π값은 3.141592...와 같은 무리수이므로 여기서는 소수점 이하 두 자리까지인 3.14를 사용한다.
2) 반지름 r을 입력한다.
3) 원의 면적 $Area = \pi * r^2$을 구하기 위해 Pi * r * r을 계산하고 그 결과를 변수 Area에 저장한다. C언어에서는 r의 제곱을 구하기 위해 r^2의 ^연산자를 제공하지 않으므로 r * r 또는 pow (r,2)을 사용할 수 있으나 여기서는 r * r이 사용한다.
4) 원의 둘레 $Cir = 2.0 * \pi * r$을 구하기 위해 2.0 * Pi * r을 계산하고 그 결과를 변수 Cir에 저장한다. 대입연산자(=)의 왼쪽에 있는 Cir은 실수형 변수이므로 그 오른쪽 수식에도 실수 2.0과 실수형 변수 Pi, r을 사용하는 것이 구문오류를 줄인다.
5) 원의 반지름, 면적, 둘레를 출력한다.

3.4 두 수의 가감승제 구하기

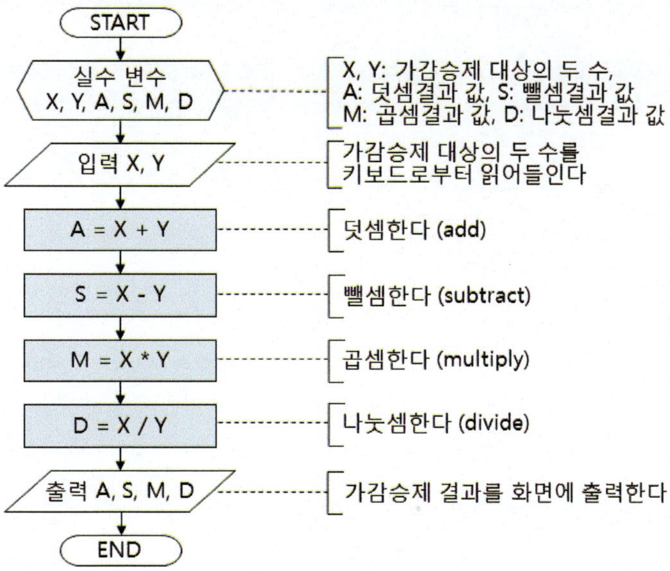

[그림 3-4] 두 수의 가감승제를 구하는 순서도

두 수의 가감승제(덧셈, 뺄셈, 곱셈, 나눗셈) 연산을 수행하여 결과를 구하는 경우 문제점을 먼저 알아보자. 피연산자 두 수가 정수인지 실수인지에 따라 연산 결과의 값과 데이터 유형이 달라진다. 피연산자 두 수의 세 가지 경우를 알아보자.

1) 둘 다 정수일 경우 : 가감승제의 연산 결과는 항상 정수가 나온다. 정수 나눗셈에서 나누어지지 않는 경우에도 그 결과는 정수 몫만이 나온다.
2) 둘 다 실수일 경우 : 가감승제의 연산 결과는 항상 실수가 나온다.
3) 하나는 정수이고 다른 하나는 실수인 경우 : 가감승제 연산에 정수와 실수를 적용하면 결과는 항상 실수가 나온다.

위로부터 얻은 결론은 가감승제 연산에 두 실수들을 적용하는 것이 가장 쉽고 정확한 답을 얻을 수 있다. [그림 3-4] 순서도의 처리 절차는 다음과 같다.

1) 두 실수를 X, Y에 입력한다. 예를 들면 정수 5 대신에 실수 5.0을 입력한다.
2) 가감승제 연산을 차례대로 수행하고 그 결과를 A, S, M, D에 각각 저장한다.
3) 가감승제 결과를 저장하고 있는 A, S, M, D 값을 출력한다.

3.5 총점과 평균 구하기

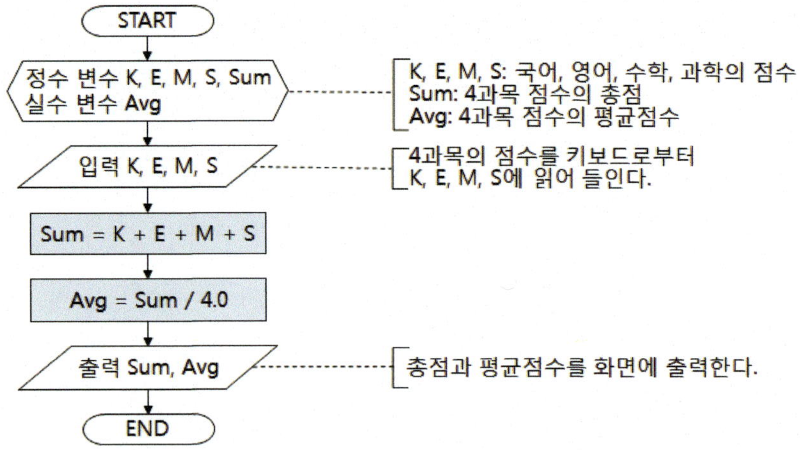

[그림 3-5] 총점과 평균을 구하는 순서도

[그림 3-5]는 한 학생에 대한 국어(Korean), 영어(English), 수학(Mathematics), 과학(Science)의 4개 과목 점수들의 총점과 평균점수를 구하여 이들을 출력하는 순서도이다. 순서도 전개에 논리적인 사고로 접근하기 위해 고려할 사항은 입력 사항, 출력 사항, 사용할 변수, 논리 구조, 처리 내용이다.

이러한 사항들은 고려하여 작성된 순서도의 처리 절차는 다음과 같다.

1) 사용해야 할 변수들은 K, E, M, S, Sum, Avg이다. 변수 K, E, M, S, Sum는 정수형 변수로 선언하고, 변수 Avg는 실수형으로 선언한다.
2) 입력할 사항은 4개 과목의 점수들이며 변수 K, E, M, S에 입력한다.
3) 순차 구조이며 변수 K, E, M, S의 합을 구하여 변수 Sum에 저장한다.
4) 순차 구조이며 변수 Sum을 4.0으로 나눈 값을 변수 Avg에 저장한다.
5) 출력할 사항은 Sum과 Avg이므로 이들의 값을 출력한다.

3장 요점 정리

1. 변수에 값을 다루는 명령문들의 예 (C 언어)

- 입력문 : `scanf("%d %d", &W,&H);` //7 9를 키보드 입력하면 W, H에 저장
- 대입문 : `T = W * H;` //7*9의 결과값인 63이 T에 저장
- 대입문 : `A = T / 2.0 ;` //63/2.0의 결과값인 31.5가 A에 저장
- 출력문 : `printf("W=%d, H=%d, A=%f \n", W,H,A);` //W=7, H=9, A=31.5로 출력

2. 입출력문의 ( )속의 입출력 서식 (C 언어)

- " " 서식 문자열(Format String) 입력 또는 출력하는 형식
- %d 서식 지정자(Format Specifier) 정수(decimal 십진수) 지정
- %f 서식 지정자(Format Specifier) 실수(floating point) 지정
- \n 이스케이프 시퀀스(Escape Sequence) 줄바꾸기 출력
- \" 이스케이프 시퀀스(Escape Sequence) 문자 " 출력
- \t 이스케이프 시퀀스(Escape Sequence) 탭(8문자 간격 전진) 출력

3. 정수형 나눗셈 : (피제수와 제수가 모두 정수일 때의 나눗셈)

연산자	사용 예	X=185 시간일 때 수식의 값
몫	WEEK = X / 40	WEEK = 185 / 40 ⇨ WEEK = 4주
나머지	NMG = X % 40	NMG = 185 % 40 ⇨ NMG = 25시간
몫	DAY = NMG / 8	DAY = 25 / 8 ⇨ DAY = 3일
나머지	HOUR = NMG % 8	HOUR = 25 % 8 ⇨ HOUR = 1시간

4. 삼각형 면적을 구하는 프로그램 (C 언어)

```
#include <stdio.h>        // 프로그램 앞부분에 stdio.h 파일을 불러들임
void main()               //프로그램은 항상 main()함수로 시작해야 함
{
   int W, H, T;           // 세 개의 변수를 정수형(integer) 변수로 선언함
   float Area;            // Area를 실수형(floating-point number) 변수로 선언함
   scanf("%d %d",&W,&H);   // 키보드입력문 scanf()의 변수에는 &를 붙임
   T = W * H;              // 모든 명령문 끝에는 ;을 표기해야 함
   AREA = T / 2.0;         // Area에 실수값이 저장됨
   printf("W=%d, H=%d, Area=%d\n", W, H, Area);
                          // "W=W값, H=H값, Area=AREA값 줄바꾸기"
}
```

3장 연습 문제

1. 직육면체의 가로, 세로, 높이를 입력하고 직육면체의 부피를 구하는 순서도를 작성하시오.
   (힌트 : 직육면체의 부피 = 가로 * 세로 * 높이)

2. 밑변 A, 윗변 B, 높이 H를 입력하고 이들로부터 사다리꼴의 넓이를 구하여 출력하는 순서도를 작성하시오. (힌트 : Area = H * (A + B) / 2.0)

3. 하루8시간 주5일제, 즉 주40시간제가 시행되고 있는 회사에서 어떤 한 학생이 x주 y일 z시간을 아르바이트로 근무하였다. x, y, z를 입력받고 시급 5,000원일 때의 근무수당을 출력하는 순서도를 작성하시오.

4. 원통의 반지름과 높이를 입력하고 원통의 부피를 구하는 순서도를 작성하시오.
   (힌트 : 원통의 부피 = 원의 넓이 * 원통의 높이)

5. 서로 다른 두 개의 정수를 변수 A와 B에 각각 입력받은 후에 A와 B를 출력하고 두 변수의 값을 서로 교체한 후에 A와 B의 값을 출력하는 순서도를 작성하시오.

6. x, y, z에 서로 다른 정수 값을 입력하고 x의 값을 y에, y의 값을 z에, z의 값을 x에 옮겨 저장하고 이들을 출력하는 순서들을 작성하시오.

7. 1 개의 물품에 대하여 물품번호, 판매수량, 단가를 읽어 들이고 물품번호와 총 판매금액을 출력하는 순서도를 작성하시오.

8. 초 단위를 입력하여 이를 시, 분, 초 단위로 변환하고 이들을 출력하는 순서도를 작성하시오. (힌트 : 1시간 = 60분, 1분 = 60초, 1시간 = 3,600초의 시,분,초의 관계와 정수 나눗셈의 몫과 나머지 연산자를 이용하시오.)

Chapter 04

Understanding Algorithm

선택 구조

4.1 일반적인 선택 구조

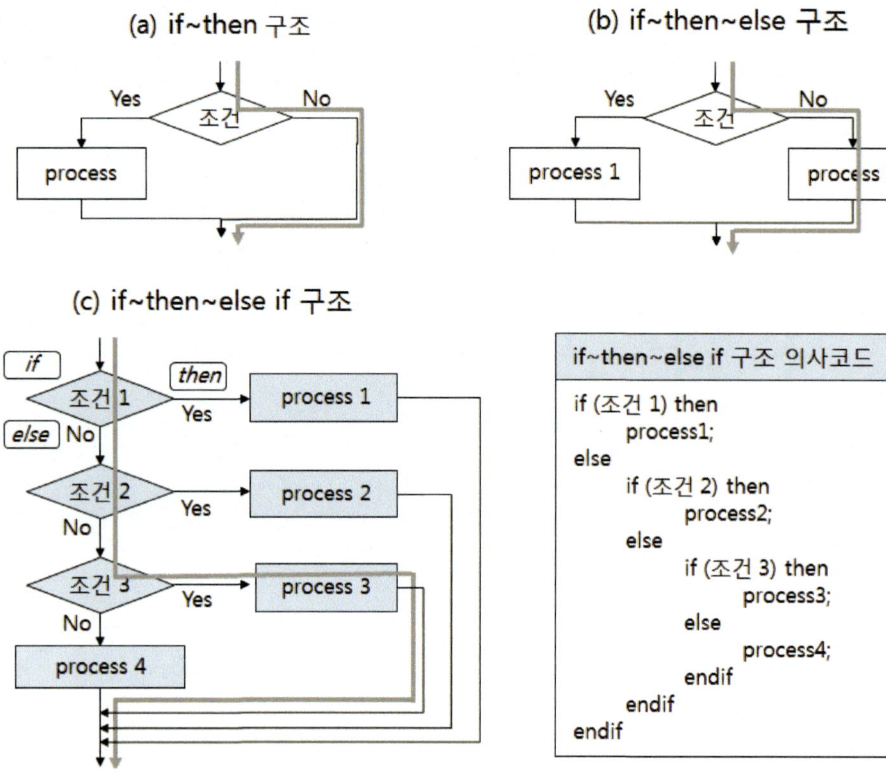

[그림 4-1] 일반적인 선택구조의 예

선택구조는 프로그램에서 특정조건에 따라 명령문을 선택적으로 수행해야 하는 경우에 사용되며 그 유형은 [그림 4-1]과 같다. [그림 4-1(a)]의 if~then 구조는 조건에 따라 process가 수행되거나 수행되지 않는다. 한편 [그림 4-1(b)]의 if~then~else 구조는 조건에 따라 process1과 process2 중에서 하나를 수행한다.

[그림 4-1(c)]는 2장에서 언급했던 if~then~else if 구조의 다른 표현 방법이다. 이 구조는 if~then~else 구조 속에 if~then~else 구조가 내포된(nested) 구조이며, 여러 개의 처리들 중에 하나를 선택하여 수행하는데 사용된다.

4.2 switch~case 선택 구조

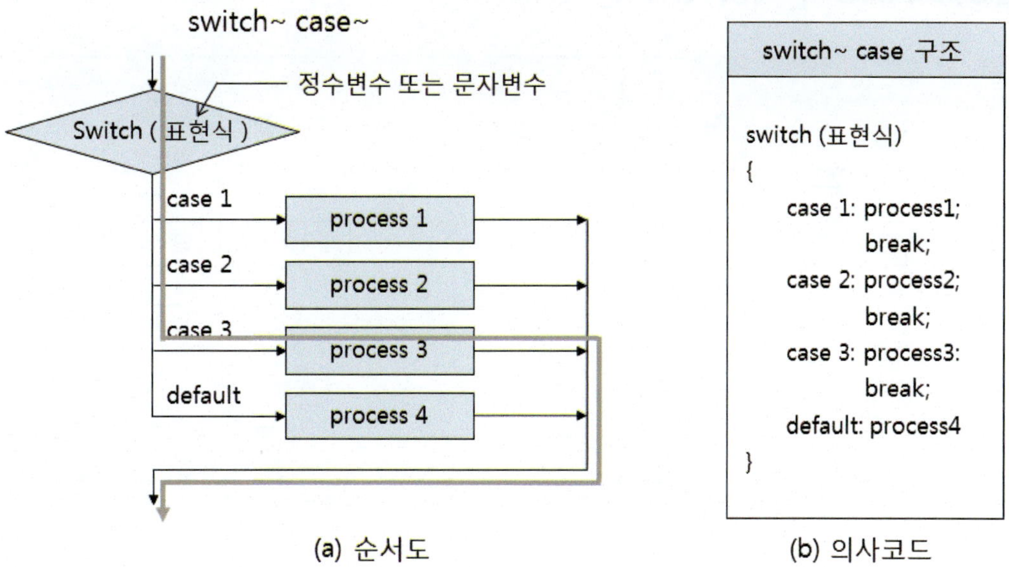

[그림 4-2] switch~case 선택 구조

[그림 4-2]는 CASE 구조 또는 switch~case 구조라고 하며, 여러 개의 처리들 중에 하나만을 선택하여 수행하는 선택구조이다. [그림 4-2(a)]는 2장에서 언급했던 CASE 구조의 다른 표현 방법이다. switch(표현식)에서의 표현식은 정수형 또는 문자형 단일 변수이므로 그 값도 정수 또는 문자이며, 그 값에 따라 여러 개의 case문들 중 하나가 수행한다. [그림 4-2]에 표시된 case 1, case 2, case 3은 표현식의 값이 1, 2, 3인 경우에 각각 수행되며, default는 그 이외의 값인 경우에 수행된다.

if~then~else if 구조와 switch~case 구조는 3개 이상의 처리 경로 중 하나를 선택하는 구조를 가지므로 다중-선택(multi-selection) 구조라고 한다. 이 두 구조의 차이점은 if~then~else if 구조는 조건식이 (X<12.5 AND Y>185)와 같이 범위를 나타내든지 (X = 10.8)와 같이 특정한 하나의 값을 나타내든지 어떤 조건도 사용할 수 있다. 반면에 switch~ case 구조는 조건 표현식이 범위를 나타낼 수 없으며 (X/10)와 같이 단일 변수를 사용한 식으로 나타내며, 식의 값이 특정한 하나의 정수 값 또는 문자 값이 될 때만 사용이 가능하다.

4.3 관계연산자와 논리연산자

4.3.1 AND 논리와 OR 논리

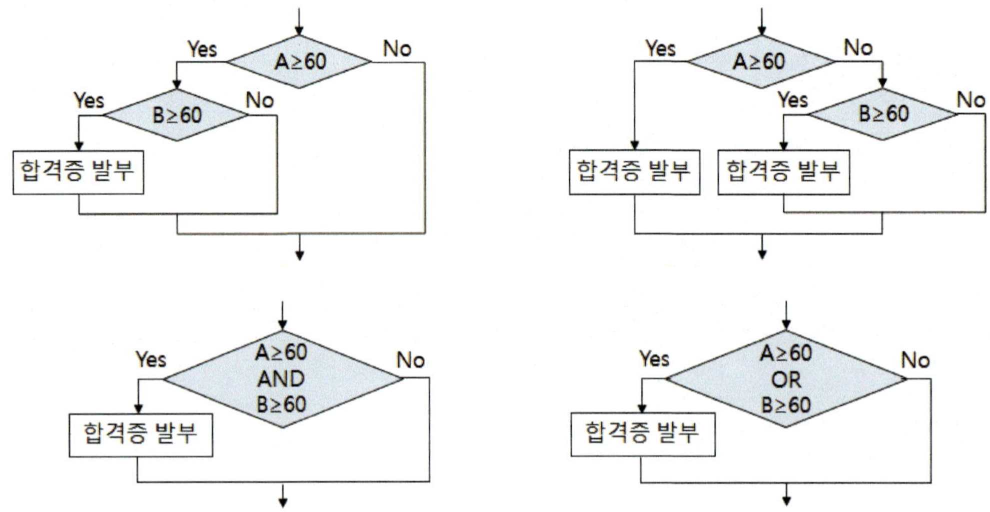

(a) AND 논리 (b) OR 논리

[그림 4-3] AND 논리와 OR 논리의 사용 예

[그림 4-3]는 AND 및 OR 논리의 예를 각각 보여주고 있다. [그림 4-3(a)]는 A≥60이고 B≥60일 때 합격증 발부를 수행한다. 그러므로 이 조건을 A≥60 AND B≥60와 같이 1개의 판단기호로 단순화할 수 있다. [그림 4-3(b)]는 A≥60이거나 B≥60일 때 합격증 발부를 수행한다. 그러므로 조건을 A≥60 OR B≥60와 같이 1개의 판단기호로 단순화할 수 있다.

다음 표는 이들에 대한 의사 코드이며 C언어의 코드도 이와 매우 유사하다.

<table>
<tr><th></th><th>AND 논리</th><th>OR 논리</th></tr>
<tr><td>관계연산자만
사용한 경우
(>=)</td><td>if (A>=60) then
    if (B>=60) then
        합격증 발부;
    endif
endif</td><td>if (A>=60) then
    합격증 발부;
else if(B>=60) then
    합격증 발부;
endif</td></tr>
<tr><td>논리연산자를
적용한 경우
(&&, ||)</td><td>if(A>=60 && B>=60) then
    합격증 발부;
endif</td><td>if(A>=60 || B>=60) then
    합격증 발부;
endif</td></tr>
</table>

4.3.2 관계연산자와 논리연산자

[표 4-1] 관계연산자와 논리연산자

관계연산자	C 문법	관계연산식의 사용 예	의미
<	<	if (A < B)	A가 B보다 작다면
≤	<=	if (A <= B)	A가 B보다 작거나 같다면
>	>	if (A > B)	A가 B보다 크다면
≥	>=	if (A >= B)	A가 B보다 크거나 같다면
=	==	if (A == B)	A와 B가 같다면
≠	!=	if (A != B)	A와 B가 같지 않다면

논리연산자	C 문법	논리연산식의 사용 예	의미
NOT	!	if (! (A == B))	A와 B가 같지 않다면
AND	&&	if (A < 10 && B > 1)	A<10이고 B>1이면
OR	¦¦	if (A==5 ¦¦ B==5)	A==5 이거나 B==5 이면

예를 들면 $(A < B)$ 는 관계연산식이며 그 결과는 참 또는 거짓이 출력된다. 여기서 '<' 는 관계연산자의 일종이다. 이와 같이 관계연산자는 수식의 대소 관계를 판단하여 그 결과 값으로 참(true)과 거짓(false)을 출력하는 연산자이며 표와 같다. 표에서 A와 B는 상수, 변수 또는 산술식일 수 있다.

예를 들면 $(A < 10 \ \&\& \ B > 1)$ 는 관계연산식 $(A < 10)$의 결과 값과 관계연산식 $(B > 1)$의 결과 값에 대한 AND 논리연산식이며 그 결과는 참 또는 거짓이 출력된다. 여기서 '&&'는 논리연산자의 일종이다. 이와 같이 논리연산자는 관계연산식의 결과 값(참 또는 거짓)들에 대하여 NOT, AND, OR 연산을 수행하여 그 결과 값으로 참 또는 거짓을 출력하는 연산자이며 표와 같다.

[그림 4-3]과 같이 두 개의 관계연산식들을 AND 또는 OR 논리연산을 한 경우 순서도와 프로그램에서는 1개의 판단기호로 단순화할지라도 컴퓨터에서는 여전히 2개의 판단기호로 해석하여 내부적으로 처리한다. 예를 들어 if(A>=60 && B>=60) then~ 이란 문장은 if (A>=60) then if (B>=60) then~으로 처리된다.

4.4 절대값 구하기

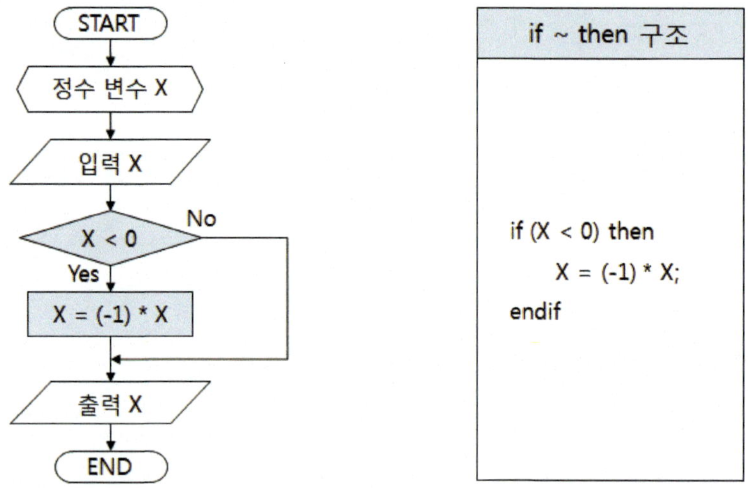

(a) 순서도 (b) 의사코드

[그림 4-4] 절대값을 구하는 순서도

어떤 수의 절대값을 구하는 방법은 만약 그 수가 음수이면 양수 부호로 바꾸어주고 만약 그 수가 양수이면 양수 그대로 둔다. 어떤 수에 부호를 바꾸기 위해서는 그 수에 (-1)을 곱하면 된다.

어떤 수의 절대값을 구하는 처리 절차는 다음과 같다.

① 어떤 정수를 X에 입력받는다.

② X가 음수인지 검사한다.

③ 만약 X가 음수이면 X에 (-1)을 곱하여 부호를 바꾸어주고, 만약 X가 음수가 아니면 그대로 둔다.

④ X를 출력한다.

※ [창의적 사고] 만약 판단조건을 X≥0로 바꾸면 if~then 구조 또는 if~then~else 구조로 처리할 수 있는가?

4.5 3의 배수 판별하기

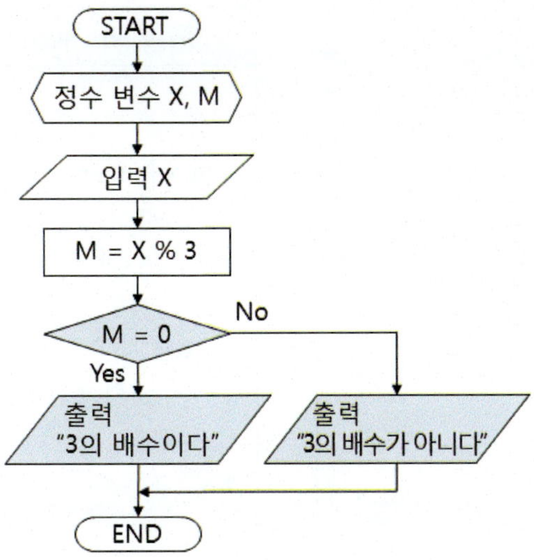

(a) 순서도

if~ then~ else 구조

```
if (M = 0) then
    출력 "3의 배수이다."
else
    출력 "3의 배수가 아니다";
endif
```

(b) 의사코드

[그림 4-5] 3의 배수를 판별하는 순서도

어떤 정수가 3의 배수인지 판별하는 방법은 그 수를 3으로 나누고 그 나머지를 검사하는 방법이다. 즉, 만약 나머지가 0이면 그 수는 3의 배수이고, 만약 나머지가 0이 아니면 그 수는 3의 배수가 아니다.

[그림 4-5]는 키보드로부터 입력한 어떤 정수가 3의 배수인지 판별하는 순서도이며, 그 처리 절차는 다음과 같다.

① 어떤 정수를 X에 입력받는다.

② 나머지를 구하기 위하여 모듈로(modulo) 연산자 %에 의해 X를 3으로 나눈다. 그리고 그 나머지를 M에 저장한다.

③ M이 0인지 검사한다.

④ 만약 M이 0이면 "3의 배수이다"를 출력한다. 만약 M가 0이 아니면 "3의 배수가 아니다"를 출력한다.

※ [창의적 사고1] 출력 기호를 한 번만 사용한 순서도를 작성할 수 있는가?

※ [창의적 사고2] 입력한 수 그 자체도 출력하려면 어떻게 해야 할까?

4.6 두 수의 크기 판별하기

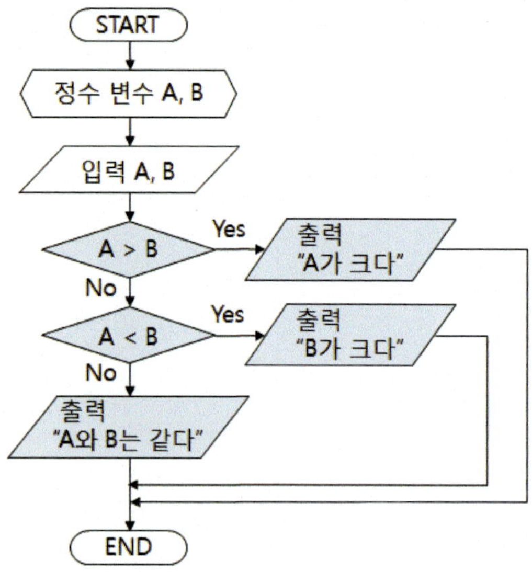

(a) 순서도

```
if~ then~ else 구조

if (A > B) then
    출력 "A가 크다.";
else if (A<B) then
        출력 "B가 크다.";
    else
        출력 "A와 B는 같다.";
    endif
endif
```

(b) 의사코드

[그림 4-6] 두 수의 크기를 판별하는 순서도

두 정수를 A, B에 각각 입력하고 A, B의 크기를 비교하고 A가 더 큰 지, B가 더 큰 지 또는 A와 B가 같은지 그 결과를 출력하는 순서도를 작성하고자 한다. 실제로 A와 B의 대소 관계는 다음 세 가지 조건, 즉 (1) A가 B보다 더 큰 경우 (2) B가 A보다 더 큰 경우 (3) A와 B가 같은 경우 중에서 하나일 것이다.

[그림 4-6]은 이들 세 가지 조건들 중에서 조건 (1), (2)를 차례대로 검사하고 이들 조건들을 모두 만족하지 않는 경우를 조건 (3)의 경우로 처리하였다.

※ [창의적 사고1] 조건들을 검사하는 순서를 바꾸면 어떻게 되는가?

※ [창의적 사고2] 출력 기호를 한번만 사용한 순서도를 작성할 수 있는가?

※ [창의적 사고3] 큰 수 그 자체를 출력하려면 어떻게 해야 할까?

4.7 세 수 중 가장 큰 수 판별하기

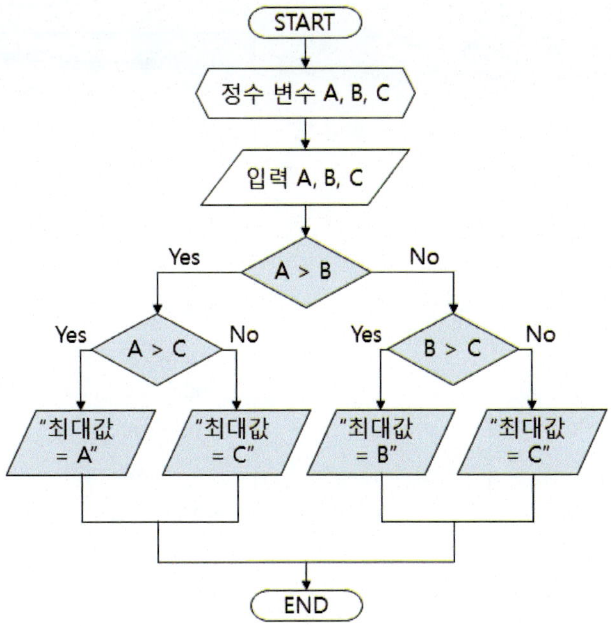

(a) 순서도

내포된 if 구조

```
if (A>B) then
{
        if (A>C) then
                출력 "최대값 = A";
        else
                출력 "최대값 = C";
        endif
}
else
{
        if (B>C) then
                출력 "최대값 = B";
        else
                출력 "최대값 = C";
        endif
}
endif
```

(b) 의사코드

[그림 4-7] 세 수 중 가장 큰 수를 판별하는 순서도

변수 A, B, C에 서로 다른 정수가 들어있을 때 가장 큰 수가 어느 것인지 판별하는 방법은 우선 두 수를 먼저 비교하여 큰 수를 찾아내고, 찾아낸 큰 수와 나머지 한 수를 비교하여 그 중에서 큰 수를 찾아내면 그 수가 가장 큰 수이다.

[그림 4-7]은 서로 다른 세 정수들을 입력받고 이들 중에서 가장 큰 수를 판별하는 순서도이다. 세 정수들 중에서 가장 큰 수를 판별하는 방법은 다음과 같다.

첫째, 만약 조건 A>B가 참(Yes)인 경우, A가 B보다 더 크므로, A와 나머지 한수 C를 비교하여 더 큰 것을 찾아내야 한다. 그래서 순서도에서 판단기호 A>B의 참(Yes)인 쪽에 판단기호 A>C를 추가해야 한다.

둘째, 만약 조건 A>B가 거짓(No)인 경우, B가 A보다 더 크므로, B와 나머지 한 수 C를 비교하여 더 큰 것을 찾아내야 한다. 그래서 순서도에서 판단기호 A>B의 거짓(No)인 쪽에 판단기호 B>C를 추가해야 한다.

※ [창의적 사고] 이 순서도에서 최대값 자체를 출력하려면 어떻게 해야 하나?

4.8 세 수 중 최대값 구하기

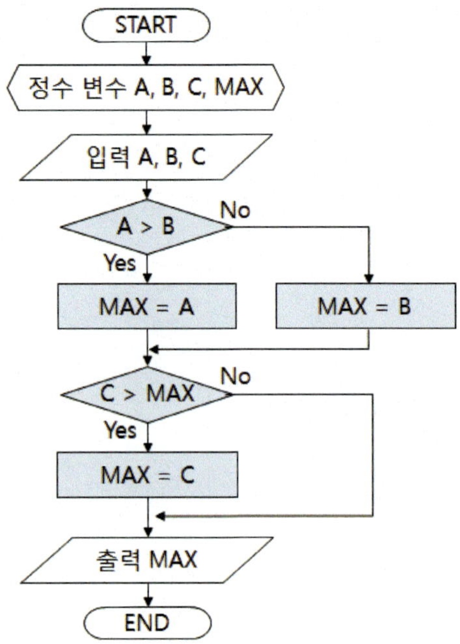

(a) 순서도

if~ then~ else 구조

```
if (A > B) then
    MAX = A;
else
    MAX = B;
endif
if (C > MAX) then
    MAX = C;
endif
```

(b) 의사코드

[그림 4-8] 세 수 중 최대값을 구하는 순서도

변수 A, B, C에 들어있는 세 수 중에서 최대값을 구하는 방법은 우선 두 수를 비교하여 큰 수를 최대값으로 저장해두고 나머지 한 수를 저장해둔 최대값과 비교하여 그 중에서 큰 수를 최대값으로 저장하고 이를 출력하면 된다.

[그림 4-8]은 변수 A, B, C에 각각 정수를 입력받고 A와 B 중에서 큰 수를 MAX에 저장하고 나서 C가 MAX보다 큰 경우에만 C를 MAX에 저장하고 최종적으로 MAX를 출력하는 순서도이다. 이 순서도는 최대값을 구하고 있으나 최대값을 가진 변수의 이름을 구하고 있지는 않다.

※ [창의적 사고] 정수가 4개 이상일 경우에 MAX 변수를 적용할 수 있는가?

※ [창의적 사고] MAX 변수를 도입하지 않고 최대값을 판별하는 [그림 4-7]의 방법은 정수가 4개 이상 계속 늘어나면 처리 방법에 한계가 있다. 그 이유는 무엇인가?

4.9 세 수 중 최대값, 최소값 구하기

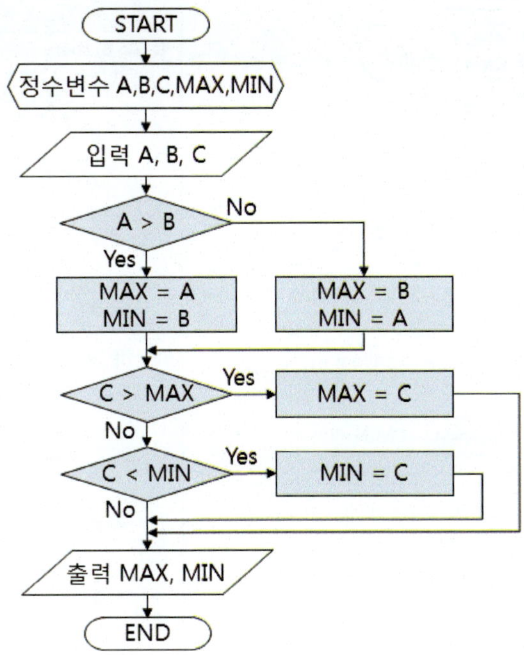

(a) 순서도

if~ then~ else 구조

```
if ( A > B) then
{
      MAX = A;
      MIN = B;
}
else
{
      MAX = B;
      MIN = A;
}
endif
if (C > MAX) then
      MAX = C;
else if (C < MIN) then
            MIN = C;
      endif
endif
```

(b) 의사코드

[그림 4-9] 세 수 중 최대값, 최소값을 구하는 순서도

변수 A, B, C에 들어있는 세 수 중에서 최대값과 최소값을 구하는 방법은 다음과 같다. 우선 두 수를 비교하여 큰 수를 최대값으로, 작은 수를 최소값으로 저장해둔다. 나머지 한 수와 저장해둔 최대값을 비교하여 나머지 한수가 더 크면 이를 새로운 최대값으로 저장해두고, 만약 그렇지 않다면 나머지 한 수와 저장해둔 최소값을 비교하여 나머지 한 수가 더 작으면 나머지 한 수를 새로운 최소값으로 저장한다.

[그림 4-9]는 변수 A, B, C에 세 수를 각각 입력받고 최대값과 최소값을 구하는 순서도이다. 입력받은 A와 B 중에서 큰 수와 작은 수를 각각 MAX, MIN에 저장한다. 그 후에 만약 C가 MAX보다 더 큰 경우에만 C를 MAX에 저장한다. 만약 아니라면 C가 MIN보다 작은 경우에만 C를 MIN에 저장한다. 그 후에 MAX와 MIN을 출력한다.

※ [창의적 사고] 정수가 4개 이상일 경우에 MAX, MIN 변수를 적용할 수 있는가?

4.10 세 수 중 가장 큰 수와 가장 작은 수 판별하기

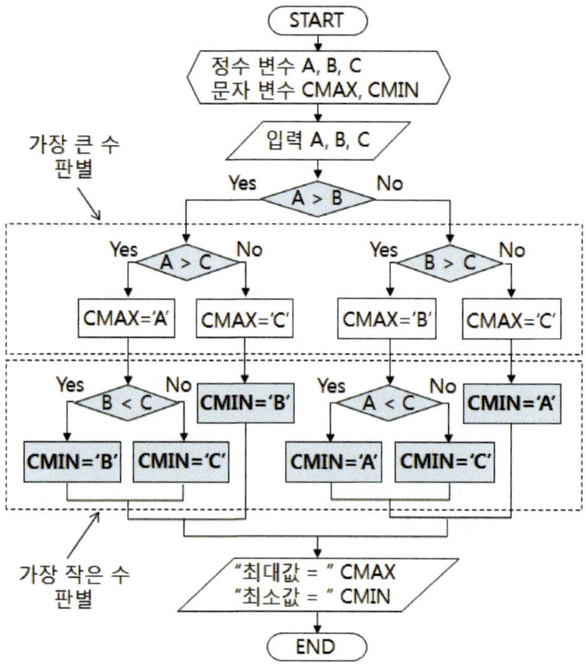

(a) 순서도

if~ then~ else 구조

```
if (A>B) then
    if (A>C) then
        CMAX='A';
        if (B<C) then
            CMIN ='B';
        else
            CMIN='C';
        endif
    else
        CMAX='C';
        CMIN='B';
    endif
else
    if (B>C) then
        CMAX='B';
        if (A<C) then
            CMIN='A';
        else
            CMIN='C';
        endif
    else
        CMAX='C';
        CMIN='A';
    endif
endif
```

(b) 의사코드

[그림 4-10] 세 수 중 가장 큰 수와 가장 작은 수를 판별하는 순서도

서로 다른 세 수 중 가장 큰 수를 판별하는 순서도를 [그림 4-7]에서 살펴보았다. 이제는 이 순서도에 이들 세 수 중 가장 작은 수를 판별하는 부분을 추가한 순서도를 [그림 4-10]에 나타내었다. 세 수 중 가장 작은 수를 판별하는 방법은 다음과 같다.

- **만약 A〉B가 참(Yes)일 때 :** (1) 만약 A>C가 참이면(Yes)이면, A>B이고 A>C인 관계이다. 그러므로 CMAX = 'A'가 선택되고 B<C인지 판정에 따라 CMIN = 'B' 또는 'C'가 선택된다. (2) 만약 A>C가 거짓(No)이면, C>A이고 A>B인 관계이다. 이는 C>A>B이 되어 CMAX = 'C', CMIN = 'B'가 된다.
- **만약 A〉B가 거짓(No)일 때 :** (1) 만약 B>C가 참(Yes)이면, B>C이고 B>A인 관계이다. 그러므로 CMAX='B'이고, A<C인지 판정에 따라 CMIN = 'A' 또는 'C'가 결정된다. (2) 만약 B>C가 거짓(No)이면, C>B이고 B>A인 관계이다. 이는 C>B>A이 되어 CMAX = 'C'이고 CMIN = 'A'이다.

※ [창의적 사고] 이 순서도에서 최대값 자체를 출력하려면 어떻게 해야 하나?

4.11 다중 조건을 처리하는 여러 가지 방법들

4.11.1 정가에 따른 할인율 적용하는 방법(1)

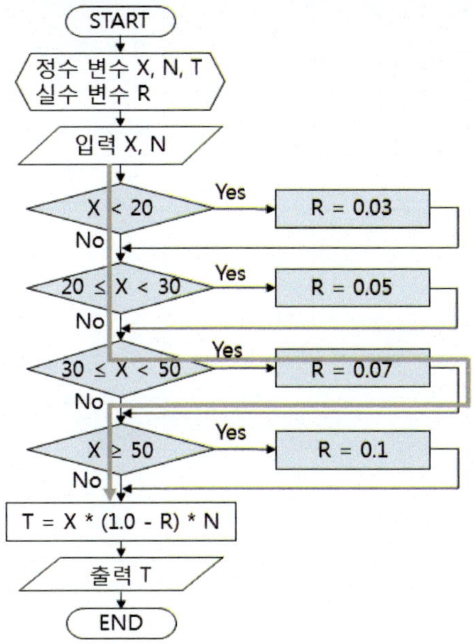

(a) 순서도

if ~ then 구조

```
if (X<20) then
      R=0.03;
endif
if (X>=20 AND X<30) then
      R=0.05;
endif
if (X>=30 AND X<50) then
      R=0.07;
endif
if (X>=50) then
      R=0.1;
endif
```

(b) 의사코드

[그림 4-11-1] 정가에 따른 할인율을 적용하는 순서도(if~then 구조)

어떤 상품이 정가에 따라 아래의 표와 같이 할인율이 다르게 적용되는 경우에 만원 단위의 정가와 판매수를 각각 X와 N에 입력받고 그 할인율을 적용하여 만원 단위의 총판매금액을 계산하는 순서도를 if~then 구조로 작성하여 보자.

정가(X)	조건식	할인율(R)
20만원 미만	X<20	3% (0.03)
20만원 이상~30만원 미만	20≤X<30	5% (0.05)
30만원 이상~50만원 미만	30≤X<50	7% (0.07)
50만원 이상	X≥50	10% (0.10)

[그림 4-11-1(a)] if~then 구조들을 연달아 사용한 순서도이다. 4가지 조건들 중에서 정가의 범위를 만족하는 어떤 한 조건의 할인율이 선택됨을 알 수 있다. 그러나 [그림 4-11-1(b)]의 의사코드에서 보는 바와 같이 예를 들어 조건식 20≤X<30은 C언어 코딩에서는 (X≥20 AND X<30)와 같은 AND 논리 연산식으로 표현되므로 if~then 구조를 이용하는 것은 복잡한 조건식을 사용하도록 만든다.

4.11.2 정가에 따른 할인율 적용하는 방법(2)

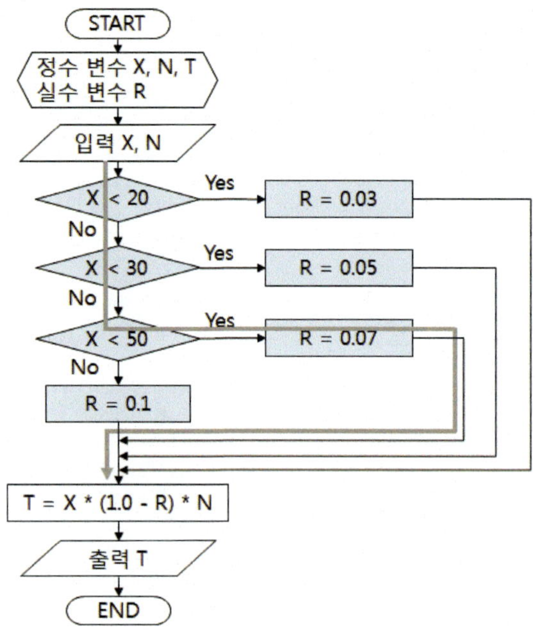

(a) 순서도

if~then~else if 구조

```
if (X<20) then
    R = 0.03;
else if (X<30) then
        R = 0.05;
    else if (X<50) then
            R = 0.07;
        else
            R = 0.1;
        endif
    endif
endif
```

(a) 의사코드

[그림 4-11-2] 정가에 따른 할인율을 적용하는 순서도(if~then~else if 구조)

어떤 상품이 정가에 따라 할인율이 다르게 적용되는 경우에 정가와 판매수를 입력받고 그 할인율을 적용하여 총판매금액을 계산하는 순서도를 다른 방법으로 작성하여 보자. 정가의 범위를 20만원, 30만원, 50만원을 경계선으로 하여 if~then~else if 구조로 순서도를 작성하면 [그림 4-11-2(a)]과 같다.

20만원 미만인 경우 3%, 그렇지 않으면 30만원 미만인 경우 5%, 그렇지 않으면 50만원 미만인 경우 7%, 그렇지 않으면 10% 할인율이 적용된다. 조건들이 차례대로 검사되다가 한 조건이 만족되면 해당 할인율이 적용되고 선택구조에서 바로 빠져나온다. [그림 4-11-2(b)]와 같이 if~then~else if 구조의 의사코드는 조건식이 간단하고 이해하기가 쉬운 장점이 있다.

4.11.3 정가에 따른 할인율 적용하는 방법(3)

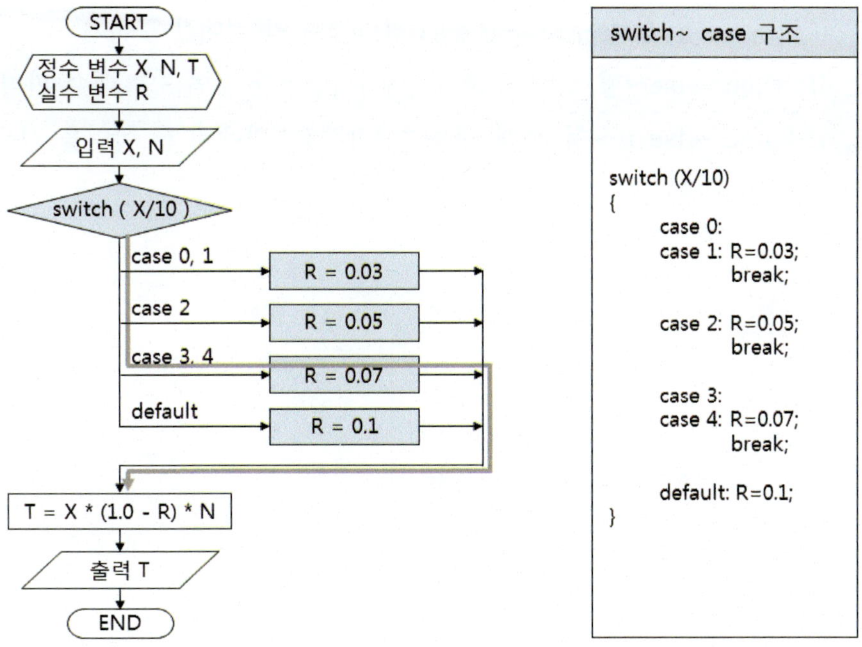

(a) 순서도 (b) 의사코드

[그림 4-11-3] 정가에 따른 할인율을 적용하는 순서도(switch~case 구조)

정가(X)와 판매수(N)을 입력받고 정가(X)에 따라 할인율(R)이 다르게 적용되는 경우에 총 판매금액(T)을 계산하는 순서도를 또 다른 방법으로 작성하여 보자. [그림 4-11-3(a)]는 switch~case 구조로 작성한 순서도이다. switch(표현식)에서 표현식의 정수 범위를 다음 표와 같이 줄였다. 예를 들어 X가 20만원 미만인 경우 X의 범위는 1부터 19까지이므로 switch(X)는 19개의 case 문을 요구하지만, X/10의 몫을 표현식으로 사용하면 몫의 범위는 0, 1이므로 switch(X/10)은 2개의 case 문을 요구한다.

정가(X)	(X)의 값(만원 단위)	X/10의 몫	할인율(R)
20만원 미만	1, 2, 3, ……19	0,1	3% (0.03)
20만원 이상~30만원 미만	20,21,23,……29	2	5% (0.05)
30만원 이상~50만원 미만	30,31,32,……49	3,4	7% (0.07)
50만원 이상	50,51,52,……	5,6,7……	10% (0.10)

표와 같이 X/10의 몫이 0과 1인 경우는 할인율 3%, 몫이 2인 경우는 할인율 5%, 몫이 3과 4인 경우는 할인율 7%, 그 밖의 경우는 할인율 10%를 적용한다.

4장 | 요점 정리

1. if~then~형 선택 구조 : [예제] 입력한 수의 절대값 구하기
2. if~then~else~형 선택 구조 : [예제]입력한 수의 3의 배수 판별하기
3. if~then~else if~형 선택 구조 : [예제] 정가에 따른 할인율 적용하기

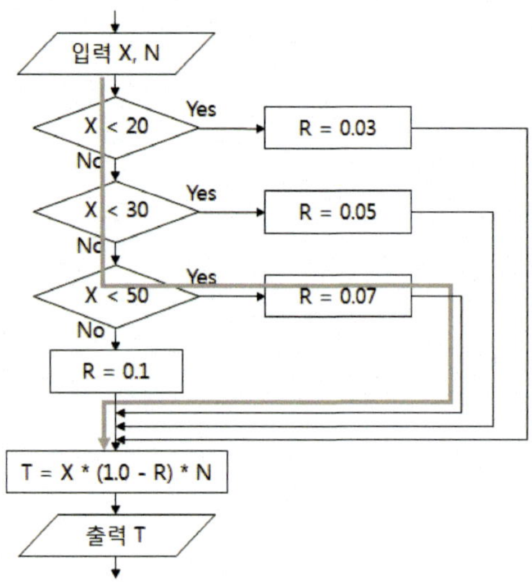


```
scanf("%d %d", &X, &N);

if (X<20)
    R=0.03;
else if (X<30)
        R=0.05;
    else if (X<50)
            R=0.07;
        else
            R=0.1;

T = X * ( 1.0 - R ) * N;
printf("Total price is %d \n", T);
```

4. switch~case 선택 구조 (다중 분기형) : [예제] 정가에 따른 할인율 적용하기

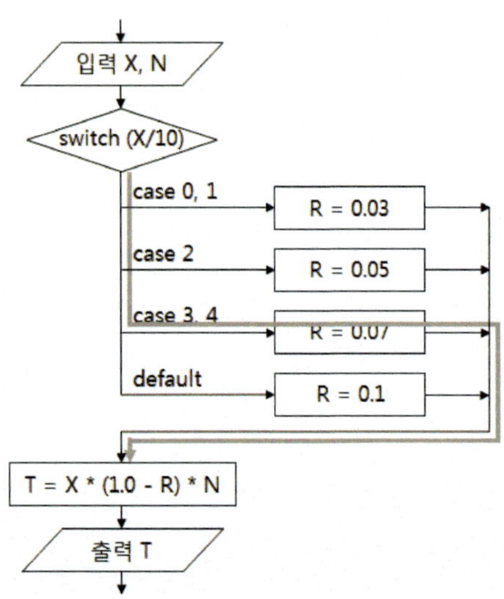


```
scanf("%d %d", &X, &N);
switch (X/10)
{
 case 0:
 case 1: R=0.03;
        break;
 case 2: R=0.05;
        break;
 case 3:
 case 4: R=0.07;
        break;
 default: R=0.1;
}
T = X * ( 1.0 - R ) * N;
printf("Total price is %d \n", T);
```

4장 연습 문제

1. 한 개의 정수를 읽고 만약 그 수가 음수이면 "음수"를 출력하는 순서도를 작성하시오.

2. 한 개의 정수를 입력받고 짝수와 홀수를 판별하는 순서도를 작성하시오.

3. 한 개의 정수를 입력받고 음수, 0, 양수를 판별하는 순서도를 작성하시오.

4. 서로 다른 3개의 정수를 A, B, C에 읽고 최대값(MAX), 중간값(MED), 최소값(MIN)을 출력하는 순서도를 작성하시오.

5. 성적을 X에 입력받고 학점을 Grade에 부여하여 출력하는 순서도를 작성하시오. 성적에 따른 학점은 다음 표와 같다.

성적(X)	X≥90	90>X≥80	80>X≥70	70>X≥60	X<60
학점(Grade)	A	B	C	D	F

6. 만약 택시요금이 속도에 관계없이 거리에 따라 요금이 결정된다면 X m을 달린 후에 택시요금(R)을 출력하는 순서도를 작성하시오. 요금표는 다음과 같다.

거리(X)	2000m 이하일 때	2000m 초과할 때
요금(R)	기본요금 3,000원	기본요금 3,000원+100m당 100원씩 상승

7. 사원번호, 근무시간, 시간수당을 입력받고 주당 급여를 계산하고 사원 번호와 주당 급여를 출력하는 순서도를 작성하시오. 근무시간>40시간인 경우 40시간의 정상급여와 초과시간(근무시간−40)의 초과수당이 지급된다. 초과수당은 초과시간에 대해서 시간수당의 30%가 적용된다. 급여계산은 다음 표와 같다.

근무시간(H)	40시간 이하일 때	40시간 초과할 때
주급(Wage)	정상급여	정상급여+초과수당(정상 시간수당의 30% 지급)

8. 상품번호, 등급, 수량을 입력받고 상품의 등급에 따른 단가를 적용하여 구입비를 계산하고 상품번호, 등급, 구입비를 출력하는 순서도를 작성하시오. 단가는 다음 표와 같다.
(힌트 : 구입비 = 등급별 단가 * 수량)

등급(Grade)	1등급	2등급	3등급
단가(Price)	5000원	4000원	3000원

9. 8번 문제에서 세금이 구입비의 10%로 부가되는 경우 세금을 포함한 총구입비를 계산하고 상품번호, 구입비, 세금, 총구입비를 출력하는 순서도를 작성하시오.
(힌트 : 세금 = 구입비 * 0.1, 총구입비 = 구입비 + 세금)

10. 7번 문제에서 주급에 대한 세금이 다음 표와 같을 때 사원번호, 주급, 세금, 실지급액을 출력하는 순서도를 작성하시오.
(힌트 : 실지급액 = 주급 - 세금, 세금 = 주급 * 세금율)

주급(Wage)	X≥80만원	80만원>X≥50만원	50만원>X≥20만원	X<20만원
세금율(Tax Rate)	20%	15%	10%	0%

11. 소포 우편물의 무게를 입력하고 요금을 구하여 출력하는 순서도를 작성하시오. 소포 우편물의 무게에 따른 요금은 다음 표와 같다.

무게(W)	~2kg	~5kg	~10kg	~20kg	~30kg이상
요금(Charge)	4,000	4,500	6,000	7,500	9,500

12. 상품의 수량과 단가를 입력하고 수량이 30개 이상이거나 또는 단가가 10만원 이상인 경우 20% 할인하여 주는 경우 총금액을 출력하는 순서도를 작성하시오.
(힌트 : 총금액 = 단가 * 수량)

Chapter 05

Understanding Algorithm

반복 구조

5.1 while과 do~while 구조

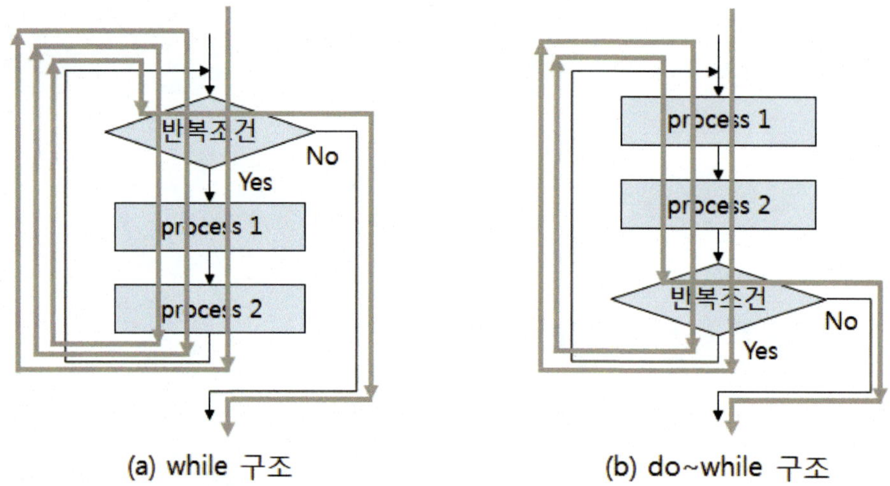

[그림 4-11-3] 반복 구조의 예

반복 구조는 순환 구조, 루프(loop)구조라고도 한다. 반복 구조는 조건에 따라 특정한 명령들을 반복적으로 수행하는 논리 구조이다. 반복 구조에는 [그림 5-1(a)]와 같은 while구조와 [그림 5-1(b)]와 같은 do~while 구조 등이 있다.

[그림 (a)]의 while 구조는 특정한 명령들을 수행하기 이전에 반복조건을 먼저 검사하므로 특정한 명령들을 1번도 수행하지 않을 수 있다. 반면에 [그림 (b)]의 do~while 구조는 반복조건을 검사하기 이전에 특정한 명령들을 먼저 수행하므로 최소한 1회 이상 특정한 명령을 수행해도 되는 응용들에게 유용하다.

반복 구조는 반복 처리가 끝나게 되면 반복 구조에서 정상적으로 빠져나올 수 있어야 한다. 반복 구조에서 종료조건을 만족하지 못하여 끝없이 반복 처리가 일어나는 것을 무한 루프라고 하며, 이러한 현상이 일어나지 않도록 반복을 제어하여야 한다.

5.2 카운터 변수에 의해 제어되는 반복 구조

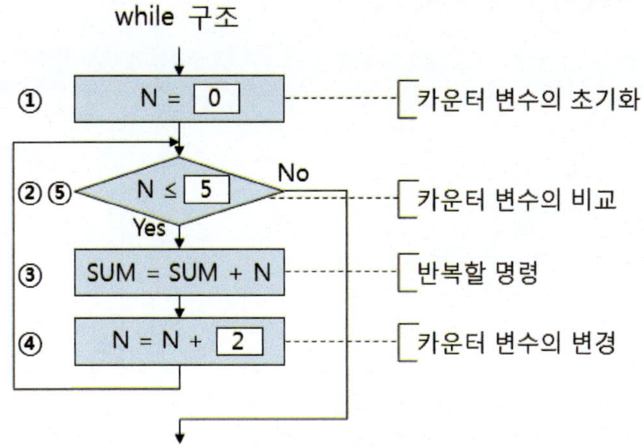

[그림 5-2] 카운터 변수에 의해 제어되는 반복 구조의 예

반복 횟수를 제어하기 위해 카운터(counter) 변수 N을 도입한 while 구조의 예를 [그림 5-2]에 보였다. 카운터 변수란 반복 처리 이전에 초기값을 주고 반복 처리할 때마다 일정한 값만큼 증가시킨 후 최종값에 도달했는지 검사함으로써 반복 횟수를 제어하는 데 사용되는 변수를 의미한다.

[그림 5-2]에 표시된 ①,②,③,④,⑤는 처리 순서이며 다음과 같다.

① **카운터 변수의 초기화 :** [N = 0]으로 카운터 변수 N 값을 0으로 초기화한다.
② **카운터 변수의 비교 :** [N ≤ 5]으로 N의 값이 최종값 5 이하인지 검사한다.
③ **반복할 명령 :** [SUM = SUM + N]으로 반복할 명령을 수행한다.
④ **카운터 변수의 변경 :** [N = N + 2]으로 N의 값을 2 증가시킨다.
⑤ ②로 되돌아간다. [N ≤ 5]가 만족되면 ③,④,⑤를 반복하고, 아니면 종료한다.

결론적으로 [그림 5-2]에서 [SUM = SUM + N] 명령은 카운터 변수 N이 0, 2, 4일 때 수행되므로 총 3회 반복 수행한다.

5.3 for 구조

5.3.1 for 구조(1)

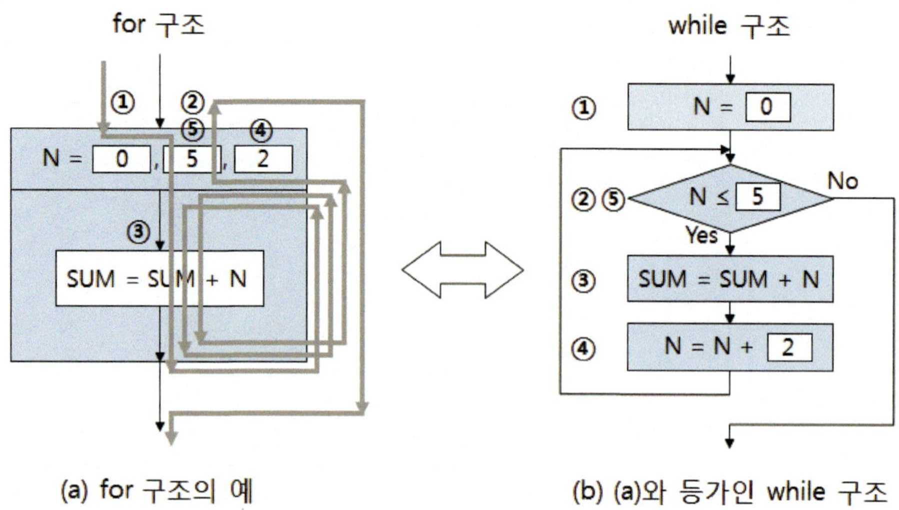

[그림 5-2] for 구조와 그 등가인 while 구조의 예

[그림 5-3-1(a)]에 for 구조의 예를 보였다. for 구조는 하나의 기호로 표시되므로 반복 횟수를 미리 알 수 있는 문제를 해결할 경우에 가장 유용한 반복구조이다.

for 구조는 반복 횟수를 제어하기 위하여 카운터 변수를 사용하는 구조이다. [그림 5-3-1(a)]의 첫 번째 줄 [N＝0,5,2]는 [카운터 변수 N＝초기값 0, 최종값 5, 증가값 2]을 의미하며, 그 처리에서의 의미는 N값이 초기값 0일 때부터 N이 2씩 증가할 때마다 N값이 최종값 5를 초과하지 않는 한, [SUM＝SUM＋N]을 반복함을 나타낸다.

[그림 5-3-1(a)]의 for구조에 표시된 ①,②,③,④,⑤는 처리 순서이며 다음과 같다.

① **카운터 변수의 초기화 :** [0]은 [N＝0]을 의미하며 N을 0으로 초기화한다.
② **카운터 변수의 비교 :** [5]는 [N≤5]를 의미하며 N이 5이하인지 검사한다.
③ **반복할 명령 :** [SUM＝SUM＋N]은 반복할 명령을 나타낸다.
④ **카운터 변수의 변경 :** [2]는 [N＝N＋2]를 의미하며, N의 값을 2 증가시킨다.
⑤ ②로 되돌아간다. [N≤5]가 만족되면 ③,④,⑤를 반복하고, 아니면 종료한다.

[그림 5-3-1(b)]의 while 구조는 [그림 5-3-1(a)]의 for 구조와 동일한 기능을 수행한다. 그러므로 이 두 구조들은 서로 간에 대체가 가능하다.

5.3.2 for 구조(2)

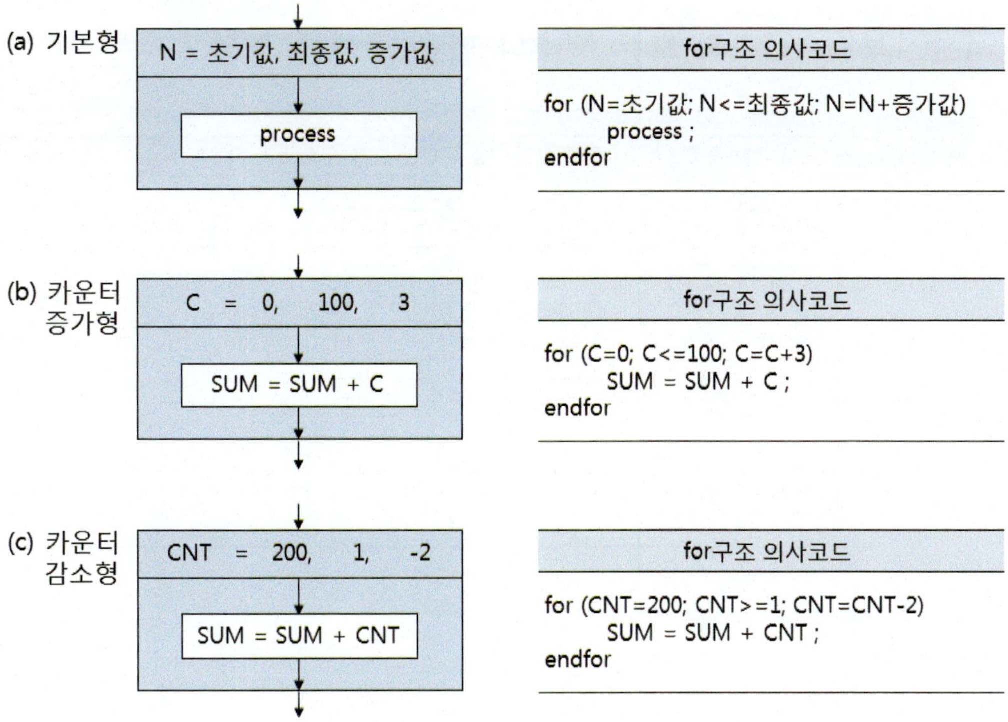

[그림 5–3] 카운터에 의해 제어되는 for 구조

[그림 5-3-2(a)]는 카운터에 의해 제어되는 for 구조의 기본형을 보여주고 있다. 그림 속의 [N = 초기값, 최종값, 증가값]은 반복 횟수를 제어하는 부분이다. N값이 [초기값]에서부터 시작하여 반복 처리할 때마다 [증가값]만큼씩 증가하여 [최종값]을 초과하면 종료하므로 이 세 가지 값으로 반복 횟수를 제어할 수 있다.

[그림 5-3-2(b)]은 카운트 업(count up)하는 카운터 증가형의 예이다. 그림 속의 [C = 0, 100, 3]의 의미는 C값이 초기값 0일 때와 3씩 증가할 때마다 [C≤100] 조건을 검사하고 이 조건이 만족되는 한, 반복명령문을 수행한다.

그러나 [그림 5-3-2(c)]는 카운트 다운(count down)하는 카운터 감소형의 예이다. [CNT = 200, 1, -2]의 의미는 CNT값이 초기값이 200일 때와 2씩 감소할 때마다 [CNT≥1] 조건을 검사하고 이 조건이 만족되는 한, 반복명령문을 수행한다.

5.4 정수의 합 구하기

5.4.1 1부터 10까지 모든 정수의 합을 구하는 과정

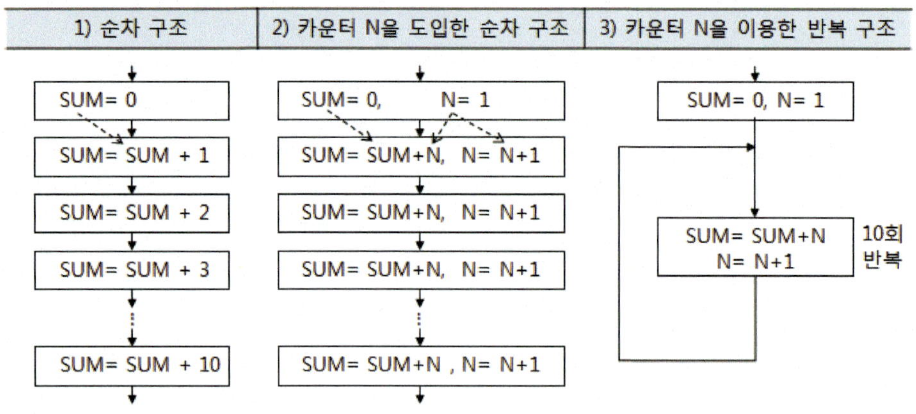

[그림 5-4-1] 순서도를 작성하는 과정

1부터 10까지 모든 정수의 합을 구하는 순서도를 2장에서 다루었지만 여기서는 다른 방법으로 작성해보자. 이 문제는 다음과 같은 풀이 과정을 거쳐야 한다.

[1단계] 제일 먼저 구하고자 하는 문제를 수식으로 표현해본다.

SUM = 1 + 2 + 3 + 4 + ··· + 9 + 10

10번 더하기

[2단계] 위 수식으로부터 [그림 5-4-1]과 같이 반복되는 수식을 찾아낸다.

1) 순차 구조 : SUM = 0에서 시작하여 SUM = SUM + 1, SUM = SUM + 2, SUM = SUM + 3 식으로 1씩 증가된 상수를 덧셈에 누적하는 순차구조를 작성한다.

2) 카운터 N을 도입한 순차 구조 : 1씩 증가된 N을 덧셈에 누적해 나감으로써 [SUM = SUM + N, N = N + 1]의 반복되는 수식을 가진 순차구조를 작성한다.

3) 카운터 N을 이용한 반복 구조 : 반복되는 수식 [SUM = SUM + N, N = N + 1]에 대하여 우선 무한루프 형태로 반복구조를 작성한다.

[3단계] 무한루프를 해결하기 위해 $N \le 10$의 반복조건을 추가해야 한다. SUM에 누적되고 나서 N이 1 증가되므로 $N<10$을 추가하면 9까지만 더해진다. 이 판단기호를 [SUM = SUM +N, N = N+1]의 앞쪽에 두면 while구조가 되고, 뒤쪽에 두면 do while구조가 된다.

5.4.2 1부터 10까지 모든 정수의 합을 구하는 방법

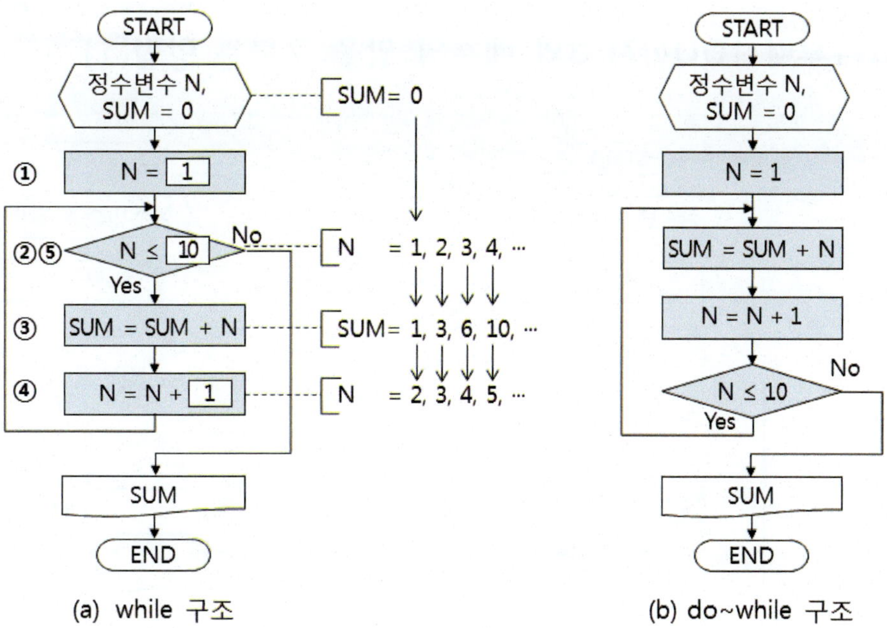

[그림 5-4-2] 1부터 10까지 정수의 합을 구하는 순서도

[그림 5-4-2(a),(b)]는 1부터 10까지의 모든 정수의 합을 구하는 방법들 중에서 2장의 [그림 2-5-7]에서 이미 다루었던 while 구조와 do~while 구조를 그대로 이용하지만 그 내용이 약간 다른 또 다른 방법을 보여주는 순서도들이다.

이 문제를 해결하는 2장에서의 순서도와 여기서의 순서도의 차이점은 while 구조와 do~while 구조 속에 있는 반복할 명령들의 처리순서가 다르다는 것이다. 즉 [그림 2-5-7]의 순서도는 [N = N + 1]이 [SUM = SUM + N]보다 선행하고 있다. 반면에 여기서는 [SUM = SUM + N]이 오히려 [N = N + 1]보다 선행하고 있다. 이에 따라 조건식도 [그림 2-5-7]에서는 N<10 이지만, 여기서는 N ≤ 10 임에 주의하여야 한다.

지금까지 이 문제를 해결하는 순서도는 while과 do~while 구조의 방법으로 총 4가지이지만, 이들 중에서 [그림 5-4-2(a)]의 while 구조는 for 구조로 바꿀 수 있으므로 for 구조까지 포함하면 총 5가지의 순서도들이 존재한다.

5.5 배수의 합 구하기

5.5.1 1부터 100까지 3의 배수의 합을 구하는 방법(1)

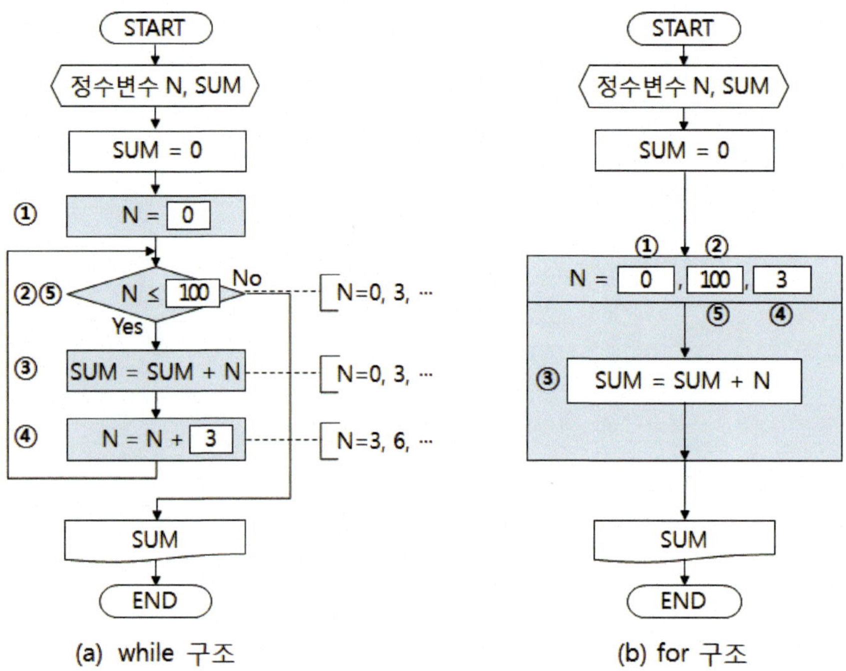

[그림 5-5-1] 0부터 3씩 증가시켜서 3의 배수의 합을 구하는 순서도

1부터 100까지 3의 배수의 합을 구하는 순서도들은 몇 가지가 존재한다. 이는 3의 모든 배수를 구하는 방법이 여러 가지가 있기 때문이다. 가장 간단한 방법은 0에서부터 시작하여 3씩 증가시키면서 3의 배수를 구하는 방법이다.

[그림 5-5-1(a),(b)]는 while와 for 구조를 이용하여 0에서부터 100까지 3씩 증가시켜 3의 배수를 찾아 그 합을 구하는 순서도들이다. 그 처리절차는 다음과 같다.

1) [SUM = 0]으로 초기화하고 ① [N = 0]으로 초기화한다.
2) ② [N ≤ 100]인지 검사한다. 만약 이 반복조건이 만족되면 ③,④를 수행한다.
3) ③ [SUM = SUM + N]으로 N을 누적시키고 ④ [N = N + 3]으로 N을 3 증가시킨다.
4) ⑤ ②로 되돌아가서 반복조건을 검사한다,
5) 만약 반복조건이 만족되지 않을 때는 루프를 빠져나온 후 SUM을 출력한다. 화면 출력은 그림과 같이 입출력 기호 대신에 서류기호로 표시할 수 있음을 보였다.

5.5.2 1부터 100까지 3의 배수의 합을 구하는 방법(2)

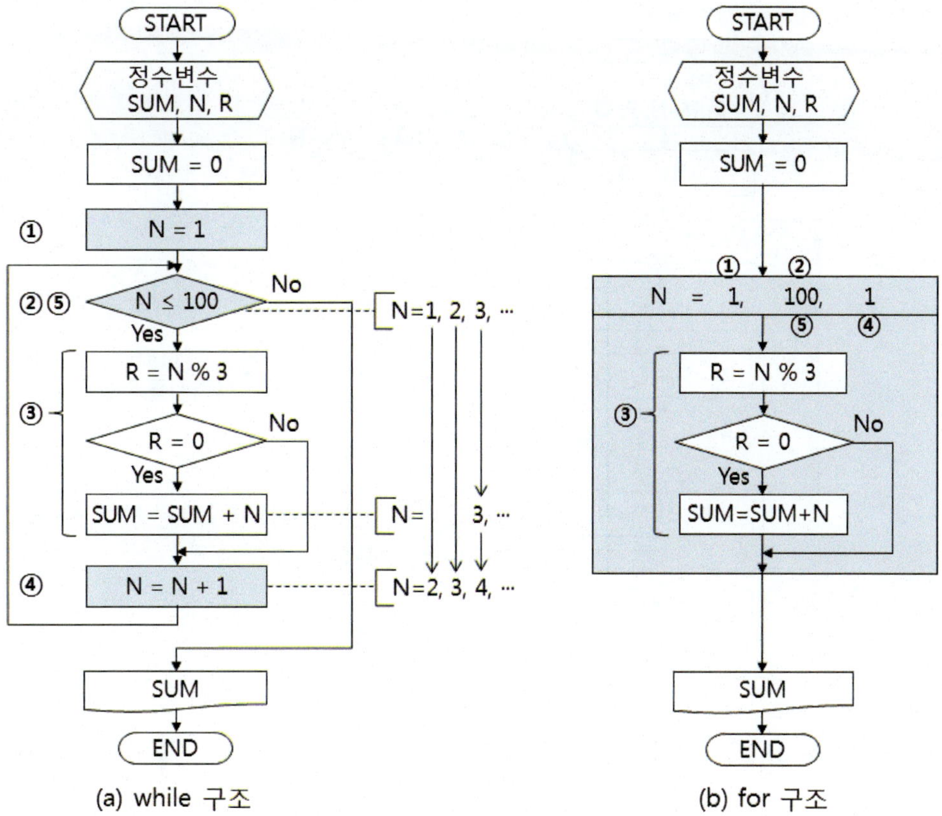

[그림 5-5-2] % 연산자를 이용하여 3의 배수의 합을 구하는 순서도

1부터 100까지 3의 배수를 구하는 또 다른 방법은 1에서부터 1씩 증가하면서 100까지의 모든 수를 3으로 나눈 나머지가 0인 수를 찾아 3의 배수를 구하는 것이다.

[그림 5-5-2]는 나머지 연산자 %를 이용하여 1~100까지 3으로 나눈 나머지가 0인 3의 배수를 찾아 그 합을 구하는 순서도들이다. 그 처리절차는 다음과 같다.

1) [SUM = 0]으로 초기화하고, ① [N = 1]으로 초기화한다.
2) ② [N≤100] 반복조건을 검사한다. 조건이 만족되면 ③,④를 수행한다.
3) ③ [R = N%3]으로 (N÷3)의 나머지를 R에 대입하고, 만약 [R = 0]이면, 즉 나머지가 0일 때만 [SUM = SUM + N]으로 N을 누적시키고, ④ [N = N + 1]로 N을 1증가시킨다.
4) ⑤ ②로 되돌아가서 반복조건을 검사한다,
5) 반복조건이 만족되지 않으면 탈출하여 SUM을 출력한다.

5.5.3 1부터 100까지 3의 배수의 합을 구하는 방법(3)

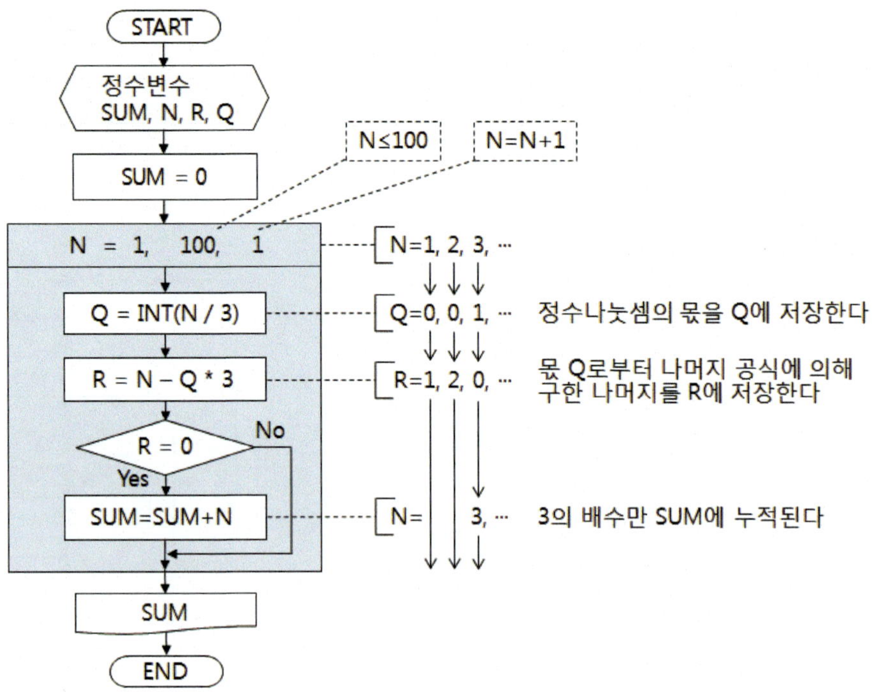

[그림 5-5-3] 나머지 구하는 공식을 이용하여 3의 배수의 합을 구하는 순서도

3의 배수를 구하기 위해 3으로 나눈 나머지가 0인 수를 찾는 방법으로서 나머지 연산자 % 대신에 정수 나눗셈 연산자 /를 이용하는 방법을 알아보자.

1 ··········몫 제수···· 3) 5 ·········피제수 3 2 ·········나머지	5 = 1 * 3 + 2 (피제수) (몫) (제수) (나머지) 2 = 5 - 1 * 3 (나머지) (피제수) (몫) (제수)

위의 예에서 알 수 있듯이 피제수 5를 제수 3으로 나눈 몫 1을 얻어내면 이로부터 나머지를 쉽게 구할 수 있다. 즉 공식 [나머지 = 피제수 - 몫 * 제수]를 이용한다.

[그림 5-5-3]과 같이 나머지를 구하기 위해서 [그림 5-5-2]의 [R = N%3]을 사용하는 대신에 [Q = N/3]으로 몫 Q를 먼저 구하고 이로부터 나머지를 구하는 공식 [R = N - Q * 3]을 이용한다.

5.6 일정한 규칙의 수식을 연산하기

5.6.1 Sum = 1 − 2 + 3 − 4 + ⋯ + 99 − 100을 구하는 방법(1)

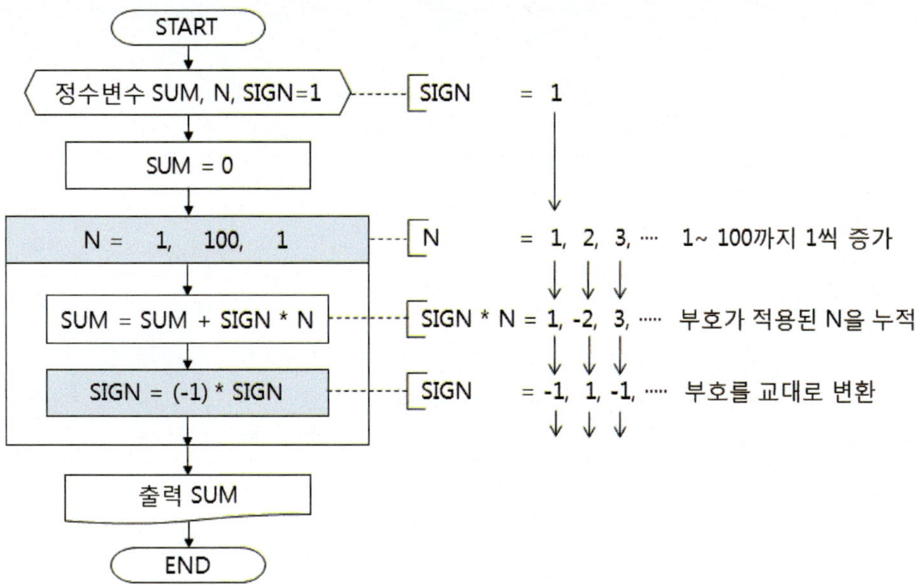

[그림 5-6-1] 부호를 교대로 바꾸어 더함으로써 수식을 연산하는 순서도

1부터 100까지 1씩 증가하면서 홀수인 경우는 덧셈하고 짝수인 경우는 뺄셈하여 총결과를 구하고 이를 출력하는 순서도를 작성하여 보자. 여기서는 이 문제를 해결하는 두 가지 방법을 생각해본다. 우선 첫 번째 방법은 1부터 100까지의 모든 정수에 부호가 교대로 바꾸어 덧셈을 구하는 문제로 간주하고 해결하는 방법이다.

이를 위해 [그림 5-6-1]과 같이 부호를 저장하는 변수 SIGN은 1로 초기화하고 덧셈 결과를 저장하는 변수 SUM은 0으로 초기화한다. 그 후에 반복구조를 사용하여 카운터 변수 N을 1부터 100까지 1씩 증가시키면서 다음을 반복 처리한다.

1) [SUM = SUM + SIGN ∗ N]으로 N값에 부호를 적용한 (SIGN ∗ N)을 SUM에 누적한다.
2) [SIGN = SIGN ∗ (-1)]으로 앞 수의 부호 SIGN 값에 (-1)을 곱하여 다음 수의 부호 SIGN 값을 구해둔다.

5.6.2 Sum = 1 − 2 + 3 − 4 + ⋯ + 99 − 100을 구하는 방법(2)

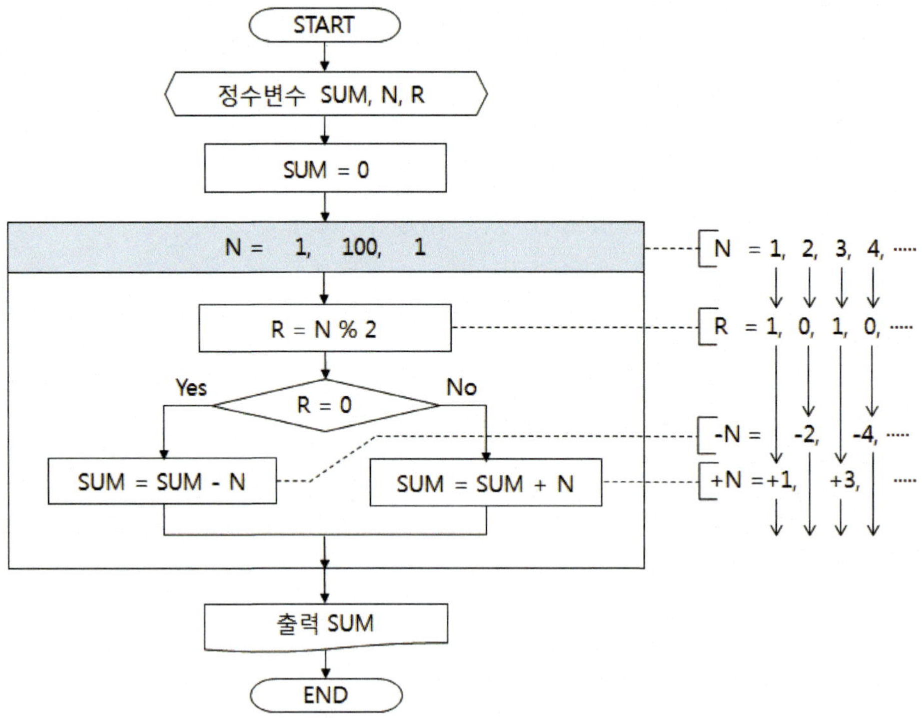

[그림 5-6-2] 홀수와 짝수를 구분하여 수식을 연산하는 순서도

1부터 100까지 1씩 증가하면서 홀수인 경우는 덧셈하고 짝수인 경우는 뺄셈하여 총결과를 구하는 순서도를 작성하는 다른 방법을 생각해보자. 두 번째 방법은 1부터 100까지 1씩 증가시키면서 그 수가 홀수인지 짝수인지의 판별 결과에 따라 누적시키는 대입문을 선택적으로 적용하는 방법이다.

이를 위해 [그림 5-6-2]와 같이 누적 변수 SUM을 0으로 초기화하고 반복구조를 사용하여 카운터 변수 N을 1에서 100까지 1씩 증가하면서 다음을 반복한다.

1) [R = N%2]로 N을 2로 나눈 나머지를 R에 저장한다.
2) 만약 R≠0인 경우, 즉 N이 홀수인 경우 [SUM = SUM + N]을 수행한다. 만약 R = 0인 경우, 즉 N이 짝수인 경우 [SUM = SUM - N]을 수행한다.

5.7 2의 10승과 A의 B승 구하기

5.7.1 2의 10승을 구하는 과정

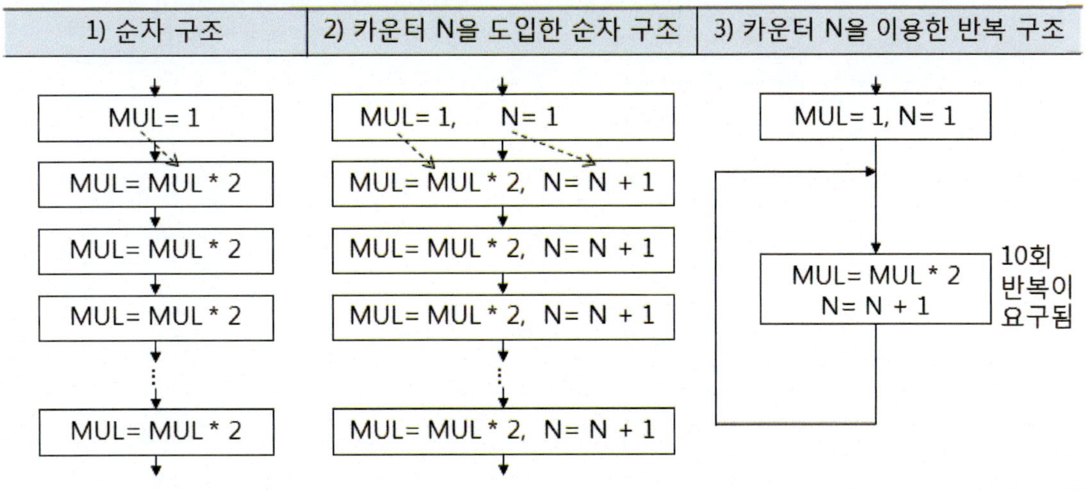

[그림 5-7-1] 2의 10승을 구하는 순서도의 작성 과정

2의 10승을 구하는 문제를 해결하는 순서도를 작성해보자. 이 문제는 다음과 같은 풀이 과정을 거쳐야 한다.

[1단계] 가장 먼저 구하고자 하는 문제를 수식으로 표현한다.

MUL = 2 * 2 * 2 * 2 * …… * 2 * 2

10번 곱하기

[2단계] 위 수식으로부터 [그림 5-7-1]과 같이 반복되는 수식을 찾아낸다.

1) 순차 구조 : 곱셈을 위해 MUL=1에서 시작하여 [MUL = MUL * 2]로 MUL에 곱하기 2를 10번 누적해나가는 순차 구조를 작성한다.
2) 카운터 N을 도입한 순차 구조 : 반복 횟수를 10회로 제어하기 위하여 카운터 변수 N을 1씩 증가시키는 [N = N + 1]을 추가하여 순차 구조를 다시 작성한다.
3) 카운터 N을 이용한 반복 구조 : 반복되는 수식 [MUL = MUL * 2, N = N + 1]에 대하여 우선 무한루프 형태의 반복 구조를 작성한다.

[3단계] 무한루프를 해결하기 위해 N≤10의 반복조건을 추가한다. 이 반복조건을 [MUL = MUL * 2, N = N + 1]의 앞쪽에 두면 while구조가 되고, 뒤쪽에 두면 do while구조가 된다. 이 while 구조는 for 구조로 교체할 수 있다.

5.7.2 2의 10승을 구하는 방법

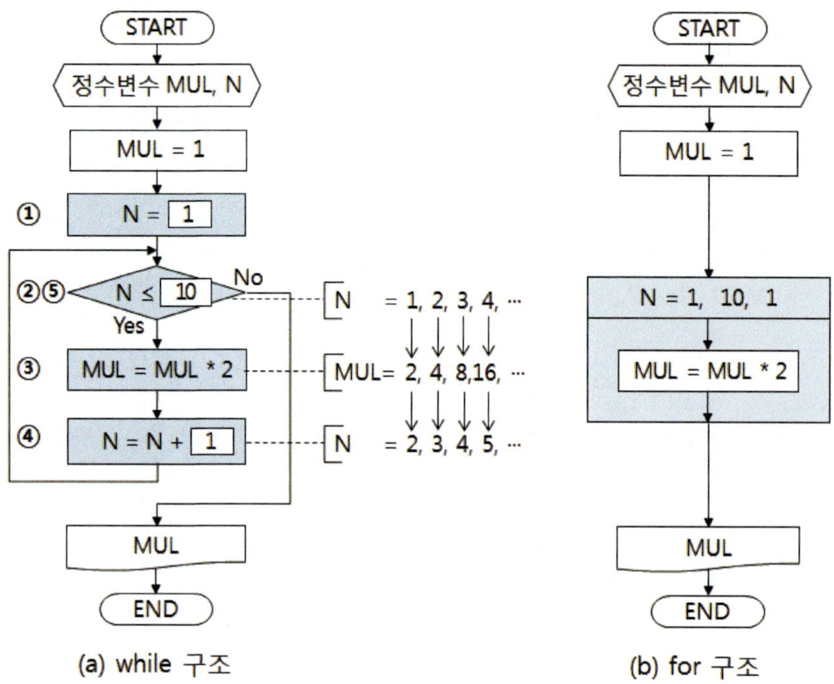

[그림 5-7-2] 2의 10승을 구하는 순서도

함수를 이용하지 않고 2의 10승의 거듭제곱을 구하는 방법은 2를 10번 곱하는 것이다. 이를 식으로 표현하면 다음과 같다.

$$MUL = \underbrace{2 * 2 * 2 * \cdots\cdots * 2 * 2}_{10번\ 곱하기}$$

2를 곱하는 것이 10번 반복되므로 반복구조를 이용하여 해결할 수 있다. [그림 5-7-2(a)]는 2의 10승을 구하는 while 구조의 순서도이다. 곱셈 누적 변수 MUL은 곱셈을 위하여 1로 초기화하고 변수 MUL에 2를 10번 곱한 후에 MUL 결과를 출력한다. [그림 5-7-2(b)]는 동일한 기능을 하는 for구조이다.

순서도에서 [MUL=MUL*2]를 수행할 때의 카운터 변수 N의 값은 1, 2, 3, …… 9, 10임을 확인할 수 있다. N=11일 때 반복루프에서 탈출함을 확인할 수 있다.

5.7.3 A의 B승 구하기

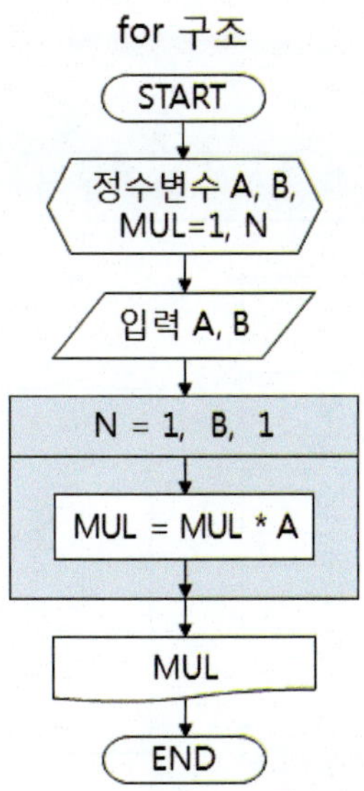

for 구조 의사코드

```
for (N=1 ; N<=B ; N=N+1)
      MUL = MUL * A ;
endfor
```

[그림 5-7-3] A의 B승을 구하는 순서도

A의 B승의 거듭제곱을 구하는 방법은 A를 B번 곱하는 것이다. 이를 수식으로 표현하면 다음과 같다.

$$\underbrace{MUL = A * A * A * A * \cdots\cdots * A * A}_{B번\ 곱하기}$$

[그림 5-7-3]은 A의 B승을 구하는 for 구조의 순서도이다. A의 B승은 밑(base) A와 지수(power, exponent) B가 모두 고정된 상수 값이 아니라 변수이므로 이들 값을 키보드로부터 입력하는 부분이 순서도에 추가되어야 한다.

곱셈을 위하여 MUL를 1로 초기화하고 for 구조 내에서 N 값을 1로 초기화한 후에 N 값이 B를 초과하기 전까지 [MUL= MUL*A]를 반복한 후에 MUL 결과를 출력한다. 순서도에서 [MUL = MUL * A]을 수행할 때의 카운터 변수 N의 값은 1, 2, 3,……, B임을 확인할 수 있다. 즉 [MUL = MUL A]을 B번 반복 수행함을 알 수 있다.

5.8 10 계승과 A 계승 구하기

5.8.1 10의 계승을 구하는 과정

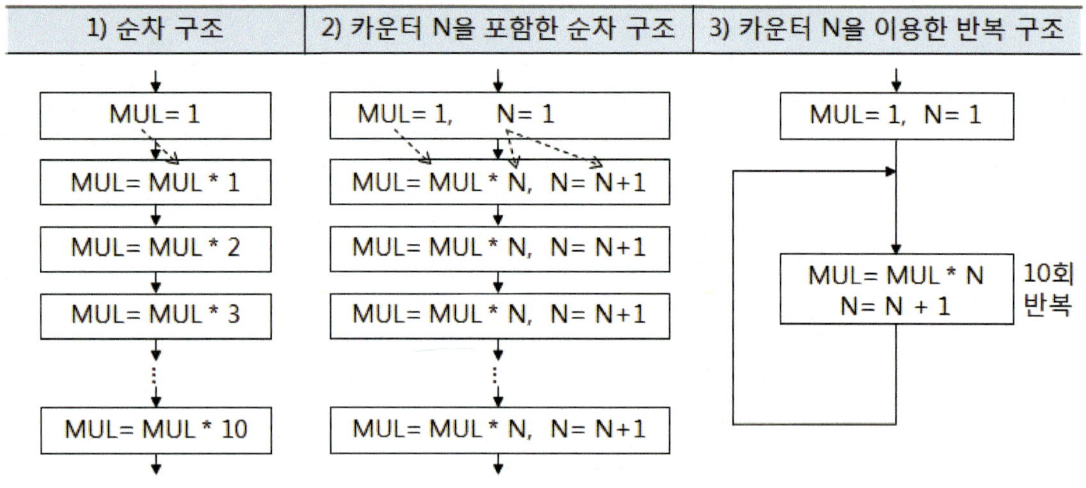

[그림 5-8-1] 10 계승을 구하는 순서도의 작성 과정

10 계승(factorial)을 구하는 문제를 해결하는 순서도를 작성해보자. 이 문제는 다음과 같은 풀이 과정을 거쳐야 한다.

[1단계] 제일 먼저 구하고자 하는 10!을 수식으로 표현해본다.

$$MUL = 1 * 2 * 3 * 4 * \cdots * 9 * 10$$

10회 곱하기

[2단계] 위 수식으로부터 [그림 5-7-1]과 같이 반복되는 수식을 찾아낸다.

1) 순차 구조 : MUL = 1에서 시작하여 MUL = MUL * 1, MUL = MUL * 2, ⋯ 식으로 1씩 증가된 상수를 MUL에 곱셈 누적하여 순차구조를 작성한다.

2) 카운터 N을 포함한 순차 구조 : 1씩 증가된 상수 대신에 카운터 변수 N을 사용하여 1씩 증가된 N을 MUL에 곱셈 누적해 나감으로써 [MUL = MUL * N, N = N + 1]의 반복되는 수식을 가진 순차구조를 작성한다.

3) 카운터 N을 이용한 반복 구조 : 반복되는 수식 [MUL = MUL * N, N = N + 1]에 대하여 우선 무한루프 형태로 반복구조를 작성한다.

[3단계] 무한루프에서 빠져나오기 위해 N ≤ 10의 판단기호를 추가해야 한다. 이 판단기호를 [MUL= MUL* N, N = N + 1]의 앞쪽에 두면 while 구조가 되고, 뒤쪽에 두면 do~while구조가 된다.

5.8.2 A의 계승을 구하는 방법(1)

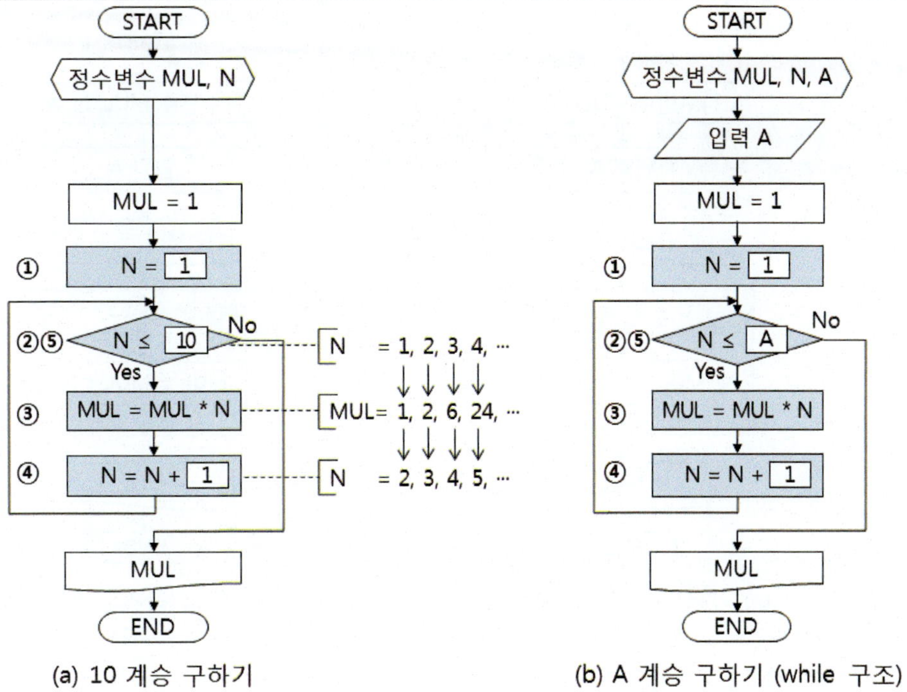

[그림 5-8-2] while 구조를 이용하여 A 계승을 구하는 순서도

while 구조를 이용하여 10 계승(factorial)을 구하는 순서도를 [그림 5-8-2(a)]에 나타내었다. 곱셈 누적 변수 MUL을 1로 초기화한 후에 N을 1에서부터 1씩 증가하면서 N이 10 이하일 때까지 [MUL = MUL * N]을 반복함으로써 10!을 구하고 있다.

while 구조를 이용하여 A 계승을 구하는 순서도를 [그림 5-8-2(b)]에 나타내었다. A 계승, 즉 A!을 수식으로 표현하면 다음과 같다.

$$MUL = 1 * 2 * 3 * 4 * \cdots * (A-1) * A$$

A번 곱하기

A 계승이 10 계승과 다른 점은 1에서부터 1씩 증가하면서 상한값까지의 모든 수를 곱하는 과정에서 상한값이 미리 정해진 상수값 10이 아닌 변수 A라는 것이다. 이러므로 A의 값을 키보드로부터 입력해야 한다.

5.8.3 A의 계승을 구하는 방법(2)

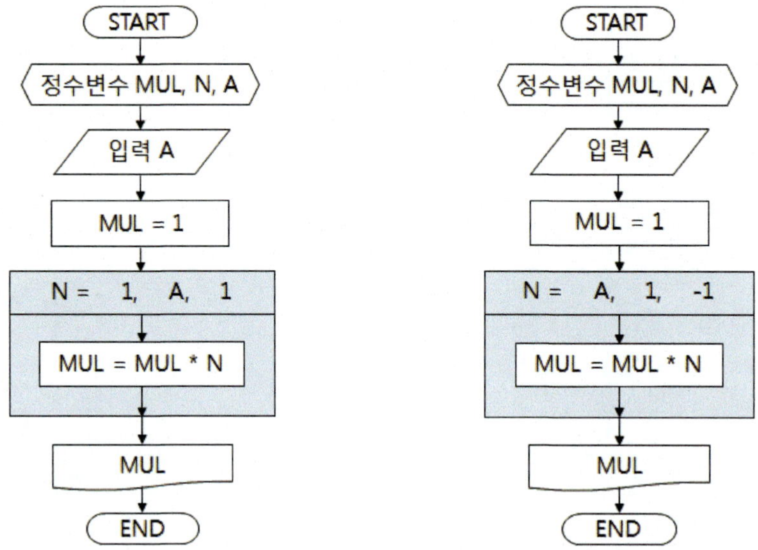

(a) 카운터 증가형 for 구조 (b) 카운터 감소형 for 구조

[그림 5-8-3] for구조를 이용하여 A 계승을 구하는 순서도

for 구조를 이용하여 $A!$을 구하는 순서도를 [그림 5-7-3]에 나타내었다. A 계승(factorial)을 구하는 방법은 1에서부터 1씩 증가하면서 A까지의 곱셈을 누적하거나 또는 A에서부터 1씩 감소하면서 1까지의 곱셈을 누적하여 구할 수 있다.

[그림 5-8-3(a)]의 순서도는 카운터 증가형 for 구조이다. 카운터 변수 N은 1에서부터 1씩 증가하면서 A까지 카운트하면서 [MUL = MUL * N]의 곱셈 누적에 사용된다,

한편 [그림 5-8-3(b)]의 순서도는 카운터 감소형 for 구조이다. 카운터 변수 N은 A에서부터 1씩 감소하면서 1까지 카운트하면서 [MUL = MUL * N]의 곱셈 누적에 사용된다. 카운터 감소형 for 구조에서는 $A!$의 수식은 다음과 같다.

$$\text{MUL} = \text{A} * (\text{A-1}) * \cdots\cdots * 3 * 2 * 1$$

A번 곱하기

5.9 A의 약수를 구하기

5.9.1 A의 약수를 구하는 방법(1)

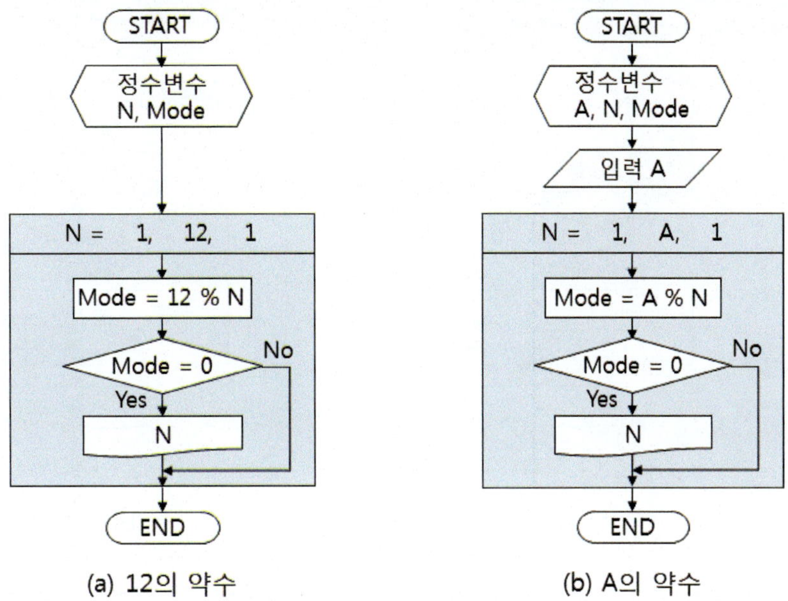

[그림 5-9-1] 대상 자연수만큼 반복하여 약수를 구하는 순서도

12의 약수를 구하는 순서도를 작성하여 보자. 12의 약수(divisor)는 12를 어떤 수로 나누었을 때 나머지가 0인 수를 말한다. 실제로 약수는 음수와 양수가 존재하지만 여기서는 양의 약수만을 고려하자. 12의 약수는 다음과 같다.

12의 약수 = 1, 2, 3, 4, 6, 12

12의 약수를 구하는 방법은 12를 피제수로 하고 1부터 12까지의 모든 정수를 제수로 하여 나눗셈을 한 나머지가 0인 수를 구하여 출력하는 것이다. [그림 5-9-1(a)]은 for 구조를 이용하여 12의 약수를 구하는 순서도이다.

자연수 A의 약수를 구하는 방법은 12의 약수를 구하는 방법과 유사하며 다만 피제수는 12 대신에 A를, 제수는 1부터 12까지 대신에 1부터 A까지로 대체한다. 또한 12는 상수이지만 A는 변수이므로 A의 값을 키보드로부터 입력한다. [그림 5-9-1(b)]은 for 구조를 이용하여 A의 약수를 구하는 순서도이다.

5.9.2 A의 약수를 구하는 방법(2)

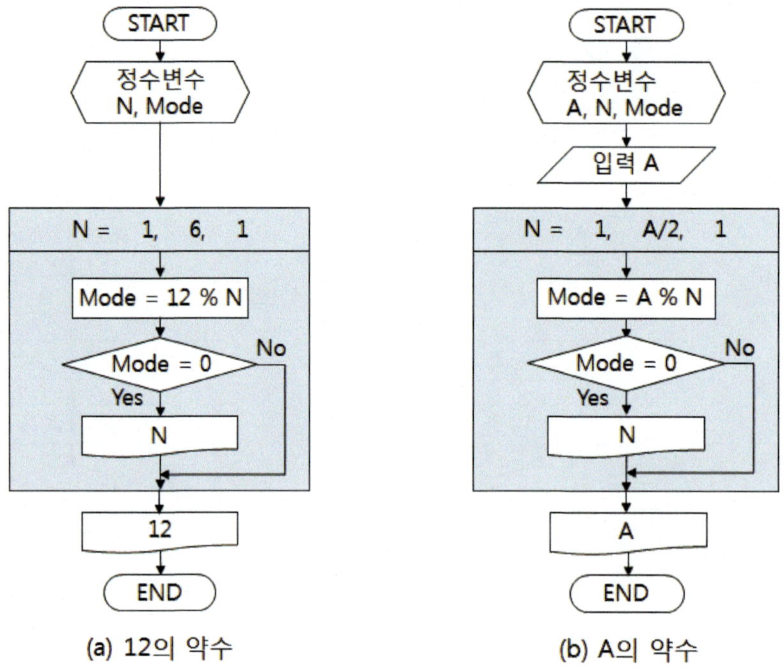

[그림 5-9-2] 대상 자연수의 (1/2)만큼 반복하여 약수를 구하는 순서도

12의 약수를 찾는 다른 진보된 방법은 12를 피제수로 하고 1부터 6까지의 모든 정수를 제수로 하여 나누어보는 방법이다. 12는 자기 자신이므로 나누어보지 않고 바로 약수로 처리한다. 이 방법은 1부터 12까지의 모든 정수로 나누는 방법보다 처리 시간을 줄일 수 있다.

1부터 6까지의 약수는 반복구조 안에서, 12는 반복구조 밖에서 출력을 처리한다. 임의의 양수인 A의 약수를 구하는 방법은 12의 약수를 구하는 방법과 유사하며 다만 피제수로 6 대신에 A/2를, 12 대신에 A를 대체한다. 또한 A는 변수이므로 A의 값을 키보드로부터 입력한다. [그림 5-9-2(b)]은 for 구조를 이용하여 A의 약수를 구하는 순서도이다.

5.10 구조적 순서도와 비구조적 순서도

5.10.1 구조적 순서도와 비구조적 순서도의 비교

(a) 비구조적인 반복구조

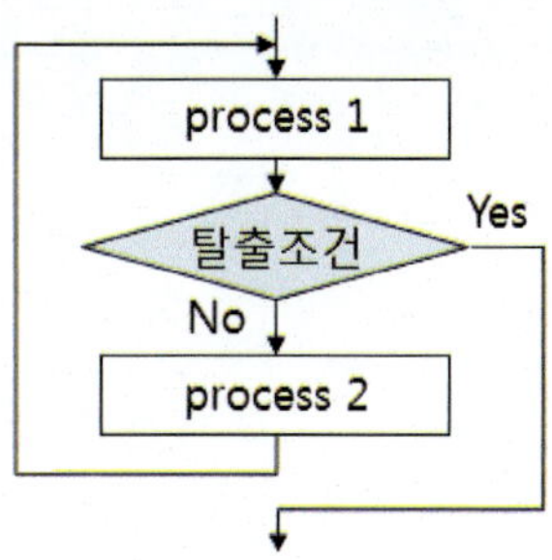

비구조적인 반복구조 의사코드

```
while(1)  //1은 참이므로 무한루프이다
        process1;
        if (탈출조건) then
                break;
        else
                process2;
endwhile
```

(b) 구조적인 반복구조

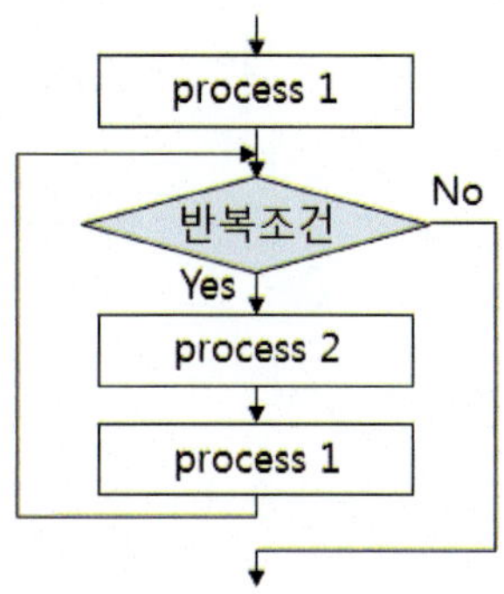

구조적인 반복구조 의사코드

```
process1;
while (반복조건)
        process2;
        process1;
endwhile
```

[그림 5-10-1] 구조적 순서도와 비구조적 순서도의 비교

[그림 5-10-1(a)(b)]는 동일한 기능을 하는 비구조적인(unstructured) 반복구조와 구조적인(structured) 반복 구조를 보였다. [그림 (a)]는 while 구조가 비구조적인 반복구조에 사용된 예이며 [그림 (b)]는 구조적인 반복구조에 사용된 예이다.

[그림 (a)]는 while(1)에서의 반복조건 1은 항상 참이므로 무한 루프를 형성하고 있다. 이로써 구조적 while구조가 아님을 알 수 있다. 이 무한 루프는 process1과 process2 사이에 위치한 if(탈출조건)에서의 탈출조건이 만족할 때만 break문에 의해 비정상적으로 탈출한다. 한편 [그림 (b)]는 while(반복조건)에서의 반복조건에 따라 while문 위치에서 정상적으로 종료하거나 반복처리를 수행한다. 비구조적인 반복구조는 프로그램 해독을 어렵게 만들므로 피하는 것이 좋지만 특별하게 유용한 경우에는 사용할 수도 있다.

5.10.2 구조적 순서도와 비구조적 순서도의 예

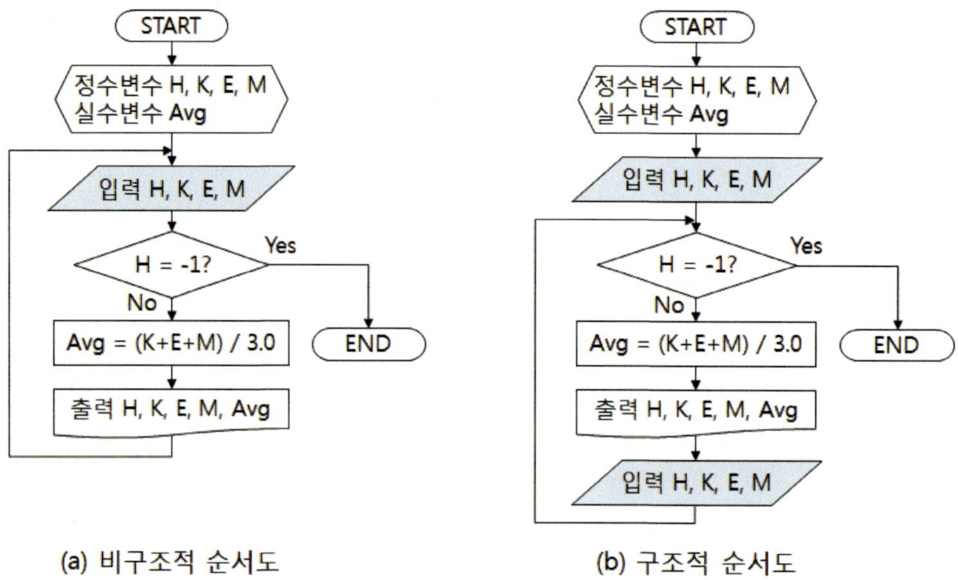

[그림 5-10-2] 성적의 평균을 구하는 구조적 순서도와 비구조적 순서도

[그림 5-10-2(a)]의 순서도는 무한 루프의 중간에서 if(탈출조건)의 탈출조건 H = -1이 만족되면 탈출하는 비구조적인 순서도이다. 한편 [그림 (b)]의 순서도는 while(반복조건)의 반복조건이 만족되지 않으면(H = -1인 경우) 종료하는 구조적인 순서도이다.

이러한 비구조적인 프로그램을 구조적으로 변환하려면 [그림 (b)]와 같이 두 단계의 입력(읽기)가 반드시 필요하다.

(1) 예를 들어 40명의 학생들의 학번(H), 국어(K), 영어(E), 수학(M)의 성적을 차례대로 읽어 들이는 경우 while 구조를 시작하기 전에 초별 입력(읽기)을 한다. 즉, 첫 번째 학생의 학번과 성적들을 별도의 입력 명령문으로 읽어 들인다.

(2) 나머지 39명의 성적을 읽어 들이는 입력 명령문은 while 구조 내에 포함하여 반복적으로 처리한다.

5.11 반복적인 입력처리를 종료하는 방법들

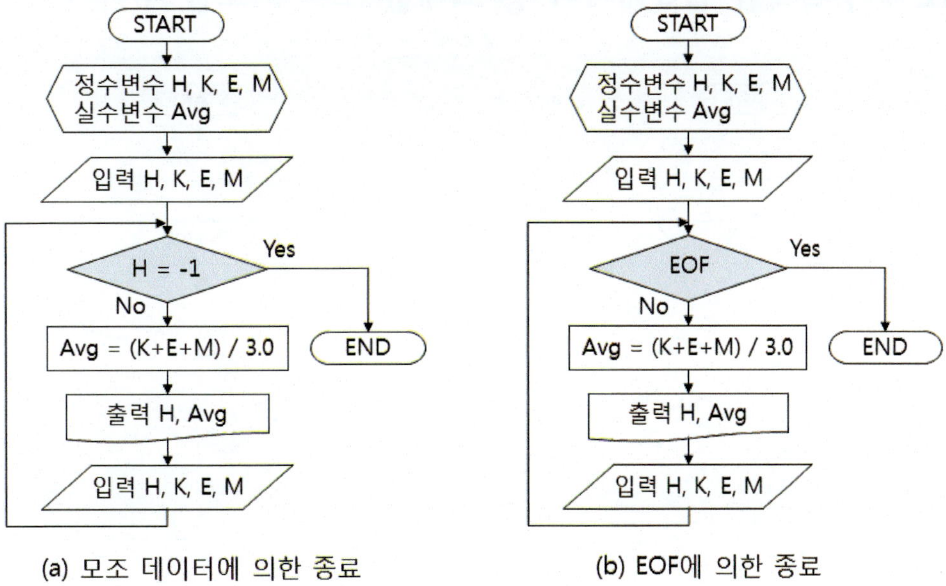

[그림 5-11] 반복적인 입력의 종료 방법

반복 횟수를 미리 아는 경우에는 카운터 변수를 이용하여 반복 횟수를 제어할 수 있다. 그러나 개수를 알 수 없는 많은 데이터를 차례대로 입력하고 이를 처리하는 경우 카운터 변수에 의한 반복 횟수의 제어는 불가능하므로 이러한 반복루프에서 정상적으로 종료하는 방법은 종료를 위해 미리 정해준 입력값을 이용하는 것이다.

[그림 5-11(a),(b)]의 판단기호 내의 H=-1 또는 EOF와 같은 이러한 입력값은 반복루프의 진입 또는 탈출을 감시하기 때문에 센티넬 값(sentinel value)이라 한다. 센티넬값을 이용하여 종료하는 방법은 다음과 같이 두 가지 방법이 있다.

(1) **모조 데이터**(dummy data) : 키보드로부터 입력하는 경우 예를 들어 실제 학번 대신에 -1과 같은 모조 데이터를 입력함으로써 반복을 종료하는 방법이다.

(2) EOF(End Of File) : 예를 들어 성적파일로부터 입력하는 경우 성적파일의 맨 마지막 줄에 저장되어 있는 파일 끝을 나타내는 EOF코드를 읽고 반복을 종료하는 방법이다.

※ [창의적 사고] 위 순서도가 한 반 학생들의 성적이라면 반평균을 추가로 구하여 출력하려면 위 순서도에서 무엇을 추가해야 하는가?

5.12 반복적인 입력처리를 종료하는 예

5.12.1 연속적인 입력데이터 중 최대값 또는 최소값 구하기

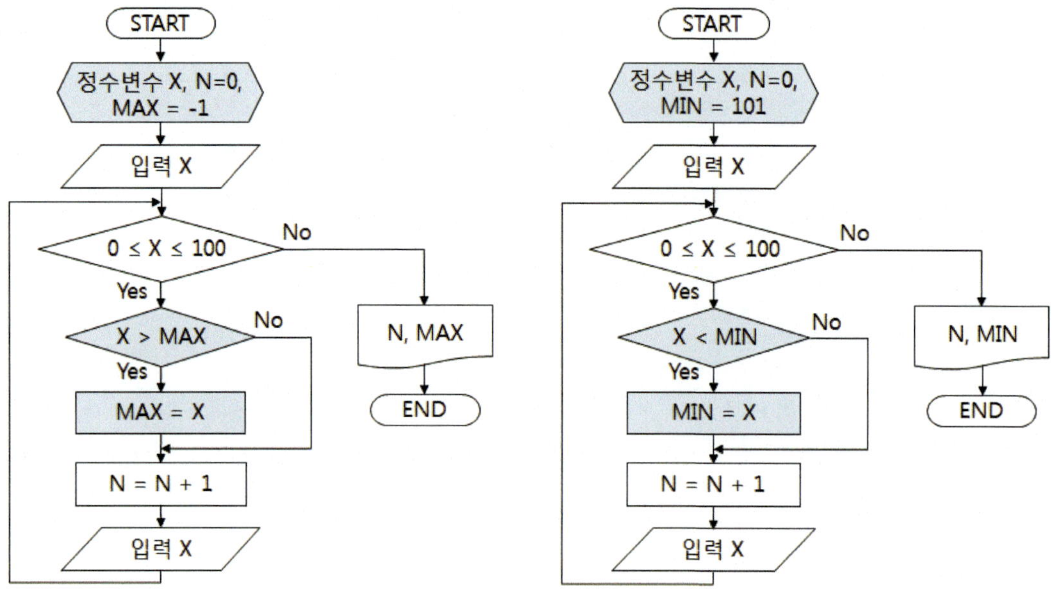

[그림 5-12-1] 연속적인 입력데이터 중 최대값 또는 최소값를 구하는 순서도

0부터 100까지의 점수를 연속적으로 입력받아 입력 개수와 이들 중에서 최대값(최고 점수)과 최소값(최저 점수)을 구하여 출력하는 순서도를 각각 작성하여 보자. 단 0보다 작거나 100보다 큰 수가 입력되면 데이터 입력을 종료한 것으로 간주한다.

[그림 5-12-1(a),(b)]는 연속적으로 입력되는 점수들 중에서 (a) 최대값과 (b) 최소값을 각각 MAX와 MIN에 구하는 순서도이다. 그 처리 순서는 다음과 같다.

1) N은 입력 개수를 카운트하는 변수, 최대값과 최소값을 저장할 MAX와 MIN의 초기값은 입력 데이터의 범위보다 더 작은 수 -1과 더 큰 수 101로 각각 설정한다.
2) 초벌 입력으로 정수를 X에 읽어 들인다.
3) 만약 X<0 이거나 X>100이면 반복루프를 탈출하고 아니면 반복처리를 수행한다.
4) 만약 (a) X>MAX이면 새로운 MAX로 갱신하기 위해 (a) MAX = X를 수행한다.
   만약 (b) X<MIN이면 새로운 MIN로 갱신하기 위해 (b) MIN = X를 수행한다.
5) 카운터 변수 N을 1 증가시키고 새로운 정수를 X에 읽어 들인다.
6) 3번 과정으로 돌아간다.

5.12.2 최대값과 최소값 동시에 구하기

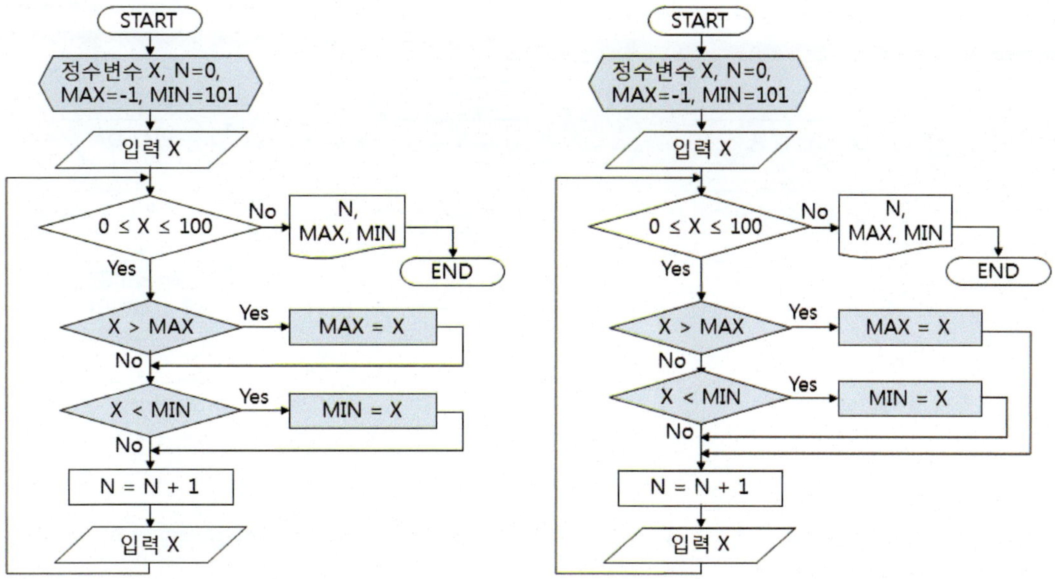

(a) 최대값과 최소값을 구하기 위한 정확한 순서도

(b) 최대값과 최소값을 구하기 위한 오류가 있는 순서도

[그림 5-12-2] 최대값과 최소값 동시에 구하는 순서도

0부터 100까지의 점수를 연속적으로 입력받아 입력된 개수와 이들 중에서 최대값(최고 점수)과 최소값(최저 점수)을 구하여 출력하는 순서도를 작성하여 보자. 단 0보다 작거나 100보다 큰 수가 입력되면 순서도를 종료한다.

[그림 5-12-2(a)]는 연속적인 입력 데이터로부터 현재까지의 최대값과 최소값을 구하여 각각 MAX와 MIN에 저장하는 순서도이며, 처리 방법은 다음과 같다.

1) 매번 입력되는 정수 X를 현재의 MAX와 MIN에 비교하여 MAX보다 더 크면 새로운 MAX로, MIN보다 더 작으면 새로운 MIN으로 갱신하는 처리를 반복한다.
2) MAX를 −1로 초기화하고 MIN을 101로 초기화한 것은 첫 번째 입력되는 수 X는 이들과 비교되어 무조건 새로운 MAX와 MIN으로 갱신되어야 하기 때문이다.
3) while 구조에서 반복을 종료하기 위한 센티넬 값은 X가 0보다 작거나 100보다 큰 값으로 한다. while 구조 내에서 입력된 개수 N은 N=N+1로 계수한다.

[그림 5-12-2(b)]는 오류가 있는 순서도이다. 예를 들어 25, 35 45, 101을 입력한 경우 MAX만 세 차례 갱신하고 MIN은 초기값 101을 출력하기 때문이다.

※ [창의적 사고] [그림 4-9]는 [그림 5-12-2(b)]와 유사한데 왜 오류가 없는가?

5.13 기본 함수들

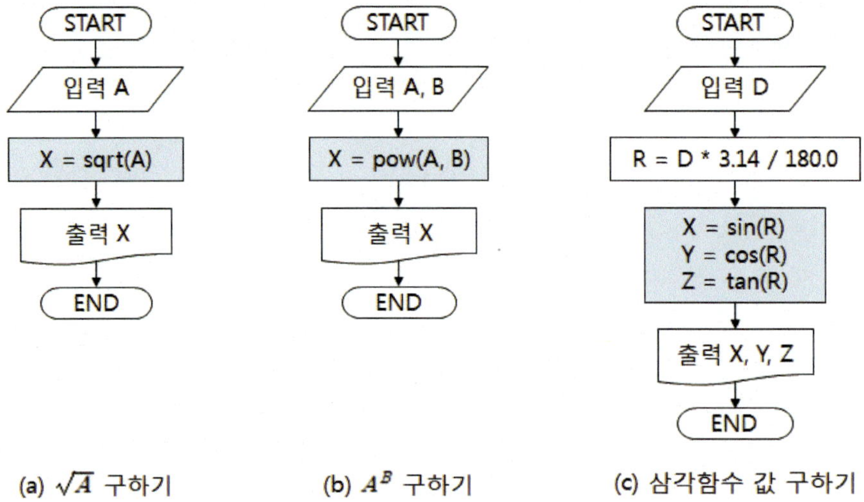

[그림 5-13] 기본 함수를 이용하는 순서도

프로그래밍 언어에서는 여러 가지 표준 라이브러리 함수들을 제공한다. 이들 중에는 유용하게 사용되는 수학함수들도 들어있다. 여기서는 C언어에서 제공하는 몇 가지 주요한 수학함수들을 이용하여 순서도를 작성하는 예를 들어보자.

[그림 5-13(a)]는 제곱근을 구하는 sqrt() 함수를 이용하여 $\sqrt{A}$ 를 구하는 순서도이다. X = sqrt(A)에서 함수의 입력 A는 양의 실수값이어야 한다. 함수의 수행 결과로 반환하는 A의 제곱근(root)은 양의 실수값이다.

[그림 5-13(b)]는 거듭제곱을 구하는 pow() 함수를 이용하여 A^B을 구하는 순서도이다. X = pow(A,B)에서 함수의 입력값 A와 B는 실수값이어야 한다. 함수의 수행 결과로 실수값을 반환한다.

[그림 5-13(c)]는 sin(), cos(), tan() 함수를 이용하여 입력한 임의의 각에 대한 삼각함수의 값을 구하는 순서도이다. 삼각함수들은 radian 단위의 각을 취급하므로 입력한 degree 단위의 각을 radian 단위의 각으로 변환하기 위해 R = D * 3.14/180.0의 처리 과정이 요구된다. X = sin(R)에서 입력값 R과 결과값 X는 모두 실수값이다.

5.14 피보나치 수열 구하기

5.14.1 피보나치 수열과 그 합 구하는 방법(1)

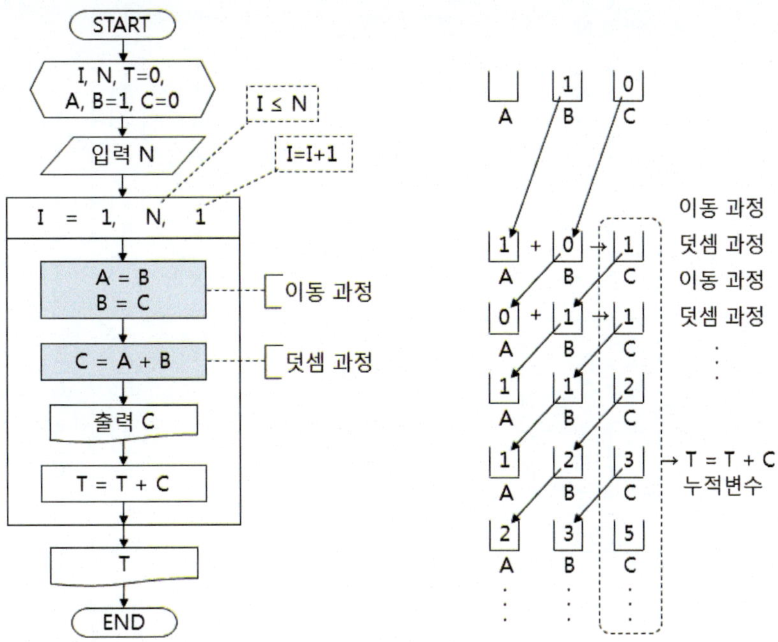

[그림 5-14-1] 이동후 덧셈을 이용한 피보나치 수열과 그 합을 구하는 순서도

1부터 시작하는 피보나치 수열을 N항까지 출력하고 그 합도 출력하는 순서도를 작성해보자. 피보나치 수열은 0과 1로 시작하며, 그 다음 피보나치 수는 바로 앞의 두 피보나치 수의 합으로 구해진다. 즉, 피보나치 수열은 바로 앞의 두 수의 합이 그 다음 수가 되는 수열이다.

피보나치 수열 = (0), 1, 1, 2, 3, 5, 8, 13, 21, 34, …

피보나치 수열을 구하는 방법은 [그림 5-14-1]과 같다. 3개의 연속되는 피보나치 수를 변수 A, B, C에 저장해나가면서 그 다음 피보나치 수를 구해낸다. 이를 위해 아래와 같이 2개 과정들을 반복하되 수열의 항수 N을 입력받아 N만큼 반복한다.

1) 이동 과정 [A = B, B = C]로 B를 A로, C를 B로 이동시킨다.
2) 덧셈 과정 [C = A + B]로 그 다음 피보나치 수를 구한다.

B, C의 초기값을 B = 1, C = 0으로 정한 이유는, 그림에서 보는 바와 같이 [이동과정]-덧셈 과정]이 반복 진행되는 동안 C가 1, 1, 2,…의 순서로 출력되도록 하기 위함이다.

5.14.2 피보나치 수열과 그 합 구하는 방법(2)

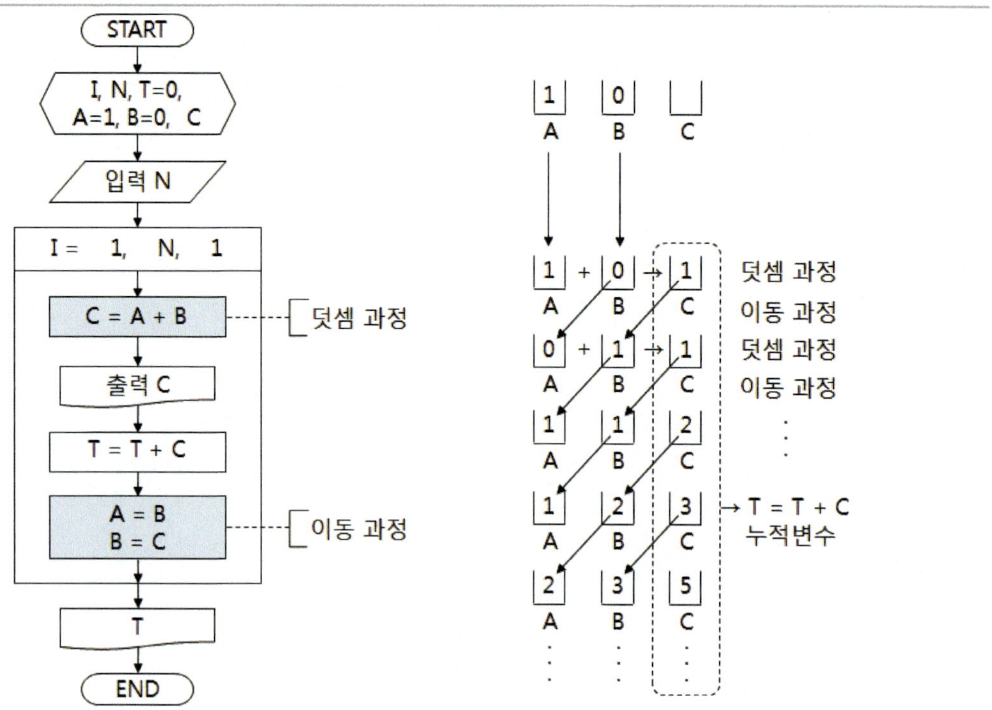

[그림 5-14-2] 덧셈후 이동을 이용한 피보나치 수열과 그 합을 구하는 순서도

피보나치 수열은 바로 앞의 두 수의 합이 다음 수가 되는 수열이다

피보나치 수열=(0), 1, 1, 2, 3, 5, 8, 13, 21, 34, ⋯

[그림 5-14-2]와 같이 피보나치 수열을 구하는 또 다른 방법은 이동 과정과 덧셈 과정의 순서를 바꾸어 덧셈 과정을 먼저 수행한 후에 이동 과정을 나중에 수행하는 것을 반복하는 것이다. 수열의 항수를 N에 입력받아 이를 for구조의 카운터 변수의 최종값으로 사용한다.

1) 덧셈 과정 [C=A+B]로 그 다음 피보나치 수를 구한다.

2) 이동 과정 [A=B, B=C]로 B를 A로, C를 B로 이동시킨다.

A, B의 초기값을 A=1, B=0로 정한 이유는, [덧셈과정] - [이동과정]이 반복 진행하는 동안 C가 1, 1, 2,⋯ 의 순서로 출력되도록 하기 위해서이다.

5.15 나르시스트의 수 구하기

5.15.1 100부터 999까지 나르시스트의 수 구하는 방법(1)

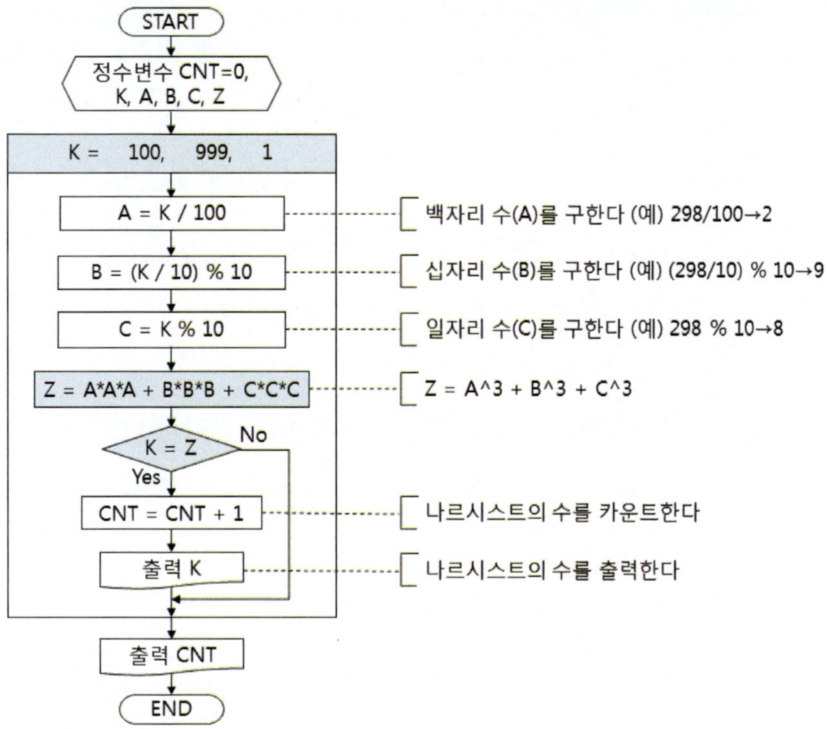

[그림 5-15-1] % 연산자를 이용하여 나르시스트 수를 구하는 순서도

나르시스트의 수라는 것은 n자리 십진수가 십진수의 각 자리의 n승의 합과 같은 수를 의미한다. 예를 들어 3자리 십진수 125는 십진수 각 자리의 3승의 합과 같지 않다. 그러나 153은 십진수 각 자리의 3승의 합과 같으므로 나르시스트의 수이다.

$$125 \neq 1^3 + 2^3 + 5^3$$

$$153 = 1^3 + 5^3 + 3^3$$

[그림 5.15.1]은 100부터 999까지 나르시스트의 수를 구하는 순서도이다. 순서도에서 중요한 부분은 예를 들어 153에서 1, 5, 3을 분리해내는 것과 같이 3자리 십진수에서 백의 자리, 십의 자리, 일의 자리의 수를 분리해내는 방법이다.

이들을 분리해내는 방법으로서 이 순서도에서는 100부터 999까지의 임의의 십진수 K에 대하여 몫 연산자(/)와 나머지 연산(%)을 사용하였고, 백 자리 수는 A, 십 자리 수는 B, 일 자리 수는 C에 각각 저장하였다.

5.15.2 100부터 999까지 나르시스트의 수 구하는 방법(2)

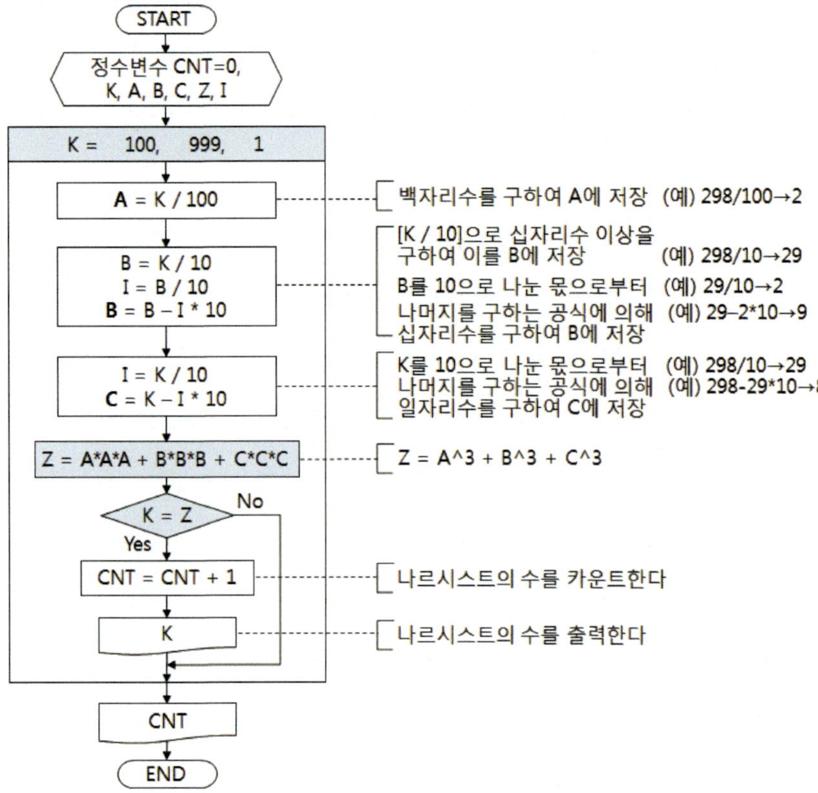

[그림 5-15-2] 나머지 구하는 공식을 이용하여 나르시스트 수를 구하는 순서도

3자리 십진수 중에서 나르시스트의 수는 백, 십, 일의 자리의 수의 3승의 합과 같은 수이다. 실제로 이러한 수는 153, 370, 371, 407이다.

[그림 5.15.2]는 100부터 999까지 나르시스트의 수를 구하는 또 다른 순서도이다. 3자리 십진수로부터 백, 십, 일의 자리 수를 분리해내는 방법으로서 나눗셈에 나머지 연산자(%)를 사용하지 않고 정수 몫 연산자(/)만을 사용하였다.

3자리 십진수 K로부터 백자리수 A는 [A = K/100]와 같이 정수 나눗셈으로 구하였다. 십자리수 B는 [B = K/10]으로 십자리수 이상을 구하여 B에 저장해 두고 [I = (B/10)]으로 구한 몫으로부터 나머지를 구하는 공식인 [B = B - I * 10]으로 구하였다. 일자리수 C는 [I = (K/10)]으로 구한 몫으로부터 나머지를 구하는 공식인 [C = K-I * 10]로 구하였다.

5장 요점 정리

1. for 구조와 등가인 while 구조

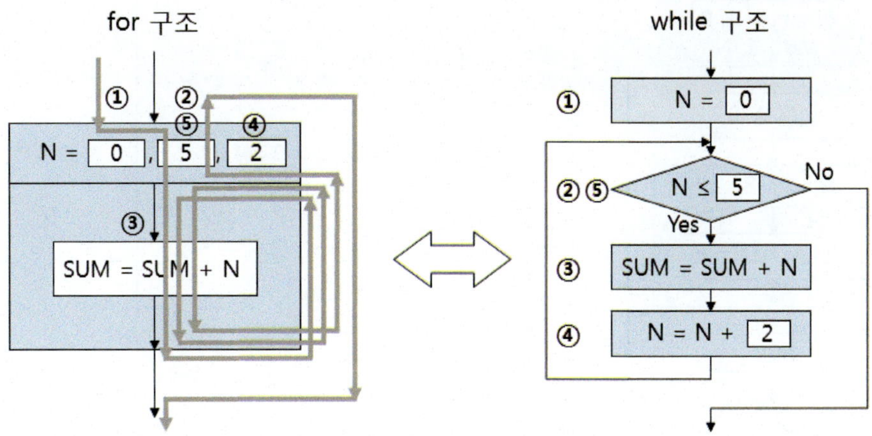

(a) for 구조의 예

(b) (a)와 등가인 while 구조

2. 1~100까지 3의 배수의 합

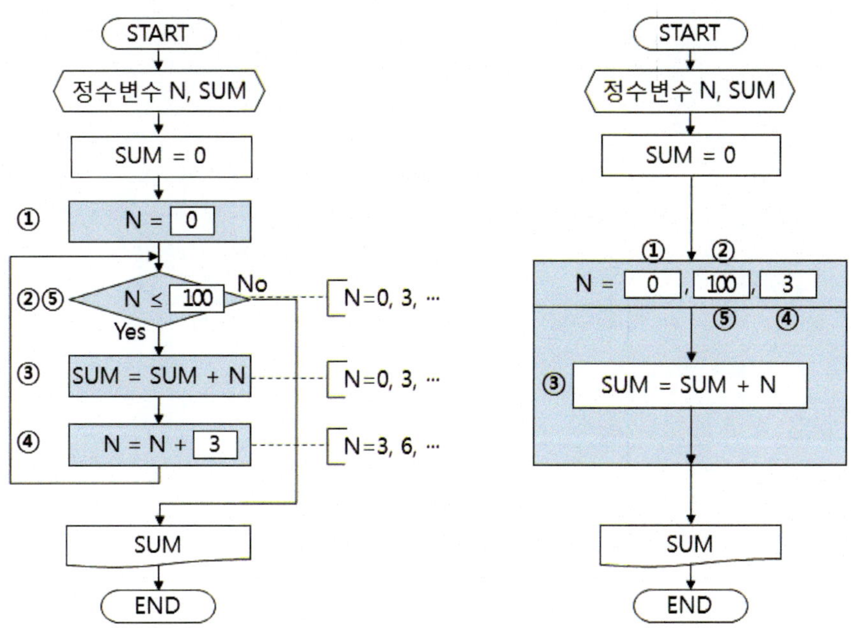

(a) while 구조

(b) for 구조

3. A의 B승 구하기

for 구조

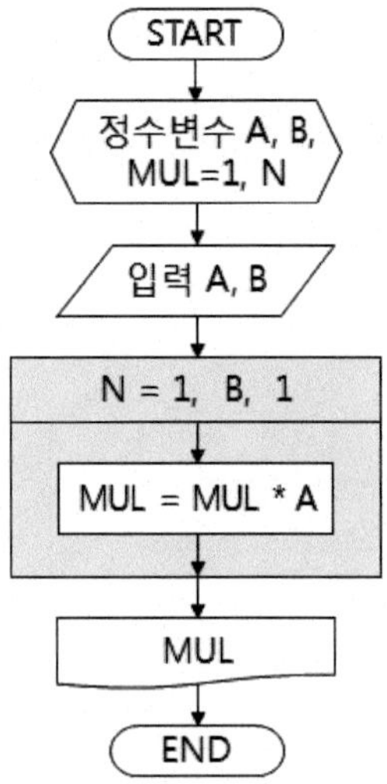

for 구조 의사코드

```
for (N=1 ; N<=B ; N=N+1)
    MUL = MUL * A ;
endfor
```

4. A의 계승 구하기

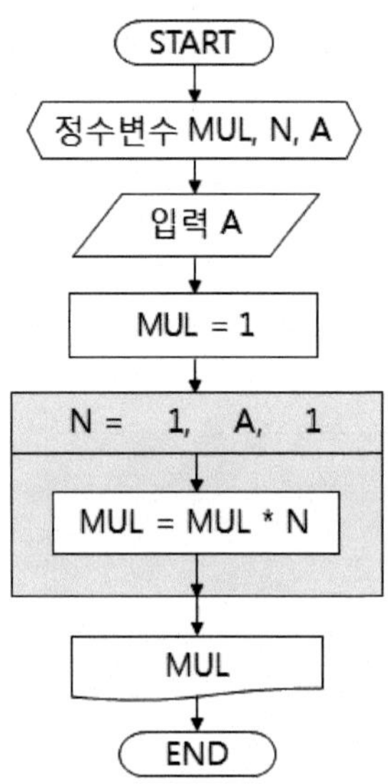

(a) 카운터 증가형 for 구조

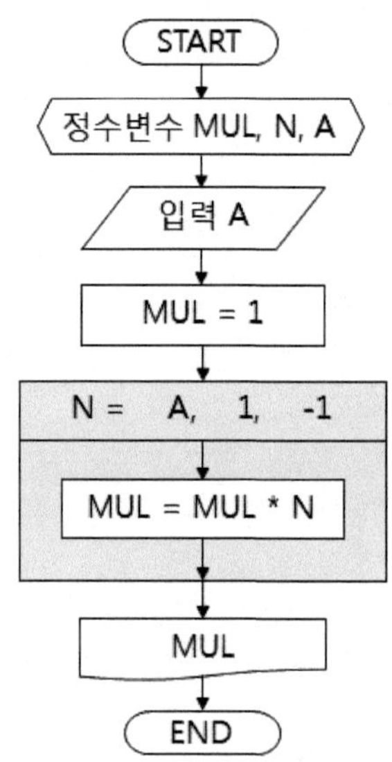

(b) 카운터 감소형 for 구조

5. A의 약수 구하기

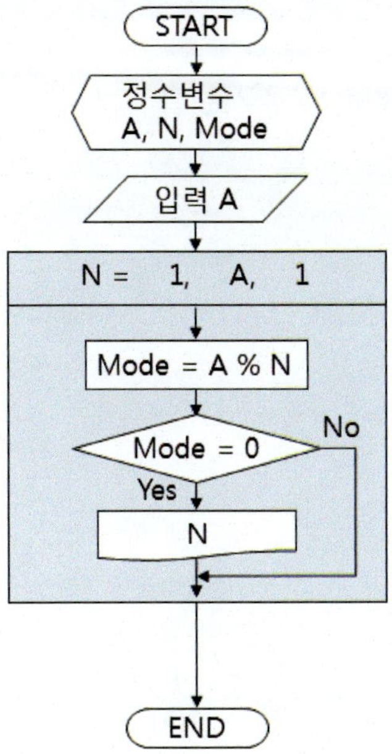

(a) 대상 자연수만큼 반복

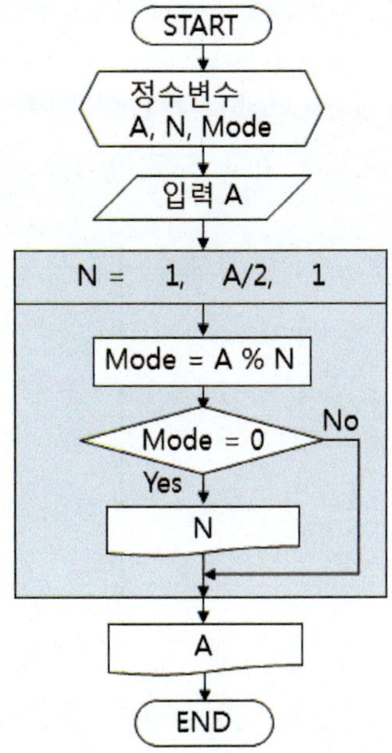

(b) 대상 자연수의 (1/2)만큼 반복

6. 비구조적 및 구조적 반복구조

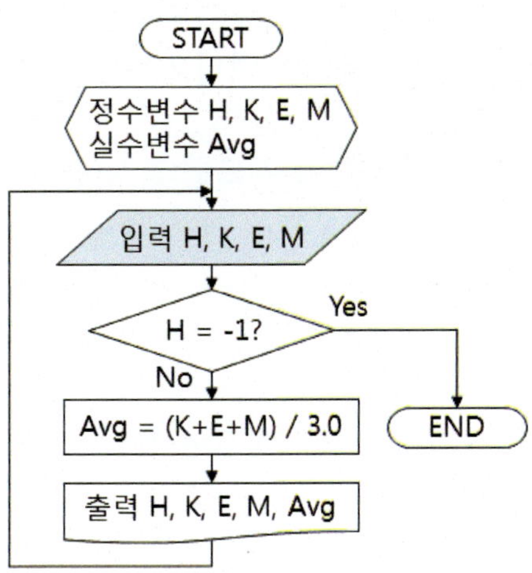

(a) 비구조적 순서도

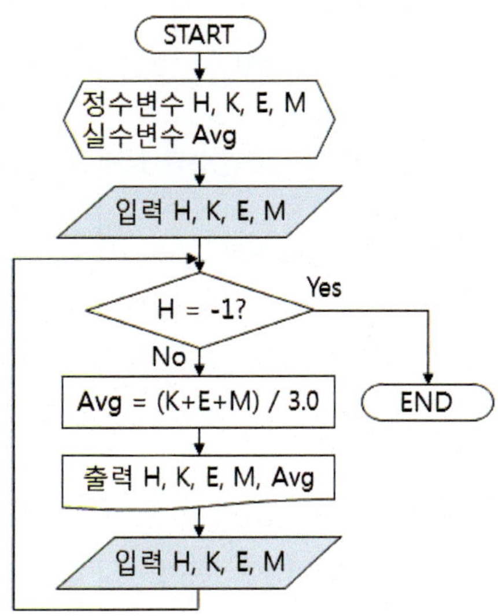

(b) 구조적 순서도

Chapter 05 반복 구조

5장 연습 문제

1. n의 값이 1부터 15가 될 때까지 다음 n값을 출력하는 순서도를 작성하시오.
(출력결과 : 1, 3, 5, 7, 9, 11, 13, 15)

2. 다음 수식을 계산하는 순서도를 작성하시오.

1) $2+4+6+8+10+\dots+48+50$

2) $\frac{1}{1}+\frac{1}{2}+\frac{1}{3}+\frac{1}{4}+\frac{1}{5}+\dots+\frac{1}{49}+\frac{1}{50}$

3) $-1+3-5+7-9+\dots+47-49$

4) $-\frac{1}{3}+\frac{3}{5}-\frac{5}{7}+\frac{7}{9}-\frac{9}{11}+\dots+\frac{47}{49}-\frac{49}{51}$

5) $\frac{1}{1}+\frac{1}{2}-\frac{1}{3}+\frac{1}{4}+\frac{1}{5}-\frac{1}{6}+\frac{1}{7}+\frac{1}{8}-\frac{1}{9}\dots-\frac{1}{99}+\frac{1}{100}$

3. 1 + 3 + 5 + …… + X 에서 합이 최초로 500을 넘길 때의 X값과 X가 몇 번째 수인가를 출력하는 순서도를 작성하시오.

4. 100부터 200까지 5의 배수의 합을 구하는 순서도를 작성하시오.

5. 어떤 한 자연수를 C에 입력하고 C의 계승을 구하는 순서도를 작성하시오.

6. 100의 약수를 구하는 순서도를 작성하시오.

7. 임의의 4자리 십진수 K를 입력하고 천의 자리, 백의 자리, 십의 자리, 일의 자리로 분리하여 A, B, C, D에 넣고 이들 각각을 출력하는 순서도를 작성하시오.

[힌트 : 천의 자리는 A = K/1000로 구한다. (또는 A = K/1000%10로 구한다)
백의 자리는 I = K/100로 일의 자리로 변환한 후 B = I%10으로 구한다.
십의 자리는 I = K/10로 일의 자리로 변환한 후 C = I%10으로 구한다.
일의 자리는 I =K/1로 일의 자리로 변환한 후 D = I%10로 구한다.
이 방법은 십진수 K값을 변형하지 않고 순차구조로 각 자리수를 구하는 방법이다.]

8. 다음의 계차수열을 50개 항까지 구하고 50개 항까지의 합을 구하는 순서도를 작성하시오. 계차수열이란 인접하는 두 항의 차가 등차수열로 이루어진 수열이다. 계차수열의 수를 변수 L에, 등차수열의 수를 변수 P에 각각 저장하시오.

계차수열 L = 1, 4, 11, 22, 37, 56, …

등차수열 P = 3, 7, 11, 15, 19, 23, …

9. 두 수 32와 40의 최대공약수를 구하는 순서도를 작성하시오.

[힌트 : 두 수 중에서 작은 수의 약수를 구하는 과정에서 작은 수의 약수 중 큰 수의 약수가 존재하면 두 수의 공약수가 되고 이러한 공약수 중에서 가장 큰 수가 최대공약수이다.]

10. 10진수를 입력하고 이를 2진수로 변환하여 출력하는 순서도를 작성하시오. 예를 들어 변환된 2진수가 10101 이라면 10진수 형태인 10101(일만일백일)처럼 출력한다. 단 10진수는 세 자리 이하의 임의의 길이라고 가정한다. 그리고 7장 이후에 학습하는 배열을 이용하지 않고 해결하시오.

[힌트 : 입력된 10진수를 계속 2로 나누어 몫과 나머지를 구하고 구한 나머지들로부터 2진수를 구성한다.]

11. 2진수를 입력하고 이를 10진수로 변환하여 출력하는 순서도를 작성하시오. 예를 들어 입력하는 2진수가 10101 이라면 10진수 형태인 10101(일만일백일)처럼 입력한다. 단, 2진수는 열 자리 이하의 임의의 길이라고 가정한다. 그리고 7장 이후에 학습하는 배열을 이용하지 않고 해결하시오.

[힌트 : 만약 입력한 2진수가 5비트 수라면 $B_4 B_3 B_2 B_1 B_0$로 표현되므로 이로부터 구하는 10진수의 값은 $B_4 \times 16 + B_3 \times 8 + B_2 \times 4 + B_1 \times 2 + B_0 \times 1$이 된다.]

Chapter 06

Understanding Algorithm

중첩 반복 구조

6.1 중첩 반복 구조의 개념

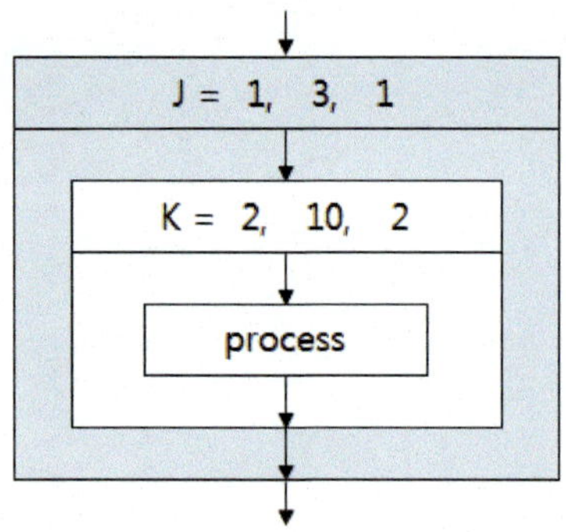

for 구조 의사코드

```
for ( J = 1;  3;  1 )
      for ( K = 2;  10;  2 )
            process;
      endfor
endfor
```

[그림 6-1] 중첩 반복 구조의 기본형태

중첩 반복 구조는 반복 구조 내에 반복 구조가 있는 구조를 말한다. 반복 구조가 중첩되는 개수는 제한이 없으며 복잡한 다차원적인 반복처리의 문제에 유용하게 사용된다. 중첩 반복 구조의 기본적인 형태의 예를 [그림 6-1]에 보였다.

[그림 6-1]은 이중 반복 구조의 한 예이다. 바깥쪽 반복 구조의 한 단계에 대하여 안쪽 반복 구조의 처리명령문(process)를 총 5회 반복 수행한다. 바깥쪽 반복 구조는 총 3단계로 구성되어 있으므로 전체적으로 총 15회 반복 수행한다.

바깥쪽 반복 구조의 카운터 변수 J는 1씩 증가하고, 안쪽 반복 구조의 카운터 변수 K는 2씩 증가한다. 그러므로 내부 처리명령문이 수행되는 순서대로 J 값과 K 값을 나열해보면 다음과 같다.

[1단계] J = 1일 때 K = 2, 4, 6, 8, 10에서 수행하고

[2단계] J = 2일 때 K = 2, 4, 6, 8, 10에서 수행하며

[3단계] J = 3일 때 K = 2, 4, 6, 8, 10에서 수행한다.

6.2 구구단 구하기

6.2.1 구구단의 반복 구조 이해하기

2단	3단		9단
2 * 1 = 2	3 * 1 = 3		9 * 1 = 9
2 * 2 = 4	3 * 2 = 6		9 * 2 = 18
2 * 3 = 6	3 * 3 = 9		9 * 3 = 27
2 * 4 = 8	3 * 4 = 12	· · ·	9 * 4 = 36
2 * 5 = 10	3 * 5 = 15		9 * 5 = 45
2 * 6 = 12	3 * 6 = 18		9 * 6 = 54
2 * 7 = 14	3 * 7 = 21		9 * 7 = 63
2 * 8 = 16	3 * 8 = 24		9 * 8 = 72
2 * 9 = 18	3 * 9 = 27		9 * 9 = 81
J K	J K		J K

[그림 6-2-1] 구구단표를 통한 반복 구조 이해하기

구구단을 출력하기 위해 먼저 2단부터 9단까지 단을 반복하는 반복 구조가 필요하고 각 단에서 곱하기 1부터 곱하기 9까지 곱하기를 반복하는 반복 구조가 필요하다.

각 단에서 곱하기를 반복하는 반복 구조가 요구된다. 그러므로 단을 반복하는 반복구조가 바깥쪽 루프가 되고, 곱하기를 반복하는 반복 구조는 안쪽 루프가 되어야 한다.

바깥쪽 루프에서 단을 반복하기 위한 카운터 변수를 J라고 한다면 J = 2부터 1씩 증가하면서 J = 9까지 반복하면 총 8회 반복하게 된다. 안쪽 루프에서 곱하기를 반복하기 위한 카운터 변수를 K라고 한다면 K = 1부터 1씩 증가하면서 K = 9까지 반복하면 총 9회 반복하게 된다. 이러 구구단 반복 구조는 다음과 같이 수행한다.

J = 2일 때 K = 1, 2, 3, … 9
J = 3일 때 K = 1, 2, 3, … 9
⋮ ⋮
J = 9일 때 K = 1, 2, 3, … 9

6.2.2 구구단 출력하기

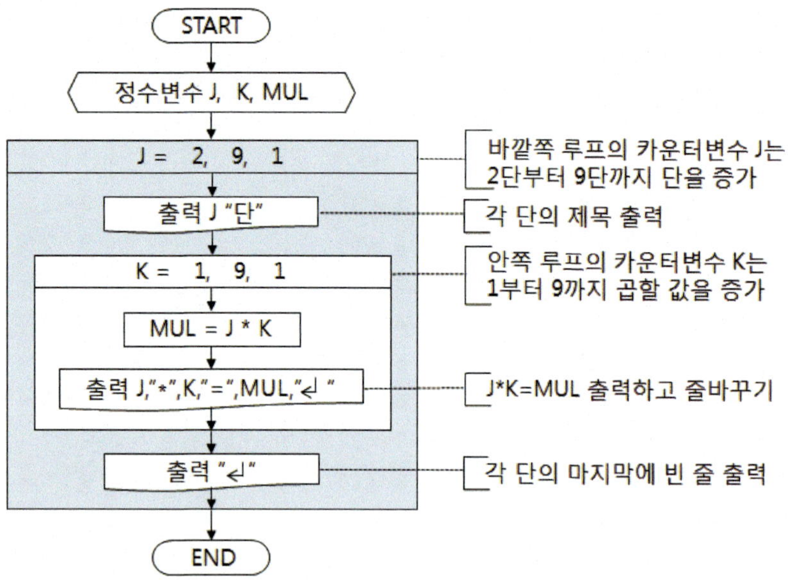

[그림 6-2-2] 구구단을 출력하는 순서도

[그림 6-2-2]는 구구단을 출력하는 순서도이다. 바깥쪽 루프에서는 [J=2, 9, 1]와 같이 카운터 변수 J가 2단부터 9단까지 단을 지정하기 위해 사용되었다. 이 루프의 반복처리 내용은 (1) J"단"이라는 제목을 출력하고 (2) 안쪽 루프에서 J 단에서의 곱셈을 반복 처리하며 (3) 마지막으로 단 사이의 경계선을 위한 줄바꾸기를 포함하고 있다.

안쪽 루프에서는 [K=1, 9, 1]로 카운터 변수 K를 1부터 9까지 증가시키면서 [MUL=J * K]로 바깥쪽 루프로부터 주어진 J값과 안쪽 루프의 K 값을 곱하여 MUL에 저장하고 "J값 * K값 = MUL값"의 형식으로 출력하는 것을 반복 처리한다.

이 순서도에서 [출력 J"단"]과 [출력 "↵ "]은 생략할 수 있다. 이들 각각은 각 단 맨 앞쪽의 제목 출력 기능과 각 단 마지막의 줄바꾸기 기능이므로 출력 결과를 쉽게 해독하기 위한 보조적인 작업일 뿐이므로 이들을 생략하면 이 순서도는 매우 쉽게 이해될 수 있다.

6.3 좌하단이 직각인 삼각형 모양 만들기

6.3.1 좌하단이 직각인 삼각형 모양의 반복 구조 이해하기

	바깥쪽 루프 행 번호	안쪽 루프 별표 반복 회수	바깥쪽 루프 줄바꾸기
*	P = 1	K = 1~1 : 출력 "*"	출력 "↲"
**	P = 2	K = 1~2 : 출력 "*"	출력 "↲"
***	P = 3	K = 1~3 : 출력 "*"	출력 "↲"
****	P = 4	K = 1~4 : 출력 "*"	출력 "↲"
*****	P = 5	K = 1~5 : 출력 "*"	출력 "↲"
	P = 1~5	K = 1~P	

(a) 카운터 증가형 방법

	바깥쪽 루프 행 번호	안쪽 루프 별표 반복 회수	바깥쪽 루프 줄바꾸기
*	P = 1	K = 5~5 : 출력 "*"	출력 "↲"
**	P = 2	K = 5~4 : 출력 "*"	출력 "↲"
***	P = 3	K = 5~3 : 출력 "*"	출력 "↲"
****	P = 4	K = 5~2 : 출력 "*"	출력 "↲"
*****	P = 5	K = 5~1 : 출력 "*"	출력 "↲"
	P = 1~5	K = 5~(6-P)	

(b) 카운터 감소형 방법

[그림 6-3-1] 좌하단이 직각인 삼각형 출력을 위한 반복 횟수 계산

기호 "∗"(asterisk)의 출력을 이용하여 [그림 6-3-1]과 같은 모양의 삼각형을 출력하는 순서도를 작성하여 보자.

이 삼각형은 5행 5열로 구성되어 있다. [그림 (a)] 방법은 행 번호 P가 P = 1, 2, ... 식으로 증가할 때 "∗" 출력 횟수를 나타내는 K는 K = 1~1, K = 1~2, ... 이며, 그 시작값은 1이며 그 종료값은 P이므로 일반식은 K = 1~P이다. 그리고 행마다 마지막 "∗" 출력 후에는 줄바꾸기를 출력한다.

[그림 (b)] 방법은 행 번호 P가 P = 1, 2, ... 식으로 증가할 때 "∗" 출력 횟수를 나타내는 K는 K = 5~5, K = 5~4, ... 이며, 그 시작값은 5이며 그 종료값은 (6-P)이므로 일반식은 K = 5~(6-P)이다. 그리고 행마다 마지막 "∗" 출력 후에는 줄바꾸기를 출력한다. 어떤 방법에서나 K값은 열 번호가 아니며 단지 반복 횟수를 제어하기 위한 값들이다.

6.3.2 좌하단이 직각인 삼각형 모양 출력하기

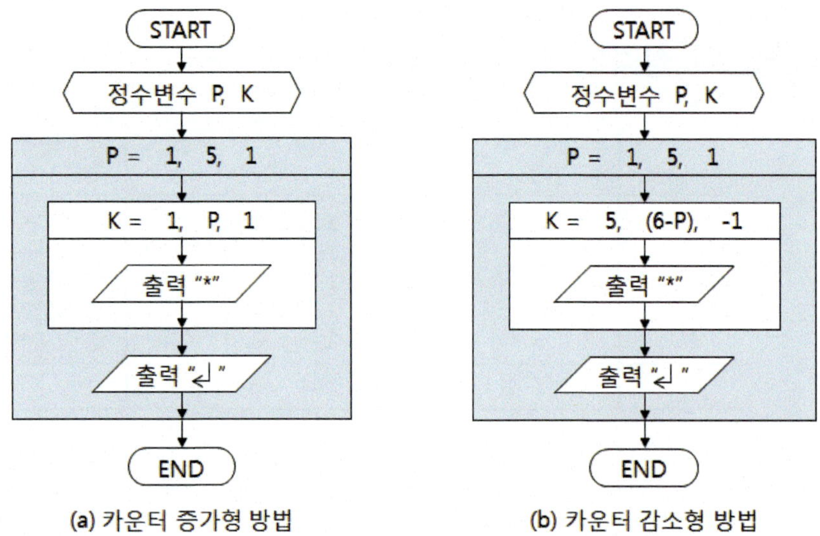

[그림 6-3-2] 좌하단이 직각인 삼각형을 출력하는 순서도

바깥쪽 루프에서 삼각형의 행 번호를 증가시키고 안쪽 루프에서 "*"를 출력한다. [그림 6-3-2(a)]은 [P = 1,5,1]로 행 번호 P가 1씩 증가함에 따라 안쪽 루프의 K는 [K = 1,P,1]로 주어지고 이는 [K = 1,1,1], [K=1,2,1] 식으로 변경되므로 "*" 출력의 반복 횟수는 1씩 증가한다.

[그림 6-3-2(b)]는 [P = 1,5,1]로 행 번호 P가 1씩 증가함에 따라 안쪽 루프의 K는 [K = 5,(6-P),-1]로 주어지고 이는 [K = 5,5,-1], [K = 5,4,-1] 식으로 변경되므로 "*" 출력의 반복 횟수는 1씩 증가한다.

6.4 우하단이 직각인 삼각형 모양 만들기

6.4.1 우하단이 직각인 삼각형 모양의 반복 구조 이해하기

	바깥쪽 루프 행 번호	안쪽 루프 공백 반복 회수	안쪽 루프 별표 반복 회수	바깥쪽 루프 줄바꾸기
*	P = 1	K = 1~5 : 출력 " "	J = 1~1 : 출력 "*"	출력 "↵"
**	P = 2	K = 2~5 : 출력 " "	J = 1~2 : 출력 "*"	출력 "↵"
***	P = 3	K = 3~5 : 출력 " "	J = 1~3 : 출력 "*"	출력 "↵"
****	P = 4	K = 4~5 : 출력 " "	J = 1~4 : 출력 "*"	출력 "↵"
*****	P = 5	K = 5~5 : 출력 " "	J = 1~5 : 출력 "*"	출력 "↵"
	P = 1~5	K = P~5	J = 1~P	

(a) 카운터 증가형 방법

	바깥쪽 루프 행 번호	안쪽 루프 공백 반복 회수	안쪽 루프 별표 반복 회수	바깥쪽 루프 줄바꾸기
*	P = 1	K = 5~1 : 출력 " "	J = 1~1 : 출력 "*"	출력 "↵"
**	P = 2	K = 5~2 : 출력 " "	J = 2~1 : 출력 "*"	출력 "↵"
***	P = 3	K = 5~3 : 출력 " "	J = 3~1 : 출력 "*"	출력 "↵"
****	P = 4	K = 5~4 : 출력 " "	J = 4~1 : 출력 "*"	출력 "↵"
*****	P = 5	K = 5~5 : 출력 " "	J = 5~1 : 출력 "*"	출력 "↵"
	P = 1~5	K = 5~P	J = P~1	

(b) 카운터 감소형 방법

[그림 6-4-1] 우하단이 직각인 삼각형 출력을 위한 반복 횟수 계산

이제는 [그림 6-4-1]과 같은 모양의 삼각형을 출력하는 순서도를 작성해보기 위해 우선 카운터 변수들의 반복 횟수를 계산해보자.

[그림 (a)] 방법은 행 번호 P가 P = 1, 2, ... 식으로 증가할 때 공백 출력 횟수를 나타내는 K는 K = 1~5, K = 2~5, ... 이며 그 시작값은 P와 동일하며 그 종료값은 5이므로 일반식은 K = P~5이다. 또한 " * " 출력 횟수를 나타내는 J는 J = 1~1, J = 1~2, ... 이므로 그 시작값은 1, 그 종료값이 P이므로 그 일반식은 J=1~P이다.

[그림 (b)] 방법은 행 번호 P가 P 1, 2, ... 식으로 증가할 때 공백 출력 횟수를 나타내는 K는 K=5~1, K=5~2, ... 이며 그 시작값은 5와 동일하며 그 종료값이 P이므로 K의 일반식은 K=5~P이다. 또한 " * " 출력 횟수를 나타내는 J=1~1, J=2~1, ... 이며 그 시작값은 P이며 그 종료값은 1이므로 그 일반식은 J = P~1이다.

6.4.2 우하단이 직각인 삼각형 출력하기

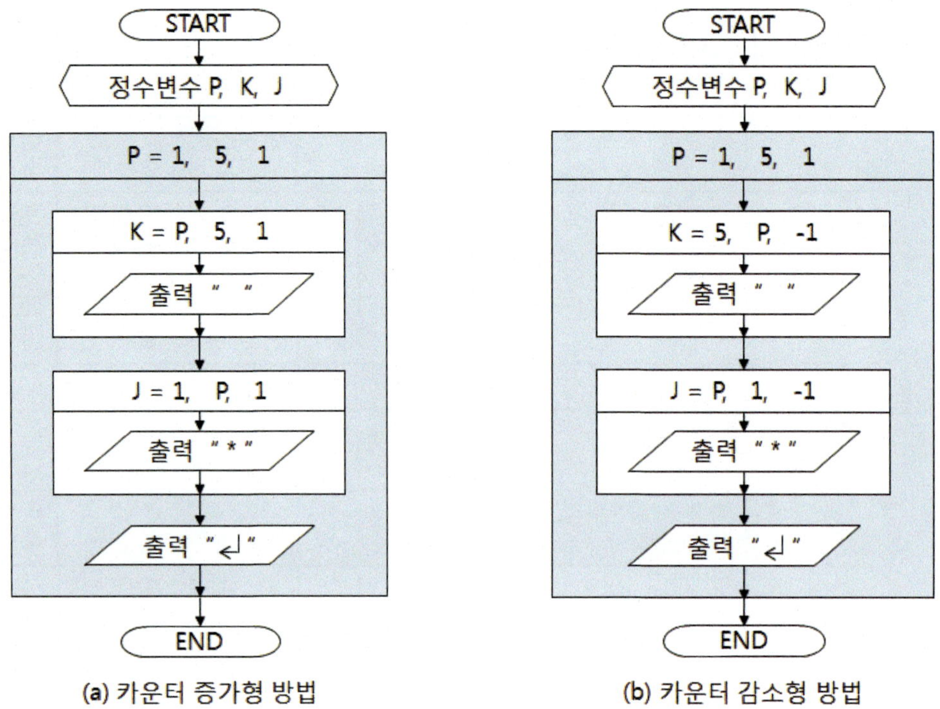

[그림 6-4-2] 우하단이 직각인 삼각형을 출력하는 순서도

[그림 6-4-2(a)]은 [P = 1,5,1]로 행 번호 P가 1씩 증가함에 따라 안쪽 루프의 K는 [K = P,5,1]로 주어지고 이는 [K = 1,5,1], [K = 2,5,1] 식으로 변경되므로 공백 출력의 반복 횟수는 1씩 감소하고, 안쪽 루프의 J는 [J = 1,P,1]로 주어지고 이는 [J = 1,1,1], [J = 1,2,1] 식으로 변경되므로 "*" 출력의 반복 횟수는 1씩 증가한다.

[그림 6-4-2(b)]는 [P=1,5,1]로 행 번호 P가 1씩 증가함에 따라 안쪽 루프의 K는 [K = 5,P,-1]로 주어지고 이는 [K = 5,1,-1], [K = 5,2,1] 식으로 변경되므로 공백 출력의 반복 횟수는 1씩 감소하고, 안쪽 루프의 J는 [J = P,1,-1]로 주어지고 이는 [J = 1,1,-1], [J = 2,1,-1] 식으로 "*" 출력의 반복 횟수는 1씩 증가한다.

6.5 2~50 사이의 소수 구하기

6.5.1 소수 판별하는 두 가지 방법들

방법 1: 1과 자기 자신을 포함한 약수들로부터 소수 판별하기 (A를 1에서 A까지로 나누어보고 판별)		
피제수 A	23	24
제수 1~A	1, 2, 3, 4, 5, 6, 7, 8, 9, 10, 11, 12, 13, 14, 15, 16, 17, 18, 19, 20, 21, 22, 23	1, 2, 3, 4, 5, 6, 7, 8, 9, 10, 11, 12, 13, 14, 15, 16, 17, 18, 19, 20, 21, 22, 23, 24
나누어지는 회수 CNT	2회	8회
소수 판별 결과	소수이다	소수가 아니다.

방법 2: 1과 자기 자신을 제외한 약수들로부터 소수 판별하기 (A를 2에서 $INT(\sqrt{A})$ 까지 나누어보고 판별)		
피제수 A	23	24
곱셈표기	23 = 1*23 23 = 23*1	24 = 1 *24 = 24* 1 24 = 2 *12 = 12* 2 24 = 3 * 8 = 8* 3 24 = 4 * 6 = 6* 4
제수 2~ $INT(\sqrt{A})$	2, 3, 4	2, 3, 4
나누어지는 회수 CNT	0회	3회
소수 판별 결과	소수이다	소수가 아니다

[그림 6-5-1] 한 자연수가 소수인지 판별하는 두 가지 방법들의 예

소수(prime number)는 1과 자기 자신 이외에는 약수를 가지지 않는 수를 말한다. 즉, 약수의 개수가 2개인 수이다. 어떤 한 자연수 A가 소수인지 판별하는 두 가지 방법을 [그림 6-5-1]에 보였다. 각 방법에 대해 자연수 23과 24를 적용해보았다.

첫 번째 방법은 A를 1~A까지의 정수로 나누어 1과 자기 자신으로만 나누어지면 소수로 판별하는 방법이고, 두 번째 방법은 A를 2~ $INT(\sqrt{A})$ 까지로 나누어지지 않으면 소수로 판별하는 방법이다. 여기서 $INT(\sqrt{A})$ 는 $\sqrt{A}$ 에 대한 정수값이다.

두 번째 방법에서 2부터 $INT(\sqrt{A})$ 까지만 나누어보는 이유는 다음과 같다. A= [약수] * [약수]로 표기되는 수인 경우 두 약수 중에서 더 작은 약수 하나로 A를 나누어보아도 소수인지 판별할 수 있다. $A=\sqrt{A}*\sqrt{A}$ 이므로 이 더 작은 약수는 $\sqrt{A}$ 이하 값이고 정수이므로 $INT(\sqrt{A})$ 이하 값이다. 예를 들어 24가 소수인지 판별하기 위해 2부터 $INT(\sqrt{24})$ =4까지 즉, 2, 3, 4로 나누어보면 된다.

6.5.2 소수 판별하는 두 가지 방법에 대한 예들

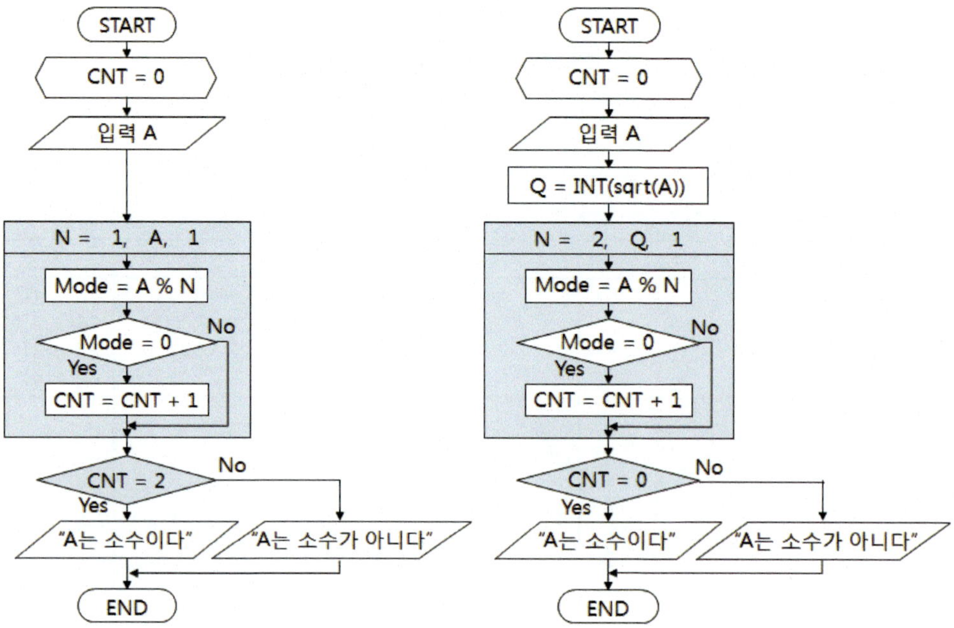

(a) 방법1: 1부터 A까지 나누어보기 (b) 방법2: 2부터 $INT(\sqrt{A})$ 까지 나누어보기

[그림 6-5-2] 한 자연수가 소수인지 판별하는 순서도

한 자연수를 입력받아 그 수가 소수인지 판별하는 순서도를 작성하여 보자. 소수(prime number)는 2개의 약수, 즉 1과 자기 자신을 약수로 가지는 수를 말한다.

[그림 6-5-2(a)]는 한 자연수를 A에 입력하고 A를 1~A까지로 나누어보았을 때 약수의 개수(CNT)가 2개인 수를 소수로 판별하는 방법이다. 또 [그림 (b)]는 자연수 A를 2~$INT(\sqrt{A})$까지만 나누어보았을 때 모두 나누어지지 않아 약수의 개수(CNT)가 0인 수를 소수로 판별하는 방법이다. 후자의 방법이 전자의 방법보다 처리시간을 줄일 수 있다.

A의 약수의 개수(CNT)를 구하기 위해 반복구조의 카운터 변수 N을 초기값에서 최종값까지 1씩 증가시키면서 A를 N으로 나누어보고 그 나머지(Mode)가 0일 때만 약수의 개수(CNT)를 1씩 증가시킨다. 후자의 방법에서는 Q = INT(sqrt(A))로 $INT(\sqrt{A})$를 구하여 Q에 저장하고 이를 카운터 변수 N의 최종값으로 사용하였다.

6.5.3 2~50 사이의 소수 구하기

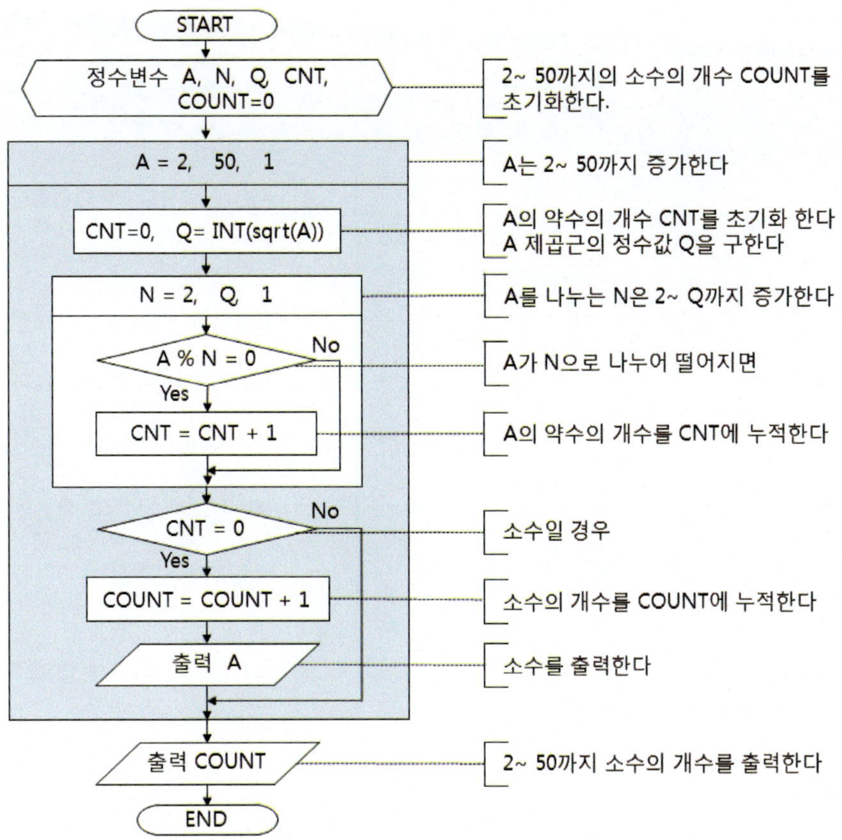

[그림 6-5-3] 2~50 사이의 소수를 구하는 순서도

앞에서 살펴본 한 자연수가 소수인지 판별하는 순서도를 바탕으로 2부터 50까지의 소수들과 그 개수를 구하여 출력하는 순서도를 작성해보자. [그림 6-5-3]은 그 순서도를 나타내고 있다.

바깥쪽 for구조는 2~ 50까지 1씩 증가하기 위해 카운터 변수 A를 사용하였고, 안쪽 for구조는 바깥쪽 for구조에서 결정된 A값을 2부터 $INT(\sqrt{A})$까지로 나누어보기 위해 카운터 변수 N을 사용하였다. 안쪽 for구조가 수행된 후에 A가 소수이면 소수의 개수를 누적하고 이 소수를 출력한다. 바깥쪽 for구조가 수행된 후에 2부터 50까지 검사하는 동안 소수일 때 누적해둔 소수의 개수를 출력한다.

Chapter 06 중첩 반복 구조

6.6 2~50까지의 약수와 그 개수 구하기

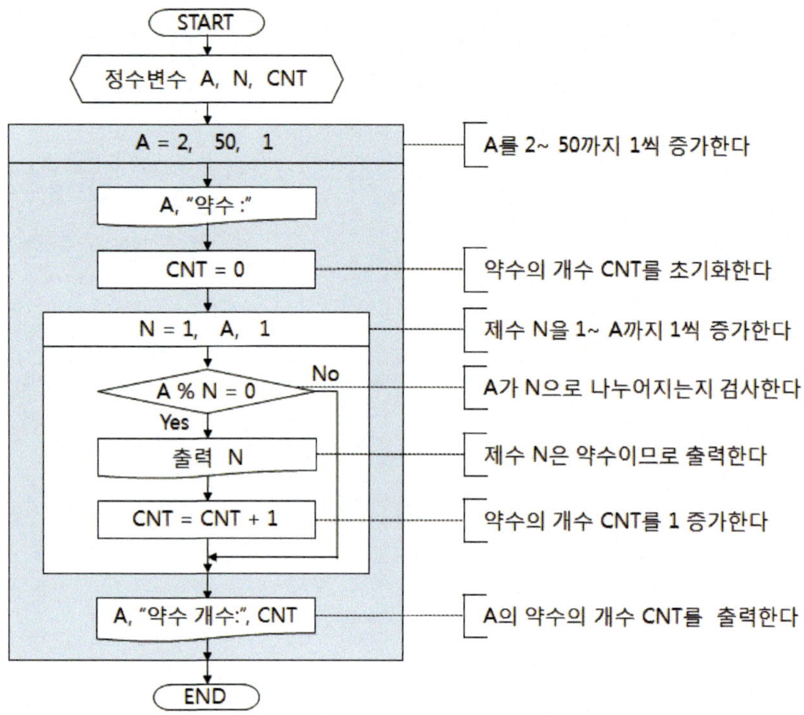

[그림 6-6] 2~50까지의 약수와 그 개수를 구하는 순서도

2부터 50까지의 자연수에 대하여 약수와 그 개수를 구하여 출력하여 보자. 우선 한 자연수 A에 대하여 약수를 구하는 과정은 A를 1부터 A까지 나누어보는 단일 반복구조를 사용하여 구성할 수 있다. 그러므로 한 자연수에 대하여 약수를 구하는 과정을 2부터 50까지의 자연수에 대하여 반복하는 이중 반복구조로 순서도를 작성할 수 있다.

바깥쪽 루프에서 카운터 변수 A에 의해 변경되는 2부터 50까지의 한 자연수에 대하여 안쪽 루프에서 그 약수를 구하여 출력하고 약수의 개수를 누적한 다음에 이를 약수의 개수를 출력한다.

6.7 3~12까지의 계승 구하기

6.7.1 5의 계승과 3~12까지의 계승 구하기

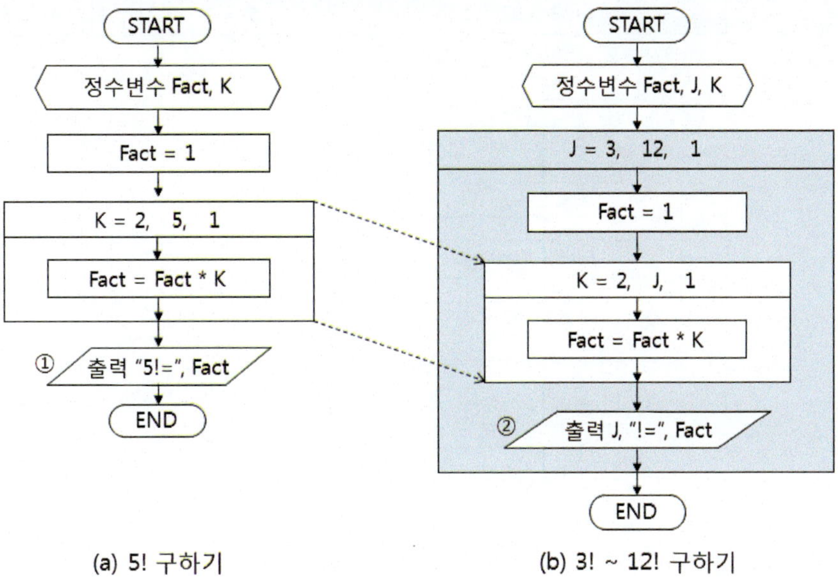

[그림 6-7-1] 5의 계승과 3~12까지의 계승을 구하는 순서도

3~12까지의 계승(factorial) 값을 다음과 같이 출력하는 순서도를 작성하여 보자.

```
3! = 6
4! = 24
5! = 120
⋮  ⋮
12! = 479001600
```

[그림 6-7-1]은 5의 계승과 3~12까지의 계승을 각각 구하는 순서도이다. [그림 (a)]에서는 5!을 구하기 위해 2부터 5까지 모든 수의 곱셈을 반복하고 있다. [그림 (b)]에서는 J!을 구하기 위해 2부터 J까지 모든 수의 곱셈을 안쪽 루프가 담당하고 바깥쪽 루프에서는 [J = 3, 12, 1]로 J를 3~12까지 변경시키고 있다. [그림 (a)]에서 ①로 표시된 부분은 [출력 "5!=", Fact]로써 5! = 120만을 출력하지만, [그림 (b)]에서 ②로 표시된 부분은 [출력 J, "!=", Fact]로써 3! = 6부터 12! = 479001600까지를 출력한다.

6.7.2 3!~12!까지의 계산식 출력하기

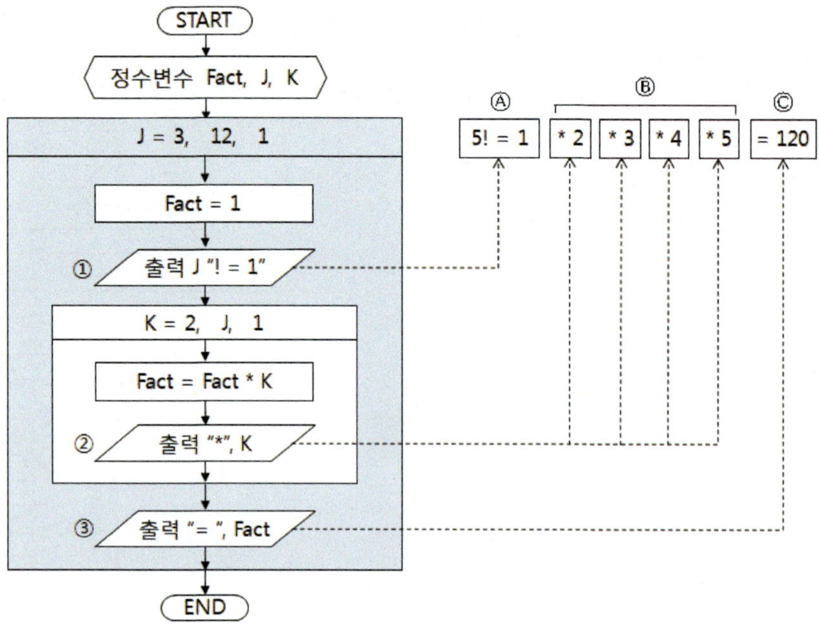

[그림 6-7-2] 3!~12!까지의 계산식을 출력하는 순서도

3~12까지의 계승(factorial)의 결과 값뿐만 아니라 아래와 같이 계산식까지 출력하는 순서도를 작성하여 보자.

```
3! = 1 * 2 * 3 = 6
4! = 1 * 2 * 3 * 4 = 24
5! = 1 * 2 * 3 * 4 * 5 = 120
⋮        ⋮
12! = 1 * 2 * 3 * 4 * 5 * 6 * 7 * 8 * 9 * 10 * 11 * 12 = 479001600
```

앞 단원과 같이 계승 값만을 출력하는 순서도에서는 출력처리 부분이 하나의 과정으로 표현될 수 있지만, 계승에 대한 계산식을 출력하기 위해서는 계승에 관련된 수가 곱해질 때마다 출력 처리를 해야 한다. [그림 6-7-2]는 3~12까지의 계승에 대한 계산식과 결과값을 출력하는 순서도이다. 출력처리 부분은 그림에 표시한 ①, ②, ③과 같다. 그림에서 예시로 보인 5!의 계산식과 같이 Ⓐ부분은 5!=1, Ⓑ부분은 *2*3*4*5, Ⓒ부분은 =120과 같이 출력부분을 크게 세 부분으로 나누어 처리한다.

6.8 팩토리얼들의 합 구하기

Sum = 1 + (2 * 1) + (3 * 2 * 1) + ⋯ (10 * 9 * 8 * ⋯ * 3 * 2 * 1)

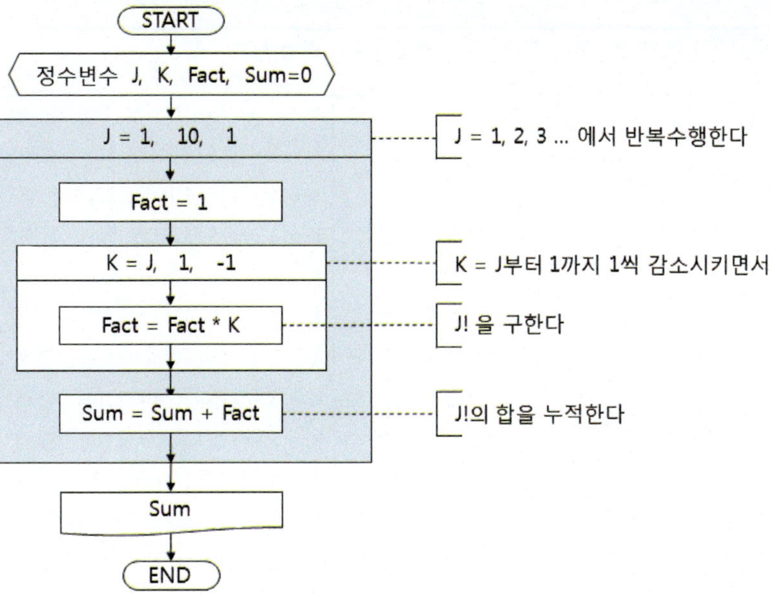

[그림 6-8] 팩토리얼들의 합을 구하는 순서도

다음 식과 같이 1의 계승부터 10의 계승까지의 합을 구하는 순서도를 작성해보자.

$$Sum = 1 + (2 * 1) + (3 * 2 * 1) + \cdots \ (10 * 9 * 8 * \ \cdots \ * 3 * 2 * 1)$$

[그림 6-8]의 바깥쪽 루프에서는 정수 J의 값이 1에서부터 10까지 변경되도록 [J = 1, 10, 1]로 설정한다.

안쪽 루프에서는 정수 J의 계승을 구하는 과정이다. 즉 이것은 [Fact = 1]로 시작하여 [K = J, 1, -1]의 반복 횟수만큼 [Fact = Fact * K]를 반복한다. 그 후에 정수 J의 계승 값을 [Sum = Sum + Fact]에 의해 Sum에 누적한다. 예를 들어 J = 1일 때는 안쪽루프 Fact = Fact * K의 반복 결과는 Fact = 1 * 1이 되므로 Sum에 1이 누적되며, J = 2일 때 안쪽루프 Fact = Fact * K의 반복 결과는 Fac t = 2 * 1이 되므로 Sum에 2가 누적된다. 이런 식으로 J는 10까지 증가하면서 10의 계승까지 누적된다.

6.9 정현파 그래프 그리기

6.9.1 정현파 그래프를 그리는 과정

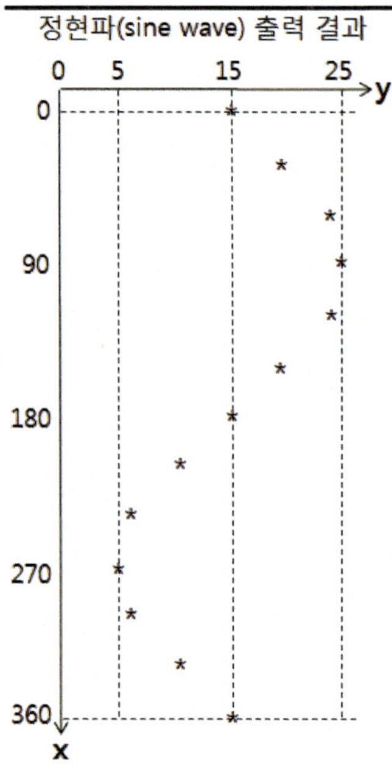

바깥쪽 루프 D = 각도	안쪽 루프 K = 반복 회수 : 출력 " "	바깥쪽 루프 출력 "*", 줄바꾸기
D = 0	K = 1 ~ (15+10*sin(0)) : 출력" "	출력 "*", "↵"
D = 30	K = 1 ~ (15+10*sin(30)) : 출력" "	출력 "*", "↵"
D = 60	K = 1 ~ (15+10*sin(60)) : 출력" "	출력 "*", "↵"
D = 90	K = 1 ~ (15+10*sin(90)) : 출력" "	출력 "*", "↵"
D = 120	K = 1 ~ (15+10*sin(120)) : 출력" "	출력 "*", "↵"
D = 150	K = 1 ~ (15+10*sin(150)) : 출력" "	출력 "*", "↵"
D = 180	K = 1 ~ (15+10*sin(180)) : 출력" "	출력 "*", "↵"
D = 210	K = 1 ~ (15+10*sin(210)) : 출력" "	출력 "*", "↵"
D = 240	K = 1 ~ (15+10*sin(240)) : 출력" "	출력 "*", "↵"
D = 270	K = 1 ~ (15+10*sin(270)) : 출력" "	출력 "*", "↵"
D = 300	K = 1 ~ (15+10*sin(300)) : 출력" "	출력 "*", "↵"
D = 330	K = 1 ~ (15+10*sin(330)) : 출력" "	출력 "*", "↵"
D = 360	K = 1 ~ (15+10*sin(360)) : 출력" "	출력 "*", "↵"
D = 0~360	K = 1 ~ (15+10*sin(D))	

[그림 6-9-1] 정현파 그래프를 그리는 과정의 분석

각이 0에서 360°까지 30°씩 증가할 때마다 [그림 6-9-1]과 같이 +5와 +25 사이의 값을 가지는 정현파를 "＊"로 출력하는 순서도를 작성하여보자. 가장 먼저 알아야할 것은 [그림 6-9-1]에 표시된 좌표는 출력화면의 좌표이므로 출력화면의 좌상단 위치인 좌표 $(x, y)=(0, 0)$을 기준으로 x는 아래쪽 방향으로, y는 오른쪽 방향으로 증가하는 형태로 나타나며, x와 y는 항상 양의 값이라는 것이다.

한편 정현파 $y=\sin(x)$는 -1(최소값)과 +1(최대값) 사이의 값을 가진다. 그림에 표시된 정현파는 y값 15를 기준으로 보면 ⁻10과 +10 사이의 값을 가지므로 $y=10 \cdot \sin(x)$와 같은 크기의 정현파이고 이 정현파가 +5(최소값)와 +25(최대값) 사이에 위치해 있으므로 $y=10 \cdot \sin(x)$에 이 두 수의 중앙값인 15가 더해진 $y=15+10 \cdot \sin(x)$가 이 정현파의 수식이 된다.

6.9.2 정현파 그래프 출력하기

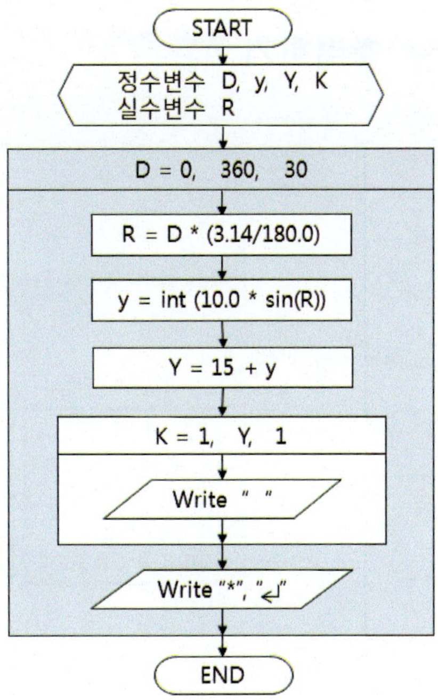

[그림 6-9-2] 정현파 그래프를 출력하는 순서도

이렇게 알아낸 정현파의 수식 $y=15+10 \cdot \sin(x)$ 은 주어진 각에 대한 정현파의 값을 " * "로 출력하는데 사용된다. 그러나 " * "를 출력하기 전에 x축에서부터 빈 칸을 먼저 출력해야 하므로 이 정현파의 값은 빈 칸 출력의 반복 횟수로 이용된다. 즉 바깥쪽 루프에서는 각 D가 D=0에서 360° 까지 30° 씩 증가하며, 안쪽 루프에서는 주어진 각 D에 대하여 카운터 변수 K가 1부터 $(15+10 \cdot \sin(D))$까지 1씩 증가하면서 빈 칸 출력을 반복적으로 수행해야한다. 그 후에 바깥쪽 루프에서 " * "와 줄바꾸기를 출력한다.

[그림 6-9-2]는 0도에서 360°까지 30°씩 각이 증가하는 동안 +5와 +25 사이의 값을 가지는 정현파를 " *"로 출력하는 순서도이다. 바깥쪽 루프에서 [R = D * 3.14 / 180.0]으로 라디안 각 R로 변환하고 순서도에서는 R을 x 대신에 사용하였다. 또 [y = int(10.0 * sin(R))]와 [Y = 15 + y]로 정현파 값을 구하여 Y를 y 대신에 사용하였다.

6.10 십진수의 각 자리수 출력하기

6.10.1 낮은 자리부터 출력하기

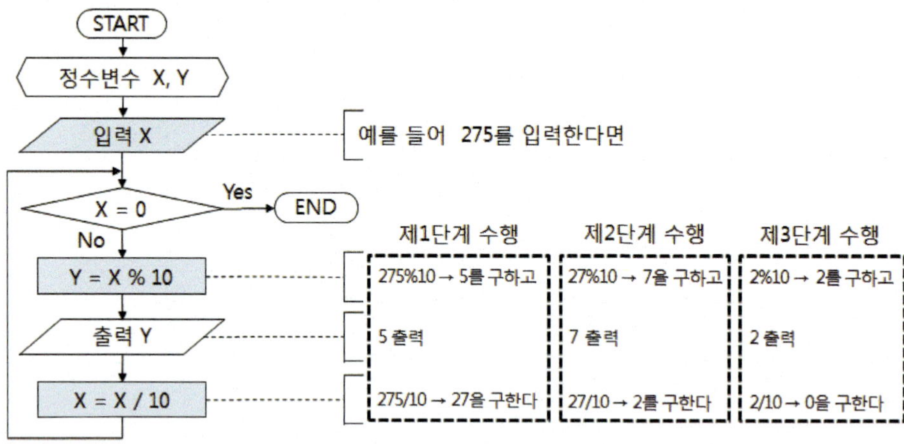

[그림 6-10-1] 십진수의 낮은 자리부터 각 자리 수를 출력하는 순서도

입력한 십진수의 각 자리수를 출력하는 순서도를 작성하여 보자. 먼저 십진수의 가장 낮은 자리수부터 시작하여 높은 자리수의 순서로 각 자리수를 출력하여 보자. 예를 들어 275를 입력한다면 [그림 6-10-1]과 같이 3단계의 수행이 요구된다.

[1단계] 일자리수는 입력받은 275로부터 275%10으로 나머지를 구하여 5를 얻는다. 그 다음 자리수를 얻기 위해 275/10으로 몫 27을 구해 놓는다.

[2단계] 십자리수는 구해놓은 27로부터 27%10으로 나머지를 구하여 7을 얻는다. 그 다음 자리수를 얻기 위해 27/10으로 몫 2를 구해 놓는다.

[3단계] 마지막 백자리수는 구해놓은 2로부터 2%10으로 나머지를 구하여 2를 얻는다. 그 다음 자리수를 얻기 위해 2/10으로 몫 0을 구해 놓는다. 그러나 이 몫 0은 모든 자리수를 출력하였는지 점검하는 종료데이터로 사용된다.

위의 단계들을 수행하는 순서도 [그림 6-10-1]의 처리 내용은 다음과 같다.

1) 임의의 십진수를 입력받아 X에 저장한다.
2) X=0인지 검사한다. 만약 X가 0이면 종료한다. 아니면 다음을 수행한다.
3) Y=X%10로 X값을 10으로 나눈 나머지를 구하여 Y에 저장하고 이를 출력한다.
4) X=X/10으로 X값을 10으로 나눈 몫을 구하여 X에 저장한 후에 2)번으로 간다.

6.10.2 높은 자리부터 출력하기

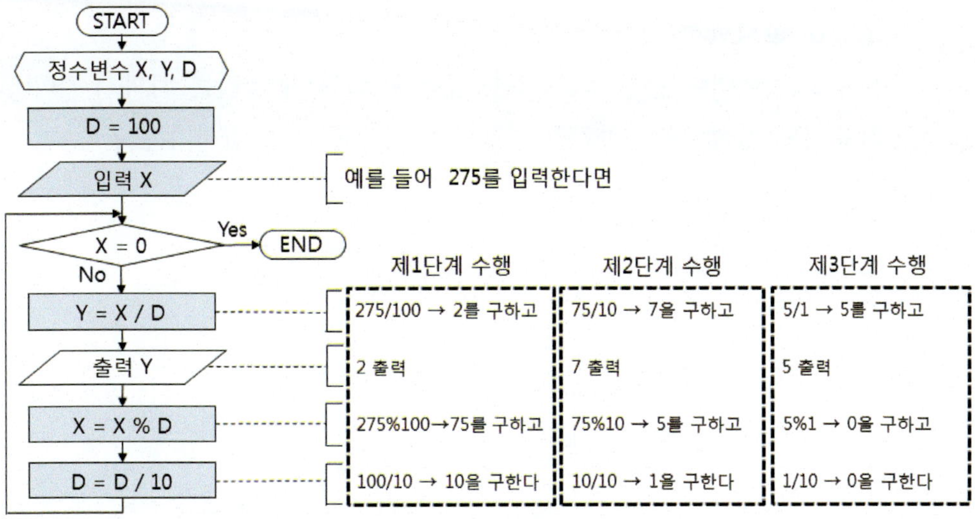

[그림 6-10-2] 십진수의 높은 자리부터 각 자리 수를 출력하는 순서도

십진수의 백, 십, 일자리 순으로 즉 높은 자리부터 시작하여 낮은 자리의 순서로 각 자리수를 출력하는 순서도를 작성하여 보자. 이에 대한 해결 방법을 알아보기 위해 275의 예를 들어 보았다. 이 예에서는 다음과 같이 3단계의 수행이 요구된다.

[1단계] 백 자리수 2는 입력받은 275로부터 275/100으로 몫을 구하여 얻는다. 그 다음 자리수를 얻기 위해 275%100으로 나머지 75를 구해 놓는다.

[2단계] 십 자리수 7은 구해놓은 75로부터 75/10으로 몫을 구하여 얻는다. 그 다음 자리수를 얻기 위해 75%10으로 나머지 5를 구해 놓는다.

[3단계] 일 자리수 5는 구해놓은 5로부터 5/1으로 몫을 구하여 얻는다. 그 다음 자리수를 얻기 위해 5%1로 나머지 0을 구해 놓는다. 그러나 이 나머지 0은 모든 자리수를 출력하였는지 점검하는 종료 데이터로 사용된다.

위의 단계들을 수행하는 순서도 [그림 6-10-2]의 처리 내용은 다음과 같다.

1) D = 100으로 초기화한다. 3자리 십진수를 입력받아 X에 저장한다.
2) X = 0인지 검사한다. 만약 X가 0이면 종료한다. 아니면 다음을 수행한다.
3) Y = X/D로써 입력한 X값을 D로 나눈 몫을 구하여 Y에 저장하고 이를 출력한다.
4) 그 다음 자리수를 구하기 위해 X=X%D로써 X를 D로 나눈 나머지를 X에 저장해두고 D = D/10으로써 10으로 나눈 새로운 D값을 저장해둔 후에 2)번으로 간다.

6장 요점 정리

1. 구구단 출력하기

1) 구구단 테이블 분석 : 단은 2단~9단까지 반복, 곱하기는 ×1에서 ×9까지 반복

2) 순서도 작성 : 단은 바깥쪽 루프의 카운터 변수 J, 곱하기는 안쪽 루프의 K

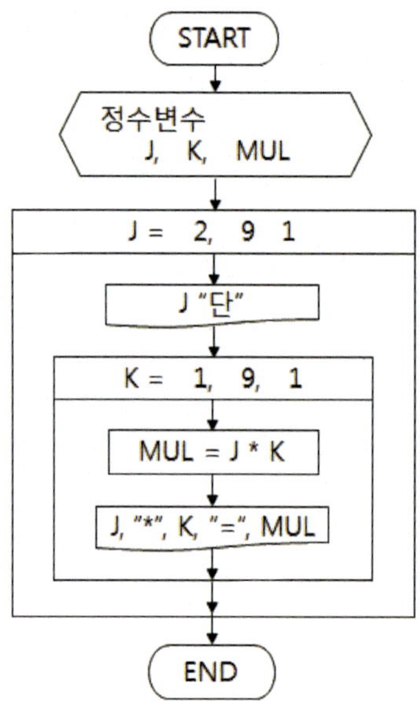

2. 삼각형 모양 만들기

1) 삼각형 모양 분석 : 행은 1행~5행까지 반복, 열은 행 번호에 의존하는 반복 횟수

2) 순서도 작성 : 행은 바깥쪽 루프의 카운터 변수 P, 열은 안쪽 루프의 K

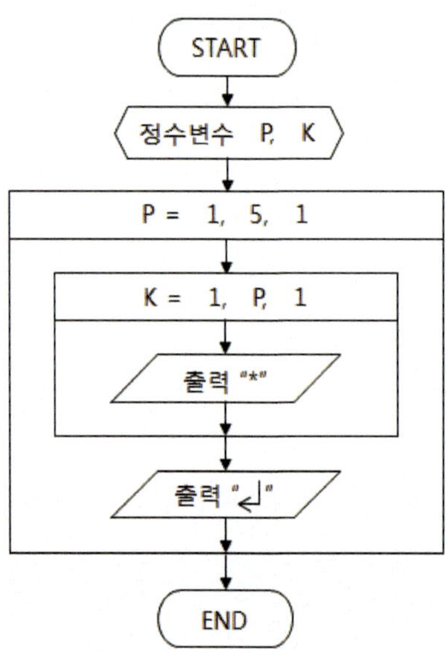

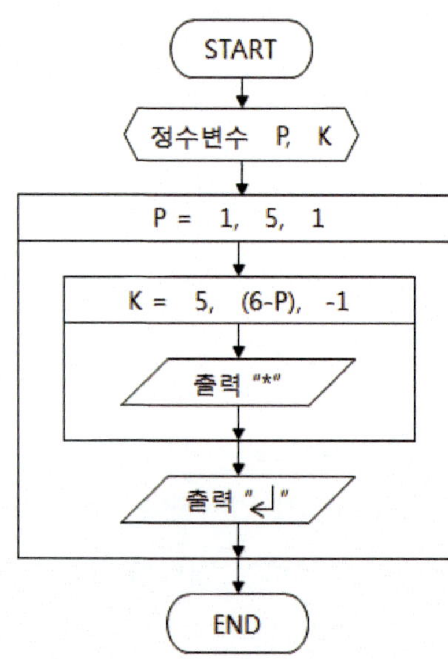

3. **팩토리얼 구하기** : 5! 구하기로부터 3! ~ 12! 구하기로 전개하기

5! 구하기 / 3! ~ 12! 구하기

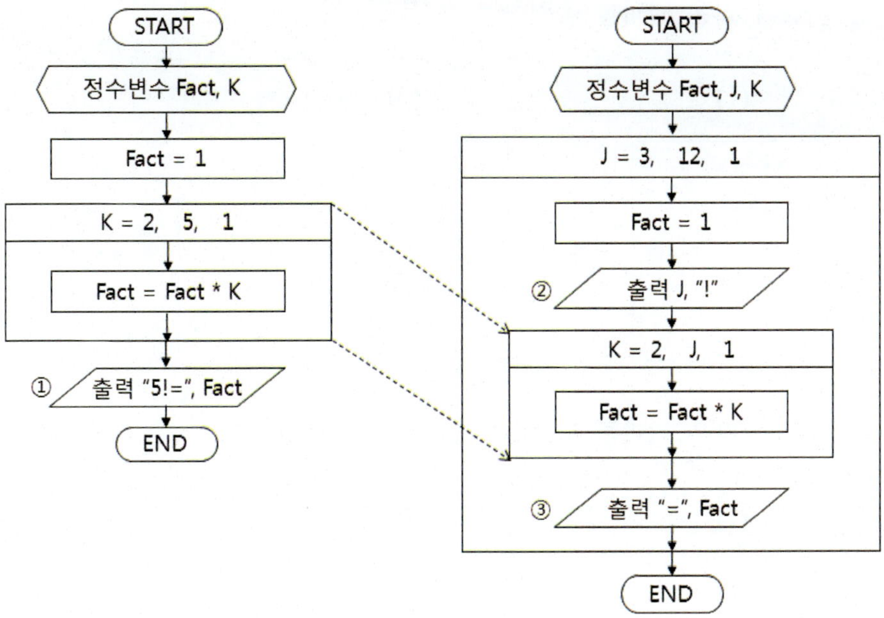

4. **소수 구하기** : 다음의 두 가지 방법

1과 자기 자신을 포함한
약수들로부터 소수 판별하기

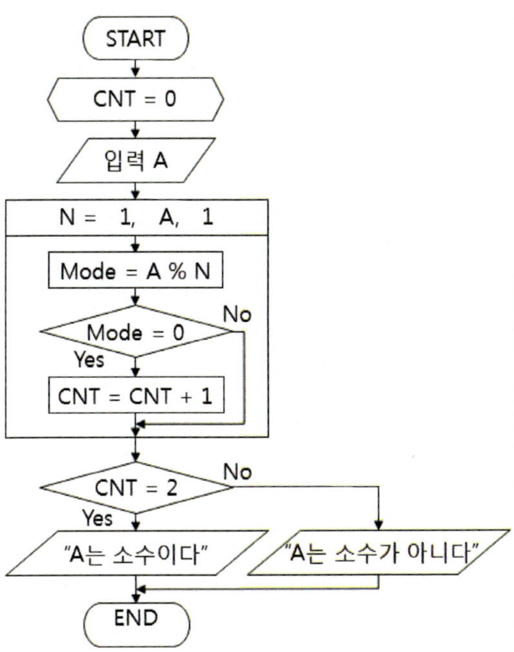

1과 자기 자신을 제외한
약수들로부터 소수 판별하기

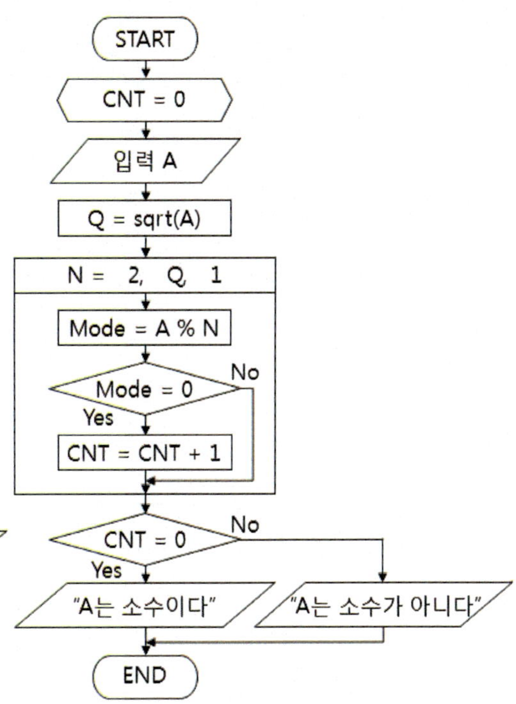

6장 연습 문제

1. 다음과 같은 결과를 출력하는 순서도를 작성하시오.

(1)

```
*****
****
***
**
*
```

(2)

```
*****
 ****
  ***
   **
    *
```

(3)

```
    *
   ***
  *****
 *******
*********
```

2. 다음과 같은 결과를 출력하는 순서도를 작성하시오.

(1)

```
12345
1234
123
12
1
```

(2)

```
55555
 4444
  333
   22
    1
```

(3)

```
1
23
456
7890
12345
```

3. 다음 이중 반복구조의 순서도에서 [CNT = 0]과 [출력 CNT]의 위치가 바깥쪽 루프의 외부인지 내부인지에 따라 출력 결과가 각각 다르다. 각 경우에서 출력되는 CNT의 값은 각각 얼마인가?

(1)

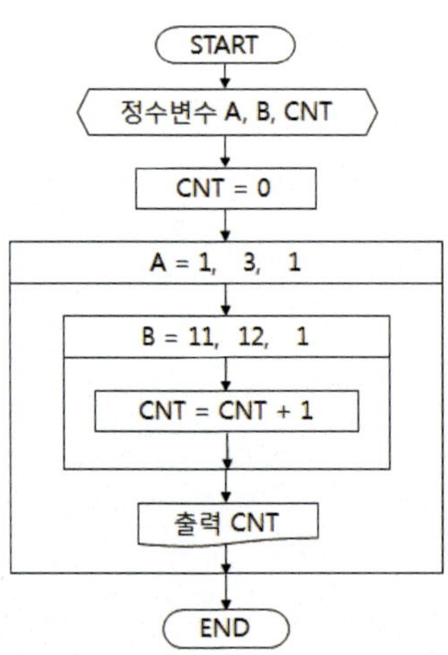

(2)

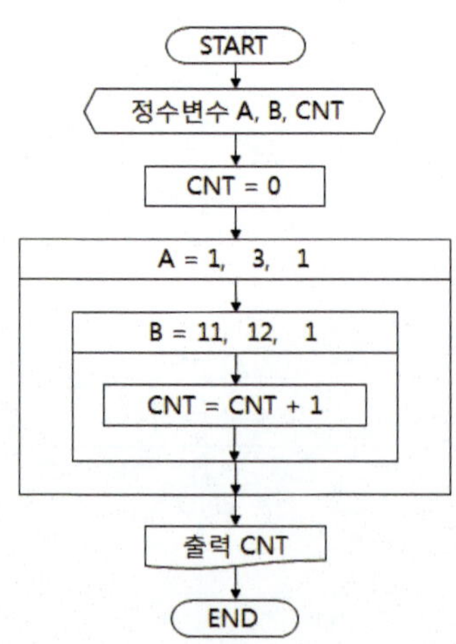

(3)

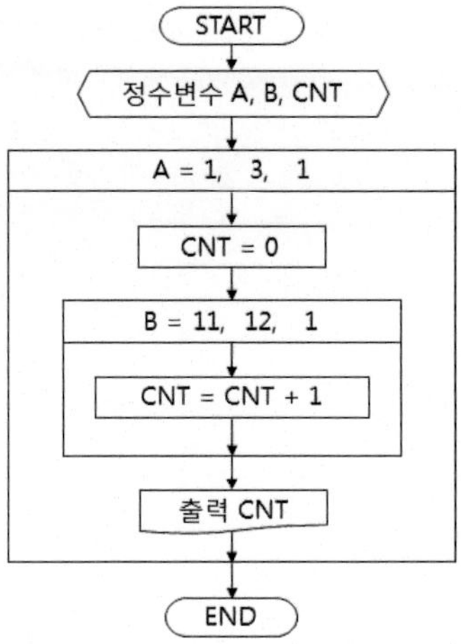

(4)

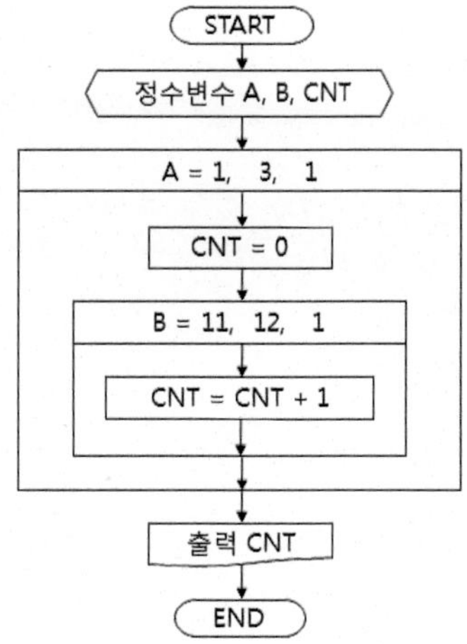

4. 2~50까지 자기 자신을 제외한 약수의 합이 자기 자신과 같은 수를 출력하는 순서도를 작성하시오.

5. 100~200 사이의 소수들과 그 개수를 구하여 출력하는 순서도를 작성하시오.

6. 5~10까지 계승의 값을 구하여 출력하는 순서도를 작성하시오.

7. 1일에 해당하는 시간을 시:분:초 형식으로 00:00:00부터 23:59:59까지 출력하는 순서도를 작성하시오.

8. 1+(1+2)+(1+2+3)+........+(1+2+3+....+10)을 계산하는 순서도를 작성하시오

9. 5자리 10진수를 입력하여 일, 십, 백, 천, 만 자리수의 합을 출력하는 순서도를 작성하시오.

Chapter 07

Understanding Algorithm

배열

7.1 배열의 기본 개념

7.1.1 단순변수와 배열의 차이점

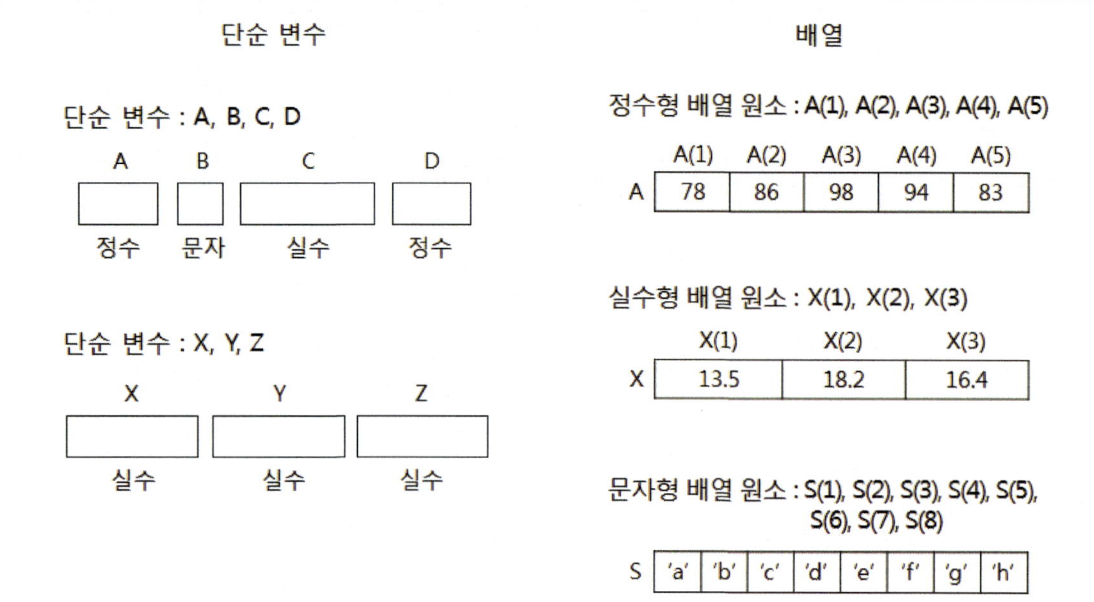

[그림 7-1-1] 배열의 기본 개념(1): 같은 유형의 데이터를 저장하기

배열(array)이란 동일한 유형의 여러 개의 데이터를 저장하기 위해 연속적으로 나열되어 있는 기억공간을 의미한다. [그림 7-1-1]에 나타낸 것처럼 단순 변수 A, B, C, D는 다른 유형의 데이터를 하나씩 저장하는 기억장소이다. 반면에 배열 A는 하나의 배열 이름으로 같은 유형의 데이터를 여러 개 저장할 수 있는 기억장소이다.

배열은 배열의 원소(element)들로 구성되며 배열이 그룹이라고 가정한다면 배열 원소는 같은 그룹에 소속된 저장소들이다. [그림 7-1-1]에서 보는 바와 같이 예를 들어 정수형 배열 A는 정수형 배열 원소 A(1), A(2), …, A(5)로 구성되어 있다.

각 배열의 원소는 프로그램에서 단순변수와 동일하게 취급한다. 즉 그 사용 방법이 입력문, 대입문, 출력문에서 단순변수와 동일하다. 예를 들어 대입문의 대입연산자(=)의 왼쪽은 변수이며 오른쪽은 수식인데 어느 쪽에도 배열 원소를 사용할 수 있다.

7.1.2 선언문과 첨자의 의미

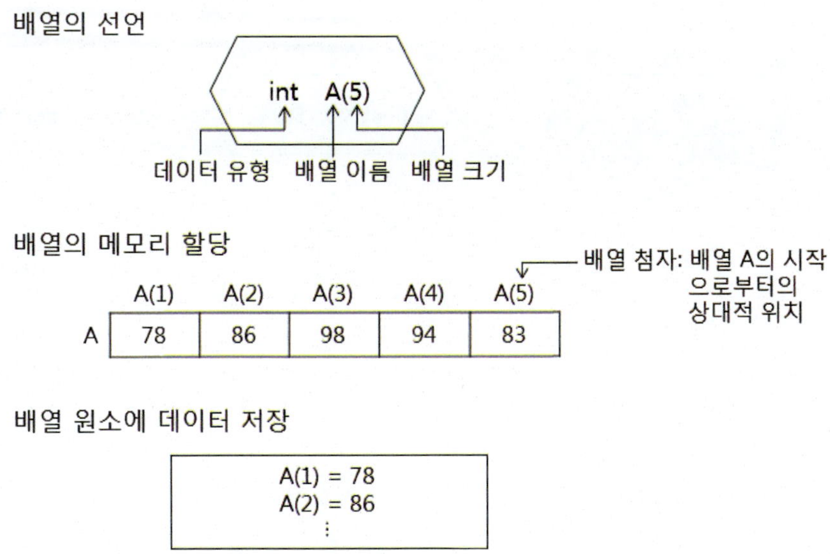

[그림 7-1-2] 배열의 기본 개념(2): 선언문과 첨자의 의미

배열을 사용하기 위해서는 먼저 배열을 선언해야 한다. 배열 선언문의 형식은 [그림 7-1-2]에서와 같이 데이터 유형, 배열 이름, 배열 크기를 포함한다. 예를 들어 선언문 int A(5)는 배열의 데이터 유형은 정수형이고 이름은 A이며 크기가 5임을 선언하고 있다.

선언문의 실행 결과로 배열에 대한 메모리 공간이 할당된다. [그림 7-1-2]와 같이 배열 A의 선언 결과로 5개의 정수를 저장할 수 있는 메모리 공간이 할당되고 또한 배열 이름 A는 할당된 메모리의 시작 위치 값을 가지게 된다. 배열 A의 시작으로부터 각 원소의 상대적인 위치를 배열의 첨자라고 한다.

각 배열 원소는 첨자를 사용하여 서로를 구분한다. 예를 들어 배열 A의 경우 그 원소는 A(1), A(2), A(3), A(4), A(5)이며 1, 2, 3, 4, 5는 배열의 첨자이며, 만약 A의 첫 번째 원소에 78을 저장한다면, 첨자 1을 사용하여 배열 원소를 A(1)로 표시하고 A(1) = 78과 같이 대입문을 사용한다. 참고로 크기가 5인 배열의 경우 C언어에서의 첨자는 1부터 5까지가 아닌 0부터 4까지이다.

7.1.3 배열 원소 다루기

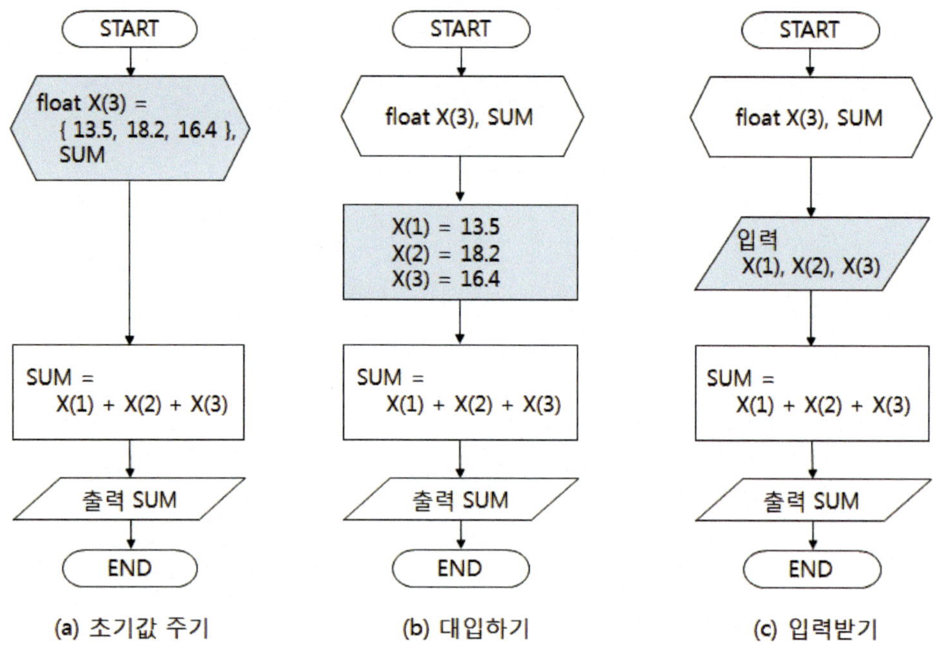

[그림 7-1-3] 배열 원소를 다루는 여러 가지 방법을 보여주는 순서도

[그림 7-1-3]의 순서도는 어떤 배열 원소에 값을 저장하는 서로 다른 세 가지 방법을 보여주고 있다. 이들에는 (a) 배열 선언문에서 초기값을 주는 방법 (b) 선언문 이후에 대입문에 의해 특정한 값을 대입하는 방법 (c) 선언문 이후에 입력문에 의해 사용자로부터 값을 입력받는 방법이 있다.

배열 원소에 고정된 값을 주어야하는 경우에는 (a) 또는 (b)의 방법을 사용할 수 있으나, 프로그램을 실행할 때마다 배열 원소에 임의의 값을 주기 위해서는 (c)와 같이 키보드로부터 입력하는 방법을 사용해야 한다. 그림 (a)와 (b)는 동일한 기능을 하는 순서도이다.

7.1.4 변수로 지정 가능한 첨자

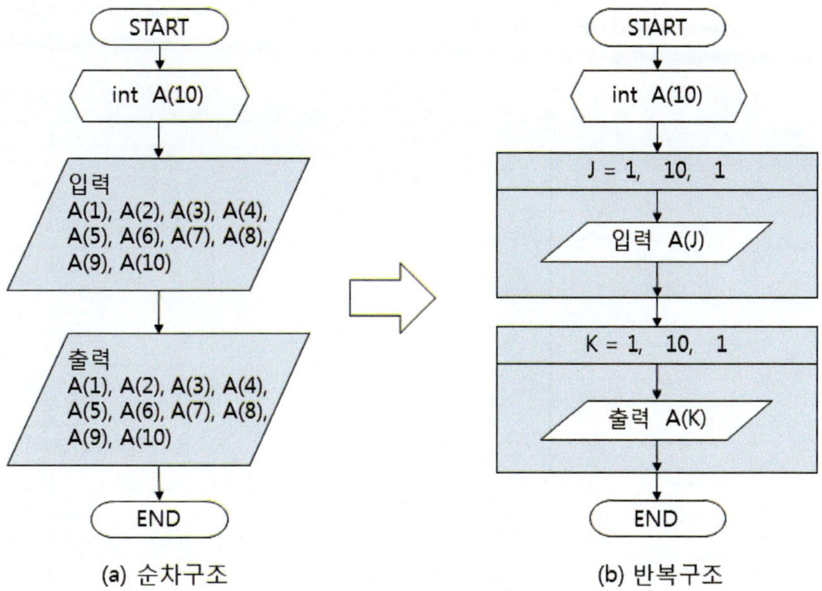

[그림 7-1-4] 반복구조로 대체하여 배열 A를 입출력하는 순서도

배열의 장점은 배열의 첨자로 숫자 대신에 변수를 사용할 수 있다는 것이다. 예를 들어 배열 원소를 A(1), A(2), … 로 표현하는 대신에 변수 J를 이용하여 A(J)로 표현하고 변수 J를 1씩 증가시키면 모든 배열 원소를 표현할 수 있다.

[그림 7-1-4]의 순서도는 모든 배열 원소들에 대하여 특정한 값들을 입력하여 저장한 후 저장된 모든 배열 원소의 값들을 출력하는 방법들을 보인 것이다. [그림 (a)]와 같은 순차구조를 사용하고 배열 원소의 첨자를 일일이 숫자로 지정하는 방법보다 [그림 (b)]와 같은 반복구조를 사용하고 첨자 변수 J, K를 가지고 배열 A의 원소를 처리하는 방법이 순서도와 프로그램을 매우 쉽게 만든다.

[그림 (b)]에서 A(J)와 A(K)의 J와 K와 같이 첨자를 지정하는 변수가 서로 다르더라도 첨자 변수의 값이 동일하면 동일한 원소를 의미한다. 즉 예를 들어 만약 J = 2, K = 2이라면 A(J)와 A(K)는 A(2)와 동일한 원소이다.

7.1.5 단순변수와 배열 사용의 차이점

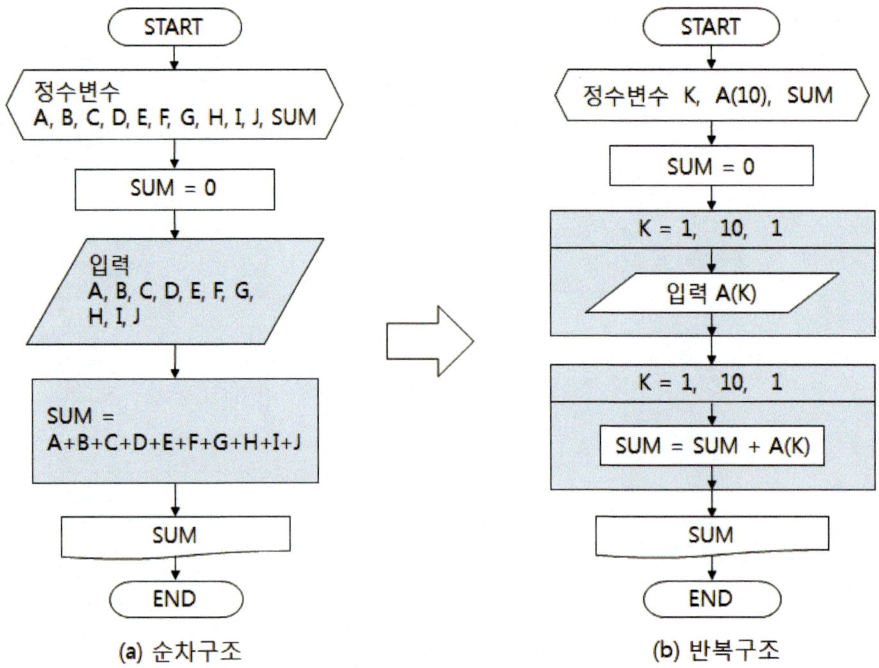

[그림 7-1-5] 반복구조로 대체하여 배열 A의 합을 구하는 순서도

[그림 7-1-5]는 한 반의 모든 학생들의 성적과 같이 많은 데이터를 처리하는 경우 배열을 이용하면 단순변수에 일일이 성적을 지정하는 불편을 해소할 수 있다.

예를 들어 한 반 학생들의 성적을 변수에 저장하는 경우 [그림 (a)]와 같이 A, B, C, … 등의 단순변수를 사용하는 방법보다 [그림 (b)]와 같이 A(1), A(2), A(3), … 등의 배열 원소를 사용하는 방법이 각 학생의 성적 데이터에 더 쉽게 접근할 수 있다. 배열 원소 A(1), A(2), A(3), … 에서의 배열 첨자 1, 2, 3 … 등은 원소들을 서로 구분하는 역할을 한다. [그림 (b)]와 같이 성적의 합을 구할 때에도 반복구조를 사용하고 K와 같은 첨자 변수로 배열 원소를 지정하면 쉽게 성적을 처리할 수 있다.

[그림 (a)]의 단순변수 A, B, C, … 등은 비록 A1, A2, A3, … 등으로 대체하더라도 이들은 배열 원소가 아니고 단순변수일 뿐이다. 여기서의 숫자 1, 2, 3, … 등은 배열 첨자가 아니므로 다른 변수로 지정할 수도 없다.

7.2 한 배열 내에서 역순으로 저장

7.2.1 역순으로 저장하기 위한 반복구조 구하기

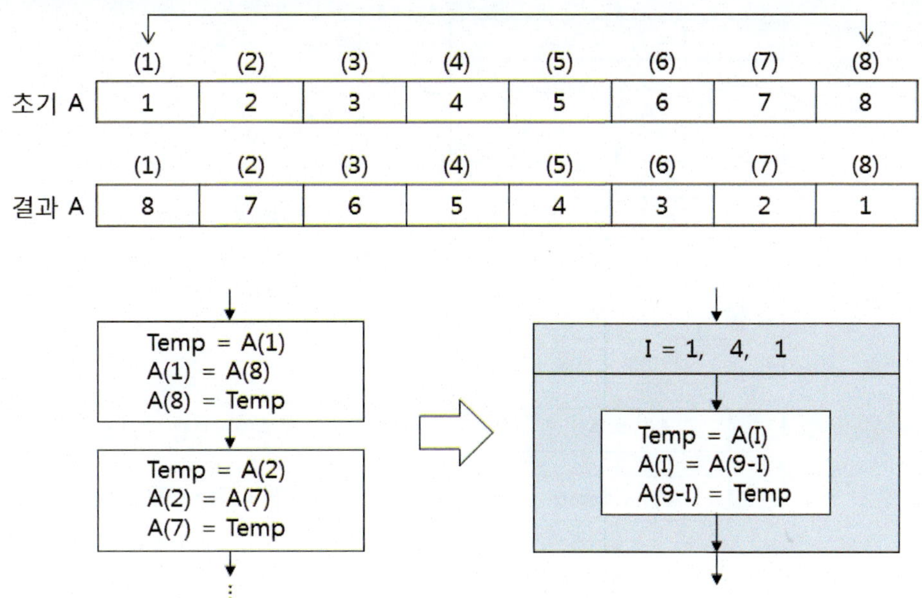

(a) 순차구조 (b) 반복구조

[그림 7-2-1] 순차구조로부터 반복구조 구하기

[그림 7-2-1]과 같이 크기가 8인 배열 A에 8개의 데이터가 저장되어 있을 때 이들을 역순으로 저장하는 순서도를 작성하여 보자. 이것은 [A(1), A(8)], [A(2), A(7)], [A(3), A(6)], [A(4), A(5)]의 4쌍에 대하여 각 쌍을 이루는 두 배열 원소들 간에 값을 교체(swap)하는 것을 의미한다. 한 쌍을 이루는 두 원소의 첨자의 합은 9이다.

배열 원소 A(1)과 A(8)의 값을 교체하고 A(2)와 A(7)의 값을 교체하는 예를 [그림 7-2-1(a)]에 나타내보였다. 또한 [그림 7-2-1(b)]에는 반복구조를 사용하고 카운터 변수 I를 1부터 4까지 1씩 증가시키면서 교체할 쌍을 이루는 두 원소 [A(I), A(9-I)] 간의 교체 작업을 4회 반복함으로 4쌍의 원소들을 교체하는 순서도를 나타내었다.

7.2.2 한 배열 내에서 역순으로 저장하기

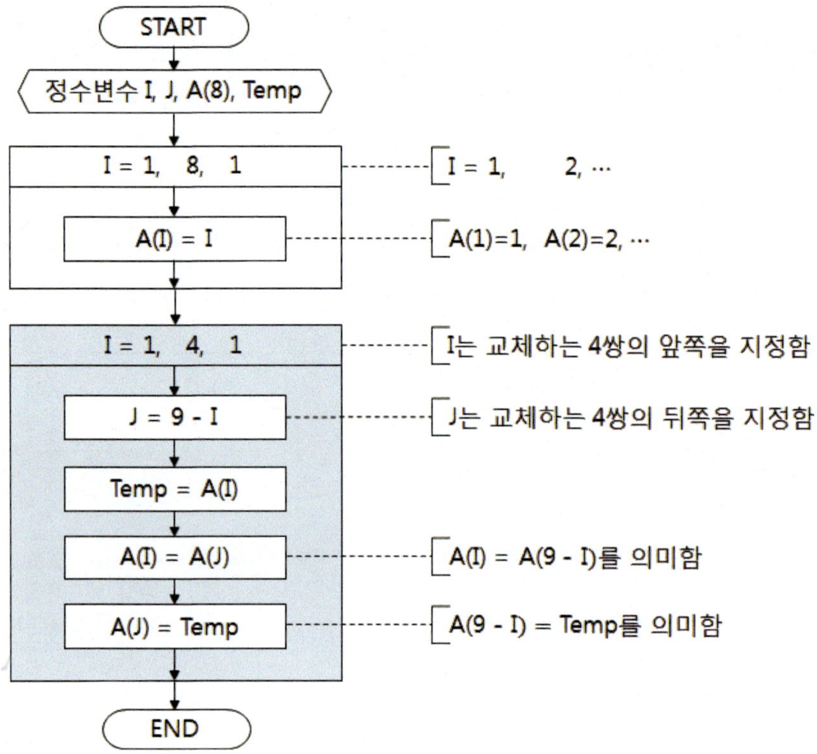

[그림 7-2-2] 한 배열 내에서 역순으로 저장하는 순서도

[그림 7-2-2]는 배열 A에 1부터 8까지의 숫자를 차례대로 저장하고 이를 다시 배열의 역순으로 저장하는 순서도이다. [그림 7-2-1(b)]와의 차이점은 A(I) = A(9-I) 대신에 J = 9−I 대입문을 먼저 수행하고 A(I) = A(J)를 사용하여 간명하게 처리하였다.

7.3 배열을 오른쪽으로 이동

7.3.1 배열을 오른쪽으로 한 칸씩 이동하기

	(1)	(2)	(3)	(4)	(5)	(6)	(7)	(8)
A	1	2	3	4	5	6	7	8

	(1)	(2)	(3)	(4)	(5)	(6)	(7)	(8)
한 칸 이동 후 A	8	1	2	3	4	5	6	7

	(1)	(2)	(3)	(4)	(5)	(6)	(7)	(8)
두 칸 이동 후 A	7	8	1	2	3	4	5	6

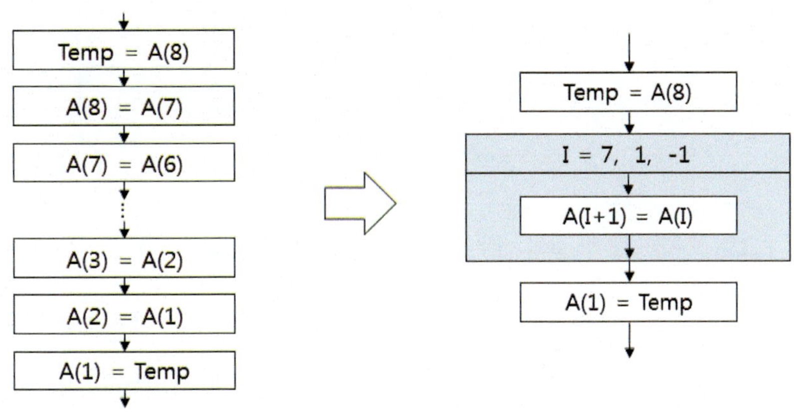

(a) 한 칸 이동에 대한 순차구조　　(b) 한 칸 이동에 대한 반복구조

[그림 7-3-1] 순차구조로부터 반복구조 구하기

배열 A의 원소들을 [그림 7-3-1]과 같이 원형을 이루면서 오른쪽으로 한 칸씩 이동(shift)시킨 결과를 출력하는 작업을 2회 반복 수행하는 순서도를 작성하여 보자.

두 칸 이동은 한 칸 이동을 2회 반복하는 것과 같기 때문에 우선 배열 A의 원소들을 오른쪽으로 한 칸 이동시키는 순서도를 작성하여 보자. 오른쪽으로 이동하므로 제일 먼저 A(8)의 값을 임시저장장소인 Temp에 저장해둔 다음, A(7)의 값을 A(8)에, A(6)의 값을 A(7)에, 이런 식으로 진행하여 A(1)의 값을 A(2)에 저장한다. 그 후에 Temp의 값을 A(1)에 저장한다.

[그림 (a)]는 배열 원소들의 오른쪽 한 칸 이동 과정을 순차구조로 작성한 것이며, [그림 (b)]는 이를 반복구조로 작성한 것이다.

7.3.2 배열을 오른쪽으로 한 칸씩 이동하고 출력하기

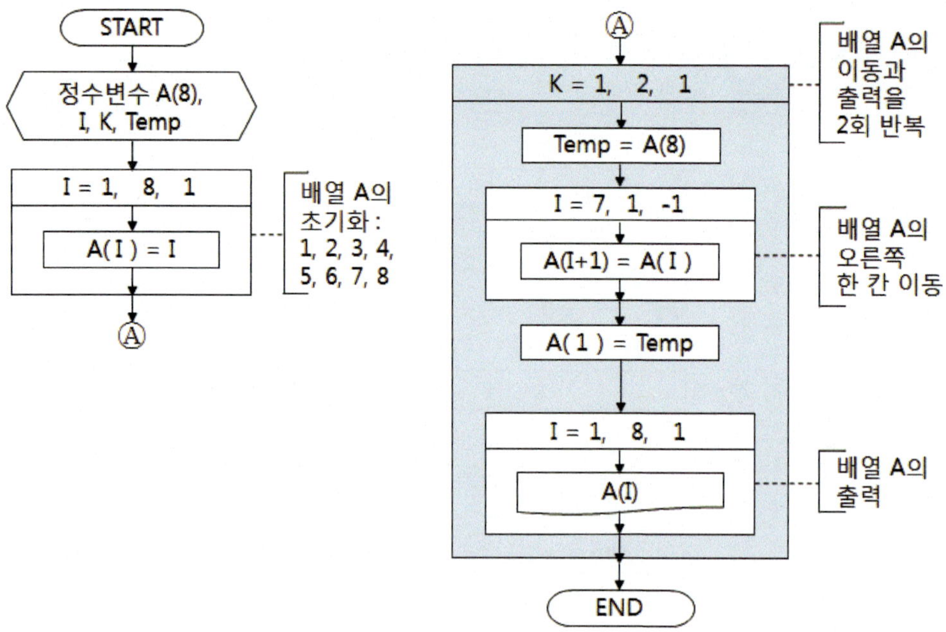

[그림 7-3-2] 배열을 오른쪽으로 한 칸씩 이동하고 출력하는 순서도

배열 A의 원소들을 원형을 이루면서 오른쪽으로 한 칸씩 이동시킨 결과를 출력하는 작업을 2회 반복 수행하는 순서도를 [그림 7-3-2]에 나타내었다.

[그림 7-3-2]의 첫 번째 부분은 배열 A를 초기화하는 과정이며, 두 번째 부분은 배열 A에 대하여 오른쪽 한 칸 이동 및 결과 출력을 2회 반복하는 과정이다. 한 칸 이동하고 출력하는 작업을 2회 반복 수행하기 위하여 카운터 변수 K를 1부터 2까지 1씩 증가시키고 있다. 반복 처리 내용에 [그림 7-3-1(b)]에서 구한 배열 A의 한 칸 이동에 대한 반복구조와 그 결과를 출력하는 반복구조를 포함하고 있다.

7.4 다른 배열의 다른 원소 위치로 이동

7.4.1 첨자 0~7의 원소가 다른 배열에 왼쪽으로 이동

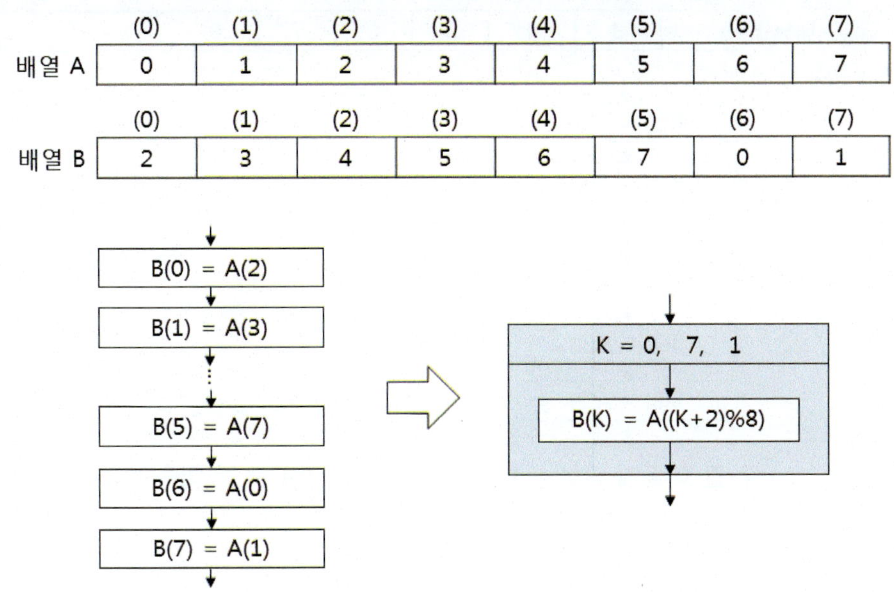

(a) 두 칸 이동에 대한 순차구조 (b) 두 칸 이동에 대한 반복구조

[그림 7-4-1] 첨자가 0~7인 경우 반복구조 구하기

배열 A의 내용을 [그림 7-4-1]과 같이 배열 B에 왼쪽으로 2칸씩 이동(shift)시켜 저장시키고 배열 A와 B를 출력하는 순서도를 작성하여 보자. 배열의 첨자가 0~7인 경우이므로 작성한 순차구조는 [그림 (a)]와 같다.

먼저 이 순차구조를 반복구조로 변환하기 위해서는 반복 수행될 일반식을 찾아야 한다. [그림 (a)]의 대입문에서 배열 B의 첨자 K가 0,1,2,3,4,5일 때는 배열 A의 첨자는 2,3,4,5,6,7이므로 B(K) = A(K + 2)의 대입문으로 일반화할 수 있다. 그러나 배열 B의 첨자 K가 6,7일 때는 원형 이동이 적용되어 배열 A의 첨자는 0,1이 되므로 앞의 대입문을 사용할 수 없고 다음과 같은 대입문으로 일반화해야 한다.

$$B(K) = A((K + 2)\ \%\ 8)$$

이 식은 정수 (K + 2)를 8로 나누어 0~7까지의 나머지를 구하므로 K가 0,1,2,3,4,5일 때도 사용할 수 있다. [그림 (b)]에서는 카운터 변수 K를 0에서 7까지 1씩 증가시키며 이 대입문을 반복 처리하는 반복구조를 보였다.

7.4.2 첨자 1~8의 원소가 다른 배열에 왼쪽으로 이동

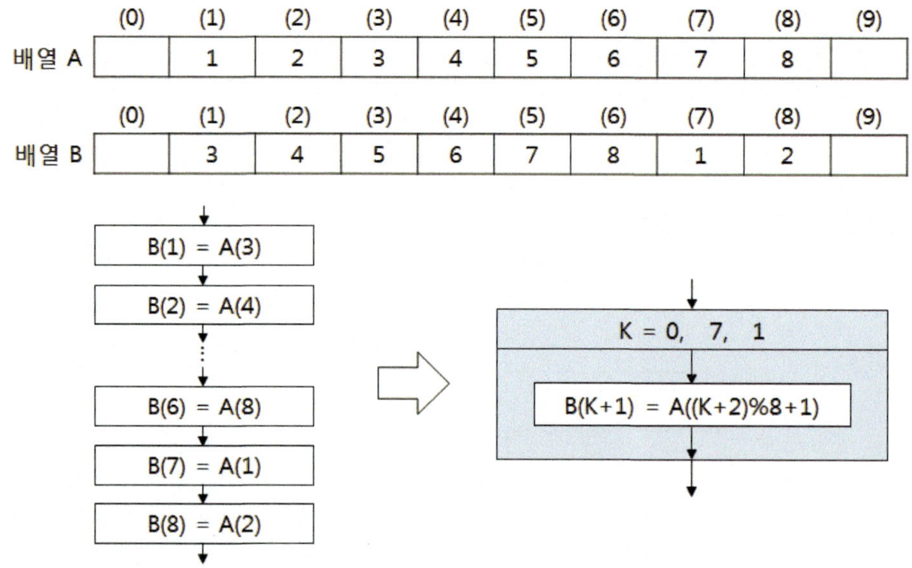

(a) 두 칸 이동에 대한 순차구조 (b) 두 칸 이동에 대한 반복구조

[그림 7-4-2] 첨자가 1~8인 경우 반복구조 구하기

[그림 7-4-2]와 같이 배열의 첨자가 1~8인 경우 배열 A를 배열 B에 왼쪽으로 2칸씩 이동(shift)시키는 순서도를 작성하여 보자. 그 순차구조는 [그림 (a)]와 같다.

먼저 이 순차구조를 반복구조로 변환하기 위해 반복 수행할 일반식을 찾아보자. [그림 (a)]의 대입문에서 배열 B의 첨자 K가 1,2,3,4,5,6일 때는 배열 A의 첨자는 3,4,5,6,7,8이므로 B(K) = A(K+ 2)의 대입문으로 일반화할 수 있다. 그러나 배열 B의 첨자 K가 7,8일 때는 배열 A의 첨자는 1,2가 되어야 하나 9,10이 되므로 앞의 대입문을 사용할 수 없다. 이를 해결하기 위해 B(K) = A((K + 2) % 8)의 대입문을 생각해보자. 이 대입문은 배열 B의 첨자 K가 7,8일 때 배열 A의 첨자가 1,2가 되므로 문제가 없으나, B의 첨자 K가 6일 때 A의 첨자는 8이 되어야 하는데 0이 되므로 사용할 수 없다. 그러므로 다음과 같은 일반식을 사용해야 한다.

$$B(K + 1) = A((K + 2) \% 8 + 1)$$

이 대입문은 K의 범위를 1~8까지를 사용하는 대신에 0~7까지를 사용하고 B(K)와 A((K + 2)%8)의 첨자가 0이 되지 않도록 각 배열의 첨자에 1을 더해준다. [그림 (b)]는 이 대입문을 8회 반복 처리하는 반복구조이다.

7.4.3 다른 배열에 왼쪽으로 두 칸 이동하기

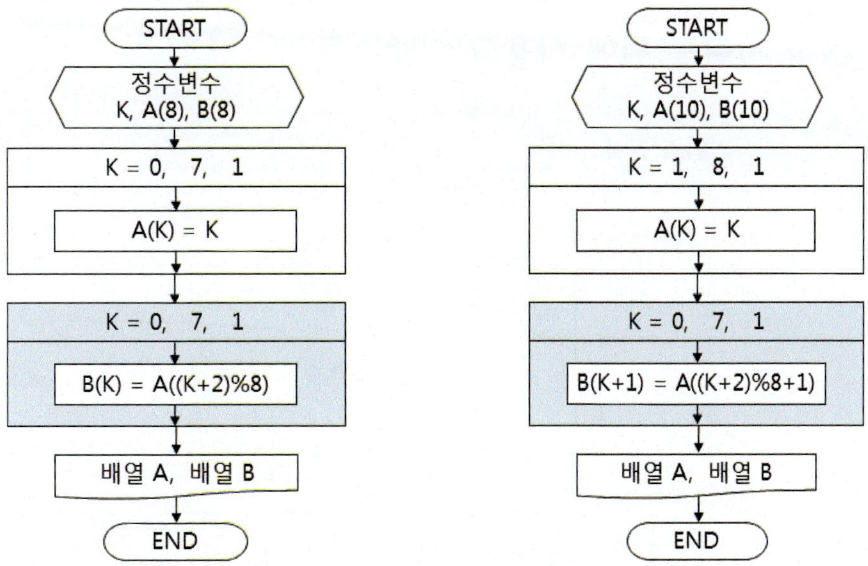

(a) 첨자가 0~7인 경우 (b) 첨자가 1~8인 경우

[그림 7-4-3] 다른 배열의 다른 원소 위치로 이동하는 순서도

[그림 7-4-2(a),(b)]는 첨자가 0~7인 경우와 1~8인 경우에 대하여 배열 A의 내용을 왼쪽으로 2칸씩 배열 B에 이동시키고 배열 A와 B를 출력하는 순서도를 반복구조를 사용하여 작성한 것을 나타내었다.

[그림 (a)]는 첨자가 0부터 시작하는 프로그래밍 언어의 경우이며, 배열 A의 데이터를 초기화하는 과정과 배열 B로 이동시키는 과정 모두에서 반복 처리하기 위해 카운터 변수 K를 0~7까지 1씩 증가시키는 것을 적용하였다.

[그림 (b)]는 첨자 1부터 데이터가 저장되어 있는 경우이다. 배열 A의 데이터를 초기화하는 과정에서는 K를 1~8까지 증가시켰다. 그러나 배열 B로 이동시키는 과정에서는 원형 이동에 맞는 첨자를 생성하기 위해 K를 0~7까지 증가시키면서 B(K)와 A((K+2)%8)를 이용한다. 그 후에 이들의 첨자를 1~8까지로 전환하기 위해 이들의 첨자에 1을 각각 더해준다. 그래서 B(K+1) = A((K+2) % 8 + 1)의 대입문이 사용되었다.

7.5 동위원소들의 합과 평균 구하기

7.5.1 성적 처리를 위해 사용되는 배열들

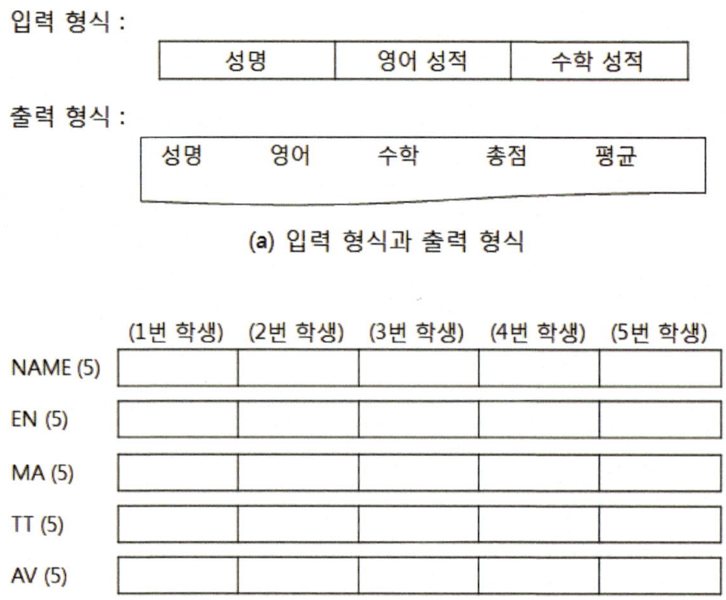

(b) 사용될 배열들

[그림 7-5-1] 성적 처리를 위해 사용되는 배열들

한 반 학생들의 영어와 수학 성적을 입력하고 각 학생의 총점과 평균을 구하여 출력하는 순서도를 작성하여 보자. 문제를 단순화하기 위해 한 반의 학생이 5명이라고 가정하자. [그림 7-5-1(a)]와 같이 5명의 학생에 대하여 입력할 항목은 성명, 영어성적, 수학성적이며 성적 처리를 수행한 후 출력할 항목은 성명, 영어, 수학, 총점, 평균이다.

성적 입력, 성적 처리, 성적 출력을 위하여 사용할 배열들을 [그림 7-5-1(b)]에 나타내었다. 5명의 학생의 성명, 영어, 수학, 총점, 평균을 저장하기 위해 크기가 5인 배열 NAME, EN, MA, TT, AV를 각각 사용한다. 그리고 예를 들어 1번 학생인 경우 NAME(1), EN(1), MA(1), TT(1), AV(1)의 1번 배열 원소를 사용한다.

7.5.2 성적의 합과 평균 구하기

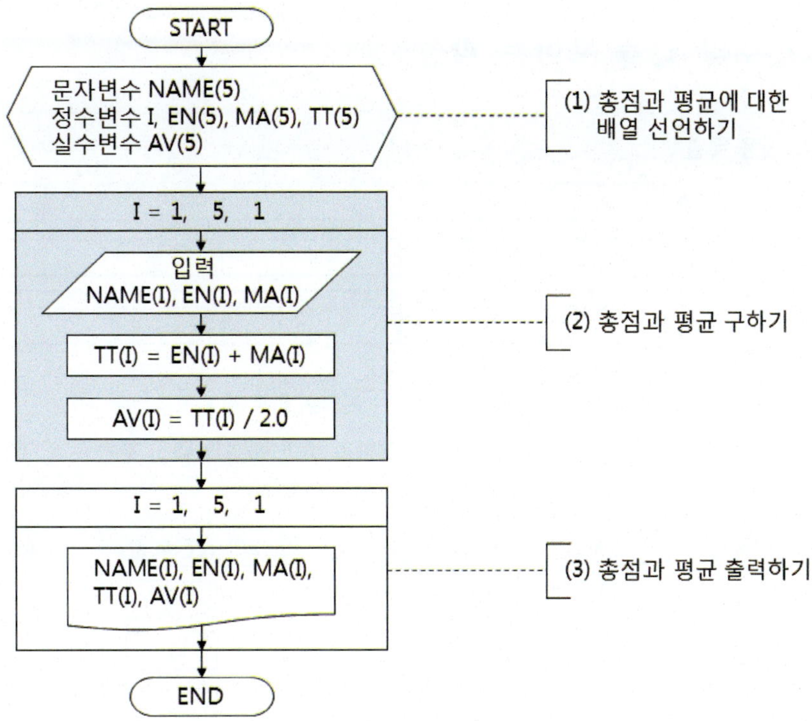

[그림 7-5-2] 한 반 성적의 합과 평균을 구하는 순서도

한 반의 5명 학생들의 영어와 수학의 성적을 입력하고 각 학생의 총점과 평균을 구하여 출력하는 순서도를 [그림 7-5-2]와 같이 세 가지 부분으로 나누어 작성하였다. 이는 (1) 사용할 배열을 선언하는 부분이며, (2) 성명과 두 과목의 성적을 입력받아 총점과 과목 평균을 구하는 부분과, (3) 학생의 각 과목 성적, 총점, 과목 평균을 출력하는 부분이다.

학생의 성명을 저장하는 배열 NAME은 문자형 배열로 선언해야 하고, 영어 성적과 수학 성적 및 총점을 저장할 배열 EN, MA, TT는 정수형 배열로 선언해야 하며, 평균을 저장할 AV는 실수형 배열로 선언해야 한다.

7.6 2진수의 합 구하기

7.6.1 2진수의 합을 구하는 과정

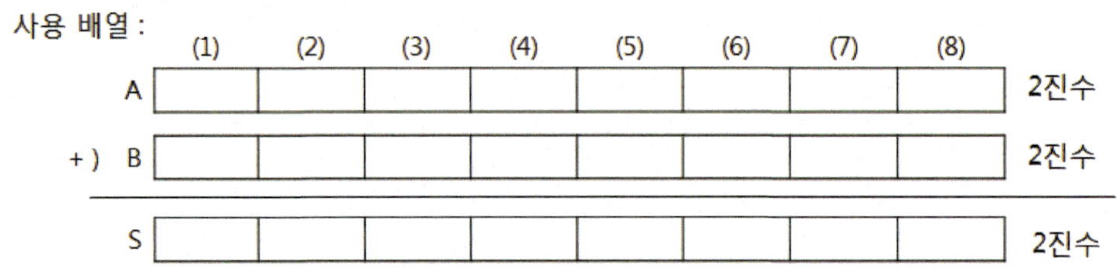

배열 조건 : 1) 배열 A, B는 부호비트가 없는 2진수이다.
2) 배열 A, B는 첫 번째 원소가 최상위 비트이다

(a) 2진수 합을 구하기 위한 배열과 배열 조건

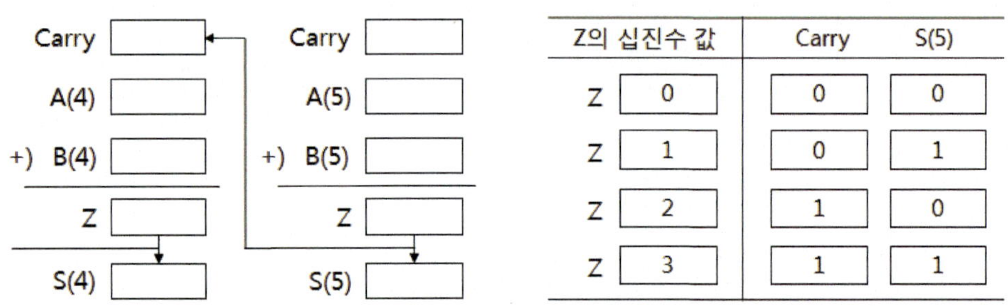

(b) 배열원소 A(5)와 B(5)의 덧셈 결과 Z로부터 Carry와 S(5)의 생성 과정

[그림 7-6-1] 두 2진수의 합을 구하는 과정

각각 크기가 8인 배열 A와 배열 B에 저장되어 있는 2진수를 더한 결과를 배열 S에 저장하는 순서도를 작성하여 보자. 배열 A와 배열 B의 2진수의 값은 부호 비트가 없으며 각 배열의 첫 번째 원소인 A(1)과 B(1)가 최상위 비트이다.

[그림 7-6-1(a)]와 같이 두 2진수를 더하기 위해서는 최하위 비트 A(8)과 B(8)의 덧셈부터 시작하여 최상위 비트 A(1)과 B(1)의 덧셈까지 진행해야 한다. 덧셈 과정은 [그림 (b)]의 예와 같이 먼저 하위 캐리(Carry) 비트를 포함하여 배열원소 A(5)와 B(5)를 덧셈하고 그 결과로 나온 십진수를 Z에 저장한다. 가능한 십진수 Z 값은 0, 1, 2, 3이고 이에 대한 2진수 변환값은 각각 00, 01, 10, 11이므로 이 2진수들의 첫 번째 비트는 A(4)와 B(4)의 덧셈에 포함될 상위 Carry 비트가 되고, 두 번째 비트는 합산비트 S(5)가 된다.

7.6.2 2진수의 합 구하는 방법(1)

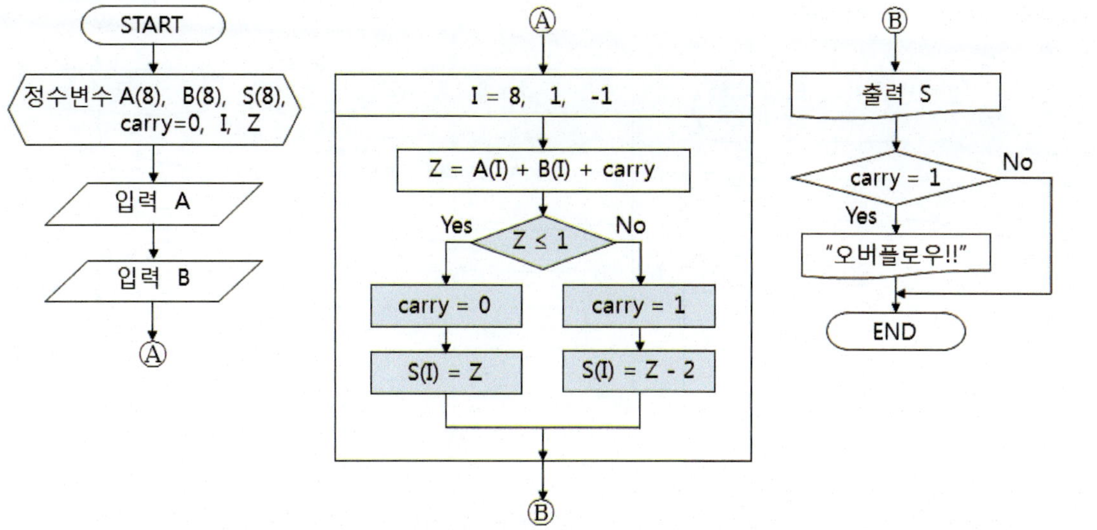

[그림 7-6-2] 2진수의 합을 구하는 순서도(덧셈 결과값 크기 판별)

각각 크기가 8인 배열 A(8)와 배열 B(8)의 2진수를 더하여 그 결과를 크기가 8인 배열 S(8)에 저장하는 순서도를 작성해보자. 단, 덧셈 결과가 8비트 크기를 넘으면 오버플로우로 처리한다. [그림 7-6-2]와 같이 2진수 덧셈의 진행 과정은 다음과 같다.

1) 원소의 첨자로 사용할 카운터 변수 I를 8에서부터 1까지 1씩 감소시키면서 덧셈할 비트 위치를 최하위 비트에서부터 최상위 비트가 될 때까지 지정한다.
2) 대입문 [Z = A(I) + B(I) + carry]를 사용하여 carry를 포함하여 두 2진수의 동위비트 A(I)와 B(I)를 더하여 Z에 저장한다. Z값은 0, 1, 2, 3 중 하나일 것이다.
3) 만약 Z≤1 (Z가 0, 1)이면, [carry = 0]을 수행하고 Z값을 S(I)에 넣는다. 만약 Z≥2 (Z가 2, 3)이면, [carry = 1]을 수행하고 Z-2를 S(I)에 넣는다.
4) 2진수의 한 자리가 더해졌으므로 1)로 가서 2진수의 그 다음 자리를 더한다.
5) 최상위 비트 덧셈에서 캐리비트가 발생하면 "오버플로우!!"를 출력한다.

7.6.3 2진수의 합 구하는 방법(2)

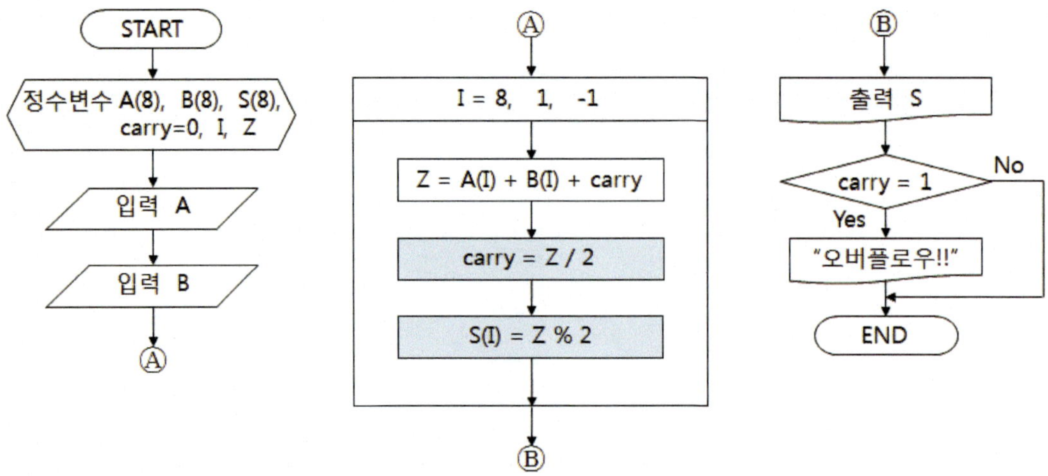

[그림 7-6-3] 2진수의 합을 구하는 순서도(덧셈결과에 /와 % 연산)

2진수 덧셈을 진행하는 과정에서 동위 비트들의 덧셈 결과로부터 캐리비트와 합산비트를 구하는 또 다른 방법을 생각해보자. 단, 덧셈 결과가 8비트 크기를 넘으면 오버플로우로 처리한다. [그림 7-6-3]과 같이 그 진행 과정은 다음과 같다.

1) 원소의 첨자로 사용할 카운터 변수 I를 8에서부터 1까지 1씩 감소시키면서 덧셈할 비트 위치를 최하위 비트에서부터 최상위 비트가 될 때까지 지정한다.
2) 대입문 [Z = A(I) + B(I) + carry]를 사용하여 Z에 저장하는 것은 앞과 동일하다. 여기서 십진수 Z값은 0, 1, 2, 3 중 하나일 것이다.
3) [carry = Z / 2]를 수행하여 십진수 Z = 2, 3이면 carry = 1이 되도록 하고, 그 후에 [S(I) = Z % 2]를 수행하여 십진수 Z= 1, 3이면 S(I) = 1이 되도록 하였다.
4) 2진수의 한 자리가 더해졌으므로 1)로 가서 2진수의 그 다음 자리를 더한다.
5) 최상위 비트 덧셈에서 캐리비트가 발생하면 "오버플로우!!"를 출력한다.

7.6.4 오버플로우를 저장하는 2진수의 합 구하기

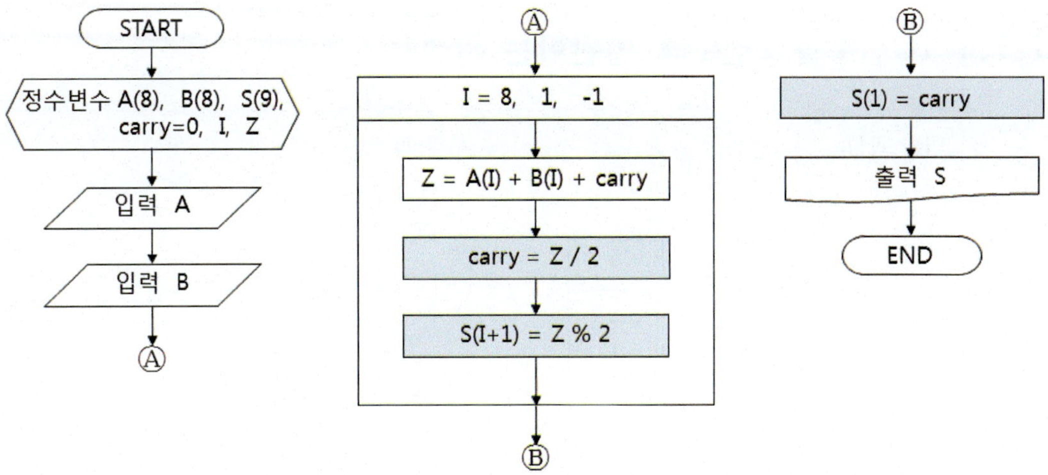

[그림 7-6-4] 2진수의 합 구하는 순서도(8비트 덧셈과 9비트 결과저장)

2개의 8비트 2진수를 더하여 9비트 결과가 나올 때 오버플로우 오류로 처리하는 대신에 크기가 9인 배열 S(9)에 저장하는 순서도를 작성하여 보자. 여기서는 배열 A와 배열 B의 최하위 비트는 8번째 원소이고, 배열 S의 최하위 비트는 9번째 원소이다. 이에 대한 순서도를 [그림 7-6-4]에 나타내었으며 진행과정은 다음과 같다.

1) 원소의 첨자변수 I를 8~1까지 1씩 감소시키면서 덧셈할 비트 위치를 최하위 비트에서부터 최상위 비트가 될 때까지 지정한다.
2) 대입문 [Z = A(I) + B(I) + carry]를 사용하여 Z에 저장하는 것은 앞과 동일하다.
3) 캐리비트 [carry = Z/2]로 구하는 것은 앞과 동일하지만, 합산비트 S는 그 동위비트들의 위치값이 A, B보다 1씩 크므로 [S(I) = Z%2]가 아닌 [S(I+1) = Z%2]로 구한다.
4) 2진수의 한 자리가 더해졌으므로 1)로 가서 2진수의 그 다음 자리를 더한다.
5) 반복을 종료한 후에 최상위 비트로부터 올라온 캐리비트를 S(1)에 저장하고 배열 S를 출력한다.

7.7 10진수를 2진수로 변환하기

7.7.1 10진수를 2진수로 변환하는 과정

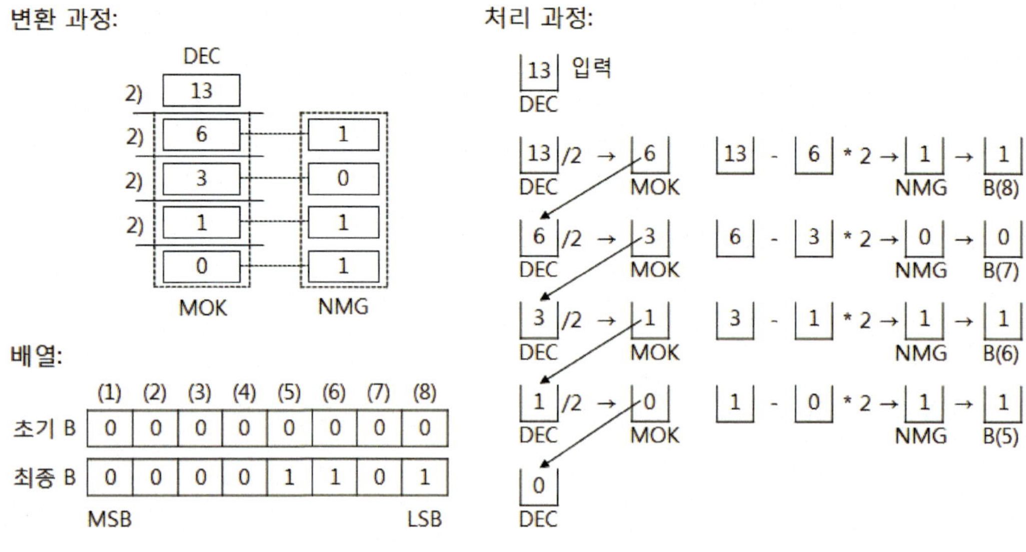

(a) 10진수의 2진수 변환 과정 (b) 순서도에서의 처리 과정:

[그림 7-7-1] 10진수의 2진수로의 변환 과정 및 순서도에서의 처리 과정

127 이하의 양의 10진수를 입력받아 2진수로 변환하여 배열 B에 저장하는 순서도를 작성하여보자. 단, 배열 B에서 B(1)은 최상위 비트(MSB)이고 B(8)은 최하위 비트(LSB)이라고 가정한다. 10진수를 2진수로 변환하는 과정을 알아보기 위하여 [그림 7-7-1(a)]에 10진수 13을 2진수로 변환되는 과정을 나타내보였다.

[그림 (a)]에 표시한대로 입력되는 10진수 13을 저장할 변수를 DEC라고 하고, 피제수 DEC를 2로 나누어 구한 정수 몫을 저장할 변수를 MOK라고 하며, DEC를 2로 나누어 구한 나머지를 저장할 변수를 NMG라고 하자. 순서도에서의 처리 과정은 다음과 같다. 키보드로부터 입력받은 피제수(DEC) 13을 제수 2로 나누어 몫(MOK) 6을 구하고, 나머지를 구하는 공식인 13(피제수) - 6(몫) * 2(제수)에 의해 나머지(NMG)를 구한 후에 이를 2진수의 최하위 비트 B(8)에 저장한다.

2진수의 다음 비트 B(7)를 구하기 위하여 전 과정에서 얻었던 몫(MOK)을 피제수(DEC)에 대입하고 위 과정을 반복하여 B(7)을 구한다. 이 과정은 최상위 비트를 구할 때까지 반복하며 몫(MOK)이 0이 될 때 반복을 종료한다.

7.7.2 10진수를 2진수로 변환하는 방법(1)

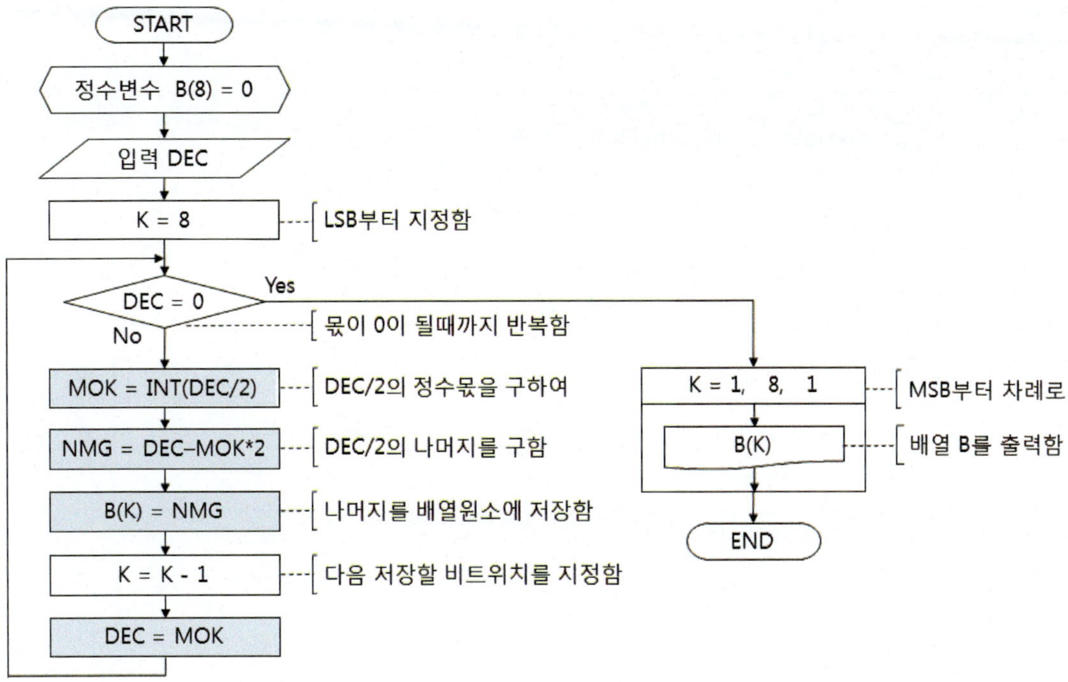

[그림 7-7-2] 10진수를 2진수로 변환하는 순서도(나머지 공식 이용)

0진수를 2진수로 변환하여 배열 B에 저장하는 경우 10진수의 최대 크기는 배열 B의 크기에 의해 결정된다. 만약 배열 B의 크기가 8이면 8비트 2진수를 저장할 수 있으므로 부호비트가 있는 경우에는 양의 10진수 127까지 변환이 가능하다.

10진수를 2진수로 변환하는 순서도 [그림 7-7-2]에서 처리과정은 다음과 같다.

1) 배열 B의 모든 배열 원소를 0으로 초기화한다.
2) 10진수(DEC)를 입력하고, 변환될 2진수를 저장할 원소의 위치(K)를 8로 지정한다.
3) 만약 DEC가 0이 아니면 4)를 반복 처리한다. 0이면 반복을 종료하고 5)로 간다.
4) 피제수(DEC)를 2로 나누어 몫(MOK)을 구하고, [나머지] = [피제수 - 몫 * 2] 공식에 의해 구한 나머지(NMG)를 B(K)에 저장하고, 2진수를 저장할 다음 원소의 위치(K)를 1 감소한다. 그리고 몫(MOK)을 피제수(DEC)에 대입한다. 그리고 3)으로 간다.
5) 변환된 2진수를 MSB B(1)부터 LSB B(8)까지 출력한다.

7.7.3 10진수를 2진수로 변환하는 방법(2)

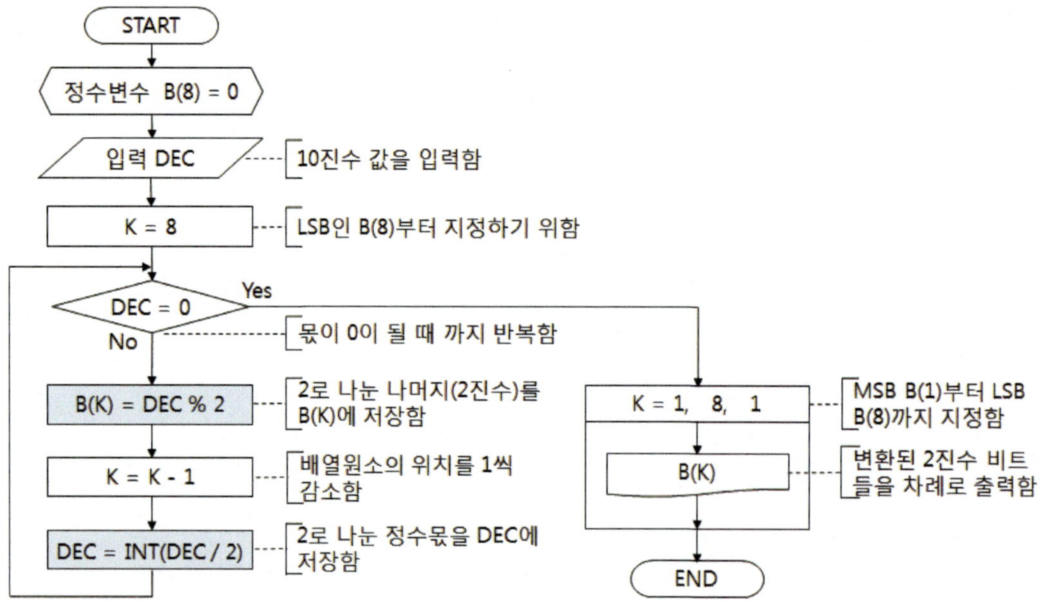

[그림 7-7-3] 10진수를 2진수로 변환하는 순서도(% 연산자 이용)

양의 10진수를 입력받아 2진수로 변환하여 배열 B에 저장하는 순서도를 작성하는 다른 방법을 알아보자. 앞의 [그림 7-7-2] 순서도에서는 (1) [MOK = INT(DEC/2)]에 의해 10진수를 2로 나누어 정수몫을 먼저 구하고 (2) 정수몫으로부터 [NMG = DEC - MOK * 2]에 의해 나머지를 구하고 (3) 나머지를 [B(K) = NMG]에 의해 B(K)에 대입한다. (4) 그 뒤에 [DEC = MOK]에 의해 몫을 다음 피제수(DEC)에 대입한다.

여기서의 다른 방법은 [그림 7-7-3]과 같이 나머지를 먼저 구하고 몫을 나중에 구하는 방법이다. 그 과정은 다음과 같다. (1) [B(K) = DEC%2]에 의해 10진수를 2로 나눈 나머지를 먼저 구하여 B(K)에 저장하고 (2) 그 후에 [K = K - 1]에 의해 2진수를 저장할 다음 원소의 위치(K)를 1 감소시킨다. (3) 그 후에 [DEC = DEC/2]에 의해 10진수(DEC)를 2로 나눈 몫을 다음 피제수(DEC)에 대입한다.

7.8 2진수를 10진수로 변환하기

7.8.1 10진수에 대한 2진수의 표현 방법

10진수	부호화 절대치 표현	1의 보수 표현	2의 보수 표현
+7	0 1 1 1	0 1 1 1	0 1 1 1
+6	0 1 1 0	0 1 1 0	0 1 1 0
+5	0 1 0 1	0 1 0 1	0 1 0 1
+4	0 1 0 0	0 1 0 0	0 1 0 0
+3	0 0 1 1	0 0 1 1	0 0 1 1
+2	0 0 1 0	0 0 1 0	0 0 1 0
+1	0 0 0 1	0 0 0 1	0 0 0 1
+0	0 0 0 0	0 0 0 0	0 0 0 0
-0	1 0 0 0	1 1 1 1	X
-1	1 0 0 1	1 1 1 0	1 1 1 1
-2	1 0 1 0	1 1 0 1	1 1 1 0
-3	1 0 1 1	1 1 0 0	1 1 0 1
-4	1 1 0 0	1 0 1 1	1 1 0 0
-5	1 1 0 1	1 0 1 0	1 0 1 1
-6	1 1 1 0	1 0 0 1	1 0 1 0
-7	1 1 1 1	1 0 0 0	1 0 0 1
-8	X	X	1 0 0 0

[그림 7-8-1] 10진수에 대한 여러 가지 2진수 표현법

주어진 한 정수에 대하여 2진수 표현을 10진수 표현으로 변환하는 순서도를 작성하는 문제를 다루기 전에 10진수에 대한 여러 가지 2진수 표현법을 먼저 알아보자. 예를 들어 10진수에 대한 4비트 2진수 표현법은 [그림 7-8-1]과 같다. 4비트 2진수는 1비트의 부호 비트와 3비트의 수를 나타내는 부분으로 구성되어 있다.

- **부호화 절대치 표현법 :** 음수이면 부호 비트를 1로, 양수이면 부호 비트를 0으로 나타내고, 수를 나타내는 자리에 10진수를 2진수로 바꾸어 나타내는 방법이다.
- **1의 보수 표현법 :** 부호 비트가 1인 경우, 즉 음수인 경우 부호화 절대치에서 수를 나타내는 자리에 1을 0으로, 0을 1로 반전하여 나타내는 방법이다.
- **2의 보수 표현법 :** 부호 비트가 1인 경우, 즉 음수인 경우 1의 보수 표현법으로 구한 수에 1을 더하는 방법이다.

n 비트로 정수를 표현할 때 정수의 표현 범위는 다음과 같다.

1) 부호화 절대치, 1의 보수 : -2(n-1)+1 ~ +2(n-1)-1 (n = 4인 경우 -7 ~ +7)

2) 2의 보수 : -2(n-1) ~ +2(n-1)-1 (n = 4인 경우 -8 ~ +7)

7.8.2 2진수를 10진수로 변환하는 과정

2진수값									10진수값	10진수값	10진수값
	부호	2^6	2^5	2^4	2^3	2^2	2^1	2^0	부호화 절대치 번역	2의 보수 번역	부호화 절대치 번역을 2의 보수 번역으로 변환
	(1)	(2)	(3)	(4)	(5)	(6)	(7)	(8)			
B	0	1	1	1	1	1	1	1	+127	+127	+127
				⋮					⋮	⋮	⋮
B	0	0	0	0	0	0	1	0	+2	+2	+2
B	0	0	0	0	0	0	0	1	+1	+1	+1
B	0	0	0	0	0	0	0	0	0	0	0
B	1	1	1	1	1	1	1	1	-127	-1	-(128-127) → -1
B	1	1	1	1	1	1	1	0	-126	-2	-(128-126) → -2
				⋮					⋮	⋮	⋮ ⋮
B	1	0	0	0	0	0	0	0	-0	-128	-(128 – 0) → -128

(a) 부호화 절대치 번역을 이용한 2의 보수 번역 구하기

부호비트 조건	10진수 값 계산
부호 B(1) = 0 (양수)일 때	$DEC = B(2) * 2^6 + B(3) * 2^5 + B(4) * 2^4 + B(5) * 2^3 + B(6) * 2^2 + B(7) * 2^1 + B(8) * 2^0$
부호 B(1) = 1 (음수)일 때	$DEC = B(2) * 2^6 + B(3) * 2^5 + B(4) * 2^4 + B(5) * 2^3 + B(6) * 2^2 + B(7) * 2^1 + B(8) * 2^0$ $DEC = (128 - DEC) * (-1)$

(b) 2의 보수로 표현된 2진수(배열 B)에 대한 10진수 값 구하기

[그림 7-8-2] 2진수를 10진수로 변환하는 과정

배열 B에 저장되어 있는 2진수를 10진수로 변환하여 출력하는 순서도를 작성하여 보자. 단, 2진수는 8비트이고 2의 보수로 표현되어 있다고 가정한다. 2진수의 음수 표현이 [2의 보수 표현]인지 [부호화 절대치 표현]인지 그 해석에 따라 [그림 7-8-2(a)]와 같이 10진수 값이 다르게 번역된다.

[그림 (b)]와 같이 2의 보수로 표현된 2진수를 10진수로 변환하는 방법은 (1) 양수인 경우에는 2진수의 각 자리 수에 가중치를 곱하고 자릿수를 더하여 10진수(DEC)를 구한다. (2) 음수인 경우에는 2의 보수로 표현된 2진수를 곧바로 10진수로 변환할 수 없으므로, 곧바로 10진수로 변환할 수 있는 부호화 절대치 표현으로 2진수를 해석하여 10진수 값(DEC)을 먼저 구한 후에, 음수에서의 부호화 절대치 표현과 2의 보수 표현의 10진수 값들의 관계로부터 유도한 변환 공식인 (128 - DEC) * (-1)에 의해 부호화 절대치 번역을 2의 보수 번역으로 변환한다. 여기서 128은 2^7의 값이다.

7.8.3 2진수를 10진수로 변환하기

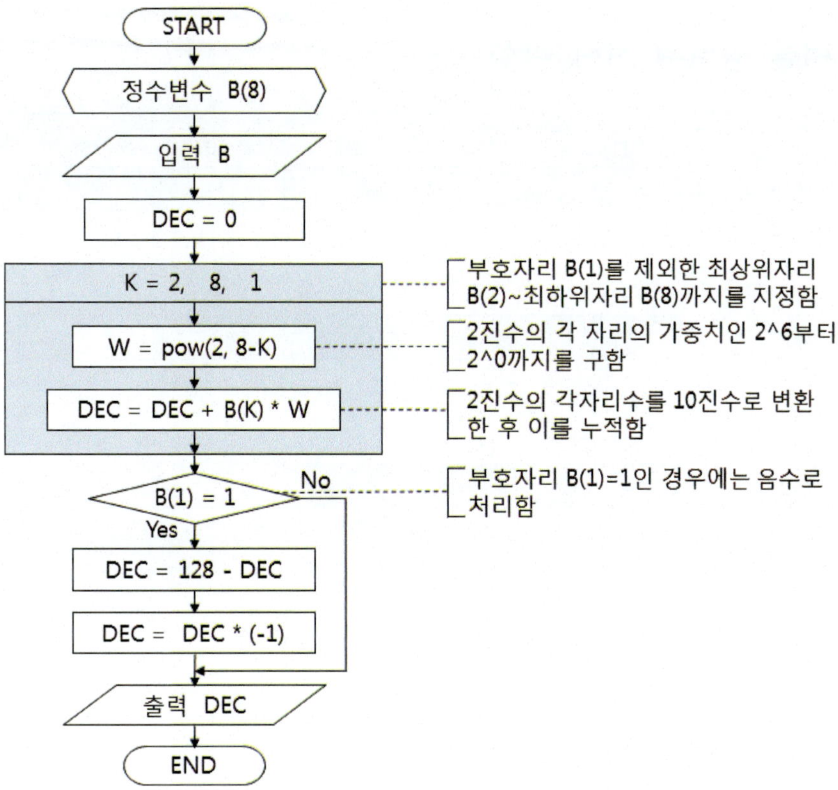

[그림 7-8-3] 2진수를 10진수로 변환하는 순서도

2의 보수로 표현된 2진수를 10진수로 변환하는 방법은 2진수를 부호화 절대치 표현의 10진수를 구한 후에 이를 다시 2의 보수 표현의 10진수로 변환하는 것이다.

이에 대한 순서도는 [그림 7-8-3]과 같으며 처리 과정은 다음과 같다.

1) 배열 B를 선언하고 배열 B에 2진수를 입력한다.
2) 2진수의 각 자리를 10진수로 변환하여 누적할 변수 DEC를 0으로 초기화한다.
3) 부호자리 B(1)을 제외한 최상위 자리 B(2)부터 최하위 자리 B(8)까지 지정하기 위해 변수 K를 2~8까지 1씩 증가시키면서 [W = pow(2, 8-K)]로 각 자리의 가중치를 구하고 [DEC = DEC + B(K) * W]로 2진수의 각자리수를 10진수로 변환한 후 누적한다.
4) 만약 부호자리 B(1) = 1(음수)이면 3)번의 부호화 절대치 번역을 2의 보수 번역으로 변환하기 위해 128-DEC에 (-1)을 곱한 값으로 DEC를 구한다.

7.9 버블 정렬

7.9.1 버블 정렬의 처리 과정

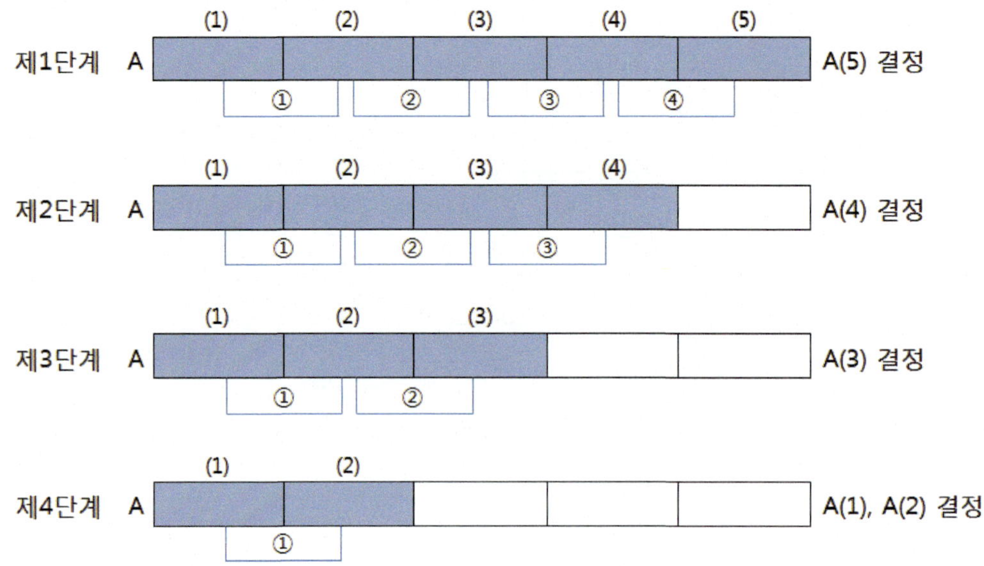

[그림 7-9-1] 버블 정렬의 진행 단계

버블 정렬(bubble sort)은 인접하는 두 원소들을 비교하여 그 순서가 맞지 않으면 그들을 교체(swapping)하는 것을 반복적으로 진행하는 단순한 정렬 알고리즘이다.

[그림 7-9-1]은 5개 원소들에 대하여 오름차순으로 버블 정렬하는 과정을 보여주고 있다. [그림]에서의 번호 ①,②,③,④는 단계별로 비교하는 순서이다.

[1단계] 첫 번째 원소와 두 번째 원소를 비교하여 순서를 결정하고, 두 번째 원소와 세 번째 원소를 비교하여 순서를 결정하고, 이런 식으로 비교 및 교체 과정을 오른쪽으로 진행하므로 다섯 번째 원소에 이들 중 가장 큰 값이 결정된다.

[2단계] 제1단계에서 결정했던 다섯 번째 원소 앞까지 비교 및 교체 과정을 반복하므로 네 번째 원소에 이들 중 두 번째 큰 값이 결정된다.

[3단계] 제2단계에서 결정했던 네 번째 원소 앞까지 비교 및 교체 과정을 반복하므로 세 번째 원소에 이들 중 세 번째 큰 값이 결정된다.

[4단계] 제3단계에서 결정했던 세 번째 원소 앞까지 비교 및 교체 과정을 반복하므로 두 번째 원소에 이들 중 네 번째 큰 값이 결정된다.

7.9.2 버블 정렬의 처리 과정의 예

		(1)	(2)	(3)	(4)	(5)	
정렬 전	A	9	8	3	5	1	
제1단계	A	**8**	**9**	3	5	1	
	A	8	**3**	**9**	5	1	
	A	8	3	**5**	**9**	1	
	A	8	3	5	**1**	**9**	9 결정
제2단계	A	**3**	**8**	5	1	9	
	A	3	**5**	**8**	1	9	
	A	3	5	**1**	**8**	9	8 결정
제3단계	A	**3**	**5**	1	8	9	
	A	3	**1**	**5**	8	9	5 결정
제4단계	A	**1**	**3**	5	8	9	3 결정

[그림 7-9-2] 버블 정렬의 단계별 진행 과정의 예

버블 정렬은 인접하는 두 원소들의 대소를 비교하여 순서가 맞지 않을 경우에만 이들을 교체하는 것을 반복적으로 수행함으로써 가장 뒤쪽에 위치할 데이터를 결정하는 알고리즘이다.

[그림 7-9-2]는 배열 A에 [9, 8, 3, 5, 1]과 같은 순서로 데이터가 저장되어 있을 때 오름차순으로 정렬되는 버블 정렬의 단계별 진행 과정의 예를 보였다.

각 단계별로 진행 결과는 다음과 같다.

[1단계] 진행 결과는 [8, 3, 5, 1, 9]이며 가장 큰 값인 9가 결정되었다.

[2단계] 진행 결과는 [3, 5, 1, 8, 9]이며 두 번째 큰 값인 8이 결정되었다.

[3단계] 진행 결과는 [3, 1, 5, 8, 9]이며 세 번째 큰 값인 5가 결정되었다.

[4단계] 진행 결과는 [1, 3, 5, 8, 9]이며 네 번째 큰 값인 3이 결정되었다.

7.9.3 버블 정렬의 반복처리 분석

	바깥쪽 루프	안쪽 루프	바깥쪽 루프 [단계]	안쪽 루프 [비교 회수] : [비교 및 교체]
바깥쪽 루프	제 1단계	A(1) ↔ A(2) A(2) ↔ A(3) A(3) ↔ A(4) A(4) ↔ A(5)	P = 1	K = 1~4 : A(K) ↔ A(K+1)
	제 2단계	A(1) ↔ A(2) A(2) ↔ A(3) A(3) ↔ A(4)	P = 2	K = 1~3 : A(K) ↔ A(K+1)
	제 3단계	A(1) ↔ A(2) A(2) ↔ A(3)	P = 3	K = 1~2 : A(K) ↔ A(K+1)
	제 4단계	A(1) ↔ A(2)	P = 4	K = 1~1 : A(K) ↔ A(K+1)
카운터 변수의 값 범위			P = 1~4	K=1~(5-P) : A(K) ↔ A(K+1)

[그림 7-9-3] 버블 정렬의 반복처리 과정과 카운터 변수의 반복 횟수 계산

배열 A의 5개의 원소들을 오름차순으로 정렬하는 버블 정렬의 순서도를 작성하여 보자. 순서도를 작성하기 위해 버블 정렬이 요구되는 반복 처리 과정을 분석하고 이를 정리하여 [그림 7-9-3]에 나타내었다.

정렬될 원소들이 5개인 경우 4단계의 정렬 과정이 요구된다. 즉 제1단계에서는 비교하는 원소의 쌍이 [A(1):A(2)], [A(2):A(3)], [A(3):A(4)], [A(4):A(5)]이며, 제2단계에서는 [A(1):A(2)], [A(2):A(3)], [A(3):A(4)]이며, 제3단계에서는 [A(1):A(2)], [A(2):A(3)]이며, 제4단계에서는 [A(1):A(2)]이다. 순서도에서는 바깥쪽 루프에서 단계를 카운트하고 안쪽 루프에서 단계별 비교 횟수를 카운트하는 이중 반복구조로 구성할 수 있다.

바깥쪽 루프에서 단계를 나타내기 위해 카운터 변수 P를 사용하여 P = 1~4까지 반복 처리한다. 안쪽 루프에서는 각 단계별 비교 횟수를 나타내기 위해 카운터 변수 K를 사용하고, 제1단계에서는 K = 1~4까지 4회, 제2단계에서는 K=1~3까지 3회, 제3단계에서는 K = 1~2까지 2회, 제4단계에서는 K = 1~1까지 1회 반복 처리한다. 반복 횟수를 나타내는 K를 단계를 나타내는 P와 연관시키면 [그림]과 같이 K = 1~(5-P)이다.

7.9.4 버블 정렬에 의한 오름차순 정렬

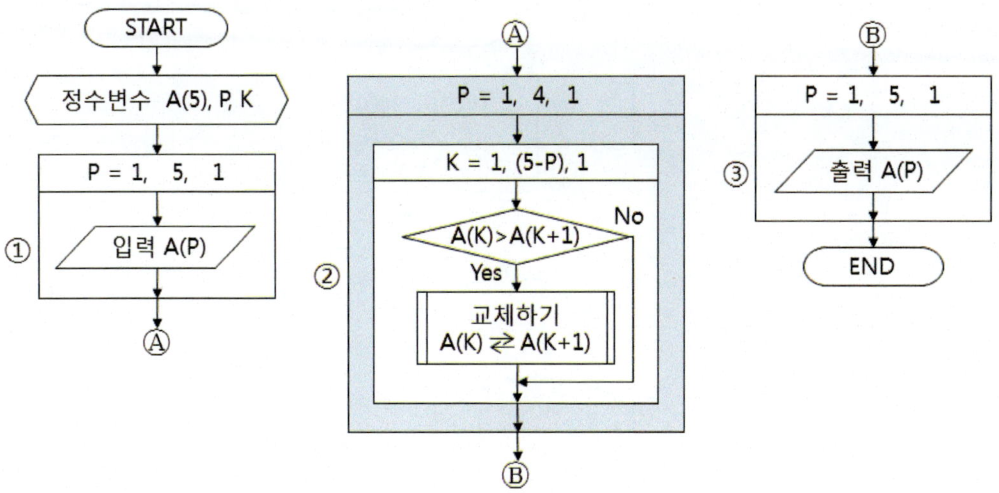

[그림 7-9-4] 버블 정렬을 이용하여 오름차순으로 정렬하는 순서도

버블 정렬을 이용하여 5개의 데이터를 오름차순으로 정렬하는 순서도를 [그림 7-9-4]에 나타내었다. 순서도는 크게 세 부분으로 구성되어 있다. [그림]에서 ①로 표시한 부분은 5개의 정수를 입력받아 배열 A에 저장하는 과정이며, ②로 표시한 부분은 이들을 버블 정렬에 의해 오름차순으로 정렬하는 과정이며, ③으로 표시한 부분은 정렬한 결과를 출력하는 과정을 보여주고 있다.

②로 표시한 버블 정렬 과정에서 바깥쪽 루프의 카운터 변수 P는 1~4까지 1씩 증가하면서 처리 단계를 지정하고 있으며, 안쪽 루프의 카운터 변수 K는 K = 1~(5-P)까지 1씩 증가하면서 각 처리 단계에서의 반복 횟수를 제어하고 있다. 안쪽 루프의 반복 처리 내용은 A(K)와 A(K + 1)의 대소를 비교하고 A(K)가 A(K + 1)보다 클 때에만 A(K)와 A(K+1)를 교체한다. 교체하기 과정은 서브루틴 호출을 이용한다.

7.9.5 버블 정렬에 사용되는 교체 과정

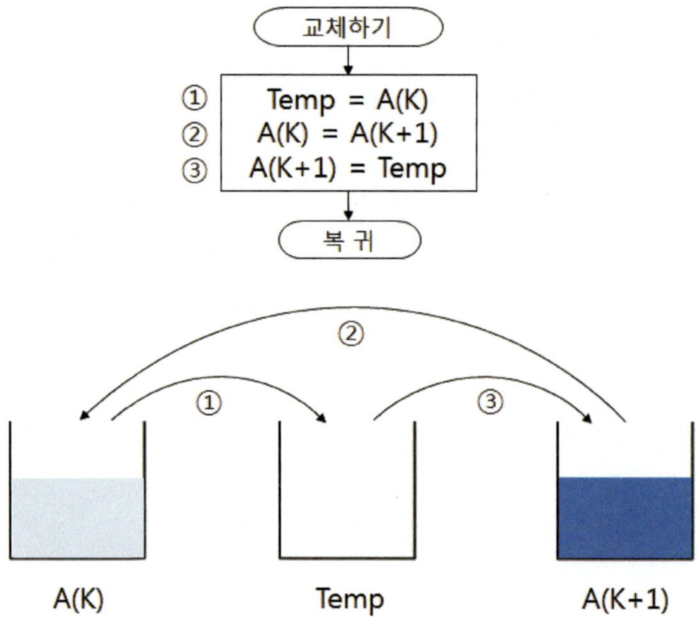

[그림 7-9-5] 버블 정렬의 순서도에 사용되는 교체 과정

[그림 7-9-5]는 버블 정렬의 순서도에 포함되어 있는 교체하기(swap) 과정에 대한 처리 순서를 나타낸 것이다. 이는 변수 Temp를 이용하여 원소 A(K)와 A(K + 1)의 내용을 교체하는 과정이며 서브루틴으로 구현할 수 있다.

7.10 선택 정렬

7.10.1 선택 정렬의 처리 과정

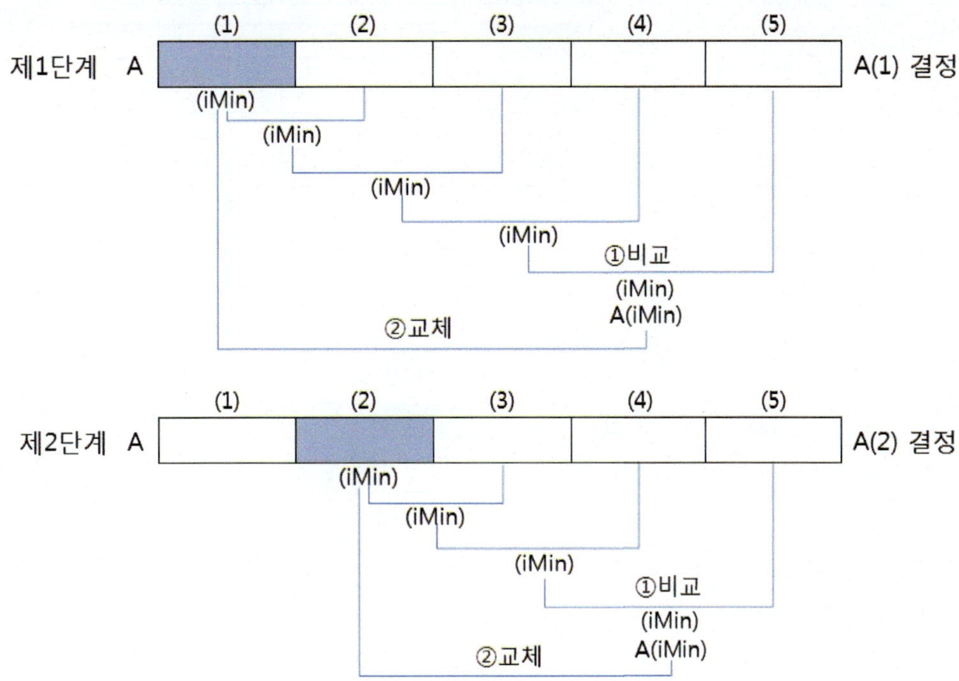

[그림 7-10-1] 선택 정렬의 진행 단계

선택 정렬은 정렬할 대상의 원소들 중에서 가장 작은 값을 가진 원소를 찾아서 그 원소를 맨 앞에 위치한 원소와 교체하는 단순한 정렬 알고리즘이다. 선택정렬은 입력 원소들을 두 부분으로 나눈다. 왼쪽에서 오른쪽으로 정렬을 진행하므로 왼쪽은 정렬된 부분이고 오른쪽은 정렬되지 않는 부분이다. [그림 7-10-1]과 같이 5개 원소들에 대한 오름차순 선택 정렬의 진행 과정은 다음과 같다.

제1단계에서는 정렬이 안 되어 있는 맨 앞 (1)번 원소를 최소값(Min)이라 가정하고 이것과 (2)번 원소를 비교하여 최소값을 찾아내고, 최소값인 원소의 첨자를 iMin에 기억시킨다. 이런 식으로 (5)번 원소까지 최소값을 찾는 과정을 반복한다. 그 후에 A(iMin) 원소를 맨 앞에 위치한 원소와 서로 값을 교체한다.

제2단계에서는 (1)번 원소는 정렬되었으므로 제외하며 (2)번 원소를 최소값이라 가정하고 제1단계에서와 같이 동일하게 진행한다.

제3,4단계에서도 시작 위치만 각각 (3),(4)번 원소이며 그 진행과정은 동일하다.

7.10.2 선택 정렬의 처리 과정의 예

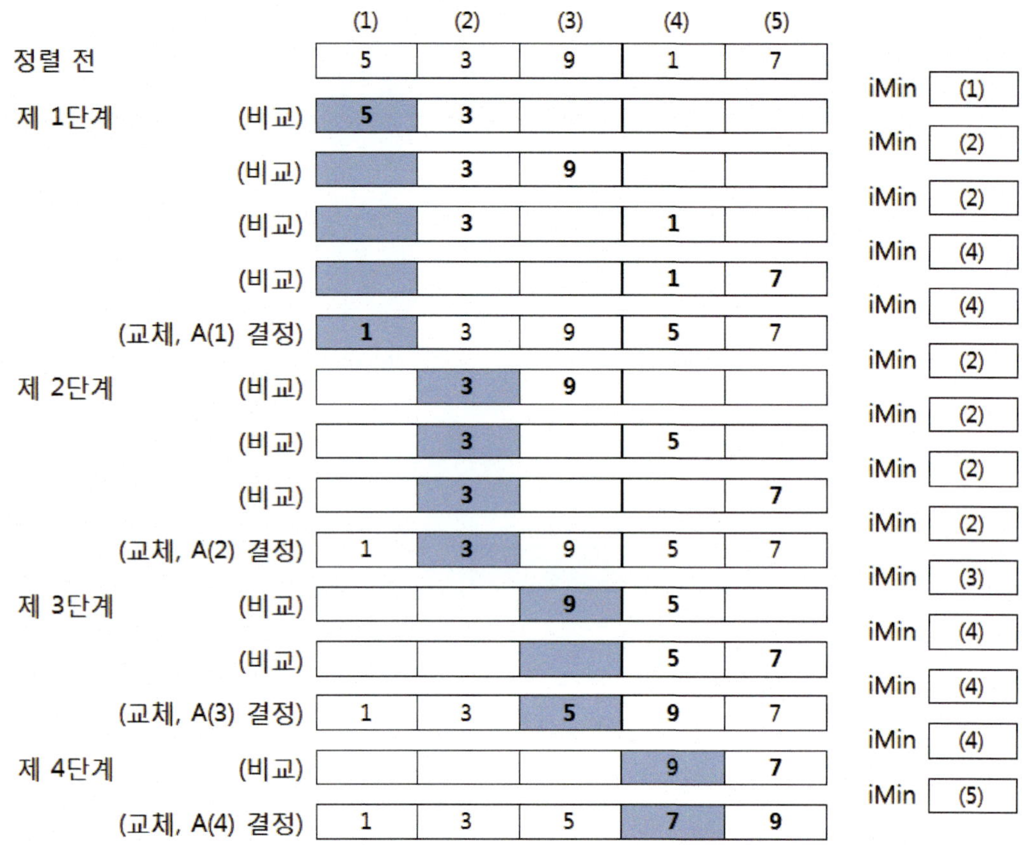

[그림 7-10-2] 선택 정렬 단계의 예

[그림 7-10-2]는 배열 A에 [5, 3, 9, 1, 7]과 같은 순서로 데이터가 저장되어 있을 때 오름차순으로 정렬되는 선택 정렬의 단계별 진행 과정의 예를 보였다.

각 단계별로 진행 결과는 다음과 같다.

[1단계] 진행 결과는 [1, 3, 9, 5, 7]이며 가장 작은 값인 1이 결정되었다.

[2단계] 진행 결과는 [1, 3, 9, 5, 7]이며 두 번째 작은 값인 3이 결정되었다.

[3단계] 진행 결과는 [1, 3, 5, 9, 7]이며 세 번째 작은 값인 5가 결정되었다.

[4단계] 진행 결과는 [1, 3, 5, 7, 9]이며 네 번째 작은 값인 7이 결정되었다.

7.10.3 선택 정렬의 반복 처리의 분석

	바깥 루프	바깥쪽 루프의 처리 내용			
		최소값 위치 (iMin)의 초기화	안쪽 루프		최소값 위치의 원소와 정렬 위치의 원소를 교체
	정렬 위치 (P)		비교 위치 (K)	최소값 위치 (iMin)의 갱신	
1단계	P=1	iMin=P	K=2~5 :	if(A(K)<A(iMin)), iMin=K;	A(P) ⇄ A(iMin)
2단계	P=2	iMin=P	K=3~5 :	if(A(K)<A(iMin)), iMin=K;	A(P) ⇄ A(iMin)
3단계	P=3	iMin=P	K=4~5 :	if(A(K)<A(iMin)), iMin=K;	A(P) ⇄ A(iMin)
4단계	P=4	iMin=P	K=5~5 :	if(A(K)<A(iMin)), iMin=K;	A(P) ⇄ A(iMin)
	P=1~4		K=(P+1)~5		

[그림 7-10-3] 선택 정렬에 사용될 카운터 변수의 반복 회수 계산

배열 A의 5개 원소들을 오름차순으로 정렬하는 선택 정렬에 대한 순서도를 작성하여 보자. 순서도를 작성하기 위해 선택 정렬이 요구되는 반복 처리 과정을 분석하고 이를 정리하여 [그림 7-10-3]에 나타내었다.

바깥쪽 루프에서는 제 1단계부터 제 4단계까지 정렬 대상의 원소를 차례대로 지정할 카운터 변수로 P를 사용하고 P = 1~4까지 1씩 증가시켰다. 바깥쪽 루프의 처리 내용은 다음과 같은 세 가지를 차례로 수행한다.

1) **최소값 위치(iMin)의 초기화 :** iMin = P로 최소값 위치를 맨 앞 원소 A(P)로 정한다.
2) **안쪽 루프 :** 카운터 변수 K는 최소값과 비교할 비교 위치를 지정한다. 비교 위치 K의 범위는 정렬 대상의 원소 위치 P보다 1큰 위치인 (P+1)번째 원소부터 시작하여 5번째 원소까지이다. 그러므로 K= (P + 1)~5까지 1씩 증가하면서 A(K)와 최소값 A(iMin)을 비교하여 만약 A(K)<A(iMin)인 경우에만, K가 최소값 위치이므로 iMin = K로 최소값 위치를 갱신한다.
3) **최소값 위치의 원소와 정렬 대상의 원소의 교체 :** 2)번에서 찾아낸 최소값 위치가 만약 맨 앞 원소인 경우에는 정렬이 불필요하지만, 만약 맨 앞 원소가 아닌 경우에는 정렬 대상의 원소 A(P)와 최소값 위치의 원소 A(iMin)를 교체한다.

7.10.4 선택 정렬에 의한 오름차순 정렬

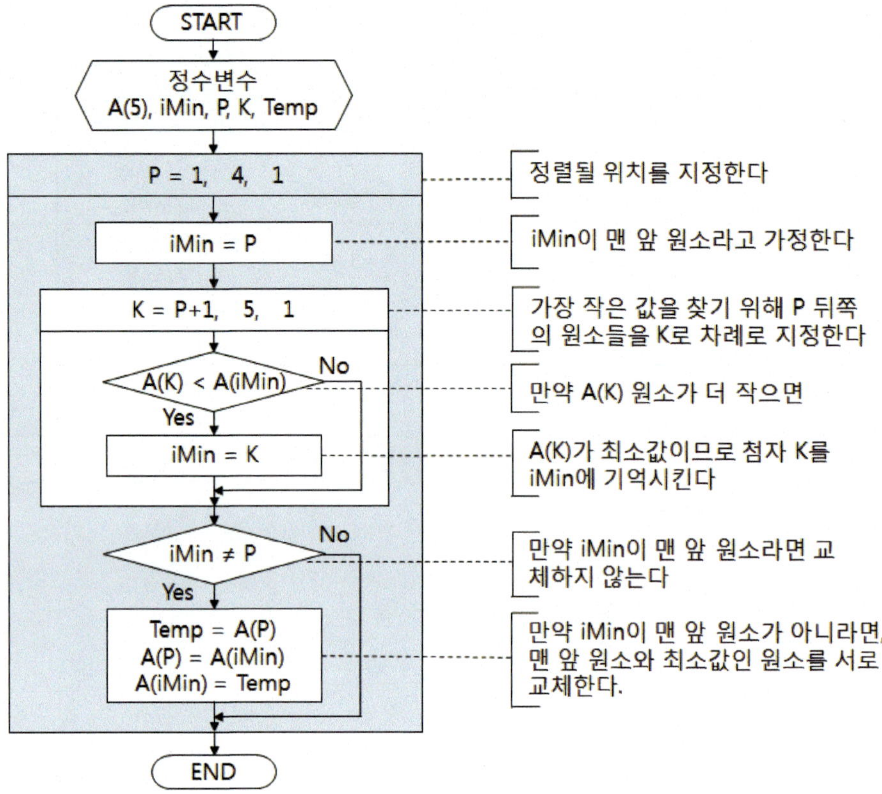

[그림 7-10-4] 선택 정렬을 이용하여 오름차순으로 정렬하는 순서도

[그림 7-10-3]에서는 5개 원소들을 오름차순으로 정렬하는 선택 정렬의 반복 처리 과정을 분석하였다. 그리고 그 분석에 따라 [그림 7-10-4]와 같은 순서도를 작성하였다. 이 순서도에는 배열 A에 대한 데이터 입력과 출력을 생략하였다.

바깥쪽 루프의 변수 P는 1번째부터 4번째 원소까지 정렬 위치를 가리킨다. 주어진 정렬 위치 P에 대하여 처리하는 내용은 다음과 같다. 1) 맨 앞쪽 원소 A(P)를 최소값이라 가정하므로 최소값 위치를 가리키는 iMin을 P로 초기화한다. 2) 안쪽 루프에서는 최소값과 비교할 원소를 A(P+1)부터 A(5)까지 지정하기 위해, 비교 위치를 가리키는 K를 (P+1)부터 5까지 증가시키면서, 만약 A(K)<A(iMin)인 경우에 iMin에 K를 기억시킴으로 최소값의 위치 검색을 반복한다. 3) 찾아낸 최소값 위치인 iMin이 맨 앞 원소의 위치 P가 아니라면, 맨 앞 원소 A(P)와 최소값의 원소 A(iMin)을 서로 교체한다.

7.11 삽입 정렬

7.11.1 삽입 정렬의 처리 과정(1)

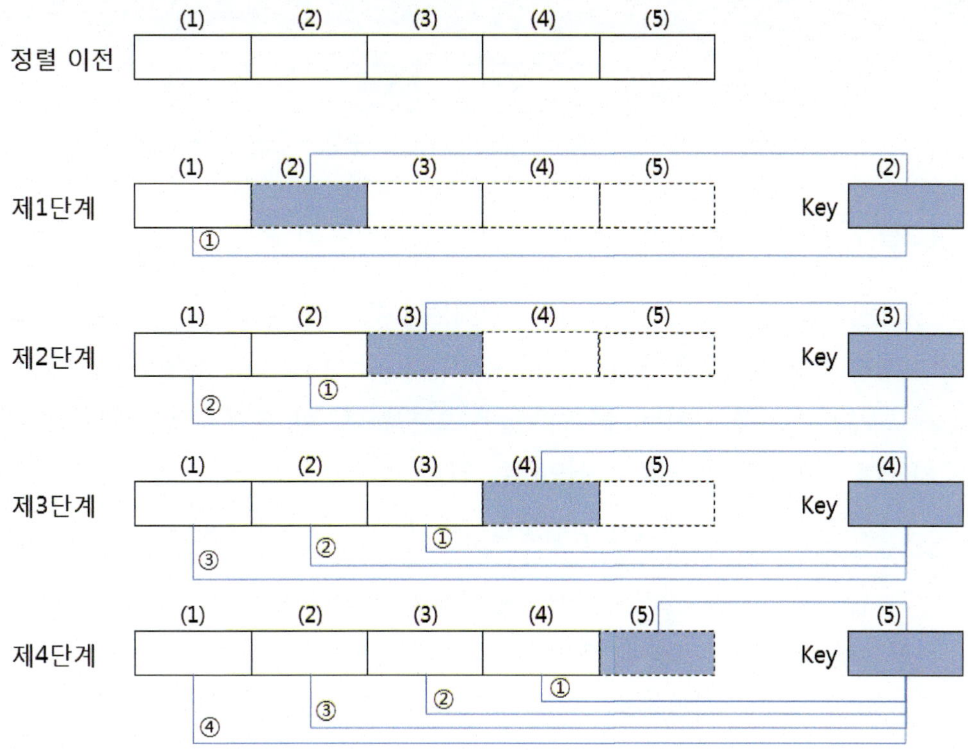

[그림 7-11-1] 삽입 정렬의 진행 순서

삽입 정렬(insertion sort)은 배열의 모든 원소에 대하여 앞에서부터 차례대로 이미 정렬된 배열 부분과 비교하여, 자신의 위치를 찾아 삽입함으로써 정렬을 완성하는 알고리즘이다.

[그림 7-11-1]의 각 단계에서 실선으로 둘러싸인 부분은 정렬된 배열원소들이며, 청색 부분을 포함하여 점선으로 둘러싸인 부분은 정렬되지 않는 배열원소들이다. 청색 부분은 해당 단계에서 실선으로 둘러싸인 부분에 삽입되어 정렬되어야 할 삽입 대상의 배열원소이며, 이는 정렬 과정 중에 지워질 수 있으므로 정렬 과정 이전에 Key라는 임시기억장소에 저장시켜 둔다.

7.11.2 삽입 정렬의 처리 과정(2)

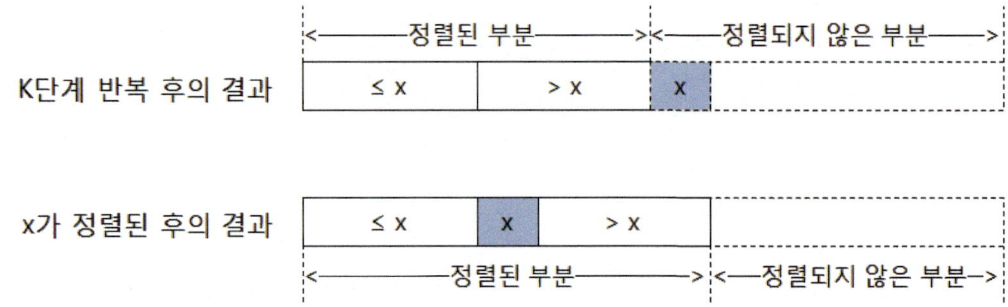

[그림 7-11-2] 삽입 정렬에서 x의 정렬 이전과 이후의 결과 변화

[그림 7-11-2]는 [그림 7-11-1]의 1단계부터 4단계까지의 진행 과정을 일반화한 것이다. 삽입 정렬의 진행 과정을 요약하면 다음과 같다. 삽입대상 x가 삽입될 위치를 찾아내는 과정에서 x보다 큰 값을 가지는 배열원소들은 오른쪽으로 한 칸씩 이동 정렬시키고 x가 삽입될 위치를 찾으면 x는 그 위치에 삽입하는 과정이다.

[그림 7-11-1]의 구체적인 삽입정렬 진행과정은 다음과 같다.

1) 삽입대상 위치는 2번째 원소(제1단계)부터 차례로 5번째 원소(제4단계)까지이다.
2) 삽입대상 값을 Key에 복사해준다.
3) 비교 위치를 삽입대상 위치의 바로 앞 위치로 초기화한다. 즉, ①번 위치이다.
4) 비교 위치로써 비교가 종료되었는지 검사하고 다음을 수행한다.
   4-1) 만약 (비교 위치≥1번째 원소)이면, 비교 종료가 아니므로 5)번으로 간다.
   4-2) 만약 (비교 위치=0)이면, 비교가 종료되었으므로 1번째 원소에 key값을 삽입한 후에 1)번으로 간다.
5) 삽입 위치를 찾기 위해 삽입대상(Key) 값과 비교 위치의 원소 값을 비교한다.
   5-1) 만약 (삽입대상(Key) 값 < 비교위치의 원소의 값)이면, 앞쪽(왼쪽)에 삽입될 것이 분명하므로 비교 위치의 원소 값은 뒤로(오른쪽으로) 한 칸 이동시킨다. 비교 위치는 1감소시켜 한 칸 앞(왼쪽)을 가리키도록 한다. 즉, 현재 비교 위치가 ①번인 경우 ②번이, ②번인 경우 ③번이 지정된다. 그리고 4)번으로 간다.
   5-2) 만약 (삽입대상(Key) 값 ≥ 비교위치의 원소 값)이면, 삽입 위치는 비교 위치의 바로 뒤 위치이므로 이 위치에 Key값을 삽입한다. 그 후에 1)번으로 간다.

7.11.3 삽입 정렬의 처리 과정의 예

	(1)	(2)	(3)	(4)	(5)		
정렬 이전 :	6	5	3	8	7		
제1단계 :	6	**5**	3	8	7	Key 5	5와 6을 비교
	6	6	3	8	7	Key 5	6을 이동
	5	6	3	8	7	Key 5	5를 삽입
제 2단계 :	5	6	**3**	8	7	Key 3	3과 6을 비교
	5	6	6	8	7	Key 3	6을 이동
	5	6	6	8	7	Key 3	3과 5를 비교
	5	5	6	8	7	Key 3	5를 이동
	3	5	6	8	7	Key 3	3을 삽입
제 3단계 :	3	5	6	**8**	7	Key 8	8과 6을 비교
제 4단계 :	3	5	6	8	**7**	Key 7	7과 8을 비교
	3	5	6	8	8	Key 7	8을 이동
	3	5	6	8	8	Key 7	7과 6을 비교
	3	5	6	7	8	Key 7	7을 삽입

[그림 7-11-3] 삽입 정렬 단계의 한 예

삽입 정렬은 배열의 두 번째 원소에서부터 시작하여 차례대로 삽입대상이 되는 원소를 이미 앞 쪽에 정렬된 배열 원소들과 비교하여 삽입할 위치를 찾아 삽입함으로써 정렬을 완성하는 알고리즘이다.

[그림 7-11-3]는 배열 A에 [6, 5, 3, 8, 7]과 같은 순서로 데이터가 저장되어 있을 때 오름차순으로 정렬되는 삽입 정렬의 단계별 진행 과정의 예를 보였다. 각 단계별로 진행 결과는 다음과 같다.

[1단계] 진행 결과는 [5, 6, 3, 8, 7]이며 5가 정렬되었다.

[2단계] 진행 결과는 [3, 5, 6, 8, 7]이며 3이 정렬되었다.

[4단계] 진행 결과는 [3, 5, 6, 8, 7]이며 8이 정렬되었다.

[5단계] 진행 결과는 [3, 5, 6, 7, 8]이며 7이 정렬되었다.

7.11.4 삽입 정렬의 반복 처리의 분석

	바깥 루프 P=삽입 대상의 위치	바깥쪽 루프의 처리 내용			
		삽입 대상 원소를 임시 저장	안쪽 루프		찾아낸 삽입 위치에 삽입 대상 원소를 삽입 (K는 삽입직전 위치이므로 K+1임)

			K=비교 대상의 위치 :	삽입위치를 찾을 때까지{
				비교한 원소를 우측이동;
				다음 비교위치로 변경;
				}	

1단계	P=2	Key = A(P)	K=1 ~ 1 :	while (Key < A(K)) {
				A(K+1)=A(K); K=K-1;
				}
					A(K+1) = Key;

2단계	P=3	Key = A(P)	K=2 ~ 1 :	while (Key < A(K)) {
				A(K+1)=A(K); K=K-1;
				}
					A(K+1) = Key;

3단계	P=4	Key = A(P)	K=3 ~ 1 :	while (Key < A(K)) {
				A(K+1)=A(K); K=K-1;
				}
					A(K+1) = Key;

4단계	P=5	Key = A(P)	K=4 ~ 1 :	while (Key < A(K)) {
				A(K+1)=A(K); K=K-1;
				}
					A(K+1) = Key;

	P=2~5		K=(P-1) ~ 1		

[그림 7-11-4] 바깥쪽 루프와 안쪽 루프의 반복 횟수 계산

배열 A의 5개 원소들을 오름차순으로 정렬하는 삽입 정렬에 대한 순서도를 작성하여 보자. 순서도를 작성하기 위해 삽입 정렬이 요구되는 반복 처리 과정을 분석하고 이를 정리하여 [그림 7-11-4]에 나타내었다.

바깥쪽 루프에서는 제 1단계부터 제 4단계까지 삽입 대상의 원소를 차례대로 지정할 카운터 변수로 P를 사용하고 P = 2~5까지 1씩 증가시켰다. 바깥쪽 루프의 처리 내용은 다음과 같은 세 가지를 차례로 수행한다.

1) **삽입 대상 원소를 임시 저장 :** Key = A(P)로 A(P)를 임시저장장소 Key에 저장한다.
2) **안쪽 루프 :** 카운터 변수 K는 Key와 비교할 비교 대상 원소를 지정한다. 비교 위치 K의 범위는 삽입 대상 원소의 위치 P보다 1작은 위치인 (P-1)번째 원소부터 시작하여 1번째 원소까지이다. 그러므로 K = (P-1)~1까지 1씩 감소하면서 Key와 A(K)를 비교하여 만약 Key<A(K)인 동안, 현재 비교한 원소를 오른쪽으로 이동시키는 A(K+1) = A(K)를 반복 수행한다. 만약 Key≥A(K)이면 반복 처리를 종료하고 다음의 3)번 단계로 간다.
3) **삽입 위치에 삽입 대상 원소를 삽입 :** 2)번에서 만약 Key≥A(K)인 경우 Key를 삽입할 위치를 찾았으므로 현재 비교한 위치 K보다 1큰 위치인 (K+1) 위치에 Key를 삽입한다.

7.11.5 삽입 정렬에 의한 오름차순 정렬 방법(1)

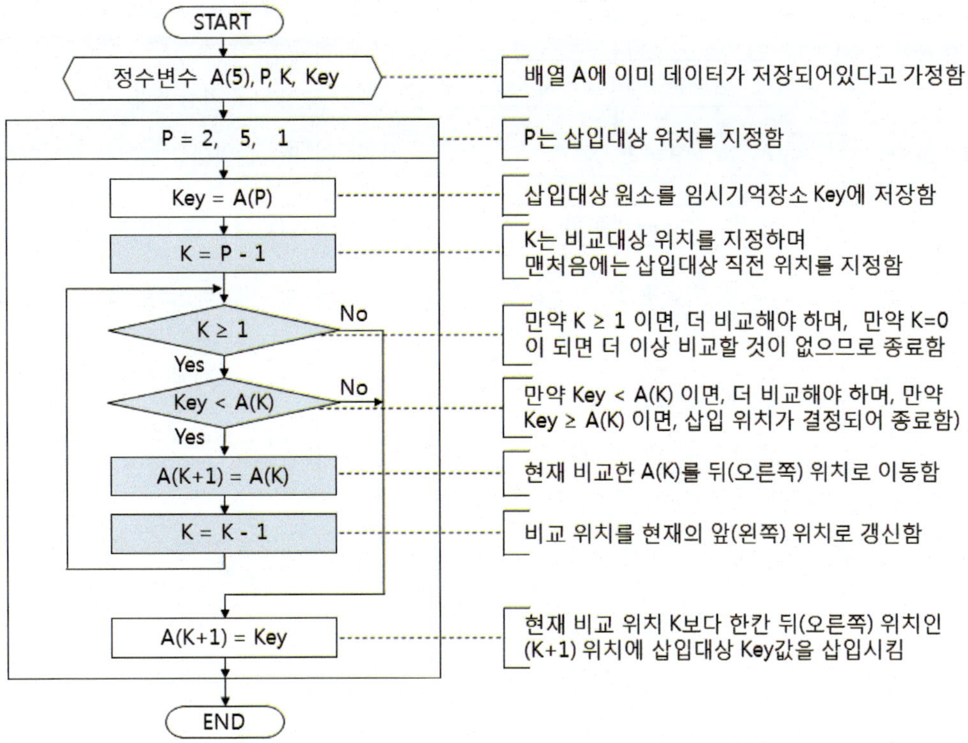

[그림 7-11-5] 삽입 정렬로 오름차순 정렬하는 순서도(for구조 내 while구조)

[그림 7-11-4]에서는 5개 원소들을 오름차순으로 정렬하는 삽입 정렬의 반복 처리 과정을 분석하였다. 그리고 그 분석에 따라 [그림 7-11-5]와 같은 순서도를 작성하였다. 이 순서도에는 배열 A에 대한 데이터 입력과 출력을 생략하였다.

바깥쪽 루프에서는 변수 P가 삽입 대상 원소의 위치를 2번째부터 5번째까지 지정하며 그 처리 내용은 다음과 같다. 1) 삽입 대상 A(P)를 임시로 Key에 저장하고 2) Key값이 삽입될 위치를 찾아내기 위해 Key값을 A(P-1)에서부터 A(1)까지 비교해야 하므로, 비교 위치 변수 K를 (P-1)로 초기화한 후에, 안쪽 while 루프의 반복 조건 K≥1이고 Key<A(K)인 동안, 기존의 정렬된 원소를 오른쪽으로 이동시키는 A(K+1) = A(K)과 K를 1감소시키는 K = K-1을 반복 처리한다. 3) 삽입될 위치를 찾아낸 경우에는, 즉 K<1이거나 Key≥A(K)인 경우에는, while 루프를 빠져나와 삽입 대상 Key값을 (K+1) 위치에 삽입한다. 그 후에 바깥쪽 루프의 변수 P는 다음 삽입 대상을 가리킨다.

Chapter 07 배열

7.11.6 삽입 정렬에 의한 오름차순 정렬 방법(2)

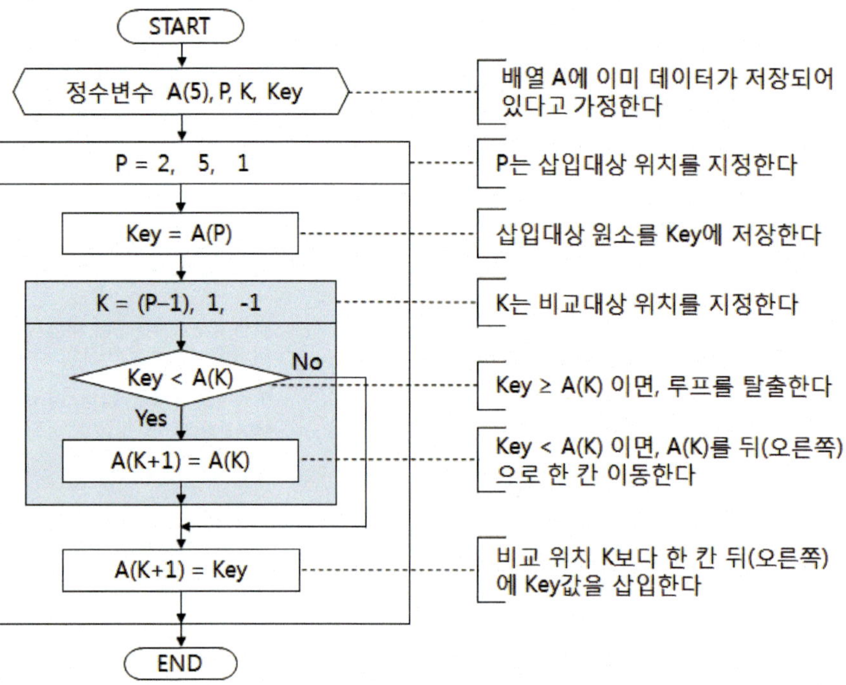

[그림 7–11–6] 삽입 정렬로 오름차순 정렬하는 순서도(이중 for구조)

[그림 7-11-4]의 삽입 정렬의 반복 처리 과정을 분석한 결과에 따라 [그림 7-11-6]와 같은 이중 for구조를 사용한 순서도를 작성하였다. 이에 비해 [그림 7-11-5]는 바깥쪽 for구조 속에 안쪽 while구조를 사용한 순서도이다.

[그림 7-11-5] 순서도와 [그림 7-11-6] 순서도의 차이점은 다음과 같다.

1) [그림 7-11-5]의 안쪽 while구조에서는 [K = P-1]로 K를 초기화하는 부분과 [K = K-1]로 K를 1감소하는 부분을 따로 기술해야 하지만, [그림 7-11-6]의 안쪽 for구조에서는 이들이 하나의 기호 속에 [K = P-1, 1, -1]로 매우 간단히 표시된다.
2) [그림 7-11-5]의 안쪽 while구조는 구조적 순서도이지만, [그림 7-11-6]의 안쪽 for구조는 탈출 조건에 의해 반복 처리를 종료하는 비구조적 순서도이다. 비구조적인 순서도가 이해를 어렵게 만든다면 구조적인 순서도를 사용한다.

7.12 석차 구하기

7.12.1 성적의 입출력 형식과 석차 구하는 방법

입력 형식 :

성명	성적

출력 형식 :

성명	성적	석차
손오공	88	2
홍길동	99	1
사오정	55	5
⋮	⋮	⋮

처리 조건 :

1) 입력 데이터는 5명이라고 가정한다.
2) 출력은 입력된 데이터 순서대로 출력한다.

[그림 7-12-1] 석차 구하기의 입력과 출력 형식

[그림 7-12-1]은 학생들의 성적을 입력하고 석차를 포함한 성적을 출력하는 형식을 보여주고 있다. 처리조건은 학생 수는 5명이라 가정하고 출력은 입력된 순서대로 출력한다.

특정 학생의 점수에 대한 석차를 결정하려면 다른 사람들의 점수와 비교해 보아야 한다. 어떠한 학생이라도 다른 사람들의 점수와 비교하기 전에는 1등이고, 다른 사람들의 점수와 비교하여 점수가 더 낮을 때마다 석차값을 1씩 증가시킴으로써 특정 학생의 석차를 결정할 수 있다. 이러한 작업을 모든 학생에게 반복 적용하면 모든 학생의 석차를 구할 수 있다.

일반적으로 점수에 대한 석차를 구하는 과정은 다음과 같다.

1) 맨 처음 모든 학생의 석차는 1등으로 초기화한다.
2) 석차를 결정하기 위해 한 학생의 성적을 나머지 모든 학생의 성적과 비교해본다.
3) 비교 결과, 만약 동점이면 같은 석차값이 된다.
4) 비교 결과, 만약 점수가 더 높으면 석차값을 현재 그대로 유지하고
5) 비교 결과, 만약 점수가 더 낮으면 석차값이 현재 값보다 1증가한다.

7.12.2 석차를 구하는 과정

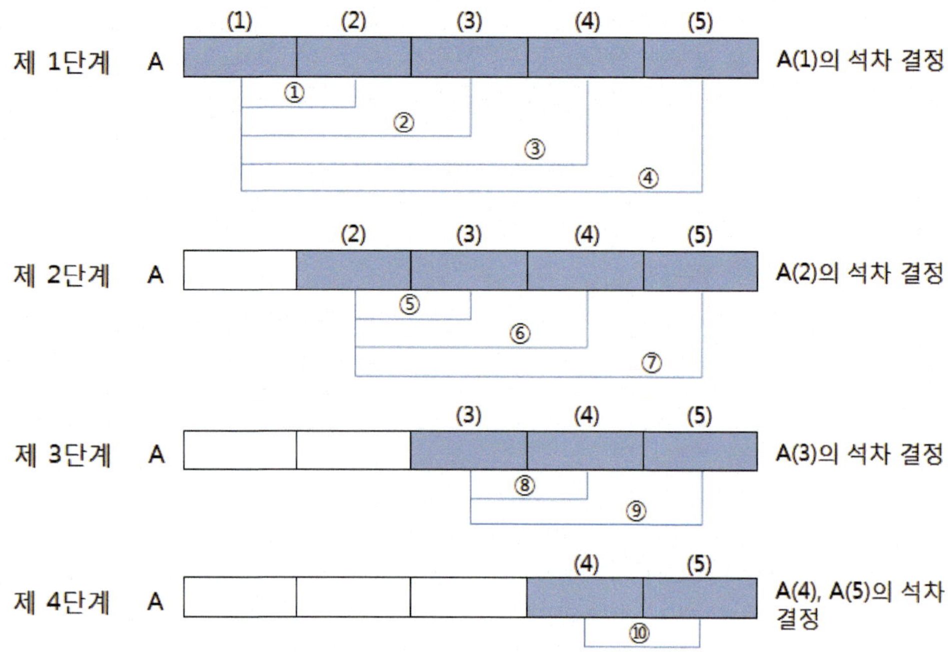

[그림 7-12-2] 석차 구하기의 진행 단계

5명의 학생들의 석차를 구하기 위해 특정한 한 학생과 나머지 4명 학생들의 성적을 비교하는 과정을 [그림 7-12-2]에 나타내보였다. 5명의 학생들의 성적이 배열 원소 A(1), A(2), A(3), A(4), A(5)에 차례로 저장되어 있다고 가정할 때 단계별로 원소들을 비교하여 석차를 구하는 과정은 다음과 같다.

[1단계] 제1단계의 ①,②,③,④의 비교 과정을 통해 A(1)은 모든 나머지 원소들과 비교가 수행되므로 A(1)의 석차가 결정된다.

[2단계] 제1단계의 ①, 제2단계의 ⑤, ⑥, ⑦의 비교 과정을 통해 A(2)는 나머지 모든 원소들과 비교가 수행되므로 A(2)의 석차가 결정된다.

[3단계] 제1단계의 ②, 제2단계의 ⑤, 제3단계의 ⑧, ⑨의 비교 과정을 통해 나머지 모든 원소들과 비교가 수행되므로 A(3)의 석차가 결정된다.

[4단계] 제1단계의 ③, 제2단계의 ⑥, 제3단계의 ⑧, 제4단계의 ⑩의 비교 과정을 통해 나머지 모든 원소들과 비교가 수행되므로 A(4)의 석차가 결정된다. A(5)의 석차는 ④,⑦,⑨,⑩의 비교 과정에 의해 결정된다.

7.12.3 석차 구하는 과정의 예

		A(1)	A(2)	A(3)	A(4)	A(5)	
점수	A	77	66	99	88	77	
		RK(1)	RK(2)	RK(3)	RK(4)	RK(5)	
석차	RK	1	1	1	1	1	
제1단계:	RK	1	2				
	RK	2		1			
	RK	3			1		
	RK	3				1	A(1)의 석차 결정
제2단계:	RK		3	1			
	RK		4		1		
	RK		5			1	A(2)의 석차 결정
제3단계:	RK			1	2		
	RK			1		2	A(3)의 석차 결정
제4단계:	RK				2	3	A(4), A(5)의 석차 결정
	RK	3	5	1	2	3	최종 결과

[그림 7-12-3] 석차 구하기의 진행 단계의 예

석차 구하기 알고리즘은 비교 기준점을 배열의 첫 번째 원소에서부터 시작하여 비교 대상이 되는 오른쪽의 나머지 원소들을 차례대로 비교하면서 점수가 낮은 쪽의 원소의 석차를 1 증가시키고 점수가 같거나 높은 쪽의 원소의 석차는 그대로 유지함으로써 비교 경쟁에 의해 석차를 구하는 알고리즘이다.

[그림 7-12-3]은 배열 A에 [77, 66, 99, 88, 77]과 같은 순서로 데이터가 저장되어 있을 때 비교 경쟁하여 석차를 구하는 단계별 진행 과정의 예를 보였다. 각 단계별로 진행 결과는 다음과 같다.

[1단계] 진행 결과는 A(1)의 석차 RK(1)가 3위로 결정되었다.

[2단계] 진행 결과는 A(2)의 석차 RK(2)가 5위로 결정되었다.

[3단계] 진행 결과는 A(3)의 석차 RK(3)가 1위로 결정되었다.

[4단계] 진행 결과는 A(4), A(5)의 석차 RK(4), RK(5)가 각각 2위, 3위로 결정되었다.

7.12.4 석차 구하는 반복 처리의 분석

	바깥 루프	안쪽 루프	바깥쪽 루프 카운터 P	안쪽 루프 카운터 K : 비교 대상
바깥쪽 루프	1단계	A(1) ↔ A(2) A(1) ↔ A(3) A(1) ↔ A(4) A(1) ↔ A(5)	P = 1	K = 2~5 : A(P) ↔ A(K)
	2단계	A(2) ↔ A(3) A(2) ↔ A(4) A(2) ↔ A(5)	P = 2	K = 3~5 : A(P) ↔ A(K)
	3단계	A(3) ↔ A(4) A(3) ↔ A(5)	P = 3	K = 4~5 : A(P) ↔ A(K)
	4단계	A(4) ↔ A(5)	P = 4	K = 5~5 : A(P) ↔ A(K)
카운터 변수의 값 범위			P = 1~4	K = (P+1)~5 : A(P) ↔ A(K)

[그림 7-12-4] 석차 구하기를 위한 성적 비교 과정에 대한 분석

배열 A의 5개의 원소들에 대하여 석차를 구하는 순서도를 작성하여 보자. 이를 위해 우선적으로 특정한 한 학생이 나머지 모든 학생들의 성적과 비교하는 과정을 [그림 7-12-4]와 같이 분석하였다.

비교할 원소들이 5개인 경우 4단계의 비교 과정이 요구된다. 즉 제1단계에서는 비교하는 원소의 쌍이 [A(1):A(2)], [A(1):A(3)], [A(1):A(4)], [A(1):A(5)]이며, 제2단계에서는 [A(2):A(3)], [A(2):A(4)], [A(2):A(5)]이며, 제3단계에서는 [A(3):A(4)], [A(3):A(5)]이며, 제4단계에서는 [A(4):A(5)]이다. 순서도에서는 바깥쪽 루프에서 단계를 카운트하고 안쪽 루프에서 단계별 비교 횟수를 카운트하는 이중 반복구조로 구성한다.

바깥쪽 루프에서 단계를 나타내기 위해 카운터 변수 P를 사용하여 P = 1~4까지 반복 처리한다. 안쪽 루프에서는 각 단계별 비교 횟수를 나타내기 위해 카운터 변수 K를 사용하고, 제1단계에서는 K = 2~5까지 4회, 제2단계에서는 K = 3~5까지 3회, 제3단계에서는 K = 4~5까지 2회, 제4단계에서는 K = 5~5까지 1회 반복 처리한다. 반복 횟수를 나타내는 K를 단계를 나타내는 P와 연관시키면 [그림]과 같이 K = (P + 1)~5가 된다.

7.12.5 석차 구하기

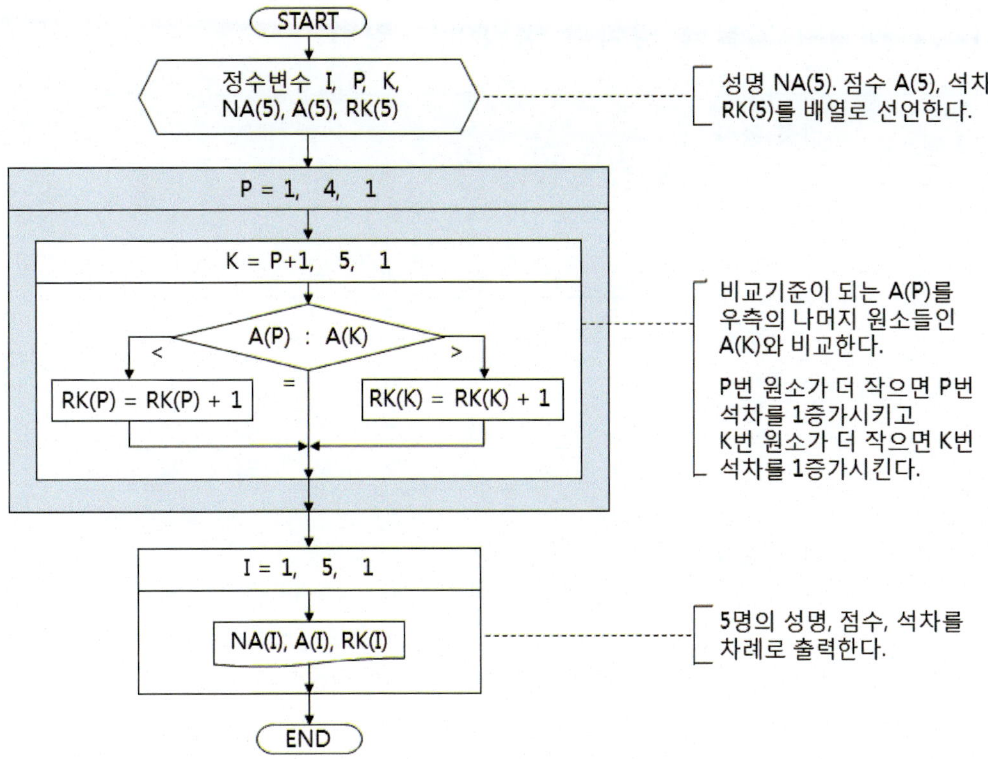

[그림 7-12-5] 석차를 구하는 순서도

[그림 7-12-4]에서 석차 구하기를 위한 성적 비교 과정을 분석하였으며 이것에 따라 [그림 7-12-5]와 같은 순서도를 작성하였다. 여기서 순서도를 간단하게 표현하기 위해서 (1) 석차를 1로 초기화하는 과정과 (2) 성명과 성적을 입력하는 과정을 생략하였고 (3) 성적에 따라 석차를 구하는 과정과 (4) 성적과 석차를 출력하는 과정만을 순서도에 나타내었다.

(3)번째 과정인 입력한 성적들에 대하여 석차를 구하는 과정은 다음과 같다. 이는 이중 for 구조로 구성하여 바깥쪽 루프의 카운터 변수 P는 첫 번째부터 네 번째 원소까지 석차를 구할 원소를 지정한다. 안쪽 루프의 카운터 변수 K는 주어진 P번째 원소와 비교할 (P+1)번째부터 5번째 원소까지를 지정하고, A(P)와 A(K)의 비교 결과에 따라 RK(P) 또는 RK(K)의 석차를 계산한다.

7.13 병합하기

7.13.1 배열의 입출력 형식과 병합하는 방법

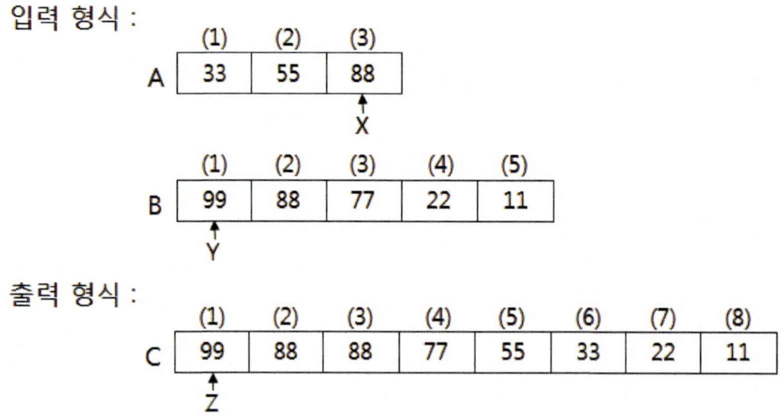

처리 조건 :

1) 배열 A, B, C의 크기는 각각 3, 5, 8이다.
2) 배열 A는 오름차순으로, 배열 B는 내림차순으로 정렬되어 있다.
3) 배열 C는 내림차순으로 정렬되어야 한다.

[그림 7-13-1] 병합하기의 입출력 형식

병합(merge) 알고리즘은 정렬된 두 그룹의 데이터를 한 그룹의 데이터로 병합하는 알고리즘이다. [그림 7-13-1]과 같이 원소의 개수가 3개인 배열 A는 오름차순으로 정렬되어 있고 원소 개수가 5개인 배열 B는 내림차순으로 정렬되어 있을 때 배열 A와 B에 저장되어 있는 정수들을 병합(merge)하여 배열 C에 내림차순으로 정렬하는 순서도를 작성하여 보자.

이 문제의 처리 핵심은 배열 A와 B를 내림차순으로 비교하여 그 대소 판정에 따라 배열 A 또는 B에서 한 원소를 선택하여 배열 C로 복사하는 것을 반복하는 것이다. 그러므로 비교 대상이 되는 배열 A와 B의 원소를 가리키기 위해 변수 X, Y를 사용한다면, X는 3부터 1까지 1씩 감소하면서 오름차순으로 정렬된 배열 A 원소를 가리키고, Y는 1부터 5까지 1씩 증가하면서 내림차순으로 정렬된 배열 B 원소를 가리킬 수 있다. 또한 배열 C의 원소를 가리키기 위해 변수 Z를 사용한다면, Z는 1부터 8까지 1씩 증가하면서 복사해 넣을 배열 C 원소의 위치를 가리킬 수 있다.

7.13.2 병합 과정의 예

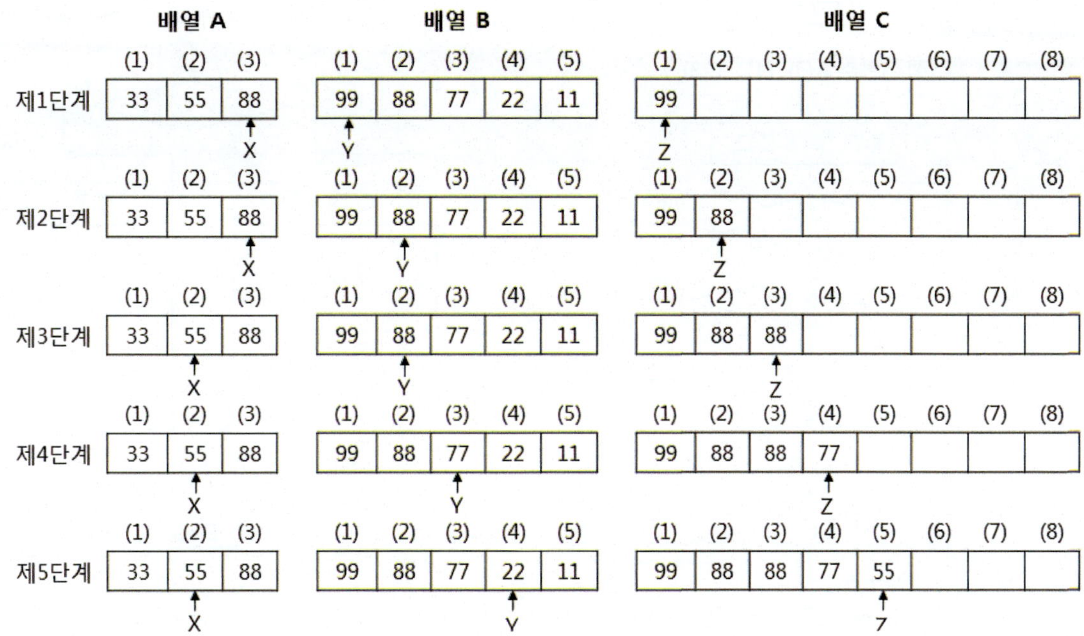

[그림 7-13-2] 병합 과정의 예

[그림 7-13-2]에서는 오름차순으로 정렬된 배열 A와 내림차순으로 정렬된 배열 B를 배열 C로 내림차순으로 병합하는 과정의 일부를 보였다. 제1단계 이전에 X, Y, Z의 초기값은 X=3, Y=1, Z=1이며, 5단계까지의 병합 직후의 첨자 변수 X, Y, Z의 변화와 배열 C의 변화를 보여주고 있다. 병합 처리 과정을 설명하면 다음과 같다.

[1단계] X=3, Y=1에서 A(X)과 B(Y)를 비교하면 B(Y)가 더 크므로 B(Y), 즉 99를 C(Z)에 복사한다. 그 후에 Y는 1증가하고 Z도 1증가한다.

[2단계] X=3, Y=2에서 A(X)와 B(Y)을 비교하면 두 값이 같으므로 이 경우에는 A(X)를 선택하여 C(Z)에 복사한다. 그 후에 X는 1감소하고 Z는 1증가한다.

[3단계] X=2, Y=2에서 A(X)와 B(Y)을 비교하면 B(Y)가 더 크므로 B(Y), 즉 88을 C(Z)에 복사한다. 그 후에 Y는 1증가하고 Z도 1증가한다.

[4단계] X=2, Y=3에서 A(X)와 B(Y)을 비교하면 B(Y)가 더 크므로 B(Y), 즉 77을 C(Z)에 복사한다. 그 후에 Y는 1증가하고 Z도 1증가한다.

[5단계] X=2, Y=4에서 A(X)와 B(Y)을 비교하면 A(X)가 더 크므로 A(X), 즉 55를 C(Z)에 복사한다. 그 후에 X는 1감소하고 Z는 1증가한다.

7.13.3 배열 A와 B를 배열 C로 병합하기

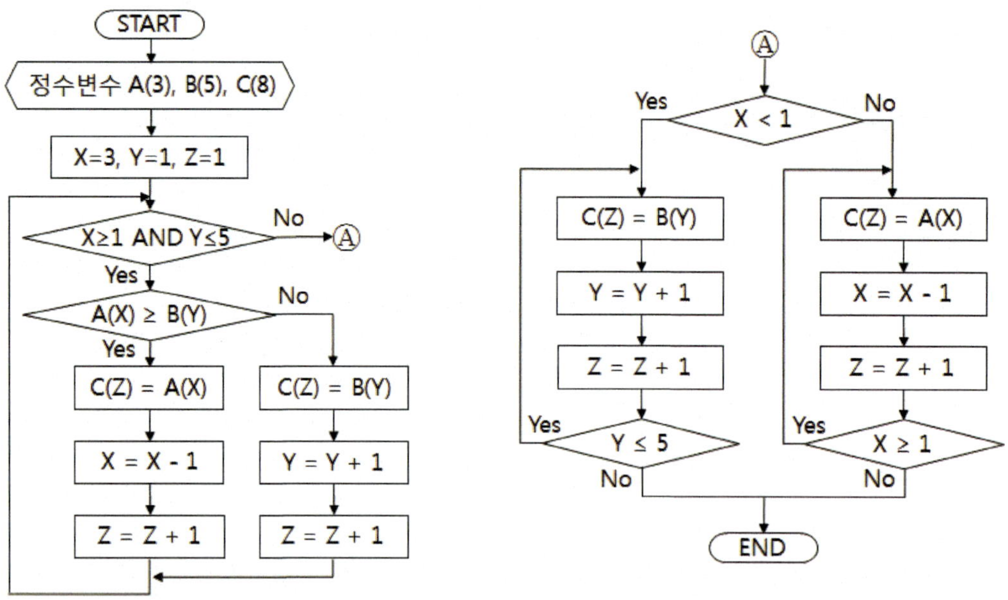

(a) 배열 A, B를 C에 복사　　　(b) 남아있는 한쪽 배열을 C에 복사

[그림 7-13-3] 배열 A와 B를 C로 병합하는 순서도

[그림 7-13-3]은 배열 A(3)와 배열 B(5)에 정수들이 입력되어 있다고 가정하고 작성한 두 배열의 병합에 대한 순서도이다. 진행 과정은 다음과 같다.

1) 배열 A의 비교 시작 위치는 X=3이고 마지막 위치는 X=1이다. 배열 B의 비교 시작 위치는 Y=1이고 마지막 위치는 Y=5이다. 배열 C의 복사 시작 위치는 Z=1이고 마지막 위치는 Z=8이다. 그러므로 X=3, Y=1, Z=1로 초기화한다.
2) 만약 X≥1이고 Y≤5인 동안, 즉 배열 A, B 어느 한 쪽도 마지막 위치에 도달하지 않는 한, 다음을 반복한다([그림 (a)]). 조건식 A(X)≥B(Y)로 두 배열을 비교하고, 만약 더 큰 쪽이 A(X)이면, C(Z)=A(X), X=X-1, Z=Z+1을 차례대로 수행하고, 그렇지 않고 만약 더 큰 쪽이 B(Y)이면, C(Z)=B(Y), Y=Y+1, Z=Z+1을 차례대로 수행함으로써 C(Z)에 해당 배열을 복사하고 해당 배열의 첨자를 각각 계산한다.
3) 만약 X≥1이 아니거나 Y≤5이 아니면, 즉 배열 A, B 어느 한 쪽이 마지막 위치에 먼저 도달하면, 조건식 X<1로 마지막에 도달하지 않는 남아있는 한 쪽 배열이 어느 배열인지 찾아낸다([그림 (b)]). 만약 X<1이면, 그 배열이 B이므로 C(Z)=B(Y), Y=Y+1, Z=Z+1의 수행을 Y≤5인 동안 반복하고, 그렇지 않고 만약 X<1이 아니면, 남아있는 배열이 A이므로 C(Z)=A(X), X=X-1, Z=Z+1을 차례대로 수행하는 것을 X≥1인 동안 반복한다.

7.14 소인수와 소인수 분해

7.14.1 소인수와 소인수 분해의 예

DEC	DEC의 약수	소수 여부	DEC의 소인수 분해	DEC의 소인수
2	1, 2	2는 소수	2 = 2	2
3	1, 3	3은 소수	3 = 3	3
4	1, 2, 4		4 = 2 * 2	2, 2
5	1, 5	5는 소수	5 = 5	5
6	1, 2, 3, 6		6 = 2 * 3	2, 3
7	1, 7	7은 소수	7 = 7	7
8	1, 2, 4, 8		8 = 2 * 2 * 2	2, 2, 2
9	1, 3, 9		9 = 3 * 3	3, 3
10	1, 2, 5, 10		10 = 2 * 5	2, 5
20	1, 2, 4, 5, 10, 20		20 = 2 * 2 * 5	2, 2, 5
30	1, 2, 3, 5, 6, 10, 15, 30		30 = 2 * 3 * 5	2, 3, 5

[그림 7-14-1] 자연수에 대한 약수, 소수 및 소인수의 예

입력받은 자연수 DEC에 대한 소인수들을 구하고 소인수 분해를 출력하는 순서도를 작성하여 보자. 순서도 작성에 앞서 [그림 7-14-1]에 몇몇 자연수들의 예를 통하여 약수, 소수, 소인수 분해 및 소인수의 차이점을 알아보았다. 약수, 소수, 소인수 분해 및 소인수에 대한 정의는 다음과 같다.

1) **약수 :** DEC의 약수는 DEC를 나누어서 나머지가 0이 나오도록 DEC을 나눌 수 있는 수이다. 예를 들어 20의 약수는 1, 2, 4, 5, 10, 20이다.
2) **소수 :** 소수는 1보다 큰 자연수로서 약수가 1과 자기 자신 뿐인 수이다. 그러므로 1은 소수가 아니며, 2, 3, 5, 7등은 소수이다.
3) **소인수 :** DEC의 소인수는 DEC을 소수들의 곱으로 표현하였을 때 각 인수가 되는 소수들을 말한다. 예를 들어 20의 소인수 분해는 20 = 2*2*5이고 20의 소인수는 2, 2, 5이다.
4) **소인수 분해 :** DEC의 소인수 분해는 DEC을 소수들의 곱으로 표현한 것이다.

   자연수 DEC의 소인수를 찾기 위해서는 DEC을 2부터 DEC까지 1씩 증가시키면서 차례대로 나누어 보고 나머지가 0이 되게 하는 수, 즉 나누어서 떨어지게 하는 수를 소인수로 출력하면 된다. DEC까지 나누어 보아야 하는 이유는 자연수 DEC의 값이 소수인 경우도 있기 때문이다.

7.14.2 소인수를 구하는 과정

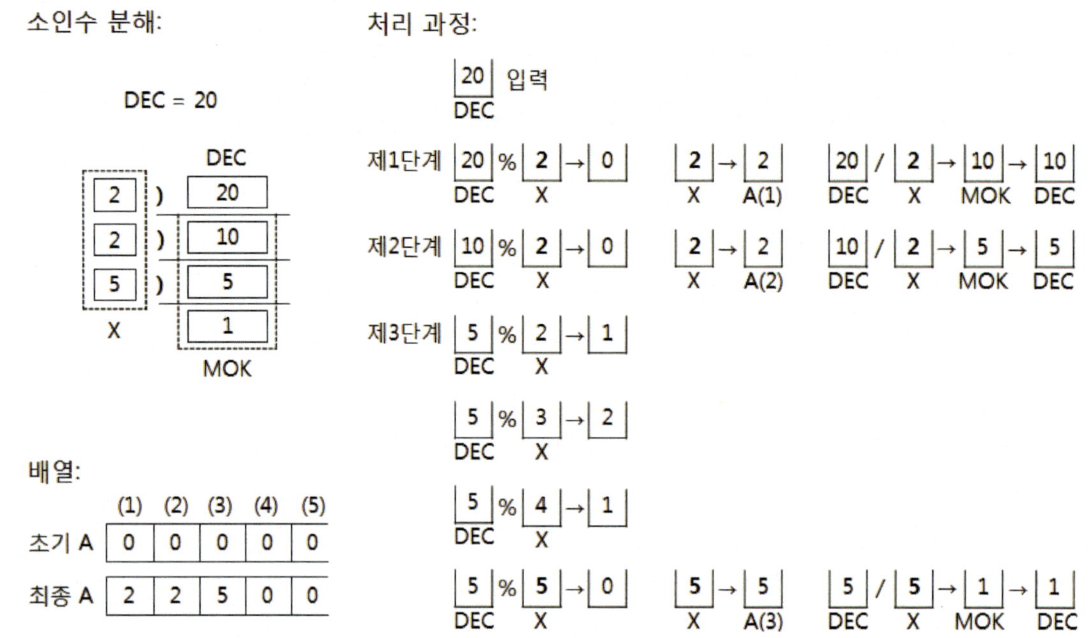

[그림 7-14-2] 자연수 20의 소인수를 구하는 과정

소인수를 구하는 과정을 알아보기 위해 한 예로서 20의 소인수를 구하는 과정을 [그림 7-14-2]에 나타내보였다. 20의 소인수 2, 2, 5를 구하는 과정을 각각 1단계, 2단계, 3단계로 나타내었다. 여기서 사용되는 변수는 다음과 같다. DEC는 소인수 분해할 수를 저장하는 변수이며, A(10)은 찾아낸 소인수를 저장할 배열이며, X는 2부터 DEC까지 1씩 증가시키면서 나누어보는 수가 저장되는 변수이며, K는 소인수를 저장할 배열의 첨자 변수이다. 단계별 처리 과정은 다음과 같다.

[1단계]

1) DEC%X = 20%2로 나누어 본 결과, 나머지가 0인 경우이므로 2는 소인수이다. 그러므로 이를 배열원소 A(1)에 저장한다.
2) DEC 20을 소인수 2로 나누어 몫(MOK) 10을 구한 후 이를 DEC의 새로운 값으로 대입한다. 이는 그 다음 소인수를 구할 때 사용되는 DEC의 값이 된다.
3) DEC이 1인지 검사해보고, 1이 아닌 경우이므로 1)번으로 가서 그 다음 소인수를 구한다.

[2단계]

1) DEC%X = 10%2로 나누어 본 결과, 나머지가 0인 경우이므로 2는 소인수이다. 그러므로 이를 배열원소 A(2)에 저장한다.
2) DEC 10을 소인수 2로 나누어 몫(MOK) 5를 구한 후 이를 DEC의 새로운 값으로 대입한다. 이는 그 다음 소인수를 구할 때 사용되는 DEC의 값이 된다.
3) DEC이 1인지 검사해보고, 1이 아닌 경우이므로 1)번으로 가서 그 다음 소인수를 구한다.

[3단계]

1) DEC%X = 5%2로 나누어 본 결과, 나머지가 0이 아닌 경우이므로 현재 X값 2는 소인수가 아니다. 그러므로 X를 1증가시킨다.

   DEC%X = 5%3로 나누어 본 결과, 나머지가 0이 아닌 경우이므로 현재 X값 3은 소인수가 아니다. 그러므로 X를 1증가시킨다.

   DEC%X = 5%4로 나누어 본 결과, 나머지가 0이 아닌 경우이므로 현재 X값 4는 소인수가 아니다. 그러므로 X를 1증가시킨다.

   DEC%X = 5%5로 나누어 본 결과, 나머지가 0인 경우이므로 현재 X값 5는 소인수이다. 그러므로 이를 배열원소 A(3)에 저장한다.
2) DEC 5를 소인수 5로 나누어 몫(MOK) 1을 구한 후 이를 DEC의 새로운 값으로 대입한다.
3) DEC이 1인지 검사해보고, 1인 경우이므로 소인수 분해를 마치고 배열 A에 저장된 소인수를 출력한다.

7.14.3 소인수를 구하는 과정의 분석

<table>
<tr><th rowspan="3"></th><th colspan="5">바깥쪽 루프</th></tr>
<tr><th rowspan="2">X 초기화</th><th colspan="2">1) 안쪽 루프</th><th rowspan="2">2) K증가; X저장</th><th rowspan="2">3) 새로운 DEC값 계산</th></tr>
<tr><th>X증가</th><th>DEC%X=0인지 검사</th></tr>
<tr><td>제1단계</td><td>X=1</td><td>X=2</td><td>DEC%X : 20%2→0
(∴ X는 소인수)</td><td>K=1; X→A(K)</td><td>DEC=DEC/X : 20/2→10</td></tr>
<tr><td>제2단계</td><td>X=1</td><td>X=2</td><td>DEC%X : 10%2→0
(∴ X는 소인수)</td><td>K=2; X→A(K)</td><td>DEC=DEC/X : 10/2→5</td></tr>
<tr><td rowspan="4">제3단계</td><td>X=1</td><td>X=2</td><td>DEC%X : 5%2→1</td><td></td><td></td></tr>
<tr><td></td><td>X=3</td><td>DEC%X : 5%3→2</td><td></td><td></td></tr>
<tr><td></td><td>X=4</td><td>DEC%X : 5%4→1</td><td></td><td></td></tr>
<tr><td></td><td>X=5</td><td>DEC%X : 5%5→0
(∴ X는 소인수)</td><td>K=3; X→A(K)</td><td>DEC=DEC/X : 5/5→1</td></tr>
<tr><td rowspan="2">각 단계</td><td>X=1</td><td colspan="2">do{X=X+1} while{DEC%X≠0};</td><td>K=K+1; A(K)=X</td><td>DEC=DEC/X</td></tr>
<tr><td colspan="5">do{ X=1; do{X=X+1} while{DEC%X≠0}; K=K+1; A(K)=K; DEC=DEC/X; } while{DEC≠1};</td></tr>
</table>

[그림 7-14-3] 20의 소인수를 구하는 과정의 분석

소인수를 구하는 과정을 순서도에 반영하기 위해 [그림 7-14-3]에 DEC값이 20인 경우를 예로 들어 분석해 보았다. 그림에서 하나의 단계는 하나의 소인수를 구하는 과정이므로 이 경우에서는 전체 3개 단계가 요구된다. 각 단계에서 자연수 DEC의 소인수를 구하는 과정은 다음과 같다. 단, 배열 A의 첨자 변수인 K는 제1단계를 시작되기 전에 K= 0으로 초기화되어 있다고 가정한다.

1) X=1로 초기화한 후에 X = 2~DEC 사이의 소인수를 구해내는 과정은 다음과 같다.
   (i) X를 1증가시킨 후에 DEC%X== 0이 아니면, X는 소인수가 아니다. 이런 경우에는 (i)를 반복하되 X값이 DEC값 이하가 될 때까지 반복될 수 있다.
   (ii) 만약 X를 1증가시킨 후에 DEC%X== 0으로 판정되면, 맨 처음 나누어진 이 X는 소인수이다. 2)번으로 간다.
2) K = K+1로 K를 1증가시키고 A(K) = X로 X를 A(K)에 저장한다.
3) DEC = INT(DEC/X)로 DEC를 소인수 X로 나누어 나온 몫으로 DEC를 갱신한다.
4) 소인수 구하기가 종료되었는지 알기위해 DEC=1인지 검사한다.
   (i) 만약 DEC≠1이면, 다음 소인수를 구하기 위해 1)번부터 다시 수행한다.
   (ii) 만약 DEC==1이면, 소인수 구하기를 마치고 저장된 소인수들을 출력한다.

7.14.4 소인수를 구하고 소인수 분해를 출력하기

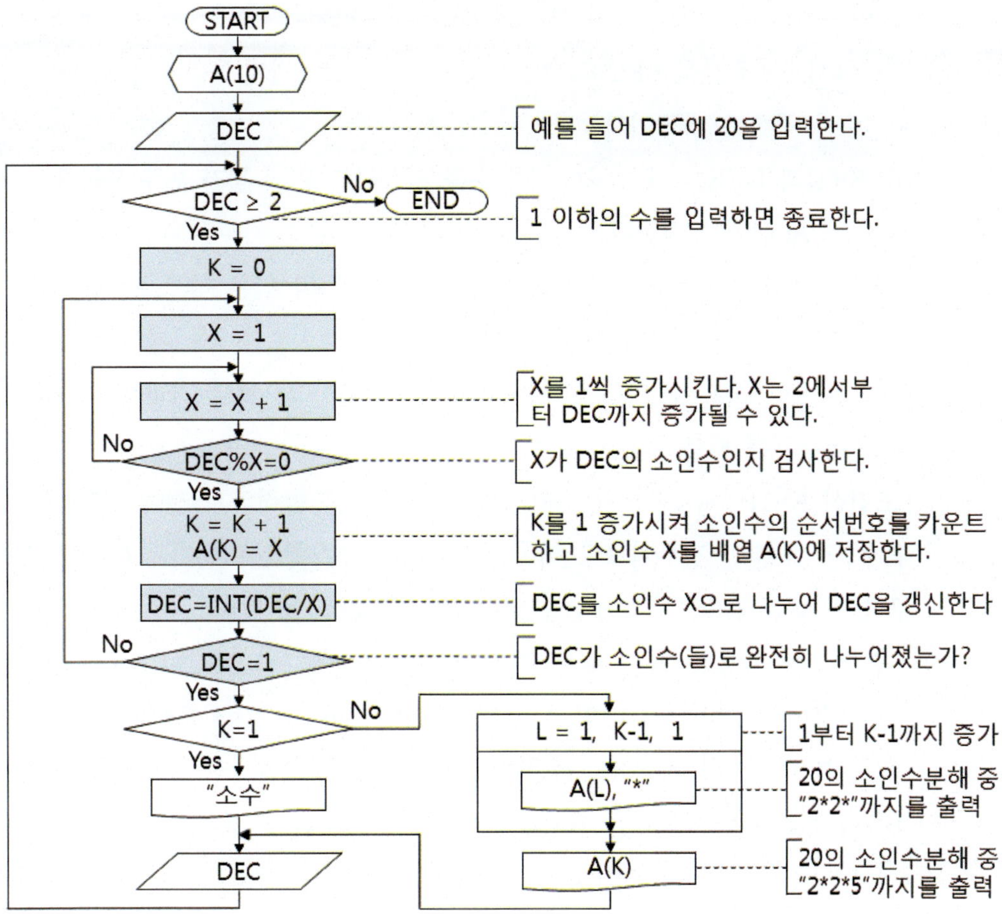

[그림 7-14-4] 자연수의 소인수 분해를 출력하는 순서도

[그림 7-14-4]는 자연수의 소인수를 구하고 소인수 분해를 출력하는 순서도이다. 그 진행 과정은 다음과 같다.

1) [**입력** DEC] : 소인수 분해를 할 자연수 DEC를 입력한다.
2) [**조건식** DEC≥2] : 만약 DEC가 2 이상의 자연수인 경우에는 그 소인수를 구하는 과정을 진행하고, 만약 1 이하인 정수이면 순서도는 종료한다.
3) [K=0] : K는 DEC의 소인수의 개수 카운터인 동시에 배열 A의 첨자 변수이므로, 단계가 진행됨에 따라 단계마다 1씩 증가해야 하므로 제1단계를 시작하기 전에는 K=0으로 초기화되어 있어야 한다.

4) [X=1] : 처리기호 [X=1]부터 판단기호 [DEC=1]까지는 하나의 소인수를 구하는 하나의 단계를 나타낸다. 처리기호 [X=1]의 다음 부분이 X를 1씩 증가시키면서 소인수를 구하는 안쪽 반복루프이므로 이전에 [X=1]로 초기화된다.

5) [X=X+1]과 [조건식 DEC%X=0] : X를 2부터 DEC까지 X를 1씩 증가시키면서 하나의 소인수를 구하는 과정이다.

6) [K=K+1]과 [A(K)=X] : 구한 소인수를 저장하기 위해 첨자 변수 K를 1증가시키고 배열 원소 A(K)에 저장한다.

7) [DEC=INT(DEC/X)] : DEC를 소인수 X로 나누어 얻은 몫으로 DEC을 갱신한다.

8) [조건식 DEC=1] : 만약 DEC≠이면, 그 다음 소인수를 구하기 위하여 4)번으로 되돌아간다. 만약 DEC=1이면, 소인수 구하기를 종료하였으므로 결과를 출력하기 위해 바깥쪽 반복루프를 탈출한다.

9) [조건식 K=1] : 구하여 저장해두었던 소인수들을 출력하기 전에 만약 [K=1]이면 소인수가 한 개 뿐인 경우이므로 이 경우에는 ["소수"]를 출력한다. 그 후에 소인수 분해를 구할 또 다른 DEC를 입력받기 위해 12)번으로 되돌아간다.

10) [변수 L을 사용한 반복 루프] : 만약 [K=1]이 아니면 DEC이 2개의 이상의 소인수를 가진 수이다. 그러므로 배열 A의 새로운 첨자 변수 L을 사용하여 1부터 차례대로 1씩 증가시키면서 저장해둔 (K-1)번째 소인수까지 "소인수 *" 형식으로 반복 출력한다.

11) [출력 A(K)] : 저장해둔 마지막 소인수는 배열 첨자 변수 K로 지정하여 "소인수 *" 형식의 끝에 "마지막 소인수"를 출력하여 "소인수 * 소인수 * .... * 마지막 소인수" 형식으로 출력한다.

12) [입력 DEC] : 소인수 분해를 할 또 다른 자연수 DEC를 입력한다. 그 후에 DEC가 소인수 분해할 수 있는 2 이상의 자연수인지 확인하기 위해 2)번으로 되돌아간다.

7.14.5 소인수만 구하기

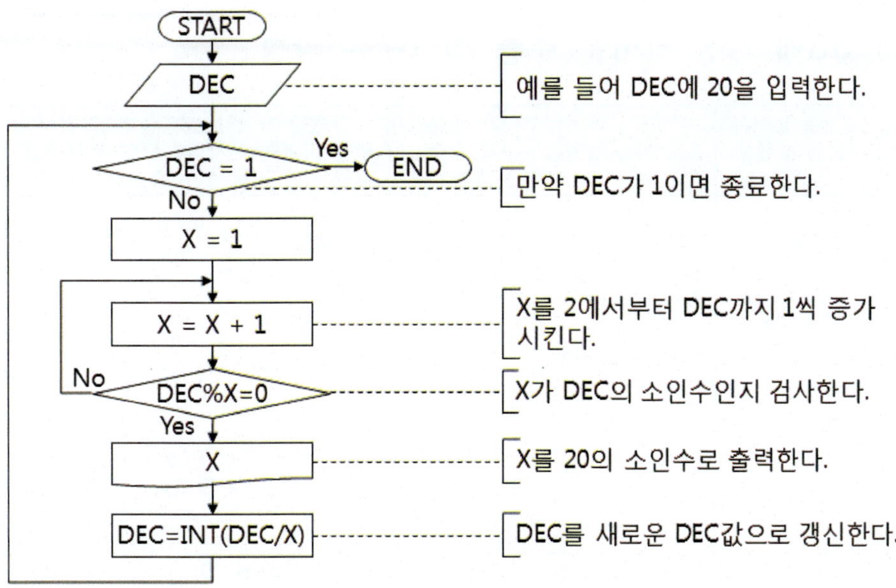

[그림 7-14-5] 자연수의 소인수를 출력하는 순서도

1보다 큰 자연수 DEC을 입력받고 그 수에 대한 소인수를 구하는 순서도를 작성하여 보자. 이 문제에서는 소인수 분해의 출력이 불필요하므로 배열 사용도 불필요하다. 자연수 DEC를 나누어보는 제수(divisor)를 X라고 가정한다면 DEC의 소인수를 구하는 순서도는 [그림 7-14-5]와 같으며 그 진행 과정은 다음과 같다.

1) DEC에 자연수를 입력 받는다.
2) 만약 DEC가 1이면 종료한다.
3) X를 1로 초기화한다.
4) X를 1씩 증가하고 X값으로 DEC가 나누어져 떨어지는지 검사하고 나누어져 떨어지지 않으면 4)번을 반복 수행한다.
5) 만약 처음으로 나누어져 떨어지면 X값이 소인수이므로 반복 수행을 종료하고 현재 X값을 소인수로 출력한다.
6) 다음 소인수를 구하기 위해 지금 구한 소인수 X값으로 DEC를 나누어서 몫을 구하고 이 몫을 새로운 DEC값으로 갱신한다. 그 후에 2)번으로 간다. 2)번에서 만약 새로운 DEC값이 1이면 더 이상 소인수가 없으므로 종료하고, 만약 새로운 DEC값이 1이 아니면 다음 소인수를 구하기 위해 3)번부터 수행하게 된다.

7.15 가장 가까운 수 찾아내기

7.15.1 55에 가장 가까운 수를 찾아내는 과정

	10개의 정수가 저장되어 있는 배열 A	큰 수 − 작은 수 → 차이값	현재 차이값이 비교대상 차이값보다 더 작을 경우 현재 차이값을 다음 비교대상 차이값으로 저장하고 현재 배열원소 값을 가장 가까운 수로 저장함	1부터 시작하여 첨자 증가
(1)	105	105 − 55 → 50	(50<356) (참) **50** → 다음 비교 대상 차이값 105→ 가장 가까운 수	(1) → (2)
(2)	−15	55 −(−15) → 70	(70<**50**) (거짓)	(2) → (3)
(3)	22	55 − 22 → 33	(33<**50**) (참) **33** → 다음 비교 대상 차이값 22 → 가장 가까운 수	(3) → (4)
(4)	255	255 − 55 → 200	(200<**33**) (거짓)	(4) → (5)
(5)	45	55 − 45 → 10	(10<**33**) (참) **10** → 다음 비교 대상 차이값 45 → 가장 가까운 수	(5) → (6)
⋮	⋮	⋮ ⋮	⋮ ⋮ ⋮	⋮

(K)	A(K)	if (A(K)>55) then
		D = A(K) - 55
		else
		D = 55 - A(K)
			if (D<Comp) then { Comp = D; RST = A(K); }	K=K+1

[그림 7-15-1] 55에 가장 가까운 수를 찾아내는 과정

절대값이 300 이하인 정수들이 10개 저장되어 있는 배열 A(10)에서 55에 가장 가까운 수를 찾아내는 순서도를 작성하여 보자. 이 문제를 해결하는 핵심은 모든 배열 원소에 대하여 원소값들과 55의 차이값들을 차례대로 구하면서 이들을 비교하여 가장 작은 차이값을 찾아내고 이에 해당하는 배열 원소를 찾아내는 것이다. 55에 가장 가까운 수를 찾는 과정의 예시를 [그림 7-15-1]에 나타내었으며 설명하면 다음과 같다.

1) A(1)에 105가 들어있는 경우, 55와의 차이값(D)인 50이 비교대상 차이값(COMP)의 초기값인 356(55에 가장 먼 수와의 차이값보다 1 큰 수)보다 더 작으므로, 50은 다음 비교대상 차이값(COMP)이 되고, A(1)이 가장 가까운 수(RST)가 된다.
2) A(2)에 −15가 들어있는 경우, 55와의 차이값(D)인 70은 비교대상 차이값 50(COMP)보다 작지 않으므로, 아무런 처리 없이 다음 원소로 넘어간다.
3) A(3)에 22가 들어있는 경우, 55와의 차이값(D)인 33은 50(COMP)보다 작으므로, 33은 다음 비교대상 차이값(COMP)이 되고, A(3)은 가장 가까운 수(RST)가 된다.
4) A(4)에서는 아무런 처리 없이 다음 원소로 넘어가고, A(5)에서는 다음 비교대상 차이값(COMP)이 갱신되고, A(5)은 가장 가까운 수(RST)가 된다.

7.15.2 55에 가장 가까운 수 찾아내기

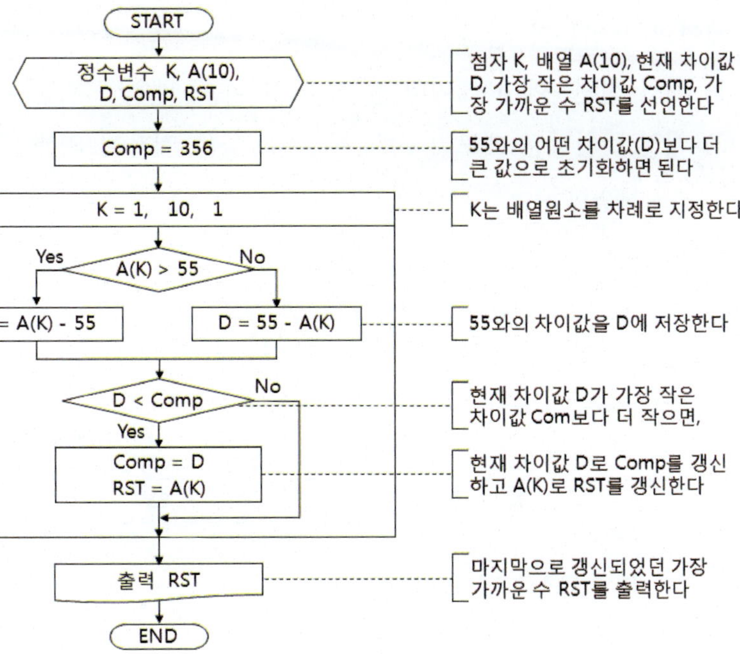

[그림 7-15-2] 55에 가장 가까운 수를 찾아내는 순서도

배열 A에 10개의 정수들이 저장되어 있다고 가정하였을 때 55에 가장 가까운 수를 찾아내는 순서도는 [그림 7-15-2]와 같다. [그림 7-15-1]에서 그 과정의 분석에 사용된 변수들은 다음과 같다. K는 배열의 첨자 변수, D는 각 배열 원소값과 55의 차이값을 저장하는 변수, COMP는 다음 비교대상 차이값으로 사용하기 위해 현재까지 찾았던 가장 작은 차이값을 저장하는 변수, RST는 현재까지 찾았던 가장 작은 차이값에 해당하는 배열원소를 저장하는 변수이다. 이 순서도를 설명하면 다음과 같다.

1) 첫 번째로 비교되는 A(1)이 55에 가장 가까운 수가 되어야 하므로 A(1)과 55의 어떤 차이값보다 더 큰 차이값인 356을 COMP의 초기값으로 하였다.

2) 모든 배열 원소들을 검사하기 위해 K는 K = 1~10까지 증가하면서 다음을 반복한다.

   2-1) 만약 [A(K) ≥ 55]이면 [D = A(K)-55]으로, 만약 아니면 [D = 55-A(K)]으로 원소값과 55의 차이값을 구하여 D에 저장한다.

   2-2) 만약 [D<COMP]을 만족할 경우에만, 즉 현재 차이값 D보다 비교대상 차이값 COMP보다 더 작을 경우에만, COMP를 D로 갱신하고 현재의 원소값 A(K)를 55에 가장 가까운 수로 RST에 저장한다.

3) 반복을 종료한 후 마지막으로 구했던 55에 가장 가까운 수 RST를 출력한다.

7장 요점 정리

1. 배열의 선언문과 첨자

1) 배열 선언문에서 데이터 유형, 배열 이름, 배열 크기를 선언해야 함

2) 배열로 할당된 메모리 속의 배열원소들은 첨자에 의해 구분하여 사용함

배열의 선언

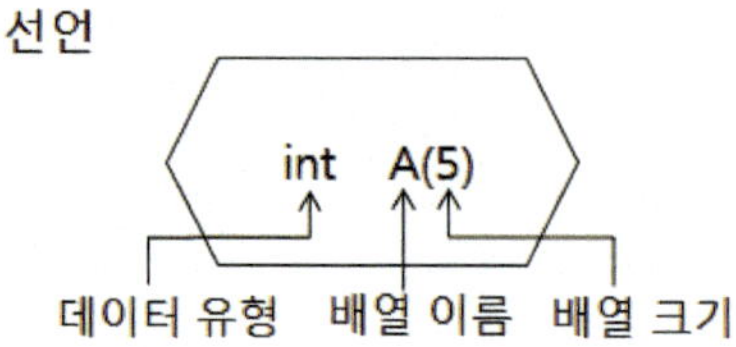

배열의 메모리 할당

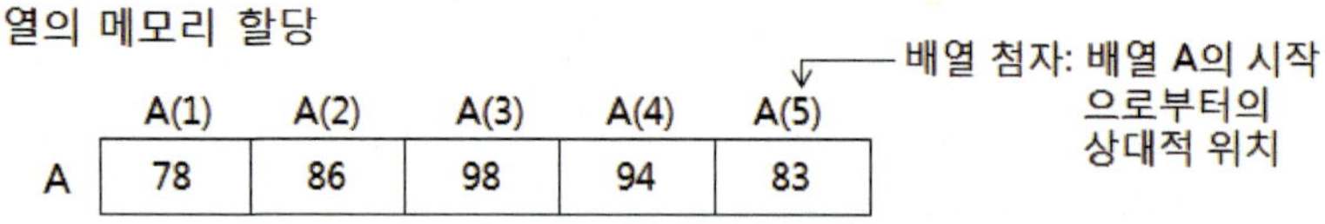

배열 원소에 데이터 저장

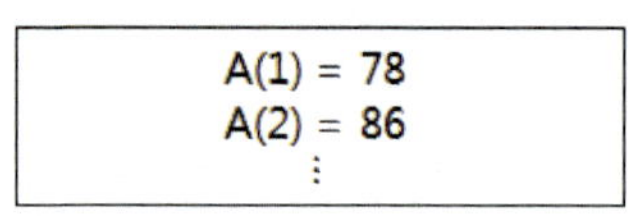

2. 10진수를 2진수로 변환하기

1) 십진수(DEC)를 2로 나누어 나머지와 몫을 구하고

2) 나머지는 배열원소에 저장하고 몫은 새로운 십진수(DEC)로 대체함

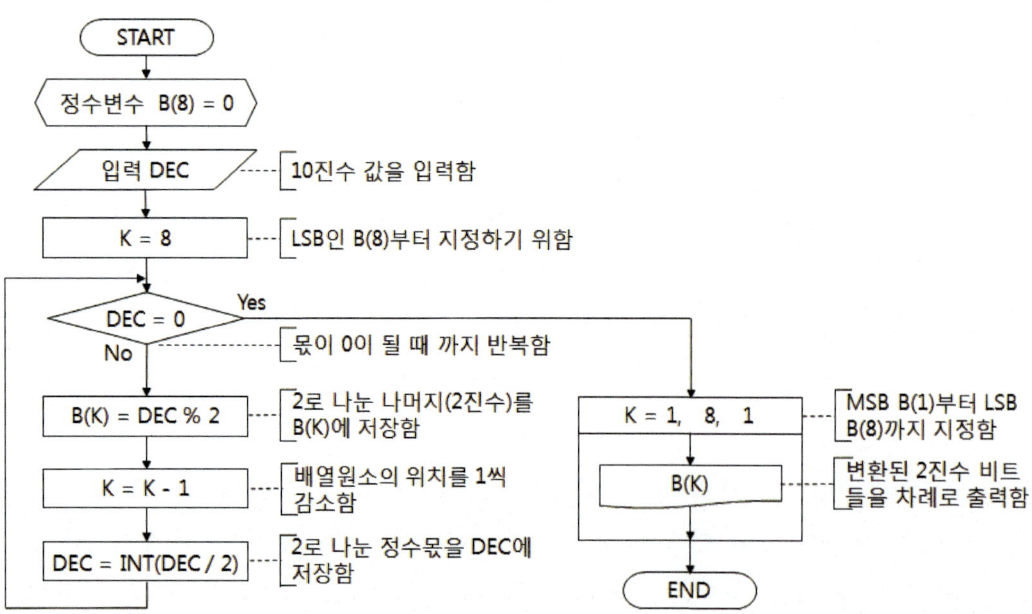

3. 버블 정렬

1) 인접하는 두 원소들을 차례대로 비교하여 대소 순서가 맞지 않을 경우에 맞바꾸기

2) 단계별로 가장 뒤쪽에 위치할 데이터를 결정하므로 (원소개수-1) 단계가 요구됨

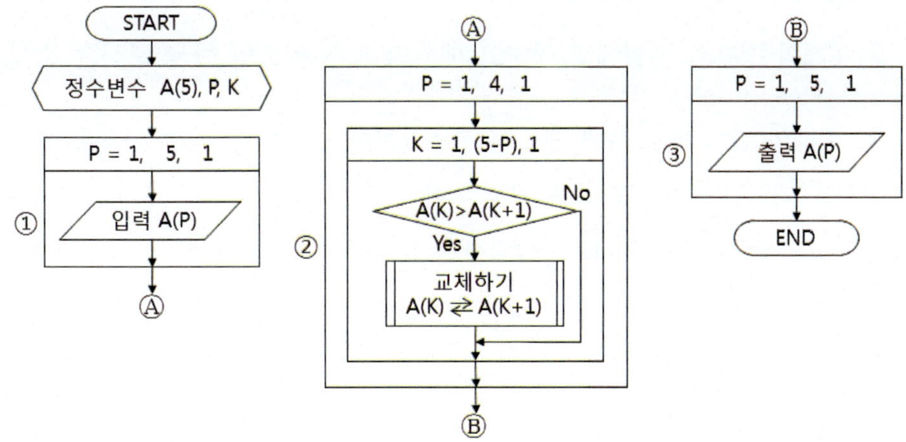

4. 병합하기

1) 정렬된 두 그룹의 데이터 A(X), B(Y)를 한 그룹의 데이터 C(Z)로 병합함

2) (예) 배열 A : 크기 3인 오름차순으로 정렬되어 있는 배열
배열 B : 크기 5인 내림차순으로 정렬되어 있는 배열
배열 C : 크기 8인 내림차순으로 정렬되어야 할 배열

3) A와 B 모두 내림차순 방향으로 A 원소와 B 원소를 비교하고 비교 결과로 C 원소를 결정함

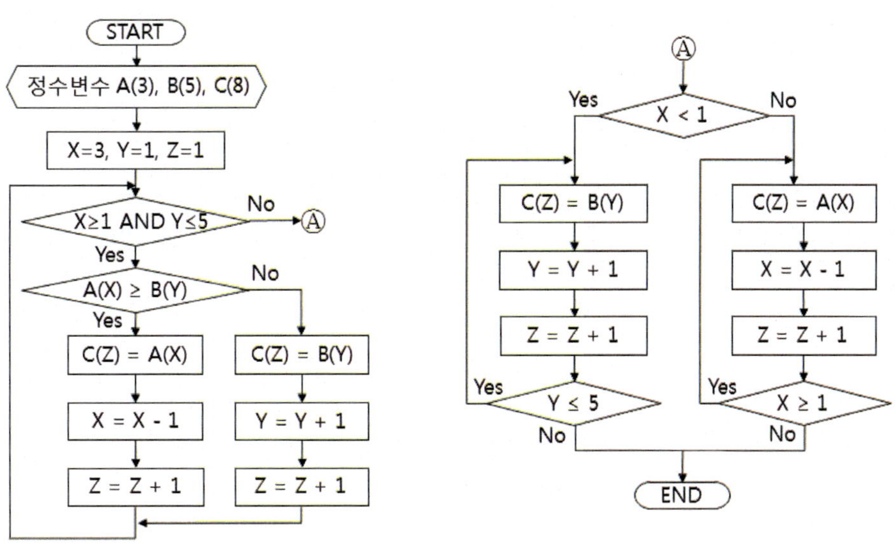

(a) 배열 A, B를 C에 복사　　　(b) 남아있는 한쪽 배열을 C에 복사

7장 연습 문제

1. 8개의 정수를 배열에 입력하고 입력한 순서와 역순으로 출력하는 순서도를 작성하시오.

2. 8개의 정수를 배열에 입력하고 배열의 모든 원소의 합을 구하는 순서도를 작성하시오.

3. 아래와 같이 배열 A에 데이터를 초기화한 후에 배열 A를 이용하여 배열 B를 초기화하되, 배열 A에 데이터가 놓인 위치에서 오른쪽으로 2칸씩 원형으로 이동(shift)되도록 초기화하고 배열 A와 B를 출력하는 순서도를 작성하시오.

	(1)	(2)	(3)	(4)	(5)	(6)	(7)	(8)
배열 A	1	2	3	4	5	6	7	8
배열 B	7	8	1	2	3	4	5	6

4. 아래와 같이 배열 A에 데이터를 초기화한 후에 배열 A 내에서 데이터가 저장된 위치를 왼쪽으로 1칸씩 원형으로 이동(shift)되도록 초기화하고 이동하기 전의 배열 A와 이동한 후의 배열 A를 출력하는 순서도를 작성하시오.

	(1)	(2)	(3)	(4)	(5)	(6)	(7)	(8)
배열 A	1	2	3	4	5	6	7	8
배열 A	2	3	4	5	6	7	8	1

5. 8개의 정수를 배열에 읽어 들이고 배열의 원소들 중에서 최대값과 최소값을 구하는 순서도를 작성하시오.

6. 데이터가 다음과 같은 순서로 배열의 원소들에 저장되어 있다고 가정한다.

데이터 : 1, 7, 4, 8, 5, 9, 6, 3

1) 버블정렬을 이용하여 내림차순으로 정렬하는 순서도를 작성하시오.
2) 선택정렬을 이용하여 내림차순으로 정렬하는 순서도를 작성하시오.
3) 삽입정렬을 이용하여 내림차순으로 정렬하는 순서도를 작성하시오.

7. 양의 10진수를 입력받아 8진수로 변환하여 배열 A에 저장하는 순서도를 작성하시오. 단, 8진수가 3자리까지 나오도록 10진수는 511 이하의 수이고, 8진수의 가장 높은 자리수가 배열의 가장 작은 첨자의 원소에 저장된다고 가정한다.

[힌트 : 몫이 0이 될 때까지 10진수 몫을 8로 반복적으로 나누는 과정에서 얻은 나머지들이 10진수를 8진수로 변환한 값이 된다.]

8. 석차를 구하기 위해서는 특정 학생의 점수를 자기 자신을 포함한 모든 학생들의 점수와 비교하는 작업을 모든 학생에게 반복 적용한다. 학생 5명의 성적이 배열 A(5)에 입력되어 있다고 가정하고 석차를 구하는 순서도를 작성하시오.

9. 100 이하의 양의 정수 N을 입력하고 N의 약수를 구하여 배열 A에 저장하고 배열 A를 출력하시오.

[힌트 : 피제수는 N이 되고 제수는 1부터 N/2까지가 되어 나눈 결과로 나온 나머지가 0인 제수를 배열 A에 차례대로 저장한다. 배열의 첨자 변수가 K라면 (K+1)에 N을 저장하고 배열의 원소 1부터 (K+1)번까지 출력한다.]

10. 내림차순으로 정렬되어 있는 배열 A(5)와 배열 B(7)을 오름차순으로 정렬된 배열 C(12)로 병합하는 순서도를 작성하시오.

배열 A : 77, 55, 33, 22, 11

배열 B : 95, 85, 75, 65, 55, 35, 25

배열 C : 11, 22, 25, 33, 35, 55, 55, 65, 75, 77, 85, 95

Chapter 08

Understanding Algorithm

2차원 배열

8.1 2차원 배열에 대한 개념

8.1.1 1차원 배열과 2차원 배열의 차이점

(a) 1차원 배열의 예

```
int S1(3), S2(3), S3(3), S4(3);

S1(1) = 99;
S1(2) = 77;
S1(3) = 88;
S2(1) = 66;
  ⋮
```

	과목1 (1)	과목2 (2)	과목3 (3)
학생1 배열 S1	99	77	88
학생2 배열 S2	66		
학생3 배열 S3			
학생4 배열 S4			

(b) 2차원 배열의 예

```
int S(4, 3);

S(1, 1) = 99;
S(1, 2) = 77;
S(1, 3) = 88;
S(2, 1) = 66;
  ⋮
```

배열 S	과목1 (1)	과목2 (2)	과목3 (3)
학생1 (1)	99	77	88
학생2 (2)	66		
학생3 (3)			
학생4 (4)			

[그림 8-1-1] 1차원 배열과 2차원 배열의 차이점

2차원 배열은 지금까지 공부한 1차원 배열을 확장한 개념이다. 이를 이해하기 위하여 [그림 8-1-1]과 같이 학생1, 학생2, 학생3, 학생4의 학생 4명의 3개 과목의 성적, 즉 과목1, 과목2, 과목3의 성적을 저장하는 배열을 예로 들어보자.

(1) **학생별 과목성적을 1차원 배열에 저장하는 경우 :** 학생별로 이름이 서로 다른 1차원 배열 S1, S2, S3, S4를 사용한다. 배열마다 3개 과목 성적을 저장하므로 배열의 크기는 3이다. 배열의 선언은 int S1(3), S2(3), S3(3), S4(3);과 같으며, 예로서 학생2의 과목1의 66점을 저장하기 위해서 사용할 대입문은 S2(1) = 66;과 같다.

(2) **학생별 과목성적을 2차원 배열에 저장하는 경우 :** 4명의 학생이 하나의 2차원 배열 S를 사용하여 성적을 모두 저장할 수 있다. 2차원 배열은 행렬(matrix)과 같으며 행 번호로 학생 4명을 표시하고 열 번호로 과목 3개를 표시한다. 4개의 행은 4개의 1차원 배열에 해당한다. 배열 선언은 int S(4,3);와 같으며, 예로서 학생2의 과목1의 66점을 저장하기 위해 사용할 대입문은 S(2,1) = 66;와 같다.

8.1.2 2차원 배열의 선언문과 첨자의 의미

배열의 선언

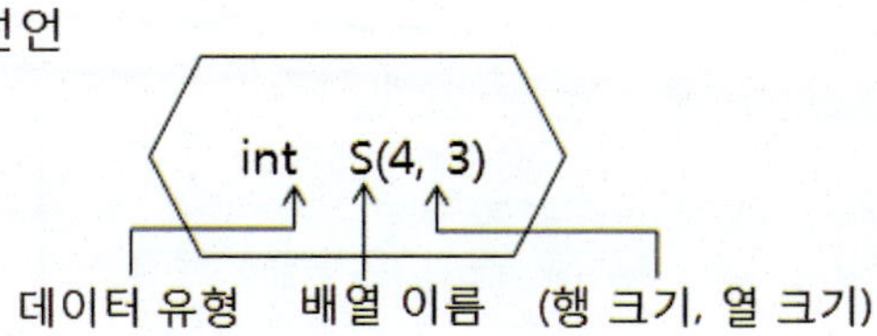

배열의 메모리 할당

	열 1	열 2	열 3
행 1	S(1, 1)	S(1, 2)	S(1, 3)
행 2	S(2, 1)	S(2, 2)	S(2, 3)
행 3	S(3, 1)	S(3, 2)	S(3, 3)
행 4	S(4, 1)	S(4, 2)	S(4, 3)

첨자: 배열 S의 시작으로부터의 상대적 위치

[그림 8-1-2] 2차원 배열의 선언문과 첨자의 의미

가장 간단한 형태의 배열은 1차원 배열이라고 하는 선형 배열(linear array)이다. 1차원 배열은 원소들, 즉 변수들의 집합으로 구성되며, 각 원소는 하나의 첨자에 의해 식별된다. 2차원 배열은 크기가 같은 1차원 배열들의 집합으로 구성되며, 행렬(matrix)이라고 불리어지며, 각 원소는 두 개의 첨자에 의해 식별된다.

2차원 배열을 사용하기 위해서는 먼저 배열을 선언해야 한다. 배열 선언문의 형식은 [그림 8-1-2]에서와 같이 데이터 유형, 배열의 이름, 행과 열의 크기를 포함한다. 예를 들어 선언문 int S(4,3)는 배열이 정수형이고 이름이 S이며 크기는 4개의 행과 3개의 열을 가지는 행렬임을 선언하고 있다.

선언문의 실행 결과로 배열에 대한 메모리 공간이 할당된다. [그림 8-1-2]와 같이 배열 S의 선언 결과로 12개의 정수를 저장할 수 있는 메모리 공간이 순차적으로 할당된다. 단지 첫 번째 행에서 시작하여 두 번째 행을 계속하여 순차적으로 할당한다. 또한 배열 이름 S는 할당된 메모리의 시작 위치 값을 가지게 된다. 각 원소의 첨자들은 배열 S의 시작으로부터 그 원소의 상대적인 위치를 나타낸다.

8.1.3 2차원 배열의 초기화와 데이터 접근

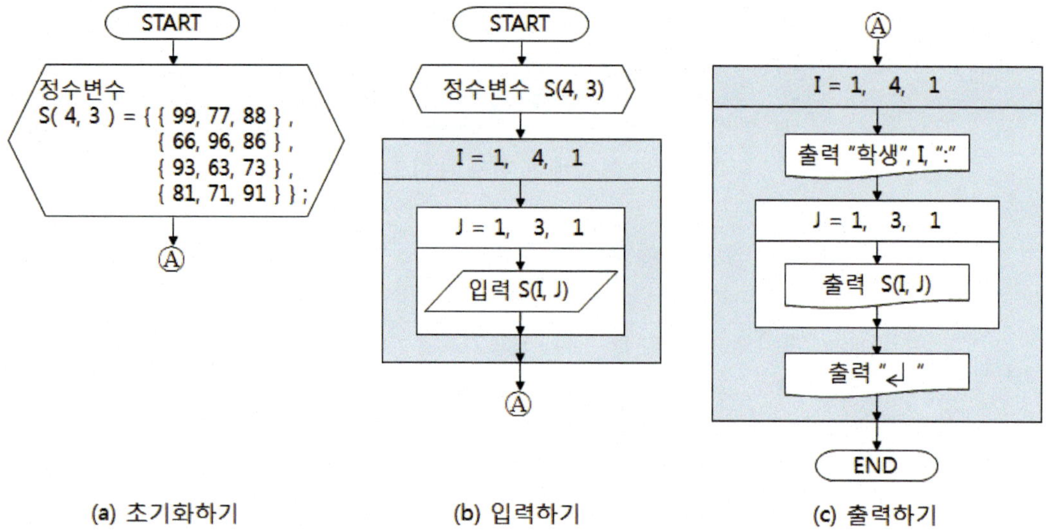

[그림 8-1-3] 2차원 배열에 값을 저장(a)(b)하고 출력(c)하는 순서도

4개의 행과 3개의 열을 가진 2차원 배열 S가 있다고 가정하자. [그림 8-1-3]은 2차원 배열에 대하여 초기화(a)하거나 입력(b)한 후 배열을 출력(c)하는 순서도이다. 2차원 배열 S를 초기화하려면, [그림 (a)]와 같이 그 선언문에서 각 행에 대해 중괄호 { }로 묶어 표시할 수 있다. 그러나 행을 둘러싼 내포된 중괄호는 선택 사항이므로 내포된 중괄호를 생략하고 int S(4,3) = {99, 77, 88, 66, 96, 86, 93, 63, 73, 81, 71, 91}과 같이 표시할 수도 있다.

2차원 배열 S에 키보드로부터 데이터를 입력해 넣으려면, [그림 (b)]와 같이 이중 for 구조 속에 입력문을 사용할 수 있다. 바깥쪽 루프의 변수 I는 행 번호를 1~4까지 가리키고 안쪽 루프의 변수 J는 열 번호를 1~3까지 가리키므로, 주어진 I에 대하여 J가 1~3까지 변하면서 입력을 처리한다. 그래서 S(1,1), S(1,2) S(1,3), S(2,1), … 의 순서로 데이터가 입력된다.

2차원 배열 S를 출력하려면, [그림 (c)]와 같이 이중 for 구조 속에 출력문을 사용할 수 있다. 학생번호 I=1일 때 "학생1 : 99 77 88", 학생번호 I = 2일 때 "학생2 : 66 96 86"처럼 출력하기 위해서 "학생", I, ":"를 먼저 출력하고 3개 과목 성적을 S(I, J)로 출력한 다음 새로운 I가 되기 전에 줄바꾸기("↲ ")를 출력한다.

8.2 성적 집계표 출력하기

8.2.1 성적 처리를 위한 입출력 형식

입력 형식 :

성명	과목1 성적	과목2 성적	과목3 성적

출력 형식 :

********** 성적 집계표 **********

성명	과목1	과목2	과목3	학생총점	학생평균
홍길동	99	77	88	264	88.00
손오공	66	96	86	248	82.67
사오정	93	63	73	229	76.33
갑돌이	81	71	91	243	81.00
과목총점:	339	307	338		
과목평균:	84.75	76.75	84.50		

[그림 8-2-1] 성적 처리를 위한 입출력 형식

한 반의 4명의 학생들이 3개의 과목을 수강했을 경우 모든 학생의 과목 성적들을 입력한 후에 각 학생의 총점, 평균 및 각 과목의 총점, 평균을 구하여 성적 집계표를 출력하는 순서도를 작성해보자. 성적 처리를 위한 입출력 형식은 [그림 8-2-1]과 같으며 성적 처리 과정은 다음과 같이 크게 3개 부분으로 구성된다.

(1) **성적 입력 :** [입력 형식]과 같이 학생 4명의 성명과 과목1, 과목2, 과목3의 성적을 입력하고 이를 배열에 저장한다.

(2) **학생 총점과 학생 평균 출력 :** 배열에 저장되어 있는 성적 자료를 꺼내서 [출력 형식]과 같이 각 학생의 성명과 과목1, 과목2, 과목3의 성적을 출력하면서 각 학생의 총점과 평균을 구하여 출력하고 동시에 각 과목의 총점도 구한다.

(3) **과목 총점과 과목 평균 출력 :** [출력 형식]과 같이 과목 총점을 출력하고 과목 총점으로부터 과목 평균을 구하여 출력한다.

8.2.2 성적 처리를 위한 배열 구성

	NAME(4)	S(4,3)				TT1(4)	AV1(4)
	성명	과목1	과목2	과목3		학생총점	학생평균
학생1	NAME(1)	S(1,1)	S(1,2)	S(1,3)		TT1(1)	AV1(1)
학생2	NAME(2)	S(2,1)	S(2,2)	S(2,3)		TT1(2)	AV1(2)
학생3	NAME(3)	S(3,1)	S(3,2)	S(3,3)		TT1(3)	AV1(3)
학생4	NAME(4)	S(4,1)	S(4,2)	S(4,3)		TT1(4)	AV1(4)
	과목총점	TT2(1)	TT2(2)	TT2(3)	TT2(3)		
	과목평균	AV2(1)	AV2(2)	AV2(3)	AV2(3)		

[그림 8-2-2] 성적 처리를 위한 배열 구성

한 반의 성적 집계표를 출력하기 위해 사용될 배열을 [그림 8-2-2]에 나타내었다. 이들 배열은 모두 여섯 가지이며 각 배열의 의미는 다음과 같다.

(1) NAME(4) : 4명의 학생에 대하여 성명을 저장하는 1차원 문자열 배열이다.

(2) S(4, 3) : 4명의 학생에 대하여 3개 과목의 성적을 저장하는 2차원 정수 배열이다.

(3) TT1(4) : 4명의 학생에 대하여 학생총점을 저장하는 1차원 정수 배열이다.

(4) AV1(4) : 4명의 학생에 대하여 학생평균을 저장하는 1차원 실수 배열이다.

(5) TT2(3) : 3개 과목에 대하여 과목총점을 저장하는 1차원 정수 배열이다.

(6) AV2(3) : 3개 과목에 대하여 과목평균을 저장하는 1차원 실수 배열이다.

8.2.3 성적 집계표 출력하기

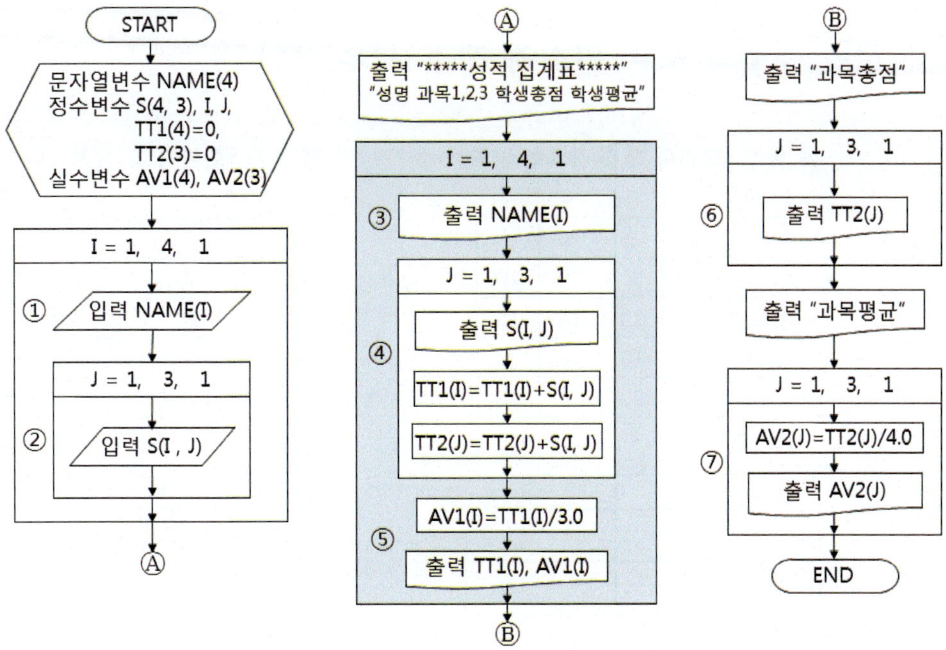

(a) 성적 입력 (b) 학생총점과 평균출력 (c) 과목총점과 평균출력

[그림 8-2-3] 한 반의 성적 집계표를 출력하는 순서도

성적 집계표를 출력하는 [그림 8-2-3]의 순서도는 크게 다음 세부분으로 구성된다.

(a) **성적 입력 :** 학생 카운터 변수 I를 I = 1~4까지 증가하면서 성명을 입력받아 배열 NAME에 저장하고(①), 과목 카운터 변수 J를 J = 1~3까지 증가하면서 3개 과목의 성적을 입력받아 이를 배열 S에 저장한다(②).

(b) **학생 총점과 학생 평균 출력 :** 제목을 출력한 후 학생 카운터 변수 I를 I = 1~4까지 증가하면서 다음을 반복 처리한다. 해당 학생의 성명을 출력한다(③). 과목 카운터 변수 J를 J = 1~3까지 증가하면서 해당 과목 성적을 출력하고 TT1(I) = TT1(I)+S(I,J)로 학생당 여러 과목 성적을 누적하여 학생총점을 구하고 TT2(J) = TT2(J)+S(I,J)로 과목당 여러 학생 성적을 누적하여 과목총점을 구한다(④). AV1(I) = TT1(I)/3.0로 학생총점으로부터 학생 평균을 구하여 출력한다(⑤).

(c) **과목 총점과 과목 평균 출력 :** "과목총점"을 출력하고 과목 카운터 변수 J를 J = 1~3까지 증가하면서 과목총점을 출력한다(⑥). "과목평균"을 출력하고 과목 카운터 변수 J를 J = 1~3까지 증가하면서 AV2(J) = TT2(J)/4.0으로 과목총점으로부터 과목평균을 구하여 출력한다(⑦).

8.3 2차원 배열에 정수 채우기

8.3.1 정방 행렬의 모든 원소에 정수 채우기(1)

열 증가 5회마다 행 증가 1회 반복

1	2	3	4	5
6	7	8	9	10
11	12	13	14	15
16	17	18	19	20
21	22	23	24	25

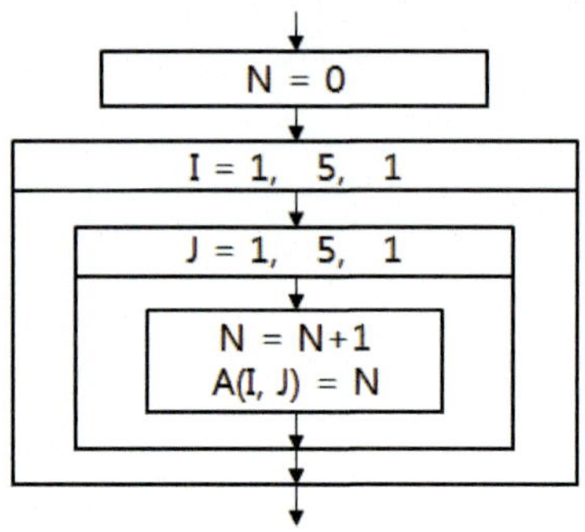

(a) A(1,1)출발 열 우선 증가 방식

행 증가 5회마다 열 증가 1회 반복

1	6	11	16	21
2	7	12	17	22
3	8	13	18	23
4	9	14	19	24
5	10	15	20	25

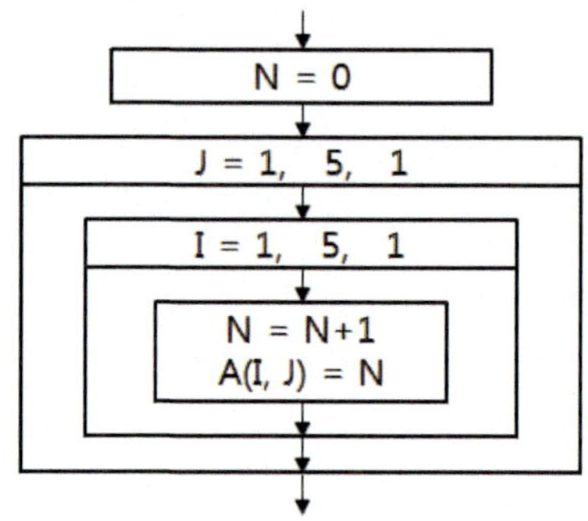

(b) A(1,1)출발 행 우선 증가 방식

[그림 8-3-1] 정방 행렬의 좌상단에서부터 차례대로 정수를 저장하는 순서도

5×5 정방 행렬이 주어져 있을 때 이 행렬에 1부터 1씩 증가된 정수값을 차례대로 저장하는 순서도를 작성해보자. 정수를 1부터 저장하는 출발점이 원소 A(1,1)이라고 가정한다면, 1씩 증가하는 방향에 따라 [그림 8-3-1(a)]와 [그림 8-3-1(b)]과 같이 2가지 경우가 있으며 각 경우에 대한 순서도는 다음과 같다.

(a) **A(1,1)출발 열 우선 증가 방식 :** 1부터 시작하여 정수를 채우는 방향을 따라가 보면 오른쪽으로 열(J) 증가 5회마다 행(I) 증가 1회를 반복하는 이중 반복구조가 요구됨을 알 수 있다. 안쪽루프 내에서는 N=N+1로 1씩 증가한 N을 A(I, J)=N으로 해당 배열 원소에 저장한다.

(b) **A(1,1)출발 행 우선 증가 방식 :** 1부터 시작하여 정수를 채우는 방향을 따라가 보면 아래쪽으로 행(I) 증가 5회마다 열(J) 증가 1회를 반복하는 이중 반복구조가 요구됨을 알 수 있다. 안쪽 루프 내에서는 [그림 (a)]와 동일하다.

8.3.2 정방 행렬의 모든 원소에 정수 채우기(2)

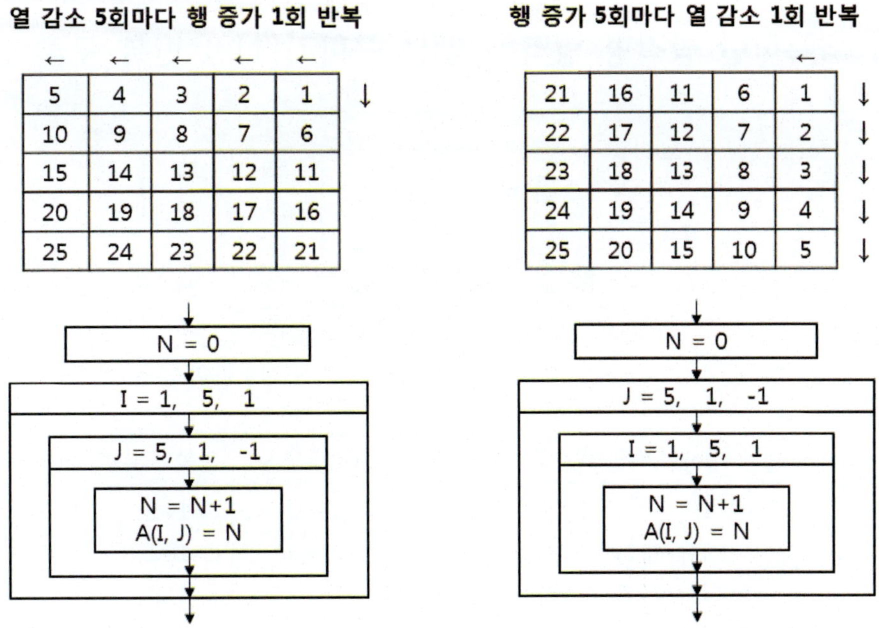

(a) A(1,5)출발 열 우선 감소 방식 (b) A(1,5)출발 행 우선 증가 방식

[그림 8-3-2] 정방 행렬의 우상단에서부터 차례대로 정수를 저장하는 순서도

만약 5×5 정방 행렬에서 정수 1을 저장하는 출발점이 정방 행렬의 네 정점(vertex)이라고 가정한다면, 출발점이 되는 원소는 [그림 8-3-1]의 A(1,1) 이외에 A(1,5), A(5,1), A(5,5)이 있다. 출발점이 A(1,5)이라고 가정한다면, [그림 8-3-2(a)]와 [그림 8-3-2(b)]과 같이 2가지 경우가 있으며 이들에 대한 순서도는 다음과 같다.

(a) **A(1,5) 출발 열 우선 감소 방식 :** 1부터 시작하여 정수를 채우는 방향을 따라가 보면 왼쪽으로 열(J) 감소 5회마다 행(I) 증가 1회를 반복하는 이중 반복구조가 요구됨을 알 수 있다. 안쪽 루프 내에서는 N = N + 1로 1씩 증가한 N을 A(I, J) = N로 해당 배열 원소에 저장한다.

(b) **A(1,5) 출발 행 우선 증가 방식 :** 1부터 시작하여 정수를 채우는 방향을 따라가 보면 아래쪽으로 행(I) 증가 5회마다 열(J) 감소 1회를 반복하는 이중 반복구조가 요구됨을 알 수 있다. 안쪽 루프 내에서는 [그림 (a)]와 동일하다.

8.4 좌측하단 삼각형 영역의 합산 구하기

8.4.1 좌측하단 삼각형 영역의 합산 구하기(1) : 반복 구조 분석

1	6	11	16	21
2	7	12	17	22
3	8	13	18	23
4	9	14	19	24
5	10	15	20	25

(a) 배열 A에서 합산을 구하는 원소들의 영역

덧셈 대상의 배열 원소들	바깥 루프	안쪽 루프(C=반복 횟수)	
S=A(2,1)	R=2	C=1~1:	S=S+A(R,C)
+A(3,1)+A(3,2)	R=3	C=1~2:	S=S+A(R,C)
+A(4,1)+A(4.2)+A(4,3)	R=4	C=1~3:	S=S+A(R,C)
+A(5,1)+A(5,2)+A(5,3)+A(5,4)	R=5	C=1~4:	S=S+A(R,C)
순서도에서의 반복 횟수	R=2~5	C=1~(R-1):	S=S+A(R,C)

(b) 원소들의 합산을 위한 이중 반복구조의 분석

[그림 8-4-1] 좌측하단 삼각형 영역의 합산에 대한 반복구조 분석

[그림 8-4-1(a)]와 같이 배열 A(5,5)에서 대각선을 배제한 좌측하단의 삼각형 영역의 합을 구하는 순서도를 작성하여보자. 순서도에서 원소들의 합산을 반영하기 위해서는 덧셈 대상이 되는 원소들의 행과 열의 반복 규칙을 찾아야 한다. 찾아낸 반복 규칙은 정방 행렬의 크기가 5×5뿐만 아니라 임의의 크기에도 적용할 수 있다.

[그림 8-4-1(b)]에 덧셈 대상이 되는 원소들이 2행부터 5행까지에 걸쳐 각 행마다 어떤 규칙을 가지고 열들이 더해지는지 그 분석표를 나타내 보였다. 여기서 R은 행 번호이며, C는 열 번호이다.

분석표에서 보는 바와 같이 R = 2행일 때 C = 1~1열이며, R = 3열일 때 C = 1~2열이며, R = 4행일 때 C = 1~3열이며, R=5행일 때 C = 1~4열이다. 이들을 종합하여 R과 C를 연관시키면 R이 R = 2~5행까지 증가하는 동안, 각 R에 대하여 C는 C =1~(R-1)열까지 증가한다. 그러므로 순서도는 바깥쪽 루프의 카운터 변수로 R을 사용하고, 안쪽 루프의 카운터 변수로 C를 사용한 이중 반복구조로 구성함으로써 안쪽 루프 내의 S = S + A(R,C)로 해당 원소의 값을 S에 반복 누적하여 그 합을 구할 수 있다.

8.4.2 좌측하단 삼각형 영역의 합산 구하기(2) : 순서도

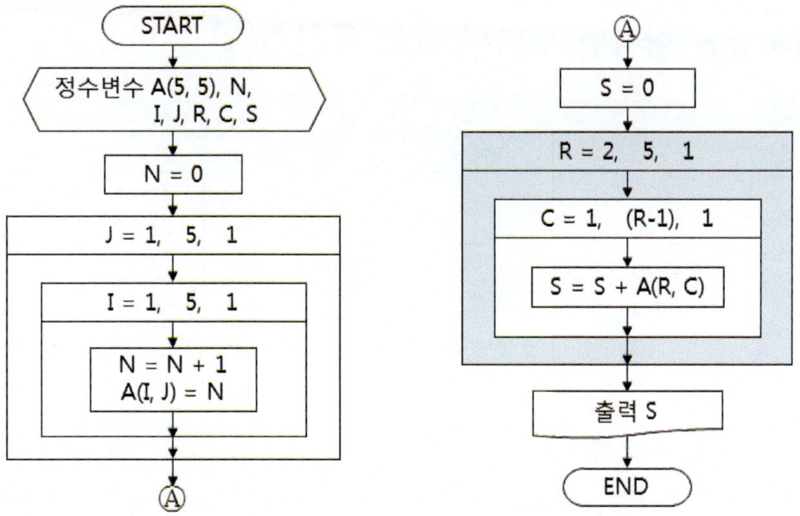

(a) 배열 A에 정수 채우기 (b) 덧셈 대상의 원소들의 합산 구하기

[그림 8-4-2] 좌측하단 삼각형 영역의 합산을 구하는 순서도

배열 A(5,5)에서 대각선을 배제한 좌측하단의 삼각형을 형성하는 원소들의 합을 구하는 순서도를 [그림 8-4-2]에 나타내었다. 이 순서도는 크게 2개의 이중 반복구조들로 구성되며 이들을 다음과 같다.

순서도에서 첫 번째 이중 반복구조인 [그림 8-4-2(a)]는 배열 A의 원소 A(1,1)에서 시작하여 A(5,5)까지 1에서부터 25까지를 저장하고 있다. 이는 [그림 8-3-1(b)]와 같이 행(I) 증가 5회마다 열(J) 증가 1회를 반복하는 방향으로 저장한다. 정수값을 원소에 저장할 때마다 그 값을 1씩 증가시키기 위해 변수 N을 사용하고 N을 0으로 초기화한 후에 이중 루프에서는 N = N + 1로 N을 1씩 증가시키고 그 값을 A(I,J) = N으로 해당 원소에 저장한다.

순서도에서 두 번째 이중 반복구조인 [그림 8-4-2(b)]는 [그림 8-4-1(a)]에서 빗금이 쳐진 삼각형 부분의 원소들의 합을 누적하고 있다. 이는 [그림 8-4-1(b)]에서 분석한 이중 반복구조의 행 반복 카운터 R과 열 반복 카운터 C에 대하여 S = S + A(R,C)로 S에 해당원소의 값을 반복적으로 누적할 수 있다.

8.5 좌측상단 삼각형 영역의 합산 구하기

8.5.1 좌측상단 삼각형 영역의 합산 구하기(1) : 반복구조 분석

1	6	11	16	21
2	7	12	17	22
3	8	13	18	23
4	9	14	19	24
5	10	15	20	25

(a) 배열 A에서 합산을 구하는 원소들의 영역

덧셈 대상의 배열 원소들	바깥 루프	안쪽 루프(C=반복 횟수)	
S=A(1,1)+A(1,2)+A(1,3)+A(1,4)+A(1,5)	R=1	C=1~5:	S=S+A(R,C)
+A(2,1)+A(2,2)+A(2,3)+A(2,4)	R=2	C=1~4:	S=S+A(R,C)
+A(3,1)+A(3,2)+A(3,3)	R=3	C=1~3:	S=S+A(R,C)
+A(4,1)+A(4,2)	R=4	C=1~2:	S=S+A(R,C)
+A(5,1)	R=5	C=1~1:	S=S+A(R,C)
순서도에서의 반복 횟수	R=1~5	C=1~(6-R):	S=S+A(R,C)

(b) 원소들의 합산을 위한 이중 반복구조의 분석

[그림 8-5-1] 좌측상단의 삼각형 영역의 합산에 대한 반복구조 분석

[그림 8-5-1(a)]와 같이 배열 A(5,5)에서 대각선을 포함한 좌측상단의 삼각형 영역의 원소들의 합을 구하는 순서도를 작성하여보자. 순서도에서 원소들의 합산을 반영하기 위해서 먼저 덧셈 대상이 되는 원소들의 행과 열의 반복 규칙을 찾아보자.

[그림 8-5-1(b)]에 덧셈 대상이 되는 원소들이 1행부터 5행까지에 걸쳐 각 행마다 어떤 규칙을 가지고 열들이 더해지는지 그 분석표를 나타내보였다. 여기서 R은 행 번호이며, C는 열 번호이다.

분석표에서 보는 바와 같이 R = 1일 때 C = 1~5이며, R = 2일 때 C = 1~4이며, 이런 식으로 계산하여 R = 5일 때 C = 1~1이다. 이들을 종합하여 R과 C를 연관시키면 R이 R = 1~5까지 증가하는 동안, 각 R에 대하여 C는 C = 1~(6-R)까지 증가한다. 그러므로 순서도는 바깥쪽 루프의 카운터 변수로 R을 사용하고, 안쪽 루프의 카운터 변수로 C를 사용한 이중 반복구조로 구성함으로써 안쪽 루프 내의 S = S + A(R,C)로 해당 원소의 값을 S에 반복적으로 누적할 수 있다.

8.5.2 좌측상단 삼각형 영역의 합산 구하기(2) : 순서도

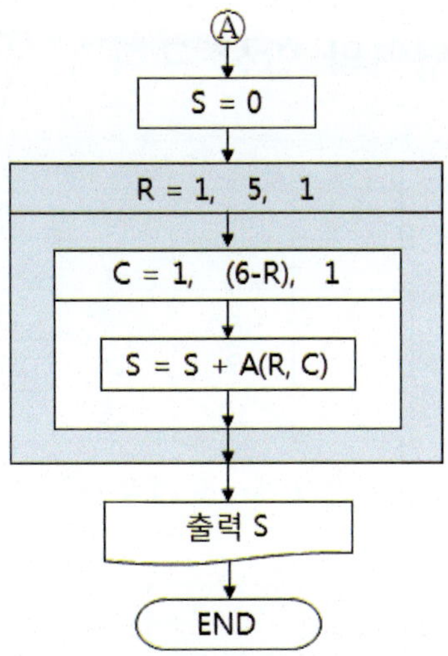

[그림 8-5-2] 좌측상단의 삼각형 영역의 합산을 구하는 순서도

[그림 8-5-2]와 같이 배열 A(5,5)에서 대각선을 포함한 좌측상단의 삼각형을 형성하는 원소들의 합을 구하는 순서도를 나타내었다. 순서도는 크게 2개의 이중 반복구조들로 구성되며 이들을 다음과 같다.

첫 번째 이중 반복구조는 배열 A의 원소 A(1,1)에서 시작하여 A(5,5)까지 1에서부터 25까지를 저장하는 부분이며, 이는 [그림 8-4-2]의 앞부분과 동일하므로 여기서는 생략하였다.

이 순서도에서 보인 두 번째 이중 반복구조는 [그림 8-5-1(a)]에서의 빗금 쳐진 삼각형 부분의 원소들의 합을 누적하고 있다. 이는 [그림 8-5-1(b)]에서 분석한 이중 반복구조의 행 반복 카운터 R과 열 반복 카운터 C에 대하여 S = S + A(R,C)로 S에 해당원소의 값을 반복적으로 누적할 수 있다.

8.6 상단 역삼각형 영역의 합산 구하기

8.6.1 상단 역삼각형 영역의 합산 구하기(1) : 반복구조 분석

1	6	11	16	21
2	7	12	17	22
3	8	13	18	23
4	9	14	19	24
5	10	15	20	25

(a) 배열 A에서 합산을 구하는 원소들의 영역

덧셈 대상의 배열 원소들	바깥 루프	안쪽 루프(C=반복 횟수)	
S=A(1,1)+A(1,2)+A(1,3)+A(1,4)+A(1,5)	R=1	C=1~5:	S=S+A(R,C)
+A(2,2)+A(2,3)+A(2,4)	R=2	C=2~4:	S=S+A(R,C)
+A(3,3)	R=3	C=3~3:	S=S+A(R,C)
순서도에서의 반복 횟수	R=1~3	C=R~(6-R):	S=S+A(R,C)

(b) 원소들의 합산을 위한 이중 반복구조의 분석

[그림 8-6-1] 상단 역삼각형 영역의 합산에 대한 반복구조 분석

[그림 8-6-1(a)]와 같이 배열 A(5,5)에서 상단의 역삼각형 모양을 형성하는 원소들의 합을 구하는 순서도를 작성하여 보자. 순서도에서 원소들의 합산을 반영하기 위해서 먼저 덧셈 대상이 되는 원소들의 행과 열의 반복 규칙을 찾아보자.

[그림 8-6-1(b)]에 덧셈 대상이 되는 원소들이 1행부터 3행까지에 걸쳐 각 행마다 어떤 규칙을 가지고 열들이 더해지는지 그 분석표를 나타내 보였다. 여기서 R은 행 번호이며, C는 열 번호이다.

분석표에서 보는 바와 같이 R=1일 때 C=1~5이며, R=2일 때 C=2~4이며, R=3일 때 C=3~3이다. 이들을 종합하여 R과 C를 연관시키면 R이 R=1~3까지 증가하는 동안, 각 R에 대하여 C는 C=R~(6-R)까지 증가한다. 그러므로 순서도는 바깥쪽 루프의 카운터로 R을 사용하고, 안쪽 루프의 카운터로 C를 사용한 이중 반복구조로 구성함으로써 안쪽 루프 내의 S=S+A(R,C)로 해당 원소의 값을 S에 반복적으로 누적할 수 있다.

8.6.2 상단 역삼각형 영역의 합산 구하기(2) : 순서도

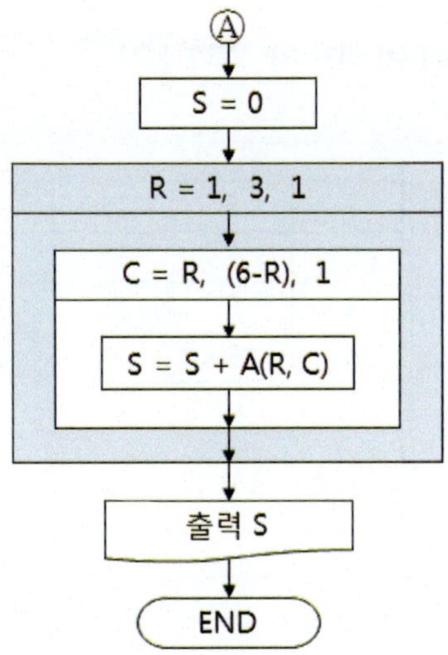

[그림 8-6-2] 상단 역삼각형 영역의 합산을 구하는 순서도

[그림 8-6-2]와 같이 배열 A(5,5)에서 상단의 역삼각형 모양을 형성하는 원소들의 합을 구하는 순서도를 나타내었다. 순서도는 크게 2개의 이중 반복구조들로 구성되며 이들은 다음과 같다.

첫 번째 이중 반복구조는 배열 A의 원소 A(1,1)에서 시작하여 A(5,5)까지 1에서부터 25까지를 저장하는 부분이며, 이는 [그림 8-4-2]의 앞부분과 동일하므로 여기서는 생략하였다.

이 순서도에서 보인 두 번째 이중 반복구조는 [그림 8-6-1(a)]에서의 빗금 쳐진 삼각형 부분의 원소들의 합을 누적하고 있다. 이는 [그림 8-6-1(b)]에서 분석한 이중 반복구조의 행 반복 카운터 R과 열 반복 카운터 C에 대하여 S = S + A(R,C)로 S에 해당원소의 값을 반복적으로 누적할 수 있다.

8.7 우측 삼각형 영역의 합산 구하기

8.7.1 우측 삼각형 영역의 합산 구하기(1) : 반복구조 분석

1	6	11	16	21
2	7	12	17	22
3	8	13	18	23
4	9	14	19	24
5	10	15	20	25

(a) 배열 A에서 합산을 구하는 원소들의 영역

덧셈 대상의 배열 원소들	바깥 루프	안쪽 루프(R=반복 횟수)	
S= A(3,3)	C=3	R=3~3:	S=S+A(R,C)
+A(2,4)+A(3,4)+A(4,4)	C=4	R=2~4:	S=S+A(R,C)
+A(1,5)+A(2,5)+A(3,5)+A(4,5)+A(5,5)	C=5	R=1~5:	S=S+A(R,C)
순서도에서의 반복 횟수	C=3~5	R=(6-C)~C:	S=S+A(R,C)

(b) 원소들의 합산을 위한 이중 반복구조의 분석

[그림 8-7-1] 우측 삼각형 영역의 합산에 대한 반복구조 분석

[그림 8-7-1(a)]와 같이 배열 A(5,5)에서 우측에서 중심까지 볼록한 삼각형 모양을 형성하는 원소들의 합을 구하는 순서도를 작성하여보자. 순서도에서 원소들의 합산을 반영하기 위해서 먼저 덧셈 대상이 되는 원소들의 행과 열의 반복 규칙을 찾아보자.

[그림 8-7-1(b)]에 덧셈 대상이 되는 원소들이 3열부터 5열까지에 걸쳐 각 열마다 행들이 어떤 규칙을 가지고 더해지는지 그 분석표를 나타내보였다. 여기서 R은 행 번호이며, C는 열 번호이다.

분석표에서 보는 바와 같이 C = 3일 때 R = 3~3이며, C = 4일 때 R = 2~4이며, C = 5일 때 R = 1~5이다. 이들을 종합하여 C와 R을 연관시키면 C가 C = 3~5까지 증가하는 동안, 각 C에 대하여 R는 R = (6 - C)~C까지 증가한다. 그러므로 순서도는 바깥쪽 루프의 카운터로 C를 사용하고, 안쪽 루프의 카운터로 R을 사용한 이중 반복구조로 구성함으로써 안쪽 루프 내의 S = S + A(R,C)로 해당 원소의 값을 S에 반복적으로 누적할 수 있다.

8.7.2 우측 삼각형 영역의 합산 구하기(2) : 순서도

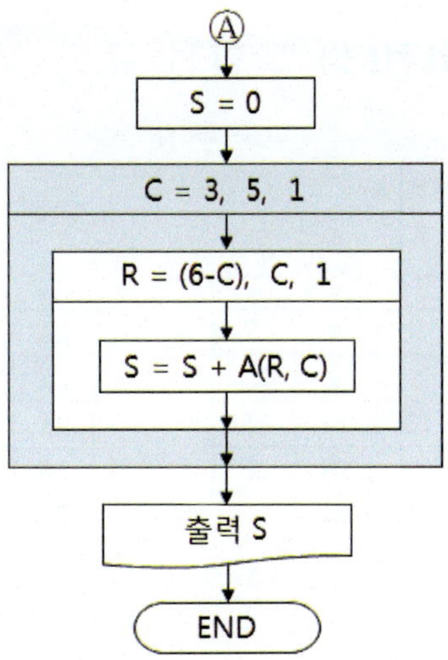

[그림 8-7-2] 우측 삼각형 영역의 합산을 구하는 순서도

[그림 8-7-2]와 같이 5×5 정방 행렬에서 우측에서 중심까지 볼록한 삼각형 모양을 형성하는 원소들의 합을 구하는 순서도를 나타내었다. 순서도는 크게 2개의 이중 반복구조들로 구성되며 이들을 다음과 같다.

첫 번째 이중 반복구조는 여기서는 생략하였다. 이는 배열 A의 원소 A(1,1)에서 시작하여 A(5,5)까지 1에서부터 25까지를 저장하는 부분이며 이는 [그림 8-4-2]의 앞부분과 동일하다.

이 순서도에서 보인 두 번째 이중 반복구조는 [그림 8-6-1(a)]에서의 빗금 쳐진 삼각형 부분의 원소들의 합을 누적하고 있다. 이는 [그림 8-6-1(b)]에서 분석한 이중 반복구조의 행 반복 카운터 R과 열 반복 카운터 C에 대하여 S = S + A(R,C)로 S에 해당원소의 값을 반복적으로 누적할 수 있다.

8.8 2차원 배열의 회전

8.8.1 2차원 배열의 회전(1) : 회전 규칙 분석

배열 A

A(1,1)	A(1,2)	A(1,3)	A(1,4)	A(1,5)
1	**2**	**3**	**4**	**5**
6	7	8	9	10
11	12	13	14	15
16	17	18	19	20
21	22	23	24	25

배열 B

21	16	11	6	**1**	←B(1,5)
22	17	12	7	**2**	←B(2,5)
23	18	13	8	**3**	←B(3,5)
24	19	14	9	**4**	←B(4,5)
25	20	15	10	**5**	←B(5,5)

(a) 5×5 정방 행렬의 회전

회전의 예 B(행, 열) ← A(행, 열)	회전 규칙 B(행, 열) ← A(P, K)	대입문
B(1, 5) ← A(1, 1) B(2, 5) ← A(1, 2) B(3, 5) ← A(1, 3) B(4, 5) ← A(1, 4) B(5, 5) ← A(1, 5)	B의 행번호 ← A의 열번호 K B의 열번호 ← 6-(A의 행번호 P)	B(K, 6-P) = A(P, K)

(b) 5×5 정방 행렬의 회전에 대한 규칙 분석

[그림 8-8-1] 2차원 배열의 회전과 규칙 분석

[그림 8-8-1(a)]과 같이 주어져 있는 배열 A(5,5)로부터 그 내용이 90도 우회전된 배열 B를 만드는 순서도를 작성하여보자. 한 행의 회전 규칙을 찾으면 다른 모든 행에도 적용할 수 있으므로 우선 배열 A의 1행에 저장된 1, 2, 3, 4, 5의 5개의 원소들이 B로 회전되는 규칙을 찾아보자. 이 회전 규칙을 찾는 과정은 다음과 같다.

1) [그림 (a)]와 같이 배열 A에서는 A(1,1)에서 A(1,5)까지, 배열 B에서는 B(1,5)에서 B(5,5)까지 회전 이전과 이후의 원소들의 위치를 표시하였다.
2) [그림 (b)]와 같이 배열 A에서 배열 B로 회전된 5개 원소들의 짝을 나열하였다. 즉 이들을 B(1, 5)←A(1, 1), B(2, 5)←A(1, 2), B(3, 5)←A(1, 3), B(4, 5)←A(1, 4), B(5, 5)←A(1, 5)으로 표시하였다.
3) 만약 배열 A의 행 위치를 P, 열 위치를 K라고 한다면, 회전 규칙은 다음과 같다.
   (1) B의 행 위치 = A의 열 위치 K (2) B의 열 위치 = 6-(A의 행 위치 P)
4) 대입문 B(K, 6-P) = A(P, K)을 사용하면 모든 원소들을 회전시킬 수 있다.

8.8.2 2차원 배열의 회전(2) : 순서도

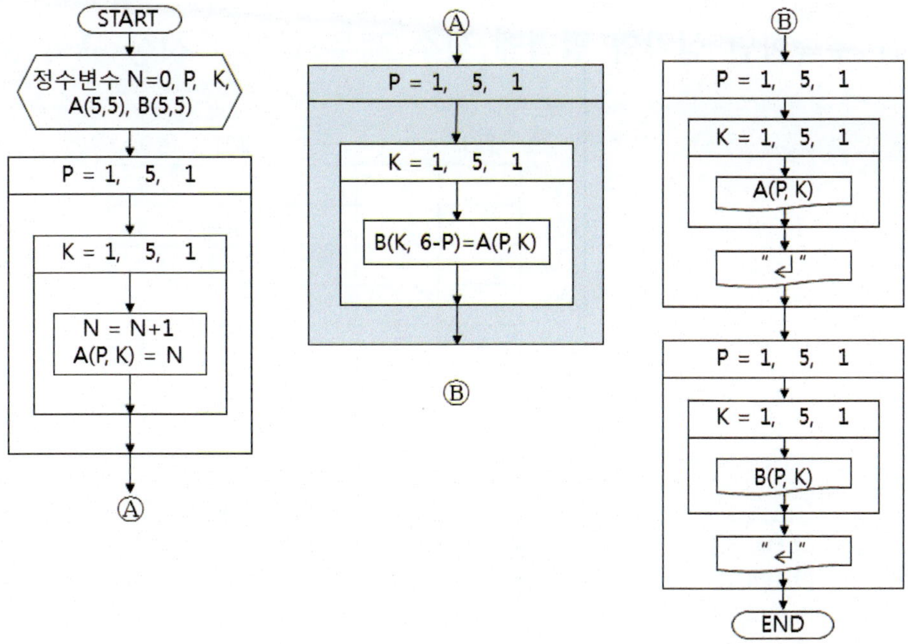

(a) 배열 A에 정수 채우기 (b) 배열 A로부터 B 구하기 (c) 배열 A, B 출력하기

[그림 8-8-2] 2차원 배열을 회전시키는 순서도

배열 A(5,5)의 회전에 대하여 [그림 8-8-1(b)]에서 분석한 회전 규칙에 따라 작성한 순서도는 [그림 8-8-2]와 같으며 순서도를 크게 3개 부분으로 나누어 나타내었다.

첫 번째 부분인 [그림 8-8-2(a)]는 [그림 8-8-1(a)]에 있는 배열 A에 1부터 25까지의 원본 데이터를 저장하는 순서도이다.

두 번째 부분인 [그림 8-8-2(b)]는 분석한 회전 규칙에 따라 배열 A로부터 그 내용이 90도 우회전된 배열 B를 만드는 순서도이다. 이중 반복구조에서 바깥 루프에서는 변수 P로 행을 1행부터 5행까지 증가하고 안쪽 루프에서는 변수 K로 열을 1열부터 5열까지 증가함으로써 회전 규칙을 의미하는 대입문 B(6-K, P) = A(P, K)가 모든 원소에 대하여 반복 수행하도록 하였다.

세 번째 부분인 [그림 8-8-2(c)]는 배열 A와 배열 B의 내용을 차례로 출력하는 순서도이다. 배열 A와 B 모두 모든 원소를 출력하기 위해 이중 반복구조를 사용하였다. 각 행(P)마다 열(K)이 1부터 5까지 증가한 후에는 줄바꾸기를 수행한다.

8.9 우측하단 삼각형 영역에 정수 채우기

8.9.1 우측하단 삼각형 영역에 정수 채우기(1) : 저장 규칙 분석

	1열	2열	3열	4열	5열
1행					15
2행				10	14
3행			6	9	13
4행		3	5	8	12
5행	1	2	4	7	11

(a) 배열 A에 저장된 내용

정수값이 증가하는 순서	바깥 루프	안쪽 루프 (반복 횟수)	반복 내용
(5,1)	C=1열	R=5~5행	N=N+1, A(R,C)=N
(5,2)(4,2)	C=2열	R=5~4행	N=N+1, A(R,C)=N
(5,3)(4,3)(3,3)	C=3열	R=5~3행	N=N+1, A(R,C)=N
(5,4)(4,4)(3,4)(2,4)	C=4열	R=5~2행	N=N+1, A(R,C)=N
(5,5)(4,5)(3,5)(2,5)(1,5)	C=5열	R=5~1행	N=N+1, A(R,C)=N
순서도에서의 반복 횟수	C=1~5열	R=5~(6-C)행	N=N+1, A(R,C)=N

(b) 저장할 원소의 순서 및 반복 규칙

[그림 8-9-1] 우측하단 삼각형 영역에 정수를 채우는 반복구조 분석

배열 A(5,5)에서 [그림 8-9-1(a)]와 같이 우측하단에 대각선을 포함하는 삼각형 영역에 정수를 1부터 15까지 차례대로 채우는 순서도를 작성하여 보자. 우선 정수를 1부터 1씩 증가시켜 저장할 원소의 순서와 반복 규칙을 찾아보자.

[그림 8-9-1(b)]와 같이 정수 1에서부터 시작하여 15까지 정수를 채우는 방향을 따라가 보면, 열 번호는 1열부터 1씩 차례로 증가하지만, 행 번호는 열 번호에 따라 반복적으로 변하는 것을 알 수 있다. 그러므로 열을 기준으로 저장할 원소의 순서를 나열해보면 [그림 8-9-1(b)]과 같다. 1열은 (5,1), 2열은 (5,2) (4,2), 3열은 (5,3) (4,3) (3,3), 4열은 (5,4) (4,4) (3,4) (2,4), 5열은 (5,5) (4,5) (3,5) (2,5) (1,5)이다.

만약 열을 변수 C로 지정하고 행을 변수 R로 지정한다면, 위 나열된 순서는 C=1열일 때 R=5~5행, C=2열일 때 R=5~4행, C=3열일 때 R=5~3행, C=4열일 때 R=5~2행, C=5열일 때 R=5~1행으로 저장할 순서를 나타낸다. 이를 일반화하여 이중 반복구조에 적용하면 반복 횟수는 바깥 루프에서는 C=1~5열이며, 안쪽 루프에서는 R=5~(6-C)행이다.

8.9.2 우측하단 삼각형 영역에 정수 채우기(2): 순서도

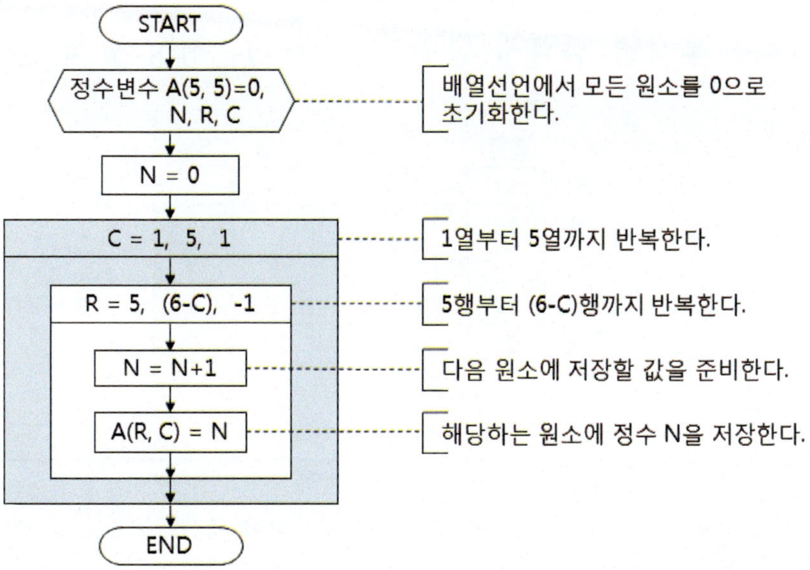

[그림 8-9-2] 우측하단 삼각형 영역에 정수를 채우는 순서도

[그림 8-9-2]과 같다. 그리고 순서도를 설명하면 다음과 같다.

1) 순서도의 앞부분에서 2차원 배열 A(5,5)를 선언함과 동시에 모든 원소를 0으로 초기화한다.
2) 삼각형을 이루는 원소들에 저장할 정수로서 변수 N을 사용하고 N을 0으로 초기화한다.
3) [그림 8-9-1(b)]의 분석과 같이 이중 반복구조를 사용하여 1부터 15까지의 정수를 차례로 저장하기 위해 바깥 루프에서는 변수 C로 열 번호를 1에서 5까지 지정하고 안쪽 루프에서는 변수 R로 행 번호를 5부터 (6-C)까지 지정한다. 반복할 내용은 N = N + 1로 1증가시킨 정수값 N을 A(R,C) = N으로 해당 원소에 저장한다.

8.10 오목 오각형 영역에 정수 채우기

8.10.1 오목 오각형 영역에 정수 채우기(1): 저장 규칙 분석

	1열	2열	3열	4열	5열
1행	17	13	10	6	1
2행	18	14	11	7	2
3행	19	15	12	8	3
4행	20	16		9	4
5행	21				5

<처리 조건>
1) A(Z,Z)의 크기:
Z = 5
2) A(Z,Z)의 중심:
G = INT(Z/2)+1
G = 3

(a) 배열 A에 저장된 내용

정수값이 증가하는 순서	바깥 루프	안쪽 루프(반복 횟수)	반복 내용
(1,5)(2,5)(3,5)(4,5)(5,5)	C=5열	R=1~5행	N=N+1, A(R,C)=N
(1,4)(2,4)(3,4)(4,4)	C=4열	R=1~4행	N=N+1, A(R,C)=N
(1,3)(2,3)(3,3)	C=3열	R=1~3행	N=N+1, A(R,C)=N
(1,2)(2,2)(3,2)(4,2)	C=2열	R=1~4행	N=N+1, A(R,C)=N
(1,1)(2,1)(3,1)(4,1)(5,1)	C=1열	R=1~5행	N=N+1, A(R,C)=N
순서도에서의 반복 횟수	C=5~1열	C>3일 때 R=1~C행	N=N+1, A(R,C)=N
		C≤3일 때 R=1~(6-C)행	N=N+1, A(R,C)=N

(b) 저장할 원소의 순서 및 반복 규칙

[그림 8-10-1] 오목 오각형 영역에 정수를 채우는 반복구조 분석

크기 (5,5)인 2차원 배열 A에서 [그림 8-10-1(a)]와 같이 빗금친 오목한 오각형 영역에 정수를 1부터 21까지 차례로 채우는 순서도를 작성하여 보자. 우선 1부터 1씩 증가시키면서 정수를 차례로 저장할 원소의 순서와 반복 규칙을 찾아보자.

[그림 (a)]에서 1부터 시작하여 정수를 채우는 방향을 따라 그 대상 원소들의 행렬값을 [그림 (b)]에 나열해보면, 5열부터 (1,5) (2,5) (3,5) (4,5) (5,5) 순으로 나타나고 4열인 경우는 (1,4) (2,4) (3,4) (4,4) 순으로 나타나며 이런 식으로 1열까지 나타낼 수 있다. 여기서 행 번호를 R, 열 번호를 C라고 가정하자.

나열된 원소들의 행렬값을 분석해보면, 열 번호 C가 5, 4, 3, 2, 1로 감소할 때 행 번호 R는 R = 1~5행, R = 1~4행, R = 1~3행, R = 1~4행, R = 1~5행으로 바뀐다. 이로부터 행 번호의 초기값은 1이지만 행 번호의 최종값은 5, 4, 3, 4, 5로 감소하다가 증가하는 것을 알 수 있다.

8.10.2 오목 오각형 영역에 정수 채우기(2): 순서도

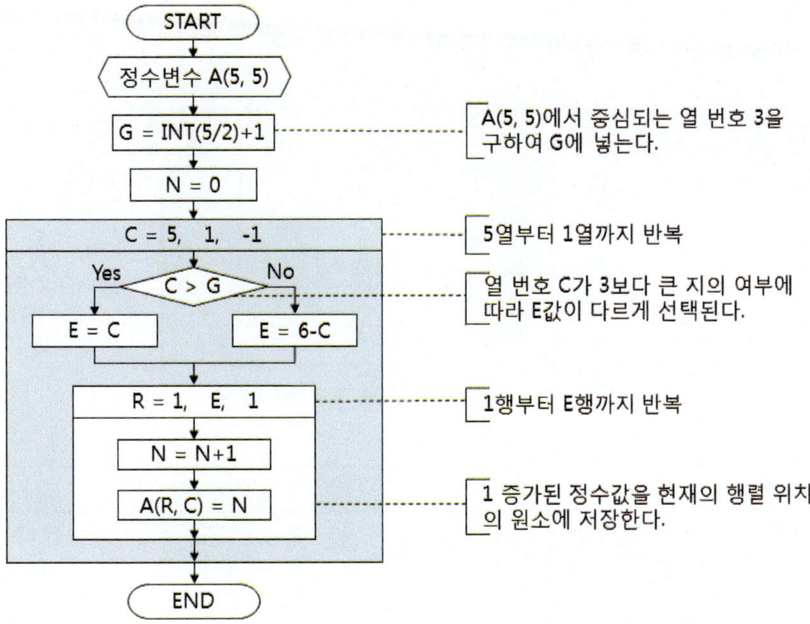

[그림 8-10-2] 오목 오각형 영역에 정수를 채우는 순서도

[그림 8-10-1(b)]와 같이 열 번호 C가 초기값 5열에서 최종값 1열까지 감소함에 따라 행 번호 R은 다음과 같은 규칙을 따라 변화한다.

1) **C>3일 때 :** C = 5열에서 R = 1~5행을, C=4열에서 R = 1~4행을 순서대로 반복 처리하는 것이므로 일반화하면 C >3일 때 R = 1~C행을 순서대로 반복 처리한다.
2) **C≤3일 때 :** C = 3열에서 R = 1~3행을, C = 2열에서 R = 1~4행을, C = 1열에서 R = 1~5행을 순서대로 반복 처리하는 것이므로 일반화하면 C≤3일 때 R = 1~(6-C)행을 반복 처리한다.

[그림 8-10-2] 순서도의 바깥 루프에서는 열 번호 C가 초기값 5에서 최종값 1까지 1씩 감소한다. 안쪽 루프에서는 조건식 C > 3의 판정에 따라 행 번호 R은 for구조 반복회수로 R = 1,C,1와 R = 1,(6-C),1의 둘 중에 하나가 되어야 한다. 그러므로 R = 1,E,1로 반복회수를 지정하고 종료값을 나타내는 변수 E에 대하여 안쪽 루프의 반복처리 이전에 C > 3일 때는 E = C를, C≤3일 때는 E = 6-C를 선택 수행한다. 안쪽 루프에서 N = N + 1로 1증가시킨 정수 N을 A(R,C) = N으로 해당 원소에 저장한다.

배열 A(5,5)에서 중심(center)이 되는 행 또는 열 번호를 G = INT(5/2)+1로 구하여 3 대신에 G를 순서도의 조건식 C > G에 사용하였다.

8.11 마주보는 두 삼각형 영역에 정수 채우기

8.11.1 마주보는 두 삼각형 영역에 정수 채우기(1): 저장 규칙 분석

	1열	2열	3열	4열	5열
1행	13				1
2행	14	10		6	2
3행	15	11	9	7	3
4행	16	12		8	4
5행	17				5

<처리 조건>
1) A(Z,Z)의 크기:
Z = 5
2) A(Z,Z)의 중심:
G = INT(Z/2)+1
G = 3

(a) 배열 A에 저장된 내용

정수값이 증가하는 순서	바깥 루프	안쪽 루프(반복 횟수)	반복 내용
(1,5)(2,5)(3,5)(4,5)(5,5)	C=5열	R=1~5행	N=N+1, A(R,C)=N
(2,4)(3,4)(4,4)	C=4열	R=2~4행	N=N+1, A(R,C)=N
(3,3)	C=3열	R=3~3행	N=N+1, A(R,C)=N
(2,2)(3,2)(4,2)	C=2열	R=2~4행	N=N+1, A(R,C)=N
(1,1)(2,1)(3,1)(4,1)(5,1)	C=1열	R=1~5행	N=N+1, A(R,C)=N
순서도에서의 반복 횟수	C=5~1열	C>3일 때 R=(6-C)~C행	N=N+1, A(R,C)=N
		C≤3일 때 R=C~(6-C)행	N=N+1, A(R,C)=N

(b) 저장할 원소의 순서 및 반복 규칙

[그림 8-11-1] 마주보는 두 삼각형 영역에 정수를 채우는 반복구조 분석

크기 (5,5)인 2차원 배열 A에서 [그림 8-11-1(a)]와 같이 빗금친 마주보는 두 삼각형 영역에 정수를 1부터 17까지 차례로 채우는 순서도를 작성하여 보자. 우선 1부터 1씩 증가시키면서 정수를 차례로 저장할 원소의 순서와 반복 규칙을 찾아보자.

[그림 (a)]에서 1부터 시작하여 정수를 채우는 방향을 따라 그 대상 원소들의 행렬값을 [그림 (b)]에 나열해보면, 5열부터 (1,5) (2,5) (3,5) (4,5) (5,5) 순으로 나타나고 4열인 경우는 (2,4) (3,4) (4,4) 순으로 나타나며 이런 식으로 1열까지 나타낼 수 있다. 여기서 행 번호를 R, 열 번호를 C라고 가정하자.

나열된 원소들의 행렬값을 분석해보면, 열 번호 C가 5, 4, 3, 2, 1로 감소할 때 행 번호 R는 R =1~5행, R=2~4행, R=3~3행, R=2~4행, R=1~5행으로 바뀐다. 이로부터 R의 초기값은 1, 2, 3, 2, 1로 증가하다가 감소하며, R의 최종값은 5, 4, 3, 4, 5로 감소하다가 증가하는 것을 알 수 있다.

8.11.2 마주보는 두 삼각형 영역에 정수 채우기(2): 순서도

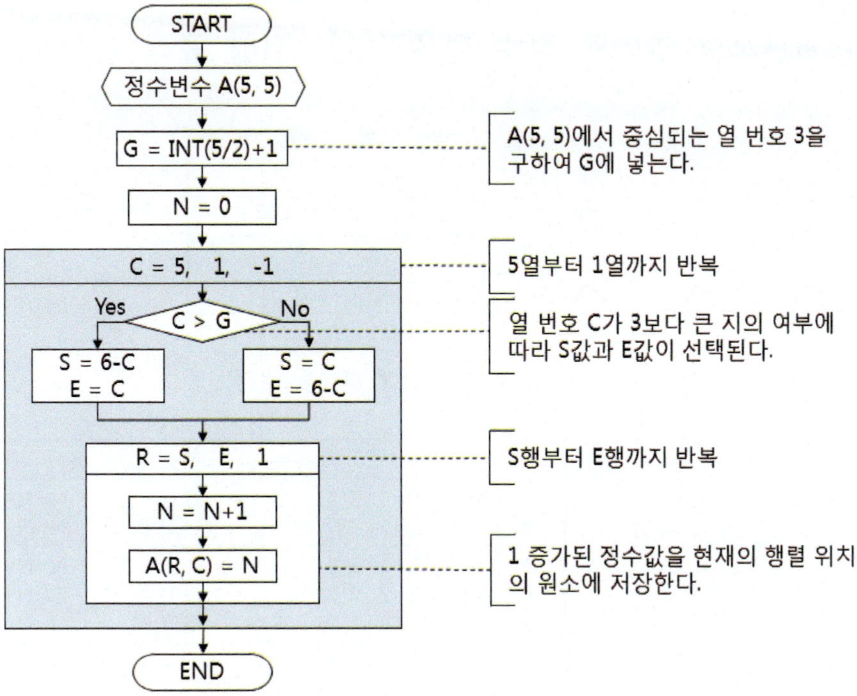

[그림 8-11-2] 마주보는 두 삼각형 영역에 정수를 채우는 순서도

[그림 8-11-1(b)]와 같이 C가 초기값 5열에서 최종값 1열까지 감소함에 따라 R의 초기값과 최종값의 변화 규칙을 알아보자. R의 초기값을 S(start), R의 최종값을 E(end)라고 한다면 변화 규칙은 다음과 같다.

1) C>3**일 때 :** C=5에서 S=1, C=에서 S=2이므로 일반식은 S=6-C이다. C=5에서 E=5, C=4에서 E=4이므로 일반식은 E=C이다.
2) C≤3**일 때 :** C=3에서 S=3, C=2에서 S=2, C=1에서 S=1이므로 일반식은 S=C이다. C=3에서 E=3, C=2에서 E=4, C=1에서 E=5이므로 일반식은 E=6-C이다.

[그림 8-11-2] 순서도의 바깥 루프에서는 열 번호 C가 초기값 5에서 최종값 1까지 1씩 감다. 안쪽 루프에서는 조건식 C>3의 판정에 따라 행 번호 R은 for구조 반복 횟수로 R=(6-C),C,1와 R=C,(6-C),1의 둘 중에 하나가 되어야 한다. 그러므로 C=S,E,1로 반복 횟수를 지정하고 변수 S와 E에 대하여 안쪽 루프의 반복처리 이전에 C>3일 때는 S=(6-C), E=C를, C≤3일 때는 S=C, E=(6-C)를 선택 수행한다. 안쪽 루프에서 N=N+1로 1증가시킨 정수 N을 A(R,C)=N으로 해당 원소에 저장한다.

8.12 마름모꼴 영역에 정수 채우기

8.12.1 마름모꼴 영역에 정수 채우기(1): 저장 규칙 분석

	1열	2열	3열	4열	5열
1행			13		
2행		10	11	12	
3행	5	6	7	8	9
4행		2	3	4	
5행			1		

<처리 조건>
1) A(Z,Z)의 크기:
Z = 5
2) A(Z,Z)의 중심:
G = INT(Z/2)+1
G = 3

(a) 배열 A에 저장된 내용

정수값이 증가하는 순서	바깥 루프	안쪽 루프(반복 횟수)	반복 내용
(5,3)	R=5행	C=3~3열: G ~ G열	N=N+1, A(R,C)=N
(4,2)(4,3)(4,4)	R=4행	C=2~4열: (G-1) ~ (G+1)열	N=N+1, A(R,C)=N
(3,1)(3,2)(3,3)(3,4)(3,5)	R=3행	C=1~5열: (G-2) ~ (G+2)열	N=N+1, A(R,C)=N
(2,2)(2,3)(2,4)	R=2행	C=2~4열: (G-1) ~ (G+1)열	N=N+1, A(R,C)=N
(1,3)	R=1행	C=3~3열: G ~ G열	N=N+1, A(R,C)=N
순서도에서의 반복 횟수	R=5~1행	R>3일 때: C= G ~ G열 ↓감소 ↓증가	N=N+1, A(R,C)=N
		R≤3일 때: C=(G-2) ~ (G+2)열 ↓증가 ↓감소 C= G ~ G열	N=N+1, A(R,C)=N

(b) 저장할 원소의 순서 및 반복 규칙

[그림 8-12-1] 마름모꼴 영역에 정수를 채우는 반복구조 분석

크기 (5,5)인 2차원 배열 A에서 [그림 8-11-1(a)]와 같이 빗금친 마름모꼴 (lozenge) 영역에 정수를 1부터 13까지 차례로 채우는 순서도를 작성하여 보자. 우선 1부터 1씩 증가시키면서 정수를 차례로 저장할 원소의 순서와 반복 규칙을 찾아보자.

[그림 (a)]에서 1부터 정수를 채우는 방향을 따라 그 대상 원소들의 행렬값을 [그림 (b)]에 나열해보면, 5행에서는 (5,3)으로 나타나고 4행에서는 (4,2) (4,3) (4,4) 순으로 나타나며 이런 식으로 1행까지 나타낼 수 있다.

나열된 원소들의 행렬값을 분석해보면, 행 번호 R이 5, 4, 3, 2, 1로 감소할 때 열 번호 C는 C=3~3열, C=2~4열, C=1~5열, C=2~4열, C=3~3열로 바뀐다. 이로부터 C의 초기값은 3, 2, 1, 2, 3으로 감소하다가 증가하며, C의 최종값은 3, 4, 5, 4, 3으로 증가하다가 감소하는 것을 알 수 있다. 중심 열의 번호를 G라 한다면, R이 5에서 1로 감소할 때 열 번호 C의 초기값은 G, (G-1), (G-2), (G-1), G로 바뀌며, 열 번호 C의 최종값은 G, (G+1), (G+2), (G+1), G로 바뀌는 것을 알 수 있다.

8.12.2 마름모꼴 영역에 정수 채우기(2): 순서도

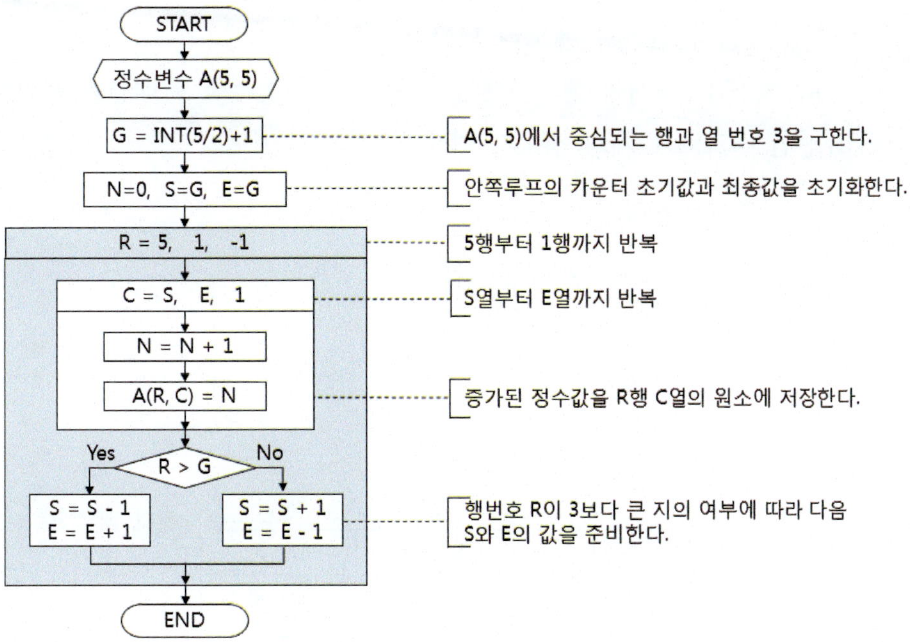

[그림 8-12-2] 마름모꼴 영역에 정수를 채우는 순서도

행 번호 R이 5에서 1까지 감소할 때 열 번호 C의 초기값과 최종값에 대한 변화 규칙을 G를 기준으로 하여 찾아보자. 이를 위해 C의 초기값을 S, C의 최종값을 E라고 한다면 그 변화 규칙은 다음과 같다. 이 문제에서 중심 열의 번호 G는 3이다.

1) **R>3일 때 :** R이 5, 4, 3행으로 진행할 때 C의 초기값 S는 G, (G-1), (G-2)로 감소한다. 이는 S=G로 초기화하고 S=S-1을 수행함으로 구현한다. 또한 이 때 C의 최종값 E는 G, (G+1), (G+2)로 증가한다. 이는 E=G로 초기화하고 E=E+1을 수행함으로 구현한다. R>3일 때, 즉 R=5, 4일 때 S=S-1, E=E+1의 수행이 요구된다.
2) **R≤3일 때 :** R이 3, 2, 1행으로 진행할 때 S는 (G-2), (G-1), G로 증가하므로 S=S+1을 의미한다. 또한 이 때 E는 (G+1), G로 감소하므로 E=E-1을 의미한다.

[그림 8-12-2] 순서도의 바깥 루프에서는 행 번호 R이 5부터 1까지 1씩 감소한다. 안쪽 루프에서는 열 번호 C가 S부터 E까지 1씩 증가하므로 for구조 반복 횟수를 [C=S, E, 1]로 지정한다. 첫 번째의 정수 저장은 S=G, E=G에서 수행되므로 R>G 조건, 즉 R>3 조건에 관계없이 정수 1을 저장한다. 두 번째부터의 정수 저장은 조건 R>G 판정에 따른다. 만약 R>G이면 S=S-1, E=E+1을 수행하고, 만약 R≤G이면 S=S+1, E=E-1을 수행함으로써 다음 안쪽 루프의 S와 E를 준비한다.

8장 요점 정리

1. **2차원 배열의 선언과 메모리 할당 :**

   1) int S(4,3)로 4개의 행과 3개의 열을 가지는 정수형 S 배열을 선언함

   2) 선언 결과로 12개의 정수가 저장될 수 있는 메모리 공간이 할당됨

배열의 선언

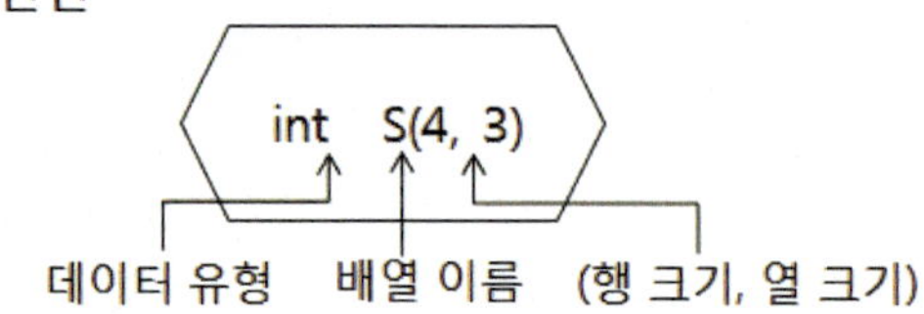

배열의 메모리 할당

	열 1	열 2	열 3
행 1	S(1, 1)	S(1, 2)	S(1, 3)
행 2	S(2, 1)	S(2, 2)	S(2, 3)
행 3	S(3, 1)	S(3, 2)	S(3, 3)
행 4	S(4, 1)	S(4, 2)	S(4, 3)

첨자: 배열 S의 시작 으로부터의 상대적 위치

2. **5×5 정방행렬로 표현된 2차원 배열에 정수 채우기**

   1) 열 증가 5회마다 행 증가 1회 반복

1	2	3	4	5
6	7	8	9	10
11	12	13	14	15
16	17	18	19	20
21	22	23	24	25

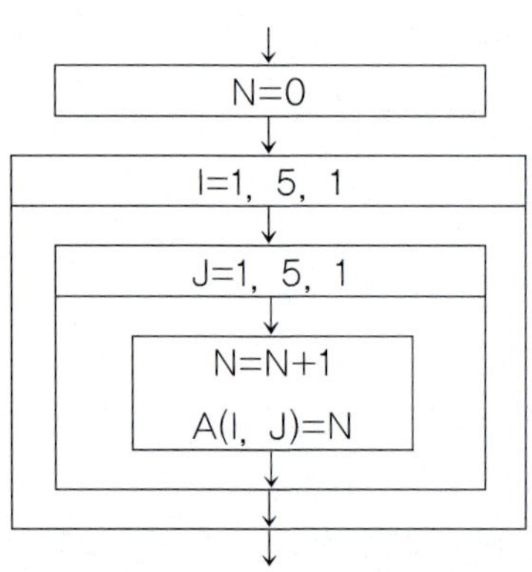

   2) 행 증가 5회마다 열 증가 1회 반복

1	6	11	16	21
2	7	12	17	22
3	8	13	18	23
4	9	14	19	24
5	10	15	20	25

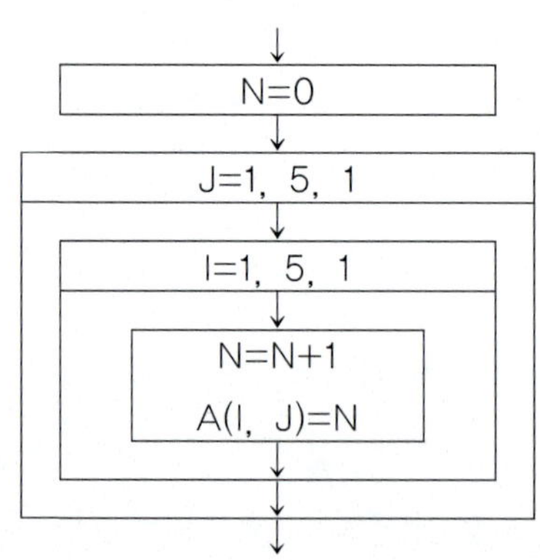

3. 5행 5열의 2차원 배열의 상단 역삼각형 영역의 합산 구하기

1) 행 R = 1일 때 열 C = 1~5, R = 2일 때 C = 2~4, R = 3일 때 C = 3~3까지 반복함

2) 행 R = 1~3까지 바깥쪽 루프에서 반복하고, 열 C = R~(6~C)까지 안쪽 루프에서 반복하면서 해당 원소의 값 A(R,C)을 S에 반복적으로 누적함

1	6	11	16	21
2	7	12	17	22
3	8	13	18	23
4	9	14	19	24
5	10	15	20	25

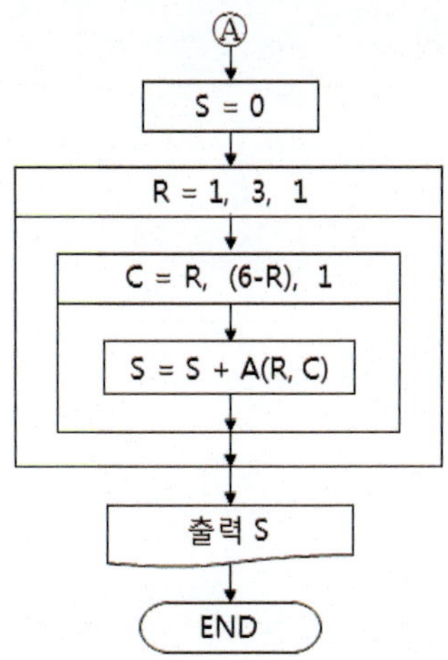

4. 5행 5열의 2차원 배열의 우측하단 삼각형 영역에 정수 채우기

1) 정수 저장 방향 : 열 C = 1일 때 행 R = 5~5, C = 2일 때 R = 5~4, C = 3일 때 R = 5~3, C = 4일 때 R = 5~2, C = 일 때 R = 5~1까지로 진행함

2) 바깥쪽 루프에서는 열 C = 1~5까지 반복하고, 안쪽 루프에서 행 R = 5~(6-C)까지 반복하면서 1씩 증가 된 정수를 A(R,C)에 반복적으로 저장함

	1열	2열	3열	4열	5열
1행	0	0	0	0	15
2행	0	0	0	10	14
3행	0	0	6	9	13
4행	0	3	5	8	12
5행	1	2	4	7	11

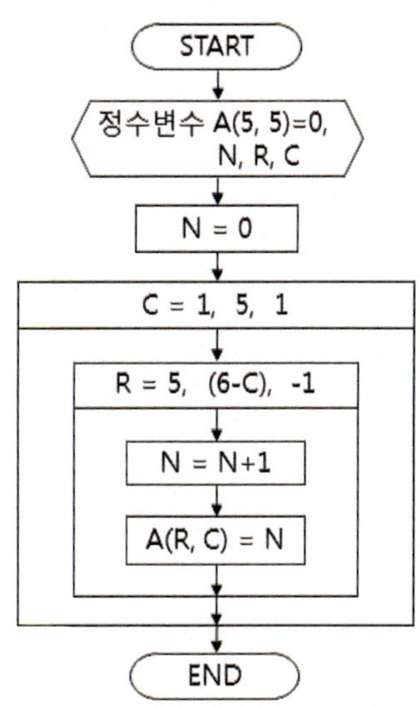

8장 연습 문제

1. 크기 (5,5)인 2차원 배열 A의 전체 영역에 그림과 같이 정수값을 저장하는 순서도를 작성하시오.

(1)

	21	22	23	24	25
	16	17	18	19	20
	11	12	13	14	15
	6	7	8	9	10
↑	1	2	3	4	5
	→	→	→	→	→

(힌트 : 열 증가 5회마다 행 감소 1회)

(2)

↑	5	10	15	20	25
↑	4	9	14	19	24
↑	3	8	13	18	23
↑	2	7	12	17	22
↑	1	6	11	16	21
	→				

(힌트 : 행 감소 5회마다 열 증가 1회)

(3)

25	24	23	22	21	
20	19	18	17	16	
15	14	13	12	11	
10	9	8	7	6	
5	4	3	2	1	↑
←	←	←	←	←	

(힌트 : 열 감소 5회마다 행 감소 1회)

(4)

25	20	15	10	5	↑
24	19	14	9	4	↑
23	18	13	8	3	↑
22	17	12	7	2	↑
21	16	11	6	1	↑
				←	

(힌트 : 행 감소 5회마다 열 감소 1회)

2. 크기 (5,5)의 2차원 배열 A로부터 그 내용이 90° 좌회전된 배열 B를 만드는 순서도를 작성하시오.

배열 A

A(1,1)↓	A(1,2)↓	A(1,3)↓	A(1,4)↓	A(1,5)↓
1	2	3	4	5
6	7	8	9	10
11	12	13	14	15
16	17	18	19	20
21	22	23	24	25

배열 B

B(1,1)→	5	10	15	20	25
B(2,1)→	4	9	14	19	24
B(3,1)→	3	8	13	18	23
B(4,1)→	2	7	12	17	22
B(5,1)→	1	6	11	16	21

3. 크기 (5,5)인 2차원 배열 A의 다음 빗금친 영역의 원소들의 합을 구하는 순서도를 작성하시오.

(1)

5	4	3	2	1
10	9	8	7	6
15	14	13	12	11
20	19	18	17	16
25	24	23	22	21

(2)

5	4	3	2	1
10	9	8	7	6
15	14	13	12	11
20	19	18	17	16
25	24	23	22	21

4. 크기 (5,5)의 배열 A에서 그림과 같이 삼각형 모양의 영역에 정수를 차례대로 저장하는 순서도를 작성하시오.

(1)

	1열	2열	3열	4열	5열
1행	1	0	0	0	0
2행	2	6	0	0	0
3행	3	7	10	0	0
4행	4	8	11	13	0
5행	5	9	12	14	15

(2)

	1열	2열	3열	4열	5열
1행	11	12	13	14	15
2행	0	7	8	9	10
3행	0	0	4	5	6
4행	0	0	0	2	3
5행	0	0	0	0	1

5. 크기 (5,5)의 배열 A에서 그림과 같이 오목 오각형(concave pentagon) 영역에 정수를 차례대로 저장하는 순서도를 작성하시오.

(1)

	1열	2열	3열	4열	5열
1행	1	6	10	13	17
2행	2	7	11	14	18
3행	3	8	12	15	19
4행	4	9	0	16	20
5행	5	0	0	0	21

(2)

	1열	2열	3열	4열	5열
1행	1	2	3	4	5
2행	6	7	8	9	0
3행	10	11	12	0	0
4행	13	14	15	16	0
5행	17	18	19	20	21

6. 크기 (5,5)의 배열 A에서 그림과 같이 마주보는 두 삼각형 영역에 정수를 차례대로 저장하는 순서도를 작성하시오.

(1)

	1열	2열	3열	4열	5열
1행	1	0	0	0	13
2행	2	6	0	10	14
3행	3	7	9	11	15
4행	4	8	0	12	16
5행	5	0	0	0	17

(2)

	1열	2열	3열	4열	5열
1행	1	2	3	4	5
2행	0	6	7	8	0
3행	0	0	9	0	0
4행	0	10	11	12	0
5행	13	14	15	16	17

7. 크기 (5,5)의 배열 A에서 그림과 같이 마름모꼴 영역에 정수를 차례대로 저장하는 순서도를 작성하시오.

(1)

	1열	2열	3열	4열	5열
1행	0	0	1	0	0
2행	0	2	3	4	0
3행	5	6	7	8	9
4행	0	10	11	12	0
5행	0	0	13	0	0

(2)

	1열	2열	3열	4열	5열
1행	0	0	5	0	0
2행	0	2	6	10	0
3행	1	3	7	11	13
4행	0	4	8	12	0
5행	0	0	9	0	0

8. 크기 (5,5)인 2차원 배열 A의 전체 영역에 그림과 같이 정수값을 저장하는 순서도를 각각 작성하시오.

(1)

1	2	3	4	5
10	9	8	7	6
11	12	13	14	15
20	19	18	17	16
21	22	23	24	25

(2)

1	10	11	20	21
2	9	12	19	22
3	8	13	18	23
4	7	14	17	24
5	6	15	16	25

9. 크기 (5,5)인 2차원 배열 A의 전체 영역에 그림과 같이 정수값을 저장하는 순서도를 각각 작성하시오.

(1)

1	2	3	4	5
16	17	18	19	6
15	24	25	20	7
14	23	22	21	8
13	12	11	10	9

(2)

1	4	5	16	17
2	3	6	15	18
9	8	7	14	19
10	11	12	13	20
25	24	23	22	21

Appendix

부록 A

C Program Source Code

[그림 2-5-2(a)] 변수에 값 저장하기(특정값 대입하기)

```
#include <stdio.h>
void main()
{
        int W, H, A;
        W = 3;
        H = 5;
        A = W * H;
        printf("W=%d, H=%d, A=%d\n", W, H, A);
}
```

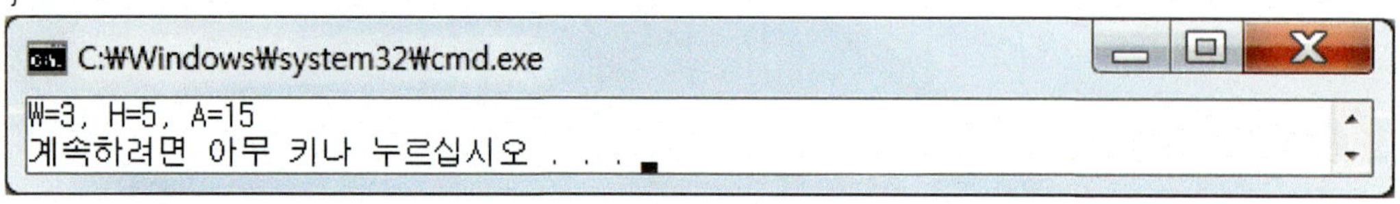

[그림 2-5-2(b)] 변수에 값 저장하기(초기값 주기)

```
#include <stdio.h>
void main()
{
        int W = 3, H = 5, A;
        A = W * H;
        printf("W=%d, H=%d, A=%d\n", W, H ,A);
}
```

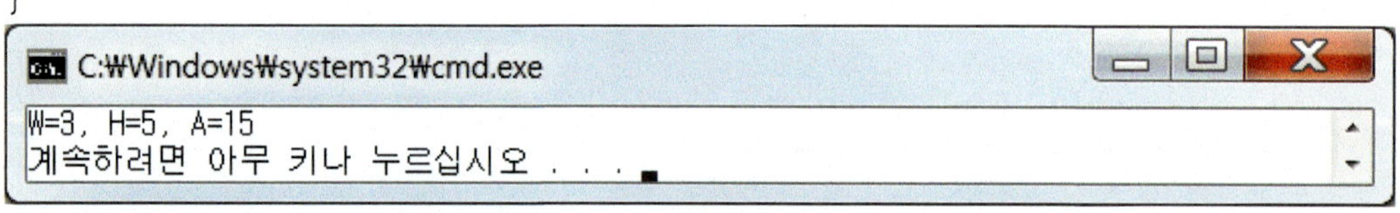

[그림 2-5-2(c)] 변수에 값 저장하기(사용자가 입력하기)

```
#include <stdio.h>
void main()
{
        int W, H, A;
        scanf("%d %d", &W, &H);
        A = W * H;
        printf("W=%d, H=%d, A=%d\n", W, H, A);
}
```

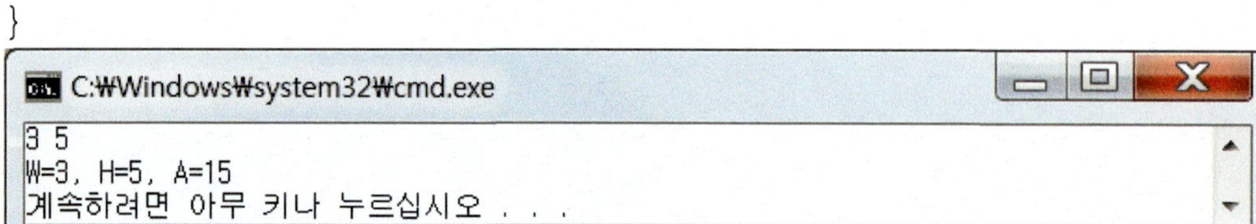

[그림 2-5-5(a)] 수량에 따라 할인율 적용되기(if~then~else 구조)

```
#include <stdio.h>
void main()
{
        int P, N, T;
        scanf("%d %d", &P, &N);
        if ( N>=20 )
                T = P * 0.9 * N;
        else
                T = P * N;
        printf("P=%d, N=%d, T=%d\n", P, N, T);
}
```

```
C:\Windows\system32\cmd.exe
10000 19
P=10000, N=19, T=190000
계속하려면 아무 키나 누르십시오 . . .
```

```
C:\Windows\system32\cmd.exe
10000 20
P=10000, N=20, T=180000
계속하려면 아무 키나 누르십시오 . . .
```

[그림 2-5-5(b)] 수량에 따라 할인율 적용하기(if~then 구조)

```
#include <stdio.h>
void main() {
        int P, N, T;
        scanf("%d %d", &P, &N);
        if ( N>=20 )
                P = P * 0.9;
        T = P * N;
        printf("P=%d, N=%d, T=%d\n", P, N, T);
}
```

```
C:\Windows\system32\cmd.exe
10000 19
P=10000, N=19, T=190000
계속하려면 아무 키나 누르십시오 . . .
```

```
C:\Windows\system32\cmd.exe
10000 20
P=9000, N=20, T=180000
계속하려면 아무 키나 누르십시오 . . .
```

[그림 2-5-7(a)] 1~10까지 정수의 합 구하기(while 구조)

```
#include <stdio.h>
void main()
{
        int N = 0, SUM = 0;
        while ( N < 10 )
        {
                N = N + 1;
                SUM = SUM + N;
        }
        printf("SUM=%d\n", SUM);
}
```

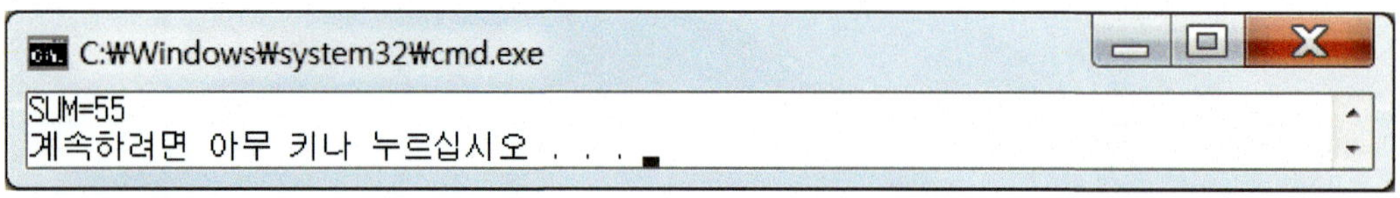

[그림 2-5-7(b)] 1~10까지 정수의 합 구하기(do~while 구조)

```
#include <stdio.h>
void main()
{
        int N = 0, SUM = 0;
        do
        {
                N = N + 1;
                SUM = SUM + N;
        } while ( N < 10 );
        printf("SUM=%d\n", SUM);
}
```

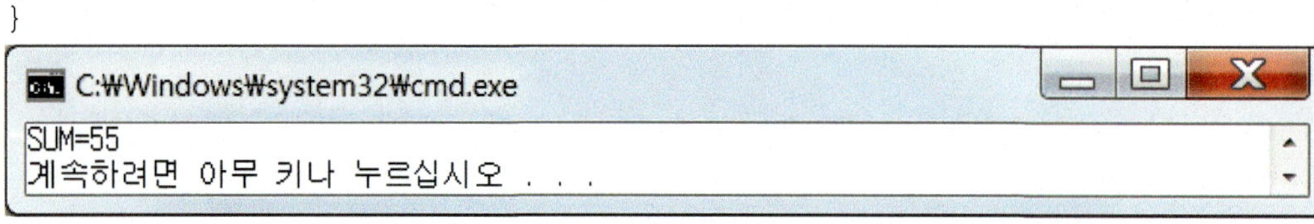

[그림 3-1-1] 삼각형의 면적 구하기(변수와 상수 사용)

```
#include <stdio.h>
void main()
{
        int W, H, T;
        float Area;
        scanf("%d %d", &W, &H);
```

```
        T = W * H;
        Area = T / 2.0;
        printf("W=%d, H=%d, Area=%f\n", W, H, Area);
}
```

```
C:\Windows\system32\cmd.exe
7 9
W=7, H=9, Area=31.500000
계속하려면 아무 키나 누르십시오 . . .
```

[그림 3-2] 근무시간 수를 주, 일, 시간으로 변환하기

```
#include <stdio.h>
void main()
{
        int X, WEEK, DAY, HOUR, NMG;
        scanf("%d", &X);
        WEEK = X / 40;
        NMG = X % 40;
        DAY = NMG / 8;
        HOUR = NMG % 8;
        printf("X=%d, WEEK=%d, DAY=%d, HOUR=%d\n", X, WEEK, DAY, HOUR);
}
```

```
C:\Windows\system32\cmd.exe
95
X=95, WEEK=2, DAY=1, HOUR=7
계속하려면 아무 키나 누르십시오 . . .
```

[그림 3-3] 원의 면적과 둘레 구하기

```
#include <stdio.h>
void main() {
        int r;
        float Area, Cir, Pi = 3.14;
        scanf("%d", &r);
        Area = Pi * r * r;
        Cir = 2.0 * Pi * r;
        printf("r=%d, Area=%f, Cir=%f\n", r, Area, Cir);
}
```

```
C:\Windows\system32\cmd.exe
10
r=10, Area=314.000000, Cir=62.800003
계속하려면 아무 키나 누르십시오 . . .
```

[그림 3-4] 두 수의 가감승제 구하기

```
#include <stdio.h>
void main()
{
        float X, Y, A, S, M, D;
        scanf("%f %f", &X, &Y);
        A = X + Y;
        S = X - Y;
        M = X * Y;
        D = X / Y;
        printf("A=%f, S=%f, M=%f, D=%f\n", A, S, M, D);
}
```

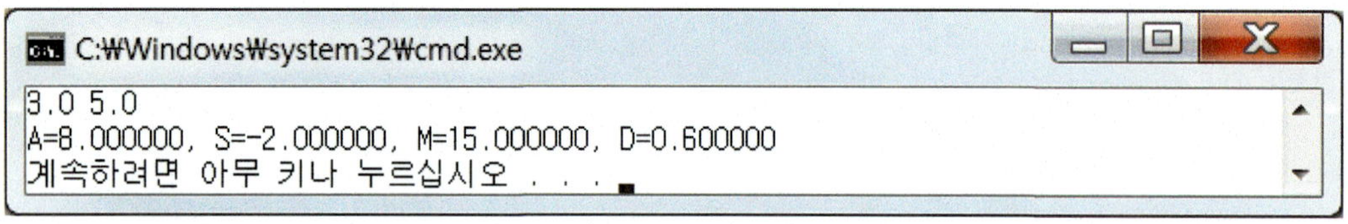

[그림 3-5] 총점과 평균 구하기

```
#include <stdio.h>
void main() {
        int K, E, M, S, Sum;
        float Avg;
        scanf("%d %d %d %d", &K, &E, &M, &S);
        Sum = K + E + M + S;
        Avg = Sum / 4.0;
        printf("Sum=%d, Avg=%f\n", Sum, Avg);
}
```

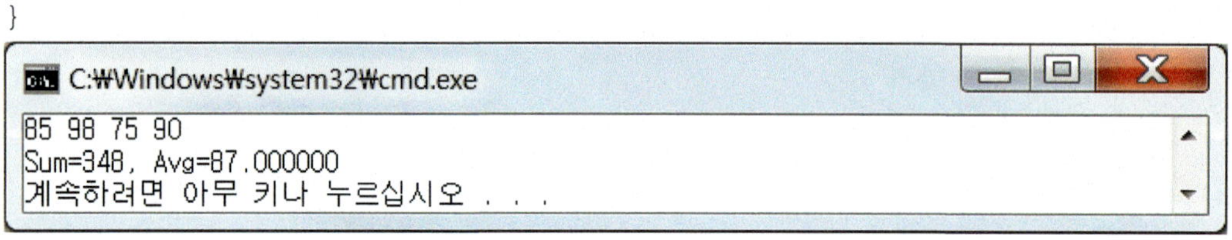

[그림 4-4] 절대값 구하기

```
#include <stdio.h>
void main()
{
        int X;
        scanf("%d", &X);
        if ( X < 0 )
                X = (-1) * X;
```

```
        printf("Abs=%d\n", X);
}
```

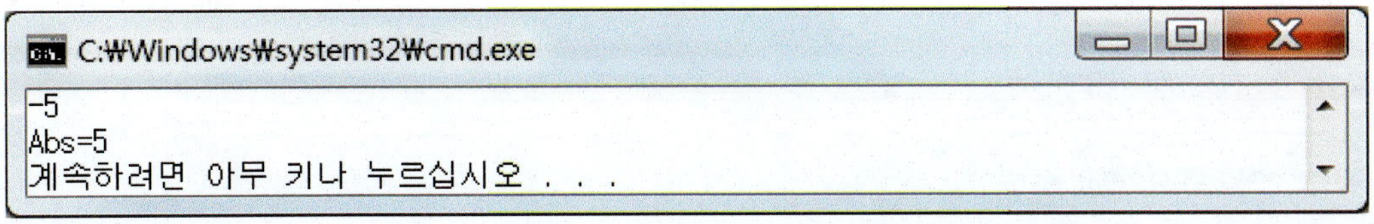

[그림 4-5] 3의 배수 판별하기

```
#include <stdio.h>
void main()
{
        int X, M;
        scanf("%d", &X);
        M = X % 3;
        if ( M == 0 )
                printf("3의 배수이다\n");
        else
                printf("3의 배수가 아니다\n");
}
```

[그림 4-6] 두 수의 크기 판별하기

```
#include <stdio.h>
void main()
{
        int A, B;
        scanf("%d %d", &A, &B);
        if ( A > B )
                printf("A가 크다\n");
        else if ( A < B )
                printf("B가 크다\n");
        else
        printf("A와 B는 같다\n");
}
```

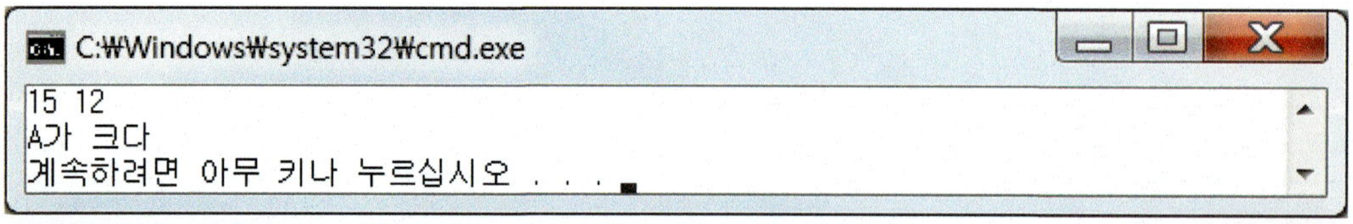

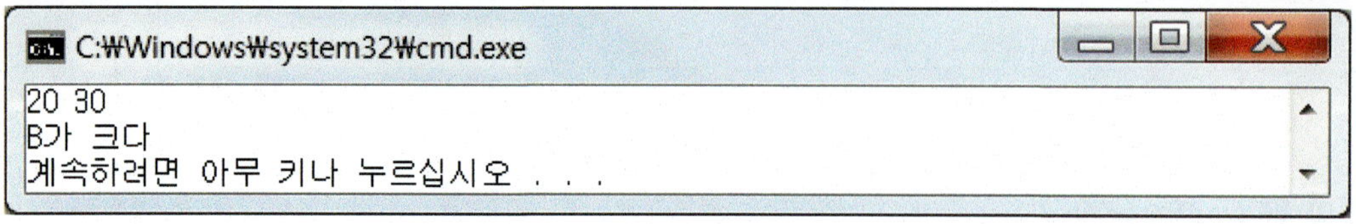

[그림 4-7] 세 수 중 가장 큰 수 판별하기

```
#include <stdio.h>
void main()
{
        int A, B, C;
        scanf("%d %d %d", &A, &B, &C);
        if ( A > B ) {
                if ( A > C )
                        printf("최대값=A\n");
                else
                        printf("최대값=C\n");
        }
        else {
                if ( B > C )
                        printf("최대값=B\n");
                else
                        printf("최대값=C\n");
        }
}
```

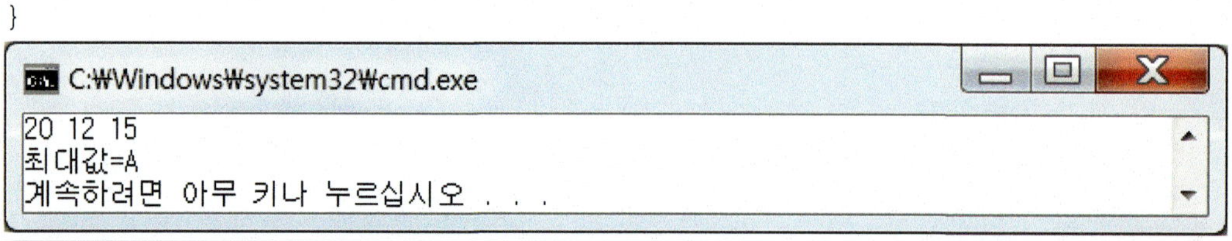

[그림 4-8] 세 수 중 최대값 구하기

```
#include <stdio.h>
void main()
```

```
{
        int A, B, C, MAX;
        scanf("%d %d %d", &A, &B, &C);
        if ( A > B )
                MAX = A;
        else
                MAX = B;
        if ( C > MAX )
                MAX = C;
        printf("MAX=%d\n", MAX);
}
```

```
C:\Windows\system32\cmd.exe
12 15 20
MAX=20
계속하려면 아무 키나 누르십시오 . . .
```

```
C:\Windows\system32\cmd.exe
45 50 25
MAX=50
계속하려면 아무 키나 누르십시오 . . .
```

[그림 4-9] 세 수 중 최대값, 최소값 구하기

```
#include <stdio.h>
void main()
{
        int A, B, C, MAX, MIN;
        scanf("%d %d %d", &A, &B, &C);
        if ( A > B ) {
                MAX = A;
                MIN = B;
        }
        else {
                MAX = B;
                MIN = A;
        }
        if ( C > MAX )
                MAX = C;
        else if ( C < MIN )
                MIN = C;
        printf("MAX=%d, MIN=%d\n", MAX, MIN);
}
```

```
C:\Windows\system32\cmd.exe
15 12 20
MAX=20, MIN=12
계속하려면 아무 키나 누르십시오 . . .
```

[그림 4-10] 세 수 중 가장 큰 수와 가장 작은 수 판별하기

```c
#include <stdio.h>
void main()
{
	int A, B, C;
	char CMAX, CMIN;
	scanf("%d %d %d", &A, &B, &C);
	if (A > B) {
		if (A > C) {
			CMAX = 'A';
			if (B < C)
				CMIN = 'B';
			else
				CMIN = 'C';
		}
		else {
			CMAX = 'C';
			CMIN = 'B';
		}
	}
	else {
		if (B > C) {
			CMAX = 'B';
			if (A < C)
				CMIN = 'A';
			else
				CMIN = 'C';
		}
		else {
			CMAX = 'C';
			CMIN = 'A';
		}
	}
	printf("최대값=%c, 최소값=%c\n", CMAX, CMIN);
}
```

```
C:\Windows\system32\cmd.exe
12 20 15
최대값=B, 최소값=A
계속하려면 아무 키나 누르십시오 . . .
```

[그림 4-11-1] 정가에 따라 할인율 적용하기(if~then)

```
#include <stdio.h>
void main()
{
        int X, N, T;
        double R;
        scanf("%d %d", &X, &N);
        if (X<20)
                R = 0.03;
        if (X>=20 && X<30)
                R = 0.05;
        if (X>=30 && X<50)
                R = 0.07;
        if ( X >= 50 )
                R = 0.1;
        T = X * (1.0-R) * N;
        printf("Total=%d\n", T);
}
```

[그림 4-11-2] 정가에 따라 할인율 적용하기(if~then~else if)

```
#include <stdio.h>
void main()
{
        int X, N, T;
        double R;
        scanf("%d %d", &X, &N);
        if (X<20)
                R = 0.03;
        else if (X<30)
                R = 0.05;
        else if (X<50)
                R = 0.07;
        else
```

```
            R = 0.1;
        T = X * (1.0-R) * N;
        printf("Total=%d\n", T);
}
```

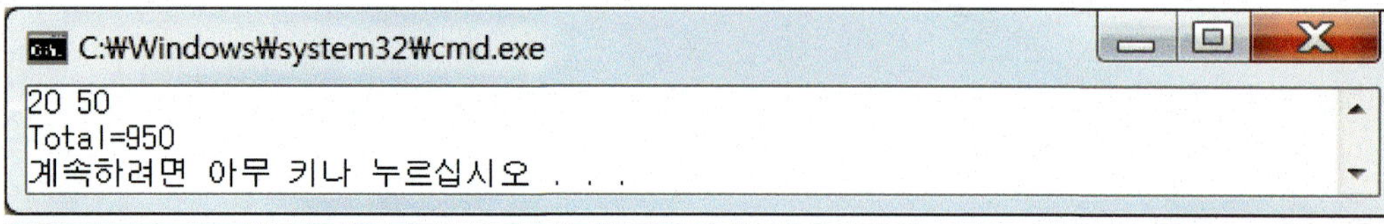

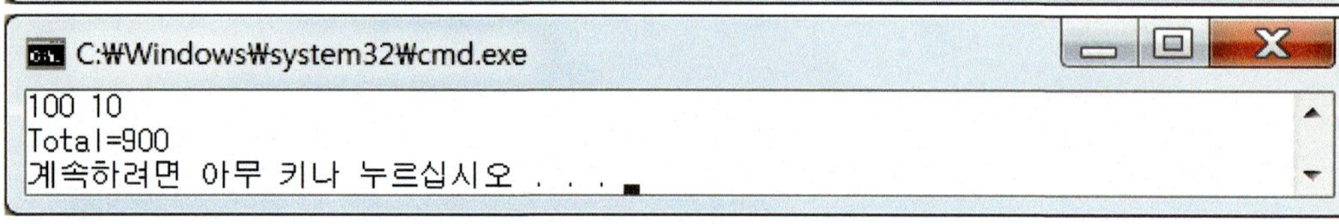

[그림 4-11-3] 정가에 따라 할인율 적용하기(switch~case)

```
#include <stdio.h>
void main() {
        int X, N, T;
        double R;
        scanf("%d %d", &X, &N);
        switch (X/10) {
                case 0:
                case 1: R = 0.03;
                        break;
                case 2: R = 0.05;
                        break;
                case 3:
                case 4: R = 0.07;
                        break;
                default: R = 0.1;
        }
        T = X * (1.0-R) * N;
        printf("Total=%d\n", T);
}
```

[그림 5-4-2(a)] 1부터 10까지 정수의 합 구하기(while 구조)

```
#include <stdio.h>
void main() {
        int N, SUM=0;
```

```
        N = 1;
        while ( N <= 10 ) {
                 SUM = SUM + N;
                 N = N + 1;
        }
        printf("SUM=%d\n", SUM);
}
```

```
C:\Windows\system32\cmd.exe
SUM=55
계속하려면 아무 키나 누르십시오 . . .
```

[그림 5-4-2(b)] 1부터 10까지 정수의 합 구하기(do~while 구조)

```
#include <stdio.h>
void main() {
        int N, SUM=0;
        N = 1;
        do {
                 SUM = SUM + N;
                 N = N + 1;
        } while ( N <= 10 );
        printf("SUM=%d\n", SUM);
}
```

```
C:\Windows\system32\cmd.exe
SUM=55
계속하려면 아무 키나 누르십시오 . . .
```

[그림 5-5-1(a)] 3의 배수의 합 구하기(3씩 증가, while 구조)

```
#include <stdio.h>
void main() {
        int N, SUM;
        SUM=0;
        N = 0;
        while ( N <= 100 ) {
                 SUM = SUM + N;
                 N = N + 3;
        }
        printf("SUM=%d\n", SUM);
}
```

```
C:\Windows\system32\cmd.exe
SUM=1683
계속하려면 아무 키나 누르십시오 . . .
```

[그림 5-5-1(b)] 3의 배수의 합 구하기(3씩 증가, do~while구조)

```
#include <stdio.h>
void main() {
        int N, SUM;
        SUM = 0;
        for ( N = 0; N <= 100; N = N + 3 )
                SUM = SUM + N;
        printf("SUM=%d\n", SUM);
}
```

```
C:\Windows\system32\cmd.exe
SUM=1683
계속하려면 아무 키나 누르십시오 . . .
```

[그림 5-5-2(a)] 3의 배수의 합 구하기(% 연산자, while 구조)

```
#include <stdio.h>
void main()
{
        int N, SUM, R;
        SUM = 0;
        N = 1;
        while ( N <= 100 ) {
                R = N % 3;
                if ( R ==0 )
                        SUM = SUM + N;
                N = N + 1;
        }
        printf("SUM=%d\n", SUM);
}
```

```
C:\Windows\system32\cmd.exe
SUM=1683
계속하려면 아무 키나 누르십시오 . . .
```

[그림 5-5-2(b)] 3의 배수의 합 구하기(% 연산자, do~while 구조)

```
#include <stdio.h>
void main()
{
        int N, SUM, R;
        SUM = 0;
        for ( N = 1; N <= 100; N = N + 1 ) {
                R = N % 3;
                if ( R == 0 )
```

```
                        SUM = SUM + N;
        }
        printf("SUM=%d\n", SUM);
}
```

```
C:\Windows\system32\cmd.exe
SUM=1683
계속하려면 아무 키나 누르십시오 . . .
```

[그림 5-5-3] 3의 배수의 합 구하기(나머지 공식)

```
#include <stdio.h>
void main()
{
        int N, SUM, R, Q;
        SUM = 0;
        for ( N = 1; N <= 100; N = N + 1 ) {
                Q = N / 3;
                R = N - Q * 3;
                if ( R == 0 )
                        SUM = SUM + N;
        }
        printf("SUM=%d\n", SUM);
}
```

```
C:\Windows\system32\cmd.exe
SUM=1683
계속하려면 아무 키나 누르십시오 . . .
```

[그림 5-6-1] 수식 연산하기(부호 교대로 변환)

```
#include <stdio.h>
void main() {
        int SUM, N, SIGN=1;
        SUM = 0;
        for ( N = 1; N <= 100; N = N + 1 ) {
                SUM = SUM + SIGN * N;
                SIGN = (-1) * SIGN;
        }
        printf("SUM=%d\n", SUM);
}
```

```
C:\Windows\system32\cmd.exe
SUM=-50
계속하려면 아무 키나 누르십시오 . . .
```

[그림 5-6-2] 수식 연산하기(홀수와 짝수 구분)

```
#include <stdio.h>
void main() {
        int SUM, N, R;
        SUM = 0;
        for ( N = 1; N <= 100; N = N + 1 ) {
                R = N % 2;
                if ( R == 0 )
                        SUM = SUM - N;
                else
                        SUM = SUM + N;
        }
        printf("SUM=%d\n", SUM);
}
```

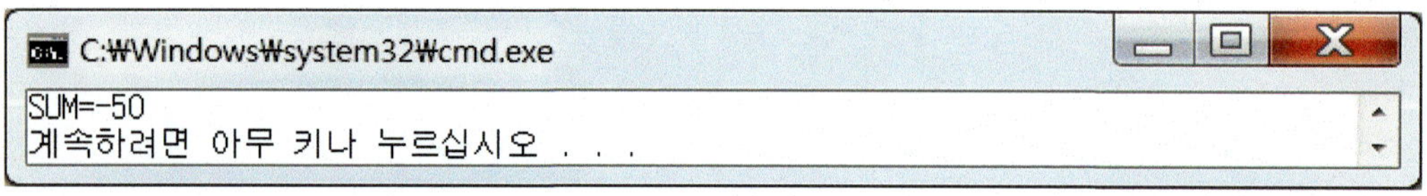

[그림 5-7-2(a)] 2의 10승 구하기(while 구조)

```
#include <stdio.h>
void main() {
        int MUL, N;
        MUL = 1;
        N = 1;
        while ( N <= 10 ) {
                MUL = MUL * 2;
                N = N + 1;
        }
        printf("MUL=%d\n", MUL);
}
```

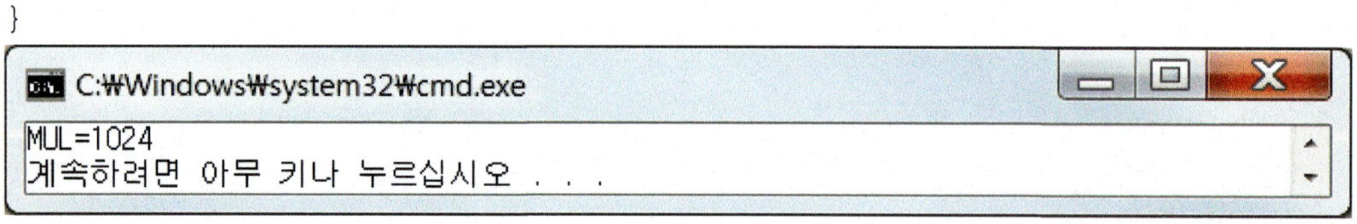

[그림 5-7-2(b)] 2의 10승 구하기(for 구조)

```
#include <stdio.h>
void main() {
        int MUL, N;
        MUL = 1;
        for ( N = 1; N <= 10; N = N + 1 ) {
                MUL = MUL * 2;
```

```
        }
        printf("MUL=%d\n", MUL);
}
```

```
C:\Windows\system32\cmd.exe
MUL=1024
계속하려면 아무 키나 누르십시오 . . .
```

[그림 5-7-3] A의 B승 구하기

```
#include <stdio.h>
void main() {
        int A, B, MUL=1, N;
        scanf("%d %d", &A, &B);
        for ( N = 1; N <= B; N = N + 1 ) {
                MUL = MUL * A;
        }
        printf("MUL=%d\n", MUL);
}
```

```
C:\Windows\system32\cmd.exe
3 10
MUL=59049
계속하려면 아무 키나 누르십시오 . . .
```

[그림 5-8-2(a)] 10 계승 구하기(while 구조)

```
#include <stdio.h>
void main() {
        int MUL, N;
        MUL = 1;
        N = 1;
        while ( N <= 10 ) {
                MUL = MUL * N;
                N = N + 1;
        }
        printf("MUL=%d\n", MUL);
}
```

```
C:\Windows\system32\cmd.exe
MUL=3628800
계속하려면 아무 키나 누르십시오 . . .
```

[그림 5-8-2(b)] A 계승 구하기(while 구조)

```
#include <stdio.h>
void main() {
        int MUL, N, A;
        scanf("%d", &A);
        MUL = 1;
        N = 1;
        while ( N <= A ) {
                MUL = MUL * N;
                N = N + 1;
        }
        printf("MUL=%d\n", MUL);
}
```

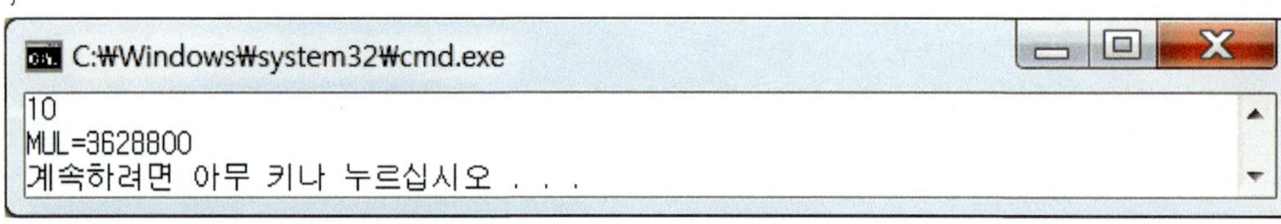

[그림 5-8-3(a)] A 계승 구하기(카운터 증가형 for 구조)

```
#include <stdio.h>
void main() {
        int MUL, N, A;
        scanf("%d", &A);
        MUL = 1;
        for( N = 1; N <= A; N = N + 1 )
               MUL = MUL * N;
        printf("MUL=%d\n", MUL);
}
```

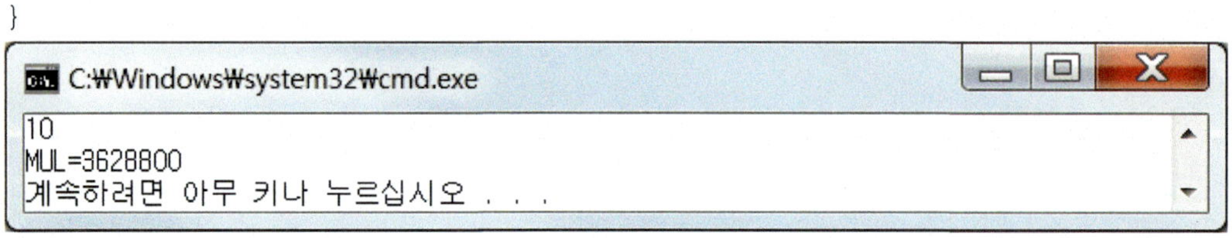

[그림 5-8-3(b)] A 계승 구하기(카운터 감소형 for 구조)

```
#include <stdio.h>
void main() {
        int MUL, N, A;
        scanf("%d", &A);
        MUL = 1;
        for( N = A; N >= 1; N = N - 1 )
               MUL = MUL * N;
```

```
        printf("MUL=%d\n", MUL);
}
```

```
C:\Windows\system32\cmd.exe
10
MUL=3628800
계속하려면 아무 키나 누르십시오 . . .
```

[그림 5-9-1(a)] 12의 약수 구하기(대상 자연수만큼 반복)

```
#include <stdio.h>
void main() {
        int N, Mode;
        for( N = 1; N <= 12; N = N + 1 ) {
                Mode = 12 % N;
                if ( Mode == 0 )
                        printf("%d  ", N);
        }
        printf("\n");
}
```

```
C:\Windows\system32\cmd.exe
1  2  3  4  6  12
계속하려면 아무 키나 누르십시오 . . .
```

[그림 5-9-1(b)] A의 약수 구하기(대상 자연수만큼 반복)

```
#include <stdio.h>
void main() {
        int A, N, Mode;
        scanf("%d", &A);
        for( N = 1; N <= A; N = N + 1 ) {
                Mode = A % N;
                if ( Mode == 0 )
                        printf("%d  ", N);
        }
        printf("\n");
}
```

```
C:\Windows\system32\cmd.exe
24
1  2  3  4  6  8  12  24
계속하려면 아무 키나 누르십시오 . . .
```

[그림 5-9-2(a)] 12의 약수 구하기(대상 자연수의 1/2만큼 반복)

```c
#include <stdio.h>
void main() {
        int N, Mode;
        for( N = 1; N <= 6; N = N + 1 ) {
                Mode = 12 % N;
                if ( Mode == 0 )
                        printf("%d  ", N);
        }
        printf("%d\n", 12);
}
```

```
C:\Windows\system32\cmd.exe
1  2  3  4  6  12
계속하려면 아무 키나 누르십시오 . . .
```

[그림 5-9-2(b)] A의 약수 구하기(대상 자연수의 1/2만큼 반복)

```c
#include <stdio.h>
void main() {
        int A, N, Mode;
        scanf("%d", &A);
        for( N = 1; N <= A/2; N = N + 1 ) {
                Mode = A % N;
                if ( Mode == 0 )
                        printf("%d  ", N);
        }
        printf("%d\n", A);
}
```

```
C:\Windows\system32\cmd.exe
81
1  3  9  27  81
계속하려면 아무 키나 누르십시오 . . .
```

[그림 5-10-2(a)] 성적의 평균 구하기(구조적 순서도)

```c
#include <stdio.h>
void main() {
        int H, K, E, M;
        float Avg;
        scanf("%d %d %d %d", &H, &K, &E, &M);
        while ( H != -1 ) {
                Avg = (K + E + M) / 3.0;
                printf("H=%d, Avg=%.2f\n\n", H, Avg);
```

```
                scanf("%d %d %d %d", &H, &K, &E, &M);
        }
        printf("The end !!!\n");
}
```

```
C:\Windows\system32\cmd.exe
5505001 70 80 90
H=5505001, Avg=80.00

5505002 77 88 99
H=5505002, Avg=88.00

5505003 95 96 98
H=5505003, Avg=96.33

-1 0 0 0
The end !!!
계속하려면 아무 키나 누르십시오 . . .
```

[그림 5-10-2(b)] 성적의 평균 구하기(비구조적 순서도)

```
#include <stdio.h>
#include <stdio.h>
void main() {
        int H, K, E, M;
        float Avg;
        while ( 1 ) {
                scanf("%d %d %d %d", &H, &K, &E, &M);
                if ( H == -1 )
                        break;
                else {
                        Avg = (K + E + M) / 3.0;
                        printf("H=%d, Avg=%.2f\n\n", H, Avg);
                }
        }
        printf("The end !!!\n");
}
```

```
C:\Windows\system32\cmd.exe
5505001 70 80 90
H=5505001, Avg=80.00

5505002 77 88 99
H=5505002, Avg=88.00

5505003 95 96 98
H=5505003, Avg=96.33

-1 0 0 0
The end !!!
계속하려면 아무 키나 누르십시오 . . .
```

[그림 5-12-1(a)] 최대값 구하기(연속적인 입력 데이터)

```
#include <stdio.h>
void main() {
        int  X, N=0, MAX = -1;
        scanf("%d", &X);
        while ( !(X<0 || X>100) ) {
                 if ( X > MAX )
                         MAX = X;
                 N = N + 1;
                 scanf("%d", &X);
        }
        printf("N=%d, MAX=%d\n", N, MAX);
}
```

```
C:\Windows\system32\cmd.exe
25 45 15 55 35 -1
N=5, MAX=55
계속하려면 아무 키나 누르십시오 . . .
```

[그림 5-12-1(b)] 최소값 구하기(연속적인 입력 데이터)

```
#include <stdio.h>
void main() {
        int  X, N=0, MIN = 101;
        scanf("%d", &X);
        while ( !(X<0 || X>100) ) {
                if ( X < MIN )
                        MIN = X;
                N = N + 1;
                scanf("%d", &X);
        }
        printf("N=%d, MIN=%d\n", N, MIN);
}
```

```
C:\Windows\system32\cmd.exe
25 45 15 55 35 101
N=5, MIN=15
계속하려면 아무 키나 누르십시오 . . .
```

[그림 5-12-2(a)] 최대값과 최소값 구하기(정확한 순서도)

```c
#include <stdio.h>
void main() {
        int  X, N = 0, MAX = -1, MIN = 101;
        scanf("%d", &X);
        while ( !(X<0 || X>100) ) {
                if ( X > MAX )
                        MAX = X;
                if ( X < MIN )
                        MIN = X;
                N = N + 1;
                scanf("%d", &X);
        }
        printf("N=%d, MAX=%d, MIN=%d\n", N, MAX, MIN);
}
```

```
C:\Windows\system32\cmd.exe
25 35 45 -1
N=3, MAX=45, MIN=25
계속하려면 아무 키나 누르십시오 . . .
```

[그림 5-12-2(b)] 최대값과 최소값 구하기(오류가 있는 순서도)

```c
#include <stdio.h>
void main() {
        int  X, N = 0, MAX = -1, MIN = 101;
        scanf("%d", &X);
        while ( !(X<0 || X>100) ) {
                if ( X > MAX )
                        MAX = X;
                else if ( X < MIN )
                        MIN = X;
                N = N + 1;
                scanf("%d", &X);
        }
        printf("N=%d, MAX=%d, MIN=%d\n", N, MAX, MIN);
}
```

```
C:\Windows\system32\cmd.exe
25 35 45 -1
N=3, MAX=45, MIN=101
계속하려면 아무 키나 누르십시오 . . .
```

[그림 5-13(a)] A의 제곱근 구하기

```
#include <stdio.h>
#include <math.h>
void main() {
        double A, X;
        scanf("%lf", &A);
        X = sqrt(A);
        printf("The square root of %lf = %lf\n", A, X);
}
```

```
C:\Windows\system32\cmd.exe
2.0
The square root of 2.000000 = 1.414214
계속하려면 아무 키나 누르십시오 . . .
```

[그림 5-13(b)] A의 B승 구하기

```
#include <stdio.h>
#include <math.h>
void main() {
        double A, B, X;
        scanf("%lf %lf", &A, &B);
        X = pow(A, B);
        printf("%lf power of %lf = %lf\n", B, A, X);
}
```

```
C:\Windows\system32\cmd.exe
2 5
5.000000 power of 2.000000 = 32.000000
계속하려면 아무 키나 누르십시오 . . .
```

```
C:\Windows\system32\cmd.exe
2.0 5.0
5.000000 power of 2.000000 = 32.000000
계속하려면 아무 키나 누르십시오 . . .
```

[그림 5-13(c)] 삼각함수 값 구하기

```
#include <stdio.h>
#include <math.h>
void main() {
        int D;
        double R, X, Y, Z;
        scanf("%d", &D);
        R = D * 3.141592 / 180.0;
```

```
        X = sin(R);
        Y = cos(R);
        Z = tan(R);
        printf("sin(%d)=%lf, cos(%d)=%lf, tan(%d)=%lf\n", D, X, D, Y, D, Z);
}
```

```
C:\Windows\system32\cmd.exe
30
sin(30)=0.500000, cos(30)=0.866025, tan(30)=0.577350
계속하려면 아무 키나 누르십시오 . . .
```

```
C:\Windows\system32\cmd.exe
45
sin(45)=0.707107, cos(45)=0.707107, tan(45)=1.000000
계속하려면 아무 키나 누르십시오 . . .
```

[그림 5-14-1] 피보나치 수열과 그 합 구하기(이동 후 덧셈)

```
#include <stdio.h>
void main() {
        int  I, N, T = 0, A, B = 1, C = 0;
        scanf("%d", &N);
        for ( I = 1; I <= N; I = I + 1 ) {
                A = B;
                B = C;
                C = A + B;
                printf("%d  ", C);
                T = T + C;
        }
        printf("\nT=%d\n", T);
}
```

```
C:\Windows\system32\cmd.exe
15
1  1  2  3  5  8  13  21  34  55  89  144  233  377  610
T=1596
계속하려면 아무 키나 누르십시오 . . .
```

[그림 5-14-2] 피보나치 수열과 그 합 구하기(덧셈 후 이동)

```
#include <stdio.h>
void main() {
        int  I, N, T = 0, A = 1, B = 0, C;
        scanf("%d", &N);
        for ( I = 1; I <= N; I = I + 1 ) {
                C = A + B;
                printf("%d  ", C);
                T = T + C;
                A = B;
                B = C;
        }
        printf("\nT=%d\n", T);
}
```

```
C:\Windows\system32\cmd.exe
15
1  1  2  3  5  8  13  21  34  55  89  144  233  377  610
T=1596
계속하려면 아무 키나 누르십시오 . . .
```

[그림 5-15-1] 나르시스트 수 구하기(% 연산자 이용)

```
#include <stdio.h>
void main() {
        int CNT=0, K, A, B, C, Z, I;
        for ( K=100; K<=999; K=K+1 ) {
               A = K / 100;
               B = ( K / 10 ) % 10;
               C = K % 10;
               Z=A*A*A + B*B*B + C*C*C;
               if ( K == Z ) {
                       CNT = CNT + 1;
                       printf("%d  ", K);
               }
        }
        printf("\nCNT=%d\n", CNT);
}
```

```
C:\Windows\system32\cmd.exe
153  370  371  407
CNT=4
계속하려면 아무 키나 누르십시오 . . .
```

[그림 5-15-2] 나르시스트 수 구하기(나머지 공식 이용)

```
#include <stdio.h>
void main() {
        int CNT=0, K, A, B, C, Z, I;
        for ( K=100; K<=999; K=K+1 ) {
                A = K / 100;

                B = K / 10;
                I = B / 10;
                B = B - I * 10;

                I = K / 10;
                C = K - I * 10;

                Z = A*A*A + B*B*B + C*C*C;
                if ( K == Z ) {
                        CNT = CNT + 1;
                        printf("%d  ", K);
                }
        }
        printf("\nCNT=%d\n", CNT);
}
```

```
C:₩Windows₩system32₩cmd.exe
153  370  371  407
CNT=4
계속하려면 아무 키나 누르십시오 . . .
```

[그림 6-2-2] 구구단을 출력하기

```
#include <stdio.h>
void main() {
        int J, K, MUL;
        for ( J = 2; J<=9; J++ ) {
                printf("%d 단\n", J);
                for ( K=1; K<=9; K++ ) {
                        MUL = J * K;
                        printf("%d * %d = %d\n", J, K, MUL)
                }
                printf("\n");
        }
}
```

C:₩Windows₩system32₩cmd.exe

```
2 단
2 * 1 = 2
2 * 2 = 4
2 * 3 = 6
2 * 4 = 8
2 * 5 = 10
2 * 6 = 12
2 * 7 = 14
2 * 8 = 16
2 * 9 = 18

3 단
3 * 1 = 3
3 * 2 = 6
3 * 3 = 9
```

[그림 6-3-2(a)] 좌하단이 직각인 삼각형을 출력하기(카운터 증가형)

```
#include <stdio.h>
void main() {
        int  P, K;
        for ( P = 1; P <= 5; P++ ) {
                for ( K=1; K <= P; K++ ) {
                        printf("*");
                }
                printf("\n");
        }
}
```

C:₩Windows₩system32₩cmd.exe

```
*
**
***
****
*****
계속하려면 아무 키나 누르십시오 . . .
```

[그림 6-3-2(b)] 좌하단이 직각인 삼각형을 출력하기(카운터 감소형)

```
#include <stdio.h>
void main() {
        int  P, K;
        for ( P = 1; P <= 5; P++ ) {
                for ( K = 5; K >= (6-P); K-- ) {
                        printf("*");
                }
                printf("\n");
        }
}
```

```
C:\Windows\system32\cmd.exe
*
**
***
****
*****
계속하려면 아무 키나 누르십시오 . . .
```

[그림 6-4-2(a)] 우하단이 직각인 삼각형을 출력하기(카운터 증가형)

```
#include <stdio.h>
void main() {
        int P, K, J;
        for ( P = 1; P <= 5; P++ ) {
                for ( K = P; K <= 5; K++ ) {
                        printf(" ");
                }
                for ( J = 1; J <= P; J++ ) {
                        printf("*");
                }
                printf("\n");
        }
}
```

```
C:\Windows\system32\cmd.exe
    *
   **
  ***
 ****
*****
계속하려면 아무 키나 누르십시오 . . .
```

[그림 6-4-2(b)] 우하단이 직각인 삼각형을 출력하기(카운터 감소형)

```
#include <stdio.h>
void main() {
	int P, K, J;
	for ( P = 1; P <= 5; P++ ) {
		for ( K = 5; K >= P; K-- ) {
			printf(" ");
		}
		for ( J = P; J >= 1; J-- ) {
			printf("*");
		}
		printf("\n");
	}
}
```

```
C:₩Windows₩system32₩cmd.exe
    *
   **
  ***
 ****
*****
계속하려면 아무 키나 누르십시오 . . .
```

[그림 6-5-2(a)] 소수인지 판별하기(1부터 A까지 나누어보기)

```
#include <stdio.h>
void main() {
	int  A, N, Mode, CNT=0;
	scanf("%d", &A);
	for ( N=1; N<=A; N++ ) {
		Mode = A % N;
		if ( Mode == 0)
			CNT = CNT + 1;
	}
	if (CNT == 2)
		printf("%d는 소수이다\n", A);
	else
		printf("%d는 소수가 아니다\n", A);
}
```

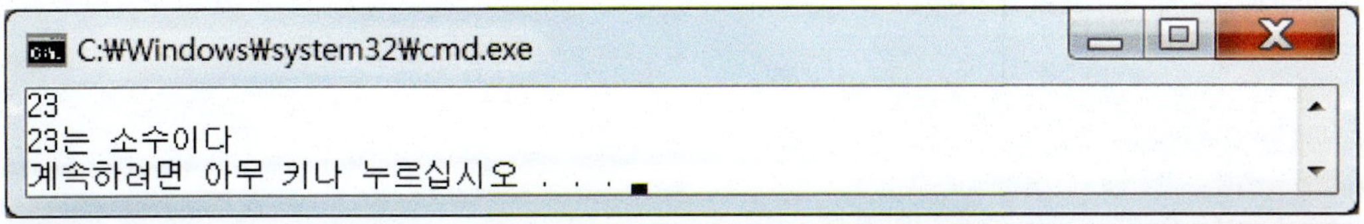

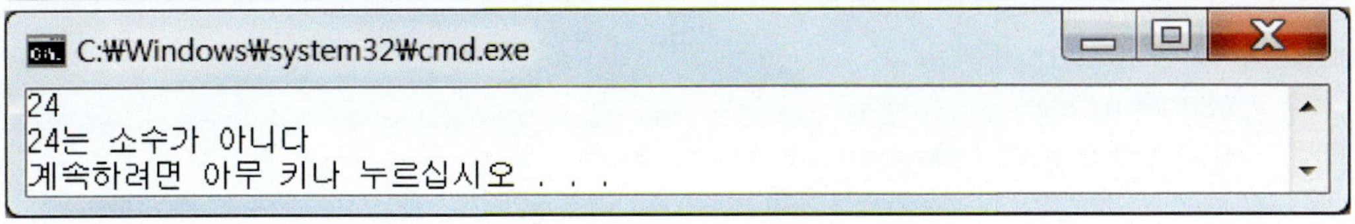

[그림 6-5-2(b)] 소수인지 판별하기(2부터 $\sqrt{A}$ 까지 나누어보기)

```
#include <stdio.h>
#include <math.h>
void main() {
        int  A, Q, N, Mode, CNT=0;
        scanf("%d", &A);
        Q = int( sqrt( double(A) ) );
        for ( N=2; N<=Q; N++ ) {
                Mode = A % N;
                if ( Mode == 0)
                        CNT = CNT + 1;
        }
        if (CNT == 0)
                printf("%d는 소수이다\n", A);
        else
                printf("%d는 소수가 아니다\n", A);
}
```

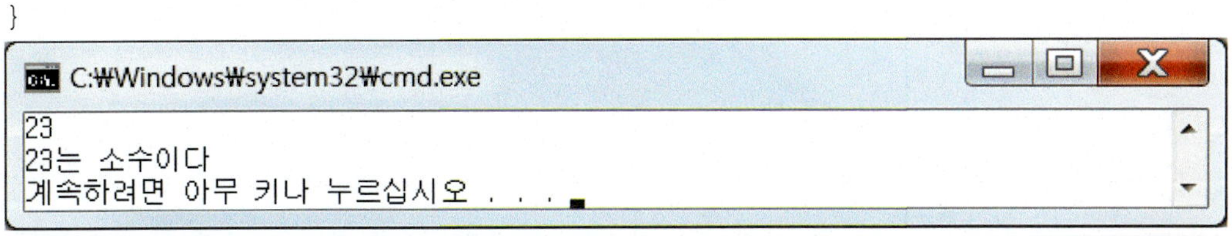

[그림 6-5-3] 2~50 사이의 소수 구하기

```
#include <stdio.h>
#include <math.h>
void main() {
        int  A, N, Q, CNT=0, COUNT=0;
        for ( A = 2; A <= 50; A++ ) {
                CNT = 0;
                Q = int( sqrt( double(A) ) );
                for ( N = 2; N <= Q; N++ ) {
                        if ( A % N == 0 )
                                CNT = CNT + 1;
                }
                if ( CNT == 0 ) {
                        COUNT = COUNT + 1;
                        printf("%d  ", A);
                }
        }
        printf("\n소수의 개수=%d\n", COUNT);
}
```

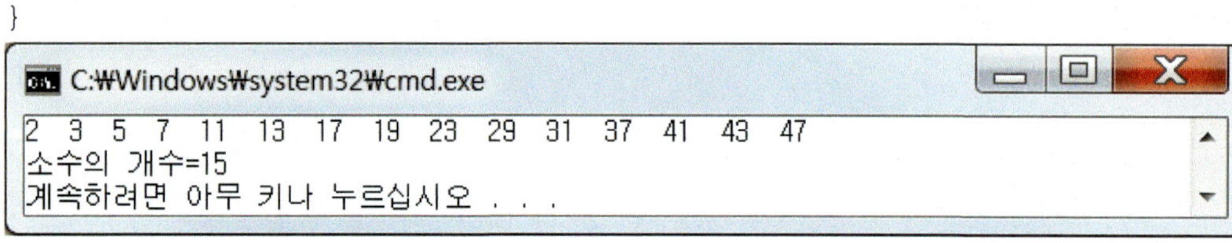

[그림 6-6] 2~50까지의 약수와 그 개수를 구하기

```
#include <stdio.h>
void main() {
        int  A, N, CNT;
        for ( A = 2; A <= 50; A++ ) {
                printf("%d 약수 : ", A);
                CNT = 0;
                for ( N = 1; N <= A; N++ ) {
                        if ( A % N == 0 ) {
                                printf("%d  ", N);
                                CNT = CNT + 1;
                        }
                }
                printf("\n%d 약수 개수 : %d\n\n", A, CNT);
        }
}
```

```
C:\Windows\system32\cmd.exe
2 약수 : 1  2
2 약수 개수 : 2

3 약수 : 1  3
3 약수 개수 : 2

4 약수 : 1  2  4
4 약수 개수 : 3

5 약수 : 1  5
```

[그림 6-7-1(b)] 3~12까지의 계승 구하기

```c
#include <stdio.h>
void main() {
        int  Fact, J, K;
        for ( J = 3; J <= 12; J++ ) {
               Fact = 1;
               for ( K = 2; K <= J; K++ ) {
                      Fact = Fact * K;
               }
               printf("%d! = %d\n", J, Fact);
        }
}
```

```
C:\Windows\system32\cmd.exe
3! = 6
4! = 24
5! = 120
6! = 720
7! = 5040
8! = 40320
9! = 362880
10! = 3628800
11! = 39916800
12! = 479001600
계속하려면 아무 키나 누르십시오 . . .
```

[그림 6-7-2] 3!~12!까지의 계산식 출력하기

```
#include <stdio.h>
void main() {
        int Fact, J, K;
        for (J = 3; J <= 12; J++) {
               Fact = 1;
               printf("%d! = 1", J);
               for ( K = 2; K <= J; K++ ) {
                      Fact = Fact * K;
                      printf("*%d", K);
               }
               printf(" = %d\n", Fact);
        }
}
```

```
C:\Windows\system32\cmd.exe
3! = 1*2*3 = 6
4! = 1*2*3*4 = 24
5! = 1*2*3*4*5 = 120
6! = 1*2*3*4*5*6 = 720
7! = 1*2*3*4*5*6*7 = 5040
8! = 1*2*3*4*5*6*7*8 = 40320
9! = 1*2*3*4*5*6*7*8*9 = 362880
10! = 1*2*3*4*5*6*7*8*9*10 = 3628800
11! = 1*2*3*4*5*6*7*8*9*10*11 = 39916800
12! = 1*2*3*4*5*6*7*8*9*10*11*12 = 479001600
계속하려면 아무 키나 누르십시오 . . .
```

[그림 6-8] 팩토리얼들의 합 구하기

```
#include <stdio.h>
void main() {
        int  J, K, Fact, Sum;
        for ( J = 1; J <= 10; J++ ) {
               Fact = 1;
               for ( K = J; K >=0 ; K-- )
                      Fact = Fact * K;
               Sum = Sum + Fact;
        }
        printf("Sum = %d\n", Sum);
}
```

```
C:\Windows\system32\cmd.exe
Sum = 1882998548
계속하려면 아무 키나 누르십시오 . . .
```

[그림 6-9-2] 정현파 그래프 출력하기

```
#include <stdio.h>
#include <math.h>
void main() {
       int  D, y, Y, K;
       float  R;
       for (D = 0; D <= 360; D = D + 30)     {
              R = D * (3.141592 / 180.0);
              y = int(10.0 * sin(R));
              Y = y + 15;
              for (K = 1; K <= Y; K = K + 1) {
                     printf(" ");
              }
              printf("*\n");
       }
}
```

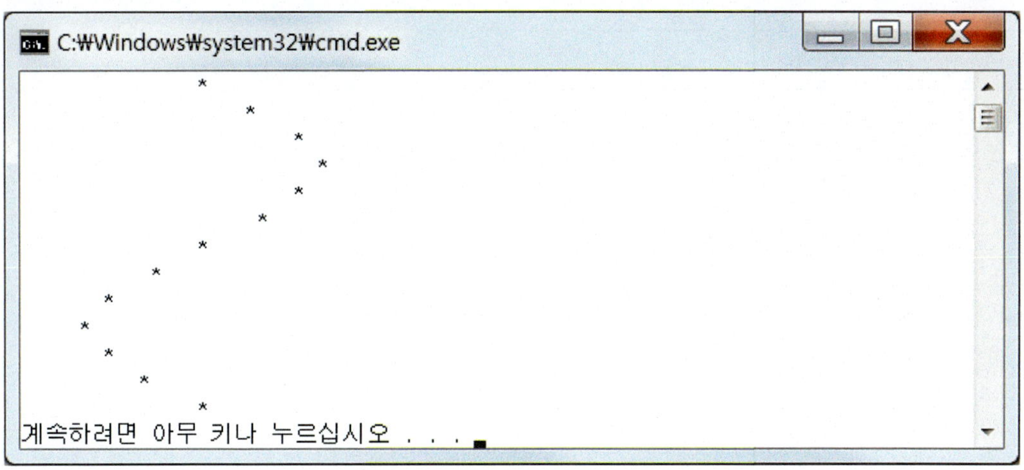

[그림 6-10-1] 십진수의 각 자리 수 출력하기(낮은 자리부터)

```
#include <stdio.h>
void main() {
       int  X, Y;
       scanf("%d", &X);
       while ( X != 0) {
              Y = X % 10;
              printf("%d  ", Y);
              X = X / 10;
       }
}
```

```
275
5  7  2  계속하려면 아무 키나 누르십시오 . . .
```

[그림 6-10-2] 십진수의 각 자리 수 출력하기(높은 자리부터)

```
#include <stdio.h>
void main() {
        int  X, Y, D=100;
        scanf("%d", &X);
        while ( X != 0) {
                Y = X / D;
                printf("%d  ", Y);
                X = X % D;
                D = D / 10;
        }
}
```

```
C:\Windows\system32\cmd.exe
275
2  7  5  계속하려면 아무 키나 누르십시오 . . .
```

[그림 7-1-3(a)] 배열 원소 다루기(초기값 주기)

```
#include <stdio.h>
void main() {
        float  X[3] = { 13.5, 18.2, 16.4 };
        float  SUM;
        SUM = X[0] + X[1] + X[2];
        printf("SUM = %.1f\n", SUM);
}
```

```
C:\Windows\system32\cmd.exe
SUM = 48.1
계속하려면 아무 키나 누르십시오 . . .
```

[그림 7-1-3(b)] 배열 원소 다루기(대입하기)

```
#include <stdio.h>
void main() {
        float  X[3], SUM;
        X[0] = 13.5;
        X[1] = 18.2;
        X[2] = 16.4;
        SUM = X[0] + X[1] + X[2];
        printf("SUM = %.1f\n", SUM);
}
```

```
C:\Windows\system32\cmd.exe
SUM = 48.1
계속하려면 아무 키나 누르십시오 . . .
```

[그림 7-1-3(c)] 배열 원소 다루기(입력하기)

```
#include <stdio.h>
void main() {
        float  X[3], SUM;
        scanf("%f %f %f", &X[0], &X[1], &X[2]);
        SUM = X[0] + X[1] + X[2];
        printf("SUM = %.1f\n", SUM);
}
```

```
C:\Windows\system32\cmd.exe
13.5 18.2 16.4
SUM = 48.1
계속하려면 아무 키나 누르십시오 . . .
```

[그림 7-1-4(b)] 배열 A 입출력하기(반복구조와 첨자변수 사용)

```
#include <stdio.h>
void main() {
        int  J, K, A[10];
        for ( J = 0; J <= 9; J++ )
                scanf("%d", &A[J]);
        for ( K = 0; K <= 9; K++ )
                printf("%d ", A[K]);
        printf("\n");
}
```

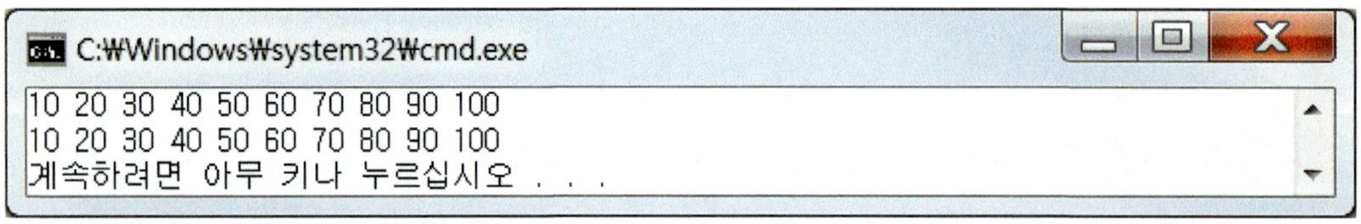

[그림 7-1-5(b)] 배열 A의 합 구하기(반복구조와 첨자변수 사용)

```
#include <stdio.h>
void main() {
        int  K, A[10], SUM;
        SUM = 0;
        for ( K = 0; K <= 9; K++ )
                scanf("%d", &A[K]);
        for ( K = 0; K <= 9; K++ )
                SUM = SUM + A[K];
        printf("SUM = %d\n", SUM);
}
```

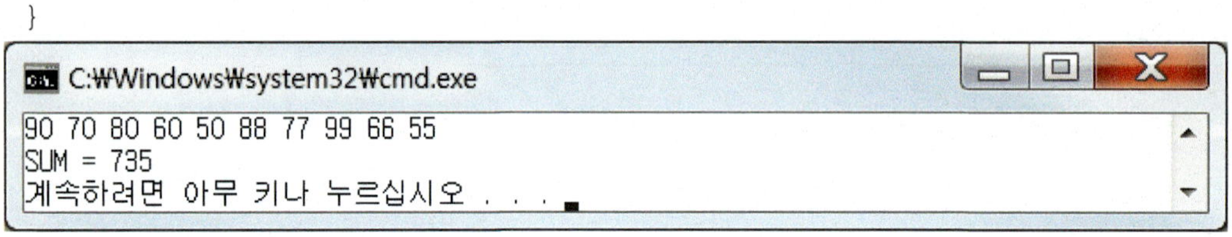

[그림 7-2-2] 한 배열 내에서 역순으로 저장하기

```
#include <stdio.h>
void main() {
        int  I, J, A[8], Temp;
        for ( I = 0; I <= 7; I++ )
                 A[I] = I+1;
        for ( I = 0 ; I <= 3; I++ ) {
                 J = 7 - I;
```

```
                Temp = A[I];
                A[I] = A[J];
                A[J] = Temp;
            }
            for ( I = 0; I <= 7; I++ )
                printf("%d ", A[I]);
            printf("\n");
}
```

```
C:\Windows\system32\cmd.exe
8 7 6 5 4 3 2 1
계속하려면 아무 키나 누르십시오 . . .
```

[그림 7-3-2] 배열을 오른쪽으로 한 칸씩 이동하고 출력하기

```
#include <stdio.h>
void main() {
        int A[8], I, K, Temp;
        for ( I = 0; I <= 7; I++)
                A[I] = I+1;
        for ( K = 0; K <= 1; K++) {
                Temp = A[7];
                for ( I = 6; I >= 0; I-- )
                        A[I+1] = A[I];
                A[0] = Temp;
                for ( I = 0; I <= 7; I++ )
                        printf("%d ", A[I]);
                printf("\n");
        }
}
```

```
C:\Windows\system32\cmd.exe
8 1 2 3 4 5 6 7
7 8 1 2 3 4 5 6
계속하려면 아무 키나 누르십시오 . . .
```

[그림 7-4-3(a)] 다른 배열의 다른 원소 위치로 이동하기(첨자:0~7)

```c
#include <stdio.h>
void main() {
        int  K, A[8], B[8];
        for ( K = 0; K <= 7 ; K++ )
                A[K] = K;
        for ( K = 0; K <= 7 ; K++ )
                B[K] = A[(K+2)%8];
        for ( K = 0; K <= 7 ; K++ )
                printf("%d  ", A[K]);
        printf("\n");
        for ( K = 0; K <= 7 ; K++ )
                printf("%d  ", B[K]);
        printf("\n");
}
```

```
C:\Windows\system32\cmd.exe
0  1  2  3  4  5  6  7
2  3  4  5  6  7  0  1
계속하려면 아무 키나 누르십시오 . . .
```

[그림 7-4-3(b)] 다른 배열의 다른 원소 위치로 이동하기(첨자:1~8)

```c
#include <stdio.h>
void main() {
        int  K, A[10], B[10];
        for ( K = 1; K <= 8 ; K++ )
                A[K] = K;
        for ( K = 0; K <= 7 ; K++ )
                B[K+1] = A[ (K+2) % 8 + 1 ];
        for ( K = 1; K <= 8 ; K++ )
                printf("%d  ", A[K]);
        printf("\n");
        for ( K = 1; K <= 8 ; K++ )
                printf("%d  ", B[K]);
        printf("\n");
}
```

```
C:\Windows\system32\cmd.exe
1  2  3  4  5  6  7  8
3  4  5  6  7  8  1  2
계속하려면 아무 키나 누르십시오 . . .
```

[그림 7-5-2] 한 반 성적의 합과 평균 구하기

```
#include <stdio.h>
void main() {
        char NAME[5][10];
        int  I, EN[5], MA[5], TT[5];
        float AV[5];
        for ( I = 0; I < 5; I++) {
                scanf("%s %d %d", NAME[I], &EN[I], &MA[I]);
                TT[I] = EN[I] + MA[I];
                AV[I] = float(TT[I] / 2.0);
        }
        printf("\n성명\t영어\t수학\t총점\t평균\n");
        for ( I = 0; I < 5; I++)
                printf("%s\t %d\t %d\t %d\t %.2f\n", NAME[I], EN[I],
                MA[I], TT[I], AV[I]);
}
```

```
C:\Windows\system32\cmd.exe
홍길동 98 99
손오공 92 93
사오정 55 66
이갑돌 88 99
이갑순 92 88

성명    영어    수학    총점    평균
홍길동   98      99      197     98.50
손오공   92      93      185     92.50
사오정   55      66      121     60.50
이갑돌   88      99      187     93.50
이갑순   92      88      180     90.00
계속하려면 아무 키나 누르십시오 . . .
```

[그림 7-6-2] 2진수의 합 구하기(덧셈 결과 크기 이용)

```
#include <stdio.h>
void main() {
        int  A[8], B[8], S[8], carry=0, I, Z;
        for( I = 0; I < 8; I++ )
                scanf("%d", &A[I]);
        for( I = 0; I < 8; I++ )
                scanf("%d", &B[I]);
        for ( I = 7; I >=0 ; I-- ) {
                Z = A[I] + B[I] + carry;
                if ( Z <= 1) {
                        carry = 0;
```

```
                S[I] = Z;
            }
            else {
                carry = 1;
                S[I] = Z-2;
            }
        }
        for( I = 0; I < 8; I++ )
            printf("%d ", S[I]);
        printf("\n");
        if (carry == 1)
            printf("오버플로우!!\n");
}
```

```
C:\Windows\system32\cmd.exe
0 0 0 0 1 1 1 1
0 1 0 1 0 1 0 1
0 1 1 0 0 1 0 0
계속하려면 아무 키나 누르십시오 . . .
```

```
C:\Windows\system32\cmd.exe
1 1 1 1 0 0 0 0
1 0 1 0 1 0 1 0
1 0 0 1 1 0 1 0
오버 플로우!!
계속하려면 아무 키나 누르십시오 . . .
```

[그림 7-6-3] 2진수의 합 구하기(/와 %연산자 이용)

```
#include <stdio.h>
void main() {
        int  A[8], B[8], S[8], carry=0, I, Z;
        for( I = 0; I < 8; I++ )
            scanf("%d", &A[I]);
        for( I = 0; I < 8; I++ )
            scanf("%d", &B[I]);
        for ( I = 7; I >=0 ; I-- ) {
            Z = A[I] + B[I] + carry;
            carry = Z / 2;
            S[I] = Z % 2;
        }
        for( I = 0; I < 8; I++ )
            printf("%d ", S[I]);
```

```
        printf("\n");
        if (carry == 1)
        printf("오버플로우!!\n");
}
```

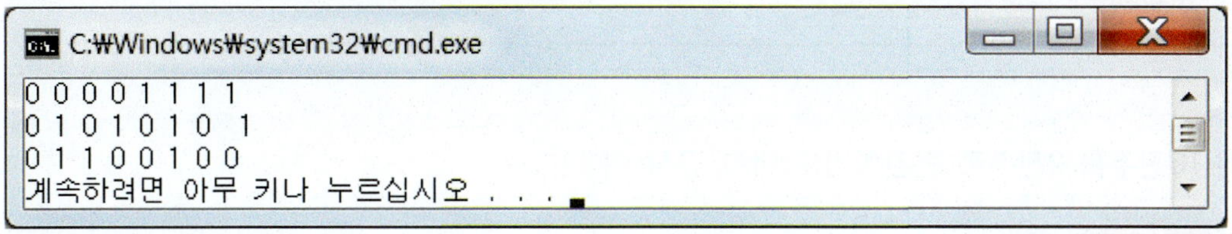

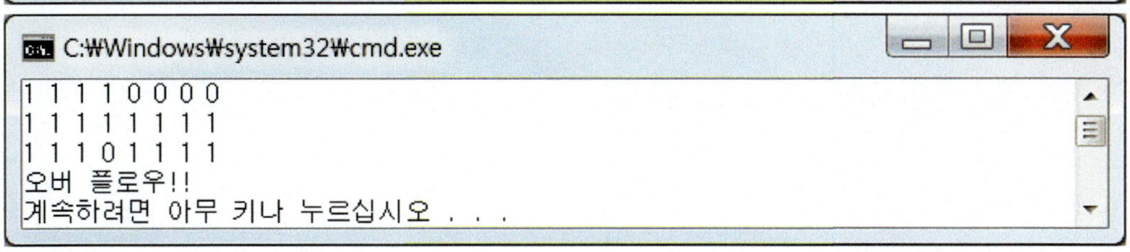

[그림 7-6-4] 2진수의 합 구하기(8비트 덧셈과 9비트 결과저장)

```
#include <stdio.h>
void main() {
      int A[8], B[8], S[9], carry=0, I, Z;
      printf("배열 A:   ");
      for( I = 0; I < 8; I++ )
            scanf("%d", &A[I]);
      printf("배열 B:   ");
      for( I = 0; I < 8; I++ )
            scanf("%d", &B[I]);
      for( I = 7; I >=0 ; I-- ) {
            Z = A[I] + B[I] + carry;
            carry = Z / 2;
            S[I+1] = Z % 2;
      }
      S[0] = carry;
      printf("배열 S: ");
      for( I = 0; I < 9; I++ )
            printf("%d ", S[I]);
      printf("\n");
}
```

```
C:\Windows\system32\cmd.exe
배열 A:   1 1 1 1 0 0 0 0
배열 B:   1 1 1 1 1 1 1 1
배열 S: 1 1 1 1 0 1 1 1 1
계속하려면 아무 키나 누르십시오 . . .
```

[그림 7-7-2] 10진수를 2진수로 변환하기(나머지 공식 이용)

```
#include<stdio.h>
void main() {
        int DEC, K, MOK, NMG, B[8] = {0};
        scanf("%d", &DEC);
        K = 7;
        while ( DEC != 0 ) {
                MOK = DEC / 2;
                NMG = DEC- MOK*2;
                B[K] = NMG;
                K = K - 1;
                DEC = MOK;
        }
        for ( K = 0; K <= 7; K++ )
                printf("%d  ", B[K]);
        printf("\n");
}
```

```
C:\Windows\system32\cmd.exe
13
0  0  0  0  1  1  0  1
계속하려면 아무 키나 누르십시오 . . .
```

[그림 7-7-3] 10진수를 2진수로 변환하기(% 연산자 이용)

```
#include<stdio.h>
void main() {
        int DEC, K, B[8] = {0};
        scanf("%d", &DEC);
        K = 7;
        while ( DEC != 0 ) {
                B[K] = DEC % 2;
                K = K - 1;
                DEC = DEC / 2;
        }
        for ( K = 0; K <= 7; K++ )
                printf("%d  ", B[K]);
        printf("\n");
}
```

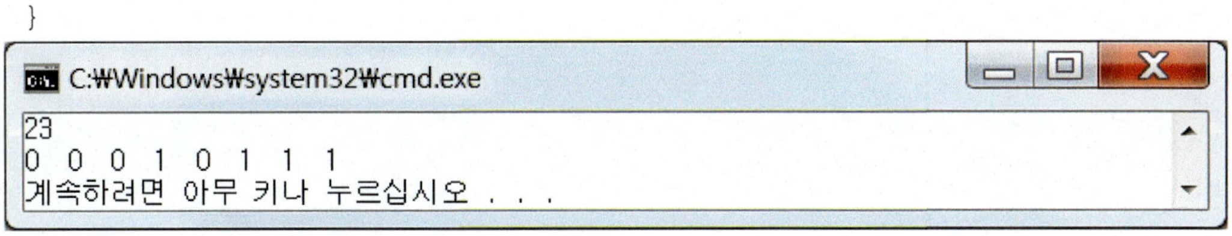

[그림 7-8-3] 2진수를 10진수로 변환하기

```
#include <stdio.h>
#include <math.h>
void main() {
        int  DEC, K, W, B[8];
        for ( K =0; K <= 7; K++ )
               scanf("%d", &B[K]);
        DEC = 0;
        for ( K = 1; K <= 7; K++ ) {
               W = pow( 2.0, double(7-K) );
               DEC = DEC + B[K] * W;
        }
        if ( B[0] == 1 ) {
               DEC = 128 - DEC;
               DEC = DEC * (-1);
        }
        printf("DEC=%d\n", DEC);
}
```

```
C:\Windows\system32\cmd.exe
0 1 1 1 1 1 1 1
DEC=127
계속하려면 아무 키나 누르십시오 . . .
```

```
C:\Windows\system32\cmd.exe
1 1 1 1 1 1 1 1
DEC=-1
계속하려면 아무 키나 누르십시오 . . .
```

[그림 7-9-4] 버블 정렬로 오름차순 정렬하기

```
#include <stdio.h>
void swap(int *X, int *Y);
void main() {
        int  A[5], P, K;
        for ( P = 0; P <= 4; P++ )
                scanf("%d", &A[P]);
        for ( P = 0; P <= 3; P++ ) {
                for ( K = 0; K <= (3-P); K++ ) {
                        if ( A[K] > A[K+1] )
                                swap( &A[K], &A[K+1] );
                }
        }
        for ( P = 0; P <= 4; P++ )
                printf("%d ", A[P]);
        printf("\n");
}
void swap (int *X, int *Y) {
        int Temp;
        Temp = *X;
        *X = *Y;
        *Y = Temp;
}
```

```
C:\Windows\system32\cmd.exe
8 9 3 5 1
1 3 5 8 9
계속하려면 아무 키나 누르십시오 . . .
```

[그림 7-10-4] 선택 정렬로 오름차순 정렬하기

```
#include <stdio.h>
void swap(int *X, int *Y);
void main() {
        int  A[5], iMin, P, K, Temp;
        for ( P = 0; P <= 4; P++ )
                scanf("%d", &A[P]);
        for ( P = 0; P <= 3; P++ ) {
                iMin = P;
                for ( K = P+1; K <= 4; K++ ) {
                        if ( A[K] < A[iMin] )
                                iMin = K;
                }
                if ( iMin != P )
                        swap( &A[P], &A[iMin] );
        }
        for ( P = 0; P <= 4; P++ )
                printf("%d ", A[P]);
        printf("\n");
}
void swap (int *X, int *Y) {
        int Temp;
        Temp = *X;
        *X = *Y;
        *Y = Temp;
}
```

```
C:\Windows\system32\cmd.exe
5 3 9 1 7
1 3 5 7 9
계속하려면 아무 키나 누르십시오 . . .
```

[그림 7-11-5] 삽입 정렬로 오름차순 정렬하기(for구조 내 while구조)

```
#include <stdio.h>
void main() {
        int  A[5], P, K, Key;
        for ( P = 0; P <= 4; P++ )
                scanf("%d", &A[P]);
        for ( P = 1; P <= 4; P++ ) {
```

```
            Key = A[P];
            K = P - 1;
            while ( K >= 0 && Key < A[K] ) {
                    A[K+1] = A[K];
                    K = K - 1;
            }
            A[K+1] = Key;
    }
    for ( P = 0; P <= 4; P++ )
            printf("%d ", A[P]);
    printf("\n");
}
```

```
C:\Windows\system32\cmd.exe
6 5 3 8 7
3 5 6 7 8
계속하려면 아무 키나 누르십시오 . . .
```

[그림 7-11-6] 삽입 정렬로 오름차순 정렬하기(이중 for구조)

```
#include <stdio.h>
void main() {
        int  A[5], P, K, Key;
        for ( P = 0; P <= 4; P++ )
                scanf("%d", &A[P]);

        for ( P = 1; P <= 4; P++ ) {
                Key = A[P];
                for ( K = P-1; K >= 0; K-- ) {
                        if ( Key < A[K] )     A[K+1] = A[K];
                        else   break;
                }
                A[K+1] = Key;
        }
        for (P = 0; P <= 4; P++ )
               printf("%d ", A[P]);
        printf("\n");
}
```

```
C:\Windows\system32\cmd.exe
60 50 30 80 70
30 50 60 70 80
계속하려면 아무 키나 누르십시오 . . .
```

[그림 7-12-5] 석차 구하기

```c
#include <stdio.h>
void main() {
        int  I, P, K, NA[5][10], A[5], RK[5];
        for ( I = 0; I <= 4 ; I++ )
                RK[I] = 1;
        printf("성명과 점수을 입력하세요:\n");
        for ( I = 0; I <= 4 ; I++ )
                scanf("%s %d", NA[I], &A[I]);
        for ( P = 0; P <= 3; P++ ) {
                for ( K = P+1; K <= 4; K++ ) {
                        if (  A[P] < A[K] )
                                RK[P] = RK[P] + 1;
                        else if (  A[P] > A[K] )
                                RK[K] = RK[K] + 1;
                }
        }
        printf("\n성명 \t점수\t석차\n");
        for ( I = 0; I <= 4; I++ )
                printf("%s \t%d \t%d\n", NA[I], A[I], RK[I]);
}
```

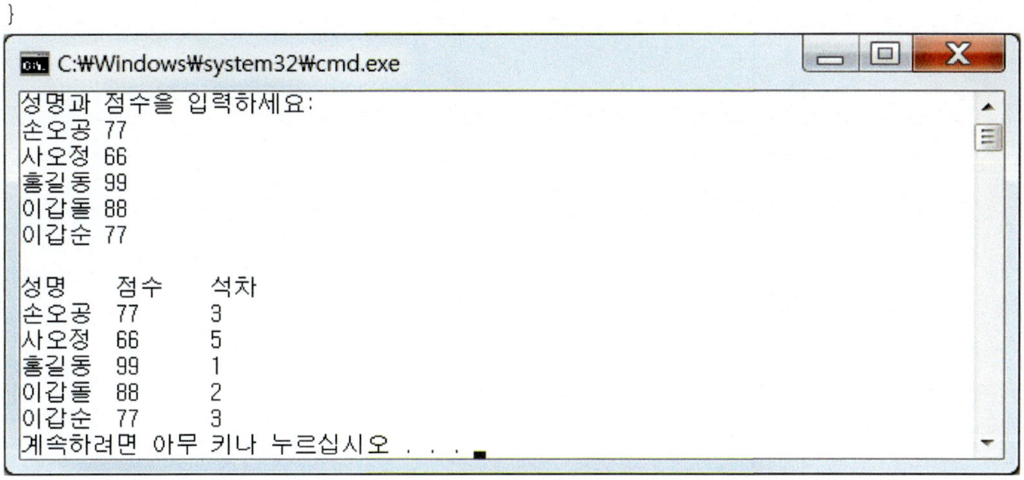

[그림 7-13-3] 배열 A와 B를 C로 병합하기

```
#include <stdio.h>
void main() {
        int  X, Y, Z, A[3], B[5], C[8];
        printf("배열 A(3) 입력: ");
        for ( X = 0; X <= 2; X++ )
                scanf("%d", &A[X]);
        printf("배열 A(5) 입력: ");
        for ( Y = 0; Y <= 4; Y++ )
                scanf("%d", &B[Y]);
        X = 2;
        Y = 0;
        Z = 0;
        while ( X >= 0 && Y <= 4 ) {
                if ( A[X] >= B[Y] ) {
                        C[Z] = A[X];
                        X = X - 1;
                        Z = Z + 1;
                }
                else {
                        C[Z] = B[Y];
                        Y = Y + 1;
                        Z = Z + 1;
                }
        }
        if ( X < 0 ) {
                do {
                        C[Z] = B[Y];
                        Y = Y + 1;
                        Z = Z + 1;
                } while ( Y <= 4 );
        }
        else {
                do {
                        C[Z] = A[X];
                        X = X - 1;
                        Z = Z + 1;
                } while ( X >= 0 );
        }
```

```
        printf("배열 C(10) 출력: ");
        for ( Z = 0; Z <= 7; Z++ )
               printf("%d ", C[Z]);
        printf("\n");
}
```

```
C:\Windows\system32\cmd.exe
배열 A(3) 입력: 33 55 88
배열 A(5) 입력: 99 88 77 22 11
배열 C(10) 출력: 99 88 88 77 55 33 22 11
계속하려면 아무 키나 누르십시오 . . .
```

[그림 7-14-4] 소인수 분해 출력하기

```
#include <stdio.h>
void main() {
        int  DEC, K, X, L, A[10];
        printf("정수 입력 : ");
        scanf("%d", &DEC);
        while ( DEC >= 2 ) {
                K = -1;
                do {
                       X = 1;
                       do {
                              X = X + 1;
                       } while ( !(DEC % X == 0) );
                       K = K + 1;
                       A[K] = X;
                       DEC = DEC / X;
                } while ( !(DEC == 1) );
                if ( K == 0 )
                        printf("소수이다!!\n\n");
                else {
                        printf("소인수 분해 : ");
                        for ( L = 0; L <= K-1; L++ )
                                printf("%d * ", A[L]);
                        printf("%d\n\n", A[K]);
                }
                printf("정수 입력 : ");
                scanf("%d", &DEC);
        }
}
```

```
C:\Windows\system32\cmd.exe
정수 입력 : 20
소인수 분해 : 2 * 2 * 5

정수 입력 : 30
소인수 분해 : 2 * 3 * 5

정수 입력 : 23
소수이다!!

정수 입력 : 1
계속하려면 아무 키나 누르십시오 . . .
```

[그림 7-14-5] 소인수 출력하기

```c
#include <stdio.h>
void main() {
        int  DEC, X;
        printf("자연수 입력 : ");
        scanf("%d", &DEC);
        printf("소인수 : ");
        while ( DEC != 1 ) {
                X = 1;
                do {
                        X = X + 1;
                } while ( DEC % X != 0 );
                printf("%d  ", X);
                DEC = DEC / X;
        }
        printf("\n");
}
```

```
C:\Windows\system32\cmd.exe
자연수 입력 : 20
소인수 : 2  2  5
계속하려면 아무 키나 누르십시오 . . .
```

[그림 7-15-2] 55에 가장 가까운 수 찾아내기

```c
#include <stdio.h>
void main() {
        int  K, A[10], D, COMP, RST;
        printf("배열 A(10) 입력 : ");
        for (  K = 0; K <= 9; K++ )
```

```
            scanf("%d", &A[K]);
        COMP = 355;
        for (  K = 0; K <= 9; K++ ) {
                if ( A[K] >= 55 )
                        D = A[K] - 55;
                else
                        D = 55 - A[K];
                if ( D < COMP ) {
                        COMP = D;
                        RST = A[K];
                }
        }
        printf("Ans=%d\n", RST);
}
```

```
C:₩Windows₩system32₩cmd.exe
배열 A(10) 입력 : 105 -15 22 255 45 -100 -200 -1 35 11
Ans=45
계속하려면 아무 키나 누르십시오 . . .
```

[그림 8-1-3(a)(c)] 2차원 배열에 값을 저장하고 출력하기(초기화)

```
#include <stdio.h>
void main() {
        int  I, J, S[4][3]={{99,77,88},{65,95,85},{90,80,70},{81,71,91}};
        for ( I = 0; I <= 3; I++ ) {
                printf("학생%d 성적 출력 : ", I+1);
                for ( J = 0; J <= 2; J++ )
                        printf("%d  ", S[I][J]);
                printf("\n");
        }
}
```

```
C:₩Windows₩system32₩cmd.exe
학생1 성적 출력 : 99  77  88
학생2 성적 출력 : 65  95  85
학생3 성적 출력 : 90  80  70
학생4 성적 출력 : 81  71  91
계속하려면 아무 키나 누르십시오 . . .
```

[그림 8-1-3(b)(c)] 2차원 배열에 값을 저장하고 출력하기(입력하기)

```
#include <stdio.h>
void main() {
        int  I, J, S[4][3];
        for ( I = 0; I <= 3; I++ ) {
                printf("학생%d 성적 입력 : ", I+1);
                for ( J = 0; J <= 2; J++ )
                        scanf("%d", &S[I][J]);
        }
        for ( I = 0; I <= 3; I++ ) {
                printf("학생%d 성적 출력 : ", I+1);
                for ( J = 0; J <= 2; J++ )
                        printf("%d  ", S[I][J]);
                printf("\n");
        }
}
```

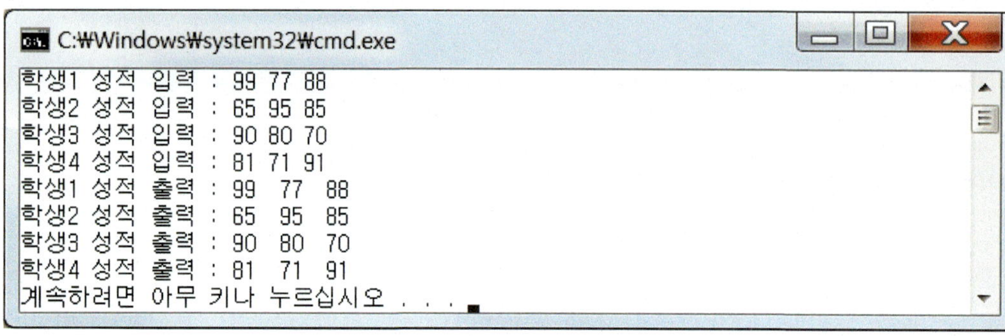

[그림 8-2-3] 한 반의 성적 집계표 출력하기

```
#include <stdio.h>
void main() {
       char  NAME[4][10];
       int   I, J, S[4][3], TT1[4]={0}, TT2[3]={0};
       float  AV1[4], AV2[3];
       printf("성명 점수1 점수2 점수3을 입력하세요:\n");
       for ( I = 0; I <= 3; I++ ) {
               scanf("%s", NAME[I]);
               for ( J = 0; J <= 2; J++ )
                       scanf("%d", &S[I][J]);
       }
       printf("\t\t**********성적 집계표**********\n" );
       printf("%10s%10s%10s%10s%10s%10s\n","성명","과목1","과목2","과목
 3","학생총점", "학생평균");
```

```
        for ( I = 0; I <= 3; I++ ) {
                printf("%10s", NAME[I]);
                for ( J = 0; J <= 2; J++ ) {
                        printf("%10d", S[I][J]);
                        TT1[I] = TT1[I] + S[I][J];
                        TT2[J] = TT2[J] + S[I][J];
                }
                AV1[I] = float(TT1[I] / 3.0);
                printf("%10d%10.2f\n", TT1[I], AV1[I]);
        }
        printf("%10s","과목총점");
        for ( J = 0;  J <= 2; J++ )
                printf("%10d", TT2[J]) ;
        printf("\n%10s","과목평균");
        for ( J = 0;  J <= 2; J++ ) {
                AV2[J] = float(TT2[J] / 4.0);
                printf("%10.2f", AV2[J]);
        }
        printf("\n");
}
```

```
C:\Windows\system32\cmd.exe
성명 점수1 점수2 점수3을 입력하세요:
홍길동 99 77 88
손오공 66 90 85
사오정 60 80 75
이갑돌 81 98 90
                **********성적 집계표**********
      성명      과목1     과목2     과목3  학생총점  학생평균
    홍길동         99        77        88       264     88.00
    손오공         66        90        85       241     80.33
    사오정         60        80        75       215     71.67
    이갑돌         81        98        90       269     89.67
  과목총점        306       345       338
  과목평균      76.50     86.25     84.50
계속하려면 아무 키나 누르십시오 . . .
```

[그림 8-3-1(a)] 정방 행렬에 정수 저장하기(A(1,1) 열우선 증가방식)

```
#include <stdio.h>
void main() {
        int  N, I, J, A[5][5];
        N = 0;
        for ( I = 0; I <= 4; I++ ) {
                for ( J = 0; J <= 4; J++ ) {
```

```
                N = N + 1;
                A[I][J] = N;
            }
    }
    for ( I = 0; I <= 4; I++ ) {
            for ( J = 0; J <= 4; J++ )
                printf("%5d", A[I][J]);
            printf("\n");
    }
}
```

```
C:₩Windows₩system32₩cmd.exe
    1    2    3    4    5
    6    7    8    9   10
   11   12   13   14   15
   16   17   18   19   20
   21   22   23   24   25
계속하려면 아무 키나 누르십시오 . . .
```

[그림 8-3-1(b)] 정방 행렬에 정수 저장하기(A(1,1) 행우선 증가)

```
#include <stdio.h>
void main() {
    int  N, I, J, A[5][5];
    N = 0;
    for ( J = 0; J <= 4; J++ ) {
            for ( I = 0; I <= 4; I++ ) {
                N = N + 1;
                A[I][J] = N;
            }
    }
    for ( I = 0; I <= 4; I++ ) {
            for ( J = 0; J <= 4; J++ )
                printf("%5d", A[I][J]);
            printf("\n");
    }
}
```

```
C:₩Windows₩system32₩cmd.exe
    1    6   11   16   21
    2    7   12   17   22
    3    8   13   18   23
    4    9   14   19   24
    5   10   15   20   25
계속하려면 아무 키나 누르십시오 . . .
```

[그림 8-3-2(a)] 정방 행렬에 정수 저장하기(A(1,5) 열우선 감소)

```
#include <stdio.h>
void main() {
        int  N, I, J, A[5][5];
        N = 0;
        for ( I = 0; I <= 4; I++ ) {
                for ( J = 4; J >= 0; J-- ) {
                        N = N + 1;
                        A[I][J] = N;
                }
        }
        for ( I = 0; I <= 4; I++ ) {
                for ( J = 0; J <= 4; J++ )
                        printf("%5d", A[I][J]);
                printf("\n");
        }
}
```

```
C:\Windows\system32\cmd.exe
    5    4    3    2    1
   10    9    8    7    6
   15   14   13   12   11
   20   19   18   17   16
   25   24   23   22   21
계속하려면 아무 키나 누르십시오 . . .
```

[그림 8-3-2(b)] 정방 행렬에 정수 저장하기(A(1,5) 행우선 증가)

```
#include <stdio.h>
void main() {
        int  N, I, J, A[5][5];
        N = 0;
        for ( J = 4; J >= 0; J-- ) {
                for ( I = 0; I <= 4; I++ ) {
                        N = N + 1;
                        A[I][J] = N;
                }
        }
        for ( I = 0; I <= 4; I++ ) {
                for ( J = 0; J <= 4; J++ )
                        printf("%5d", A[I][J]);
                printf("\n");
```

```
        }
}
```

```
C:₩Windows₩system32₩cmd.exe
  21   16   11    6    1
  22   17   12    7    2
  23   18   13    8    3
  24   19   14    9    4
  25   20   15   10    5
계속하려면 아무 키나 누르십시오 . . .
```

[그림 8-4-2] 좌측하단 삼각형 영역의 합산 구하기

```
#include <stdio.h>
void main() {
        int A[5][5], N, I, J, R, C, S;
        N = 0;
        for ( J = 0; J <= 4; J++) {
                for ( I = 0; I <= 4; I++) {
                        N = N + 1;
                        A[I][J] = N;
                }
        }
        S = 0;
        for ( R = 1; R <= 4; R++) {
                for ( C = 0; C <= (R-1); C++)
                        S = S + A[R][C];
        }
        printf("Sum=%d\n", S);
}
```

```
C:₩Windows₩system32₩cmd.exe
Sum=90
계속하려면 아무 키나 누르십시오 . . .
```

[그림 8-5-2] 좌측상단의 삼각형 영역의 합산 구하기

```
#include <stdio.h>
void main() {
        int A[5][5], N, I, J, R, C, S;
        N = 0;
        for ( J = 0; J <= 4; J++) {
                for ( I = 0; I <= 4; I++) {
                        N = N + 1;
                        A[I][J] = N;
                }
        }
        S = 0;
        for ( R = 0; R <= 4; R++) {
                for ( C = 0; C <= (4-R); C++)
                        S = S + A[R][C];
        }
        printf("Sum=%d\n", S);
}
```

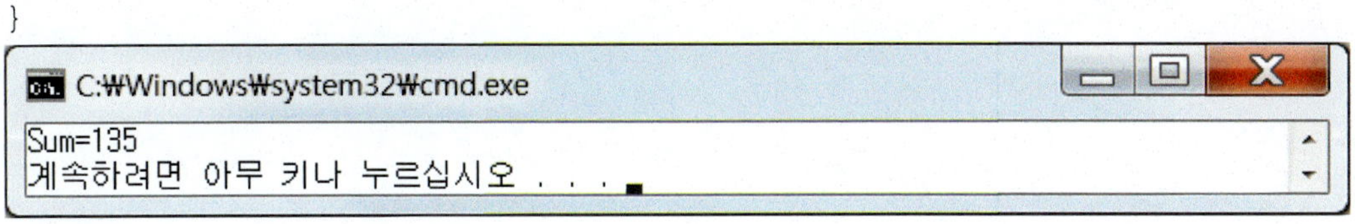

[그림 8-6-2] 상단 역삼각형 영역의 합산 구하기

```
#include <stdio.h>
void main() {
        int A[5][5], N, I, J, R, C, S;
        N = 0;
        for ( J = 0; J <= 4; J++) {
                for ( I = 0; I <= 4; I++) {
                        N = N + 1;
                        A[I][J] = N;
                }
        }
        S = 0;
        for ( R = 0; R <= 4; R++) {
                for ( C = R; C <= (4-R); C++)
                        S = S + A[R][C];
        }
```

```
        printf("Sum=%d\n", S);
}
```

```
C:\Windows\system32\cmd.exe
Sum=104
계속하려면 아무 키나 누르십시오 . . .
```

[그림 8-7-2] 우측 삼각형 영역의 합산 구하기

```
#include <stdio.h>
void main() {
        int  A[5][5], N, I, J, R, C, S;
        N = 0;
        for ( J = 0; J <= 4; J++) {
                for ( I = 0; I <= 4; I++) {
                        N = N + 1;
                        A[I][J] = N;
                }
        }
        S = 0;
        for ( C = 2; C <= 4; C++) {
                for ( R = (4-C); R <= C; R++)
                        S = S + A[R][C];
        }
        printf("Sum=%d\n", S);
}
```

```
C:\Windows\system32\cmd.exe
Sum=182
계속하려면 아무 키나 누르십시오 . . .
```

[그림 8-8-2] 2차원 배열 회전시키기

```
#include <stdio.h>
void main() {
        int N=0, P, K, A[5][5], B[5][5];
        for ( P = 0; P <= 4; P++ )
                for ( K = 0; K <=4 ; K++ ) {
                        N = N + 1;
                        A[P][K] = N;
                }
        for ( P = 0; P <= 4; P++ )
```

```
                for ( K = 0; K <=4 ; K++ )
                        B[K][4-P] = A[P][K];
        for ( P = 0; P <= 4; P++ ) {
                for ( K = 0; K <=4 ; K++ )
                        printf("%3d", A[P][K]);
                printf("\n");
        }
        printf("\n");
        for ( P = 0; P <= 4; P++ ) {
                for ( K = 0; K <=4 ; K++ )
                        printf("%3d", B[P][K]);
                printf("\n");
        }
}
```

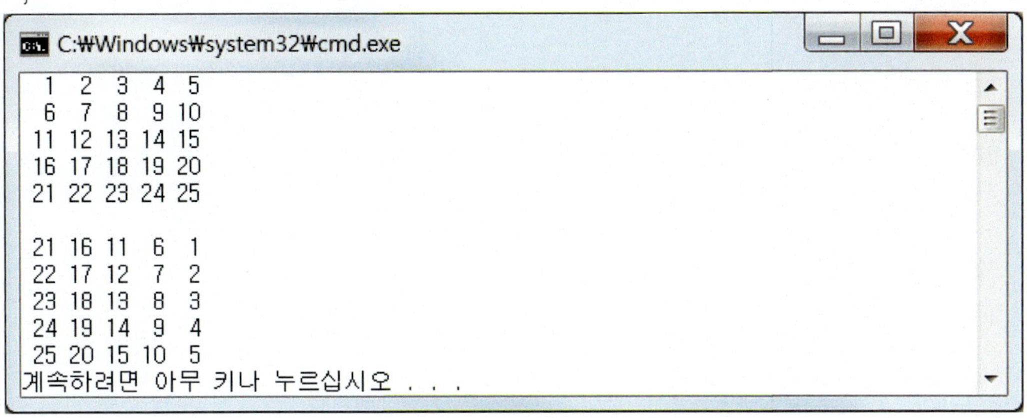

[그림 8-9-2] 우측하단 삼각형 영역에 정수 채우기

```
#include <stdio.h>
void main() {
        int A[5][5]={0}, N, R, C;
        N = 0;
        for ( C = 0; C <= 4; C++) {
                for ( R = 4; R >= (4-C); R--) {
                        N = N + 1;
                        A[R][C] = N;
                }
        }
        for ( R = 0; R <= 4; R++) {
                for ( C = 0; C <= 4; C++)
                        printf("%3d", A[R][C]);
```

```
                printf("\n");
        }
}
```

```
C:₩Windows₩system32₩cmd.exe
  0  0  0  0 15
  0  0  0 10 14
  0  0  6  9 13
  0  3  5  8 12
  1  2  4  7 11
계속하려면 아무 키나 누르십시오 . . .
```

[그림 8-10-2] 오목 오각형 영역에 정수 채우기

```
#include <stdio.h>
void main() {
        int A[5][5]={0}, G, N, C, R, E;
        G = int(5 / 2) + 1;
        N = 0;
        for ( C = 4; C >= 0; C--) {
                if ( C > (G-1) )
                        E = C;
                else
                        E = 4 - C;
                for ( R = 0; R <= E; R++ ) {
                        N = N + 1;
                        A[R][C] = N;
                }
        }
        for ( R = 0; R <= 4; R++ ) {
                for ( C = 0; C <= 4; C++ )
                        printf("%3d", A[R][C]);
                printf("\n");
        }
}
```

```
C:₩Windows₩system32₩cmd.exe
 17 13 10  6  1
 18 14 11  7  2
 19 15 12  8  3
 20 16  0  9  4
 21  0  0  0  5
계속하려면 아무 키나 누르십시오 . . .
```

[그림 8-11-2] 마주보는 두 삼각형 영역에 정수 채우기

```
#include <stdio.h>
void main() {
	int A[5][5]={0}, G, N, C, R, S, E;
	G = int(5 / 2) + 1;
	N = 0;
	for ( C = 4; C >= 0; C--) {
		if ( C > (G-1) ) {
			S = 4 - C;
			E = C;
		}
		else {
			S = C;
			E = 4 - C;
		}
		for ( R = S; R <= E; R++ ) {
			N = N + 1;
			A[R][C] = N;
		}
	}
	for ( R = 0; R <= 4; R++ ) {
		for ( C = 0; C <= 4; C++ )
			printf("%3d", A[R][C]);
		printf("\n");
	}
}
```

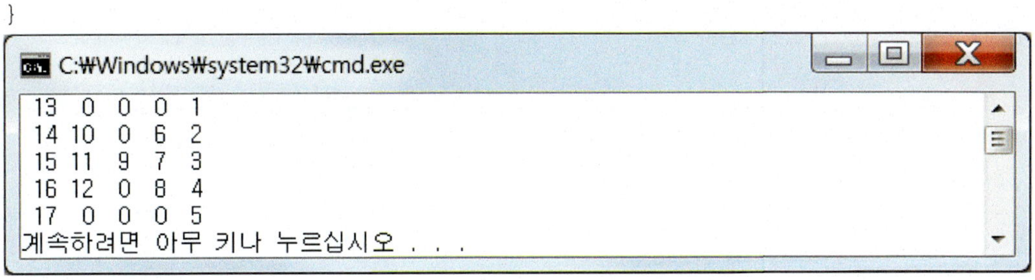

[그림 8-12-2] 마름모꼴 영역에 정수 채우기

```
#include <stdio.h>
void main() {
        int A[5][5]={0}, G, N, C, R, S, E;
        G = int(5 / 2) + 1;
        N = 0;
        S = G - 1;
        E = G - 1;
        for ( R = 4; R >= 0; R-- ) {
                for ( C = S; C <= E; C++ ) {
                        N = N + 1;
                        A[R][C] = N;
                }
                if ( R > (G-1) ) {
                        S = S - 1;
                        E = E + 1;
                }
                else {
                        S = S + 1;
                        E = E - 1;
                }
        }
        for ( R = 0; R <= 4; R++ ) {
                for ( C = 0; C <= 4; C++ )
                        printf("%3d", A[R][C]);
                printf("\n");
        }
}
```

```
C:\Windows\system32\cmd.exe
  0  0 13  0  0
  0 10 11 12  0
  5  6  7  8  9
  0  2  3  4  0
  0  0  1  0  0
계속하려면 아무 키나 누르십시오 . . .
```

Appendix

부록 B

정보처리산업기사 실기시험 유형별 문제

Understanding Algorithm

문제유형 1: 수식에 들어있는 양수와 음수의 합 구하기

1부터 100까 의 정수가 "1-2+3-4+5-6+ …… -96+97-98+99-100"과 같이 전개될 때, 양수의 합과 음수의 합을 구분하여 출력하고자 한다. 제시된 <그림>의 괄호 안 내용 (1)~(5)에 가장 적합한 답안을 작성하시오.

처리 조건

① <그림>의 순서도에 제시되어 있는 미완성 알고리즘을 분석하여, 가장 적합한 로직으로 연계되어 구현될 수 있도록 답안 선택 시 유의하시오.

② 양수의 합은 변수 "ODD", 음수의 합은 변수 "EVEN"을 사용하여 처리한다.

③ 함수 "INT()"는 괄호 안의 연산을 행하되, 소수점 이하 발생시는 소수점 이하는 버림 처리하고 정수만 취하는 함수이다. 예를 들어, INT(5/3)의 값은 1이며, INT(20/6)의 값은 3이다. 본 문제의 순서도에 존재하는 함수 "INT(J/2)"의 괄호 안 변수 "J"의 값은 항상 양수이다.

④ <그림>에서 "/"는 나누기 연산, "*"는 곱하기 연산을 의미한다.

[그림]

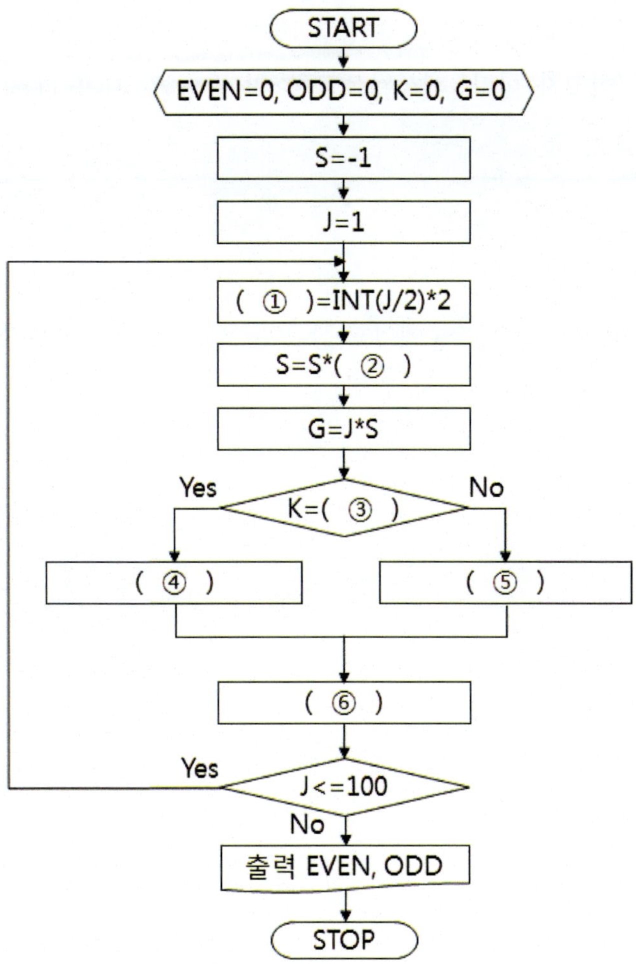

Appendix B

문제유형 2 **1차원 배열을 이용한 최소값, 최대값, 평균값 구하기**

크기 10인 배열 A가 주어져 있을 때 서로 다른 정수 10개를 입력받아 배열 A 에 저장한 후 <처리조건>에 따라 평균을 구하고자 한다. 제시된 <그림>의 괄호 안 내용 (1)~(5)에 가장 적합한 답안을 작성하시오.

처리 조건

① 입력받은 서로 다른 10개의 정수값 중에서 가장 높은 정수와 가장 낮은 정수를 제외한 8개 정수값의 평균을 구하여 출력하시오

[그림]

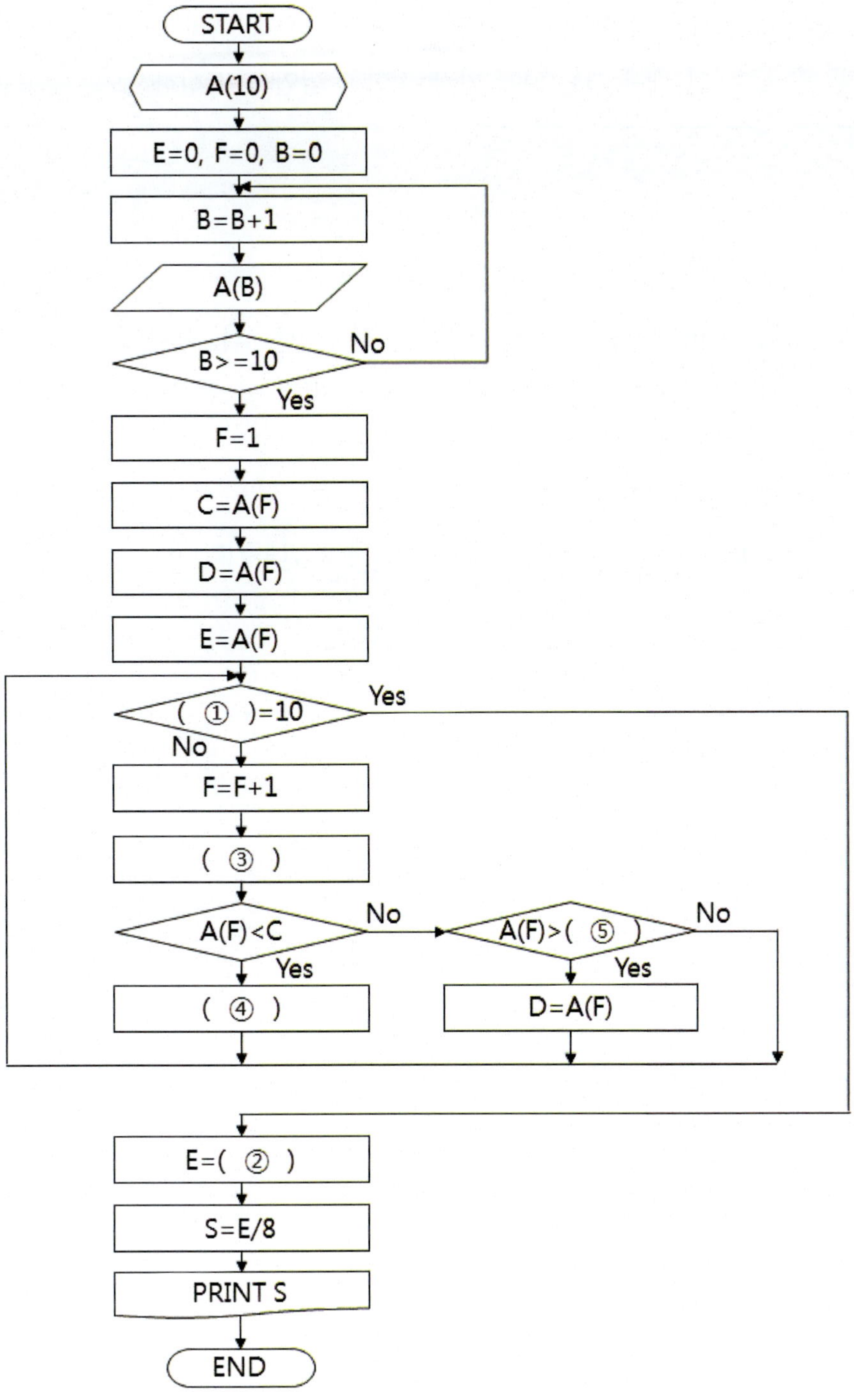
START
A(10)
E=0, F=0, B=0
B=B+1
A(B)
B>=10
No
Yes
F=1
C=A(F)
D=A(F)
E=A(F)
(①)=10
Yes
No
F=F+1
(③)
A(F)<C
No
Yes
(④)
A(F)>(⑤)
No
Yes
D=A(F)
E=(②)
S=E/8
PRINT S
END

문제유형 3: **1차원 배열에서 0을 제외하고 역순으로 교환하기**

배열 A(6)에 기억된 6개의 서로 다른 정수에 대하여 <처리조건>에 따라 역순으로 배열하고자한다. 제시된 <그림>의 괄호 안 내용 (1)~(5)에 가장 적합한 답안을 작성하시오.

처리 조건

① A(6) 배열의 첫 번째부터 특정 값까지가 0 이 아닌 정수이고 그 뒤는 0 이다. 출력하였을 때 0 이 마지막에 나오고 0이 아닌 정수를 교환하는 알고리즘이다. 예를 들어, 4 8 6 1 2 0 이 입력되어 있으면 2 1 6 8 4 0 으로 출력되고 2 6 7 8 0 0 이 입력되어 있으면 8 7 6 2 0 0 으로 출력된다.

② INT(3/2)는 1 이고, INT(20/7)은 2 이다.

③ 순환구조는 S=1, 50, 1 이면 1 에서부터 50 까지 자동 반복된다.

[그림]

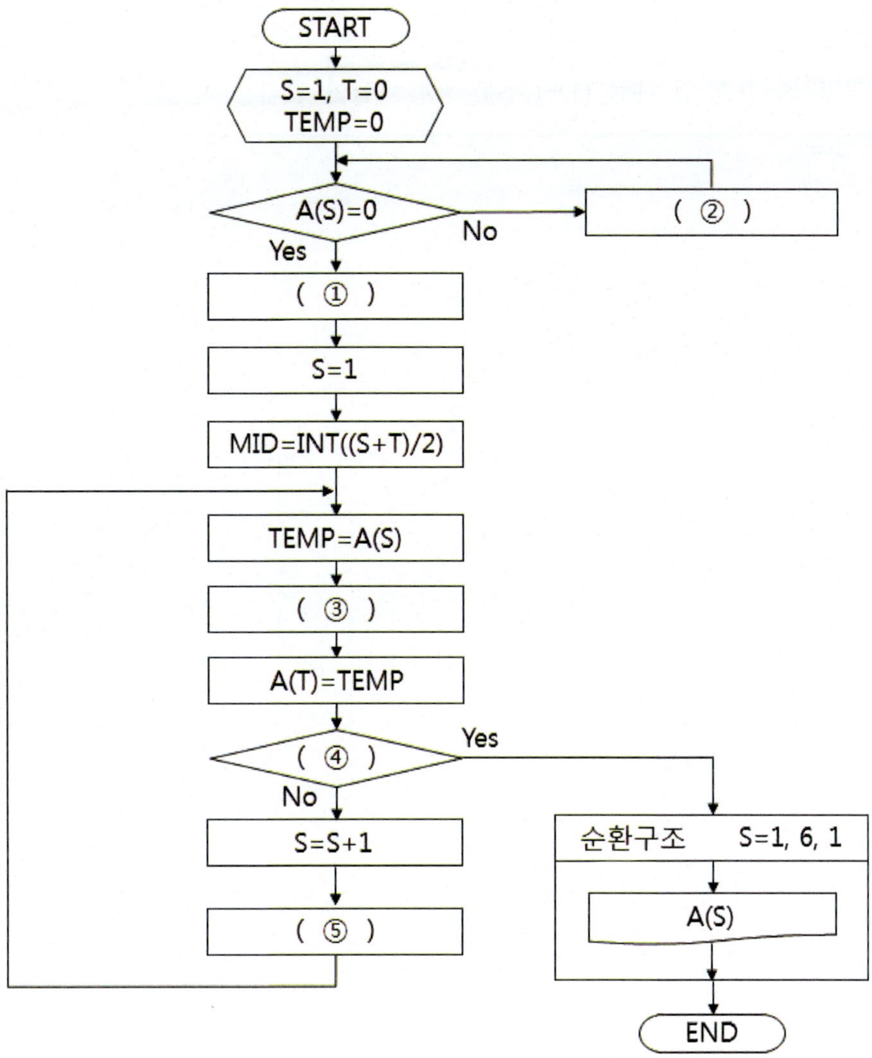
START
S=1, T=0
TEMP=0
A(S)=0
No
(②)
Yes
(①)
S=1
MID=INT((S+T)/2)
TEMP=A(S)
(③)
A(T)=TEMP
(④)
Yes
No
S=S+1
(⑤)
순환구조 S=1, 6, 1
A(S)
END

문제유형 4: 2차원 배열을 다른 2차원 배열로 변환하기

배열 P(3, 6)를 구성하고 있는 원소들의 값을 바탕으로 <처리조건>과 같이 배열 Q(6, 3)를 구성하고자 한다. <그림>의 괄호 안 내용 (1)~(5)에 가장 적합한 답안을 작성하시오.

처리 조건

① P(3, 6) 행렬에는 정수들이 저장되어 있다.

② P(3, 6) 행렬을 Q(6, 3) 행렬로 변환한다.

배열 P

1	2	3	4	5	6
7	8	9	10	11	12
13	14	15	16	17	18

→

배열 Q

1	2	3
4	5	6
7	8	9
10	11	12
13	14	15
16	17	18

[그림]

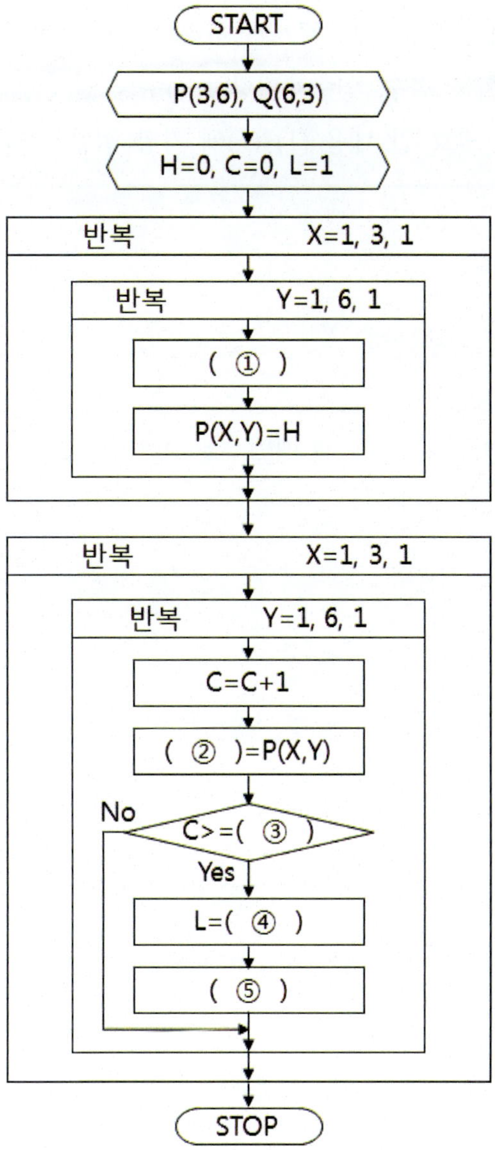
START
P(3,6), Q(6,3)
H=0, C=0, L=1
반복 X=1, 3, 1
반복 Y=1, 6, 1
(①)
P(X,Y)=H
반복 X=1, 3, 1
반복 Y=1, 6, 1
C=C+1
(②)=P(X,Y)
No
C>=(③)
Yes
L=(④)
(⑤)
STOP

문제유형 5: 1차원 배열을 이용한 석차 구하기

성적우수 학생을 선발하여 해외연수 장학생으로 발탁하려고 한다. 1차원 배열 80명 학생들의 성명, 학점, 영어회화 점수, 봉사활동 점수, 연수계획평점 점수를 입력받아 총점을 계산하여 순위를 부여한다. 제시된 <그림>의 괄호 안 내용 (1)~(5)에 가장 적합한 답안을 작성하시오.

처리 조건

① 총점이 높은 순으로 순위를 부여한다.

② 동일한 총점은 없다고 가정한다.

③ 예를 들어 크기가 10인 배열 A가 있을 때 배열 A는 A(10)으로 표시하고, A(1)부터 A(10)까지의 원소들로 구성된다고 가정한다.

[그림]

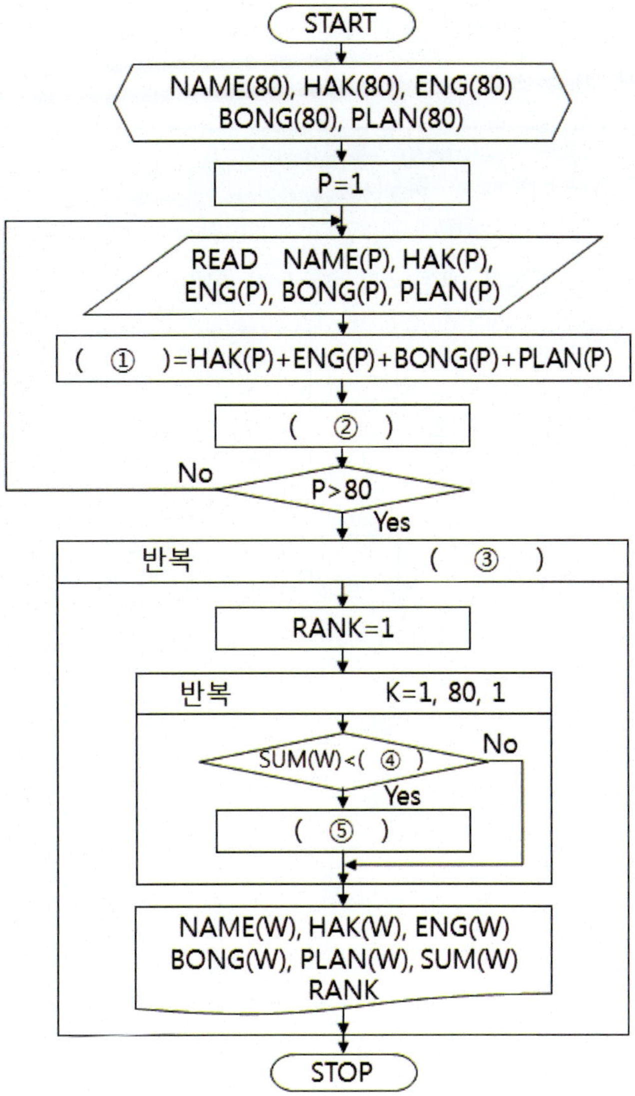
START
NAME(80), HAK(80), ENG(80)
BONG(80), PLAN(80)
P=1
READ NAME(P), HAK(P),
ENG(P), BONG(P), PLAN(P)
(①)=HAK(P)+ENG(P)+BONG(P)+PLAN(P)
(②)
No
P>80
Yes
반복 (③)
RANK=1
반복 K=1, 80, 1
SUM(W)<(④)
No
Yes
(⑤)
NAME(W), HAK(W), ENG(W)
BONG(W), PLAN(W), SUM(W)
RANK
STOP

문제유형 6: 2차원 배열에 정수 채우기(1)

4행 5열의 2차원 배열 A(4, 5)에 <처리조건>과 같이 숫자를 기억시키고자 한다. 제시된 <그림>의 괄호 안 내용 (1)~(5)에 가장 적합한 답안을 작성하시오.

처리 조건

① 배열 A(4, 5)에 기억되는 내용과 배열 A(4, 5)의 각 원소의 위치는 다음과 같다.

2	4	6	8	10
20	18	16	14	12
22	24	26	28	30
40	38	36	34	32

(1,1)	(1,2)	(1,3)	(1,4)	(1,5)
(2,1)	(2,2)	(2,3)	(2,4)	(2,5)
(3,1)	(3,2)	(3,3)	(3,4)	(3,5)
(4,1)	(4,2)	(4,3)	(4,4)	(4,5)

[그림]

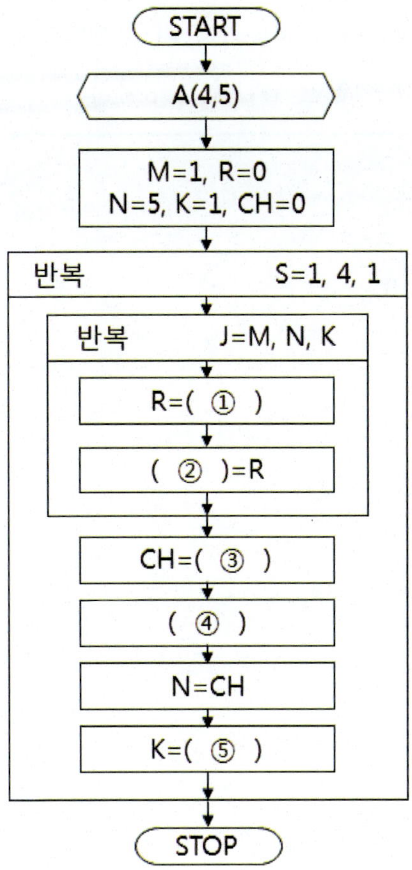

문제유형 7: **2차원 배열에 정수 채우기(2)**

5행 5열의 2차원 배열 HEY(5, 5)에 <처리조건>과 같이 숫자를 기억시키고자 한다. 제시된 <그림>의 괄호 안 내용 (1)~(5)에 가장 적합한 답안을 작성하시오.

처리 조건

① 다음은 5행 5열 배열의 예시이다.

1	2	3	4	5
16	17	18	19	6
15	24	25	20	7
14	23	22	21	8
13	12	11	10	9

② 사용되는 변수

HEY(5,5) : 5행 5열의 2차원 배열

N : 1씩 증가되는 숫자가 저장될 변수,
즉 N은 1, 2, 3, …, 25까지 차례로 변경

R : 배열의 행 위치를 지정해주는 변수

C : 배열의 열 위치를 지정해주는 변수

SW : 행과 열의 증가 혹은 감소 여부가 지정될 변수, 즉 SW가 -1이면 행이나 열을 감소, 1이면 행이나 열을 증가

ROT : 1회전에서 수행할 수행 횟수가 지정될 변수

[그림]

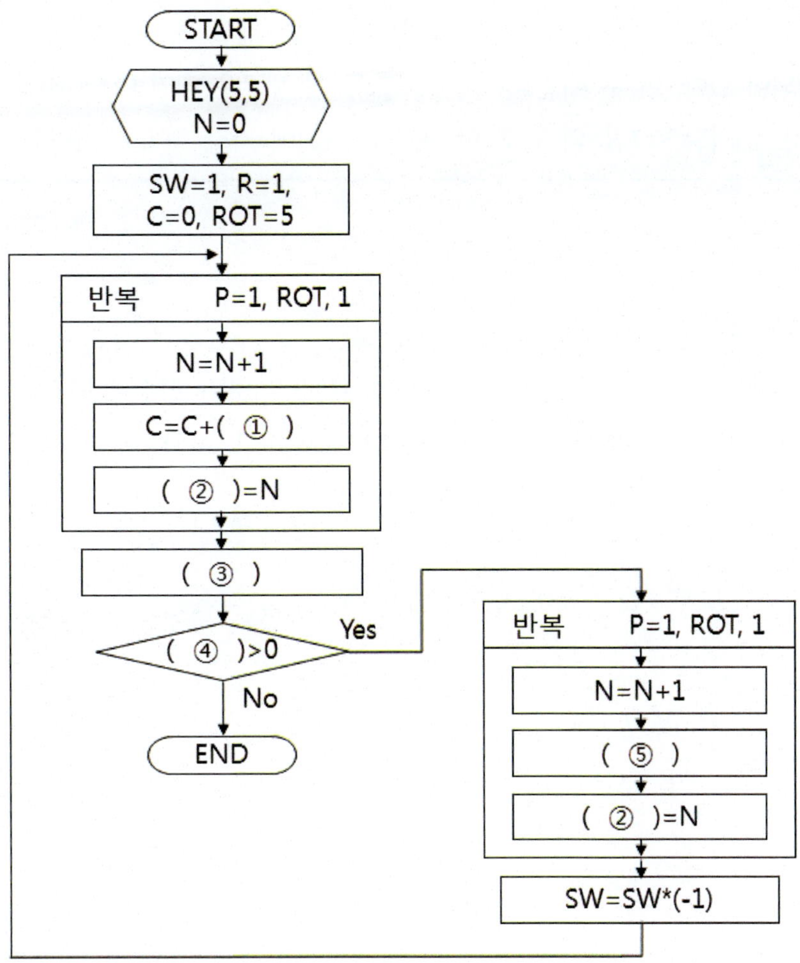

Appendix B

문제유형 8: 2개의 1차원 배열을 병합하기

배열 A(N)에는 N개의 데이터가 오름차순으로 정렬되어 있고, 배열 B(M)에는 M개의 데이터가 내림차순으로 정렬되어 있다. 이 두 배열을 병합(Merge)하여 새로운 배열 C(N+M)를 오름차순으로 정렬하고자 한다. 제시된 <그림>의 괄호 안 내용 (1)~(5)에 가장 적합한 답안을 작성하시오.

처리 조건

① 다음은 5행 5열 배열의 예시이다.

① 배열 A(N)와 B(M)에 저장되어 있는 데이터는 900,000 이하의 정수로 가정한다.

② 크기가 10인 배열 A가 있을 때 배열 A는 A(10)으로 표시하고, A(1)부터 A(10)까지의 원소들로 구성된다고 가정한다.

[그림]

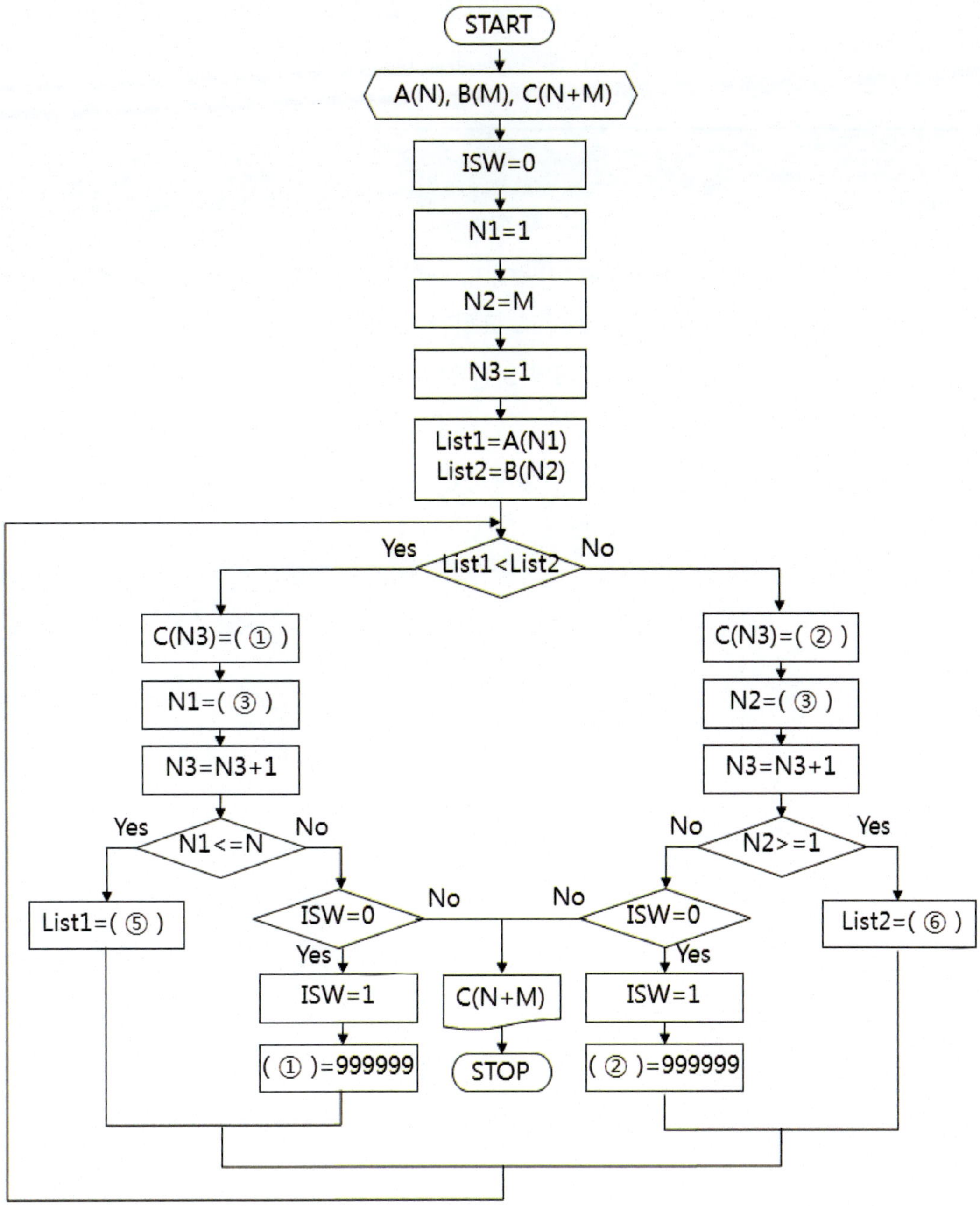
START
A(N), B(M), C(N+M)
ISW=0
N1=1
N2=M
N3=1
List1=A(N1)
List2=B(N2)
Yes
List1<List2
No
C(N3)=(①)
N1=(③)
N3=N3+1
Yes
N1<=N
No
List1=(⑤)
ISW=0
No
Yes
ISW=1
(①)=999999
C(N+M)
STOP
C(N3)=(②)
N2=(③)
N3=N3+1
No
N2>=1
Yes
List2=(⑥)
No
ISW=0
Yes
ISW=1
(②)=999999

문제유형 9: 1차원 배열을 이용하여 2진수를 10진수로 변환하기

다음 <그림>의 순서도는 부호를 포함하여 8비트로 표현된 2진수 값을 10진수로 변환하여 출력하기 위한 알고리즘이다. 제시된 <[그림>의 괄호 안 내용 (1)~(5)에 가장 적합한 답안을 작성하시오.

처리 조건

① 10비트 2진수 값의 최상위 비트는 부호 비트이며, 최상위 비트의 값이 0인 경우 양수이고 1인 경우 음수이다. 단, 음수의 경우 2의 보수로 표현된 값이다.

② 10비트 2진수 값은 크기가 10인 배열 S에 S[1]부터 S[10]에 순차적으로 저장되어 있다. 즉, S[1]에 부호 비트가 저장되어 있다.

③ 연산 기호 "**" 의미 : 예를 들어 "A ** B"의 경우 "A의 B승", 즉 A^B을 의미한다.

④ 연산 기호 "*"는 곱하기 연산을 의미한다.

[그림]

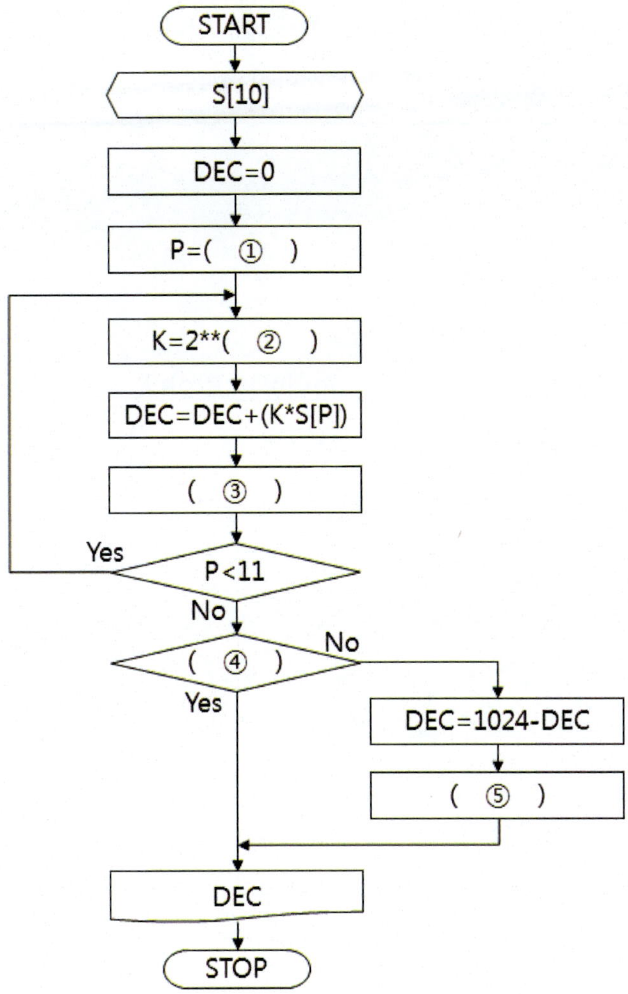
START
S[10]
DEC=0
P=(①)
K=2**(②)
DEC=DEC+(K*S[P])
(③)
Yes
P<11
No
(④)
No
Yes
DEC=1024-DEC
(⑤)
DEC
STOP

문제유형10 : 1차원 배열을 이용하여 2진수를 10진수로 변환하기

정수 N을 입력받아 소인수 분해하여 그 결과를 출력하고자 한다. 제시된 <처리 조건>을 참조하여 제시된 순서도의 괄호 안 내용 (1)~(5)에 가장 적합한 항목을 작성하시오.

처리 조건

① 사용되는 변수

S(20) : 소인수 분해된 결과를 저장하는 배열
N : 단계별로 소인수 분해할 첫 단계를 입력받는 값이다.
C : 소인수 계산 처리를 위한 변수
Y : 소인수 분해한 결과를 출력할 때 사용할 배열의 첨자
K : N을 나누어 보는 수

② 132는 2*2*3*11과 같이 소인수 분해된다.

③ 입력받은 정수 N이 2보다 작으면 프로그램을 종료한다.

④ 입력받은 정수 N이 소수이면 "소수"라고 출력하고 나머지 경우는 소인수 분해한 결과를 출력한다.

⑤ 입력받는 값 N은 10000 이하의 정수라고 가정한다.

⑥ 단계별로 소인수 분해한 결과를 배열에 저장해 두었다가 더 이상 분해할 수 없을 때 한꺼번에 출력한다.

⑦ MOD는 나누기 연산의 나머지를 구하는 함수이다.

프로그램 실행 예시는 다음과 같다

입력 : 132 ➜ 출력 : 2*2*3*11
입력 : 20 ➜ 출력 : 2*2*5
입력 : 37 ➜ 출력 : 소수
입력 : 0 ➜ 출력 : 프로그램 종료

⑧ 예를 들어 크기가 10인 배열 A가 있을 때 배열 A는 A(10)으로 표시하고, 배열 A의 원소는 A(0)부터 A(9)까지라고 가정한다.

[그림]

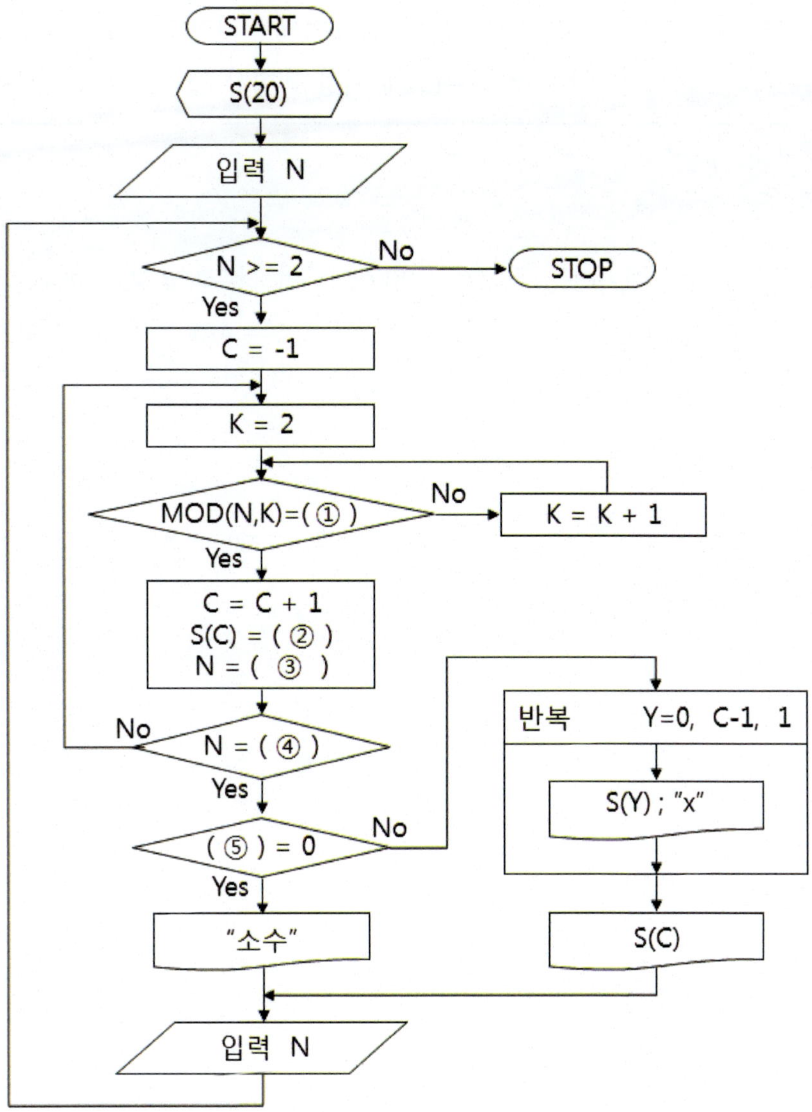
START
S(20)
입력 N
N >= 2
No
STOP
Yes
C = -1
K = 2
MOD(N,K)=(①)
No
K = K + 1
Yes
C = C + 1
S(C) = (②)
N = (③)
반복 Y=0, C-1, 1
S(Y) ; "x"
No
N = (④)
Yes
(⑤) = 0
No
Yes
"소수"
S(C)
입력 N

문제유형 11 : 1차원 배열 중에서 가장 가까운 수 찾아내기

제시된 그림은 크기가 10인 배열 A에 기억된 자연수 중에서 7에 가장 가까운 수를 출력하는 알고리즘이다. 제시된 <그림>의 괄호 안 내용 (1)~(5)에 가장 적합한 답안을 작성하시오.

처리 조건

① 배열 A에 기억된 10개의 데이터는 절대값이 500 이하의 정수라고 가정한다.

② 크기가 10인 배열 A는 A(10)으로 표시하고, 배열 A의 원소는 A(0)부터 A(9)까지라고 가정한다.

[그림]

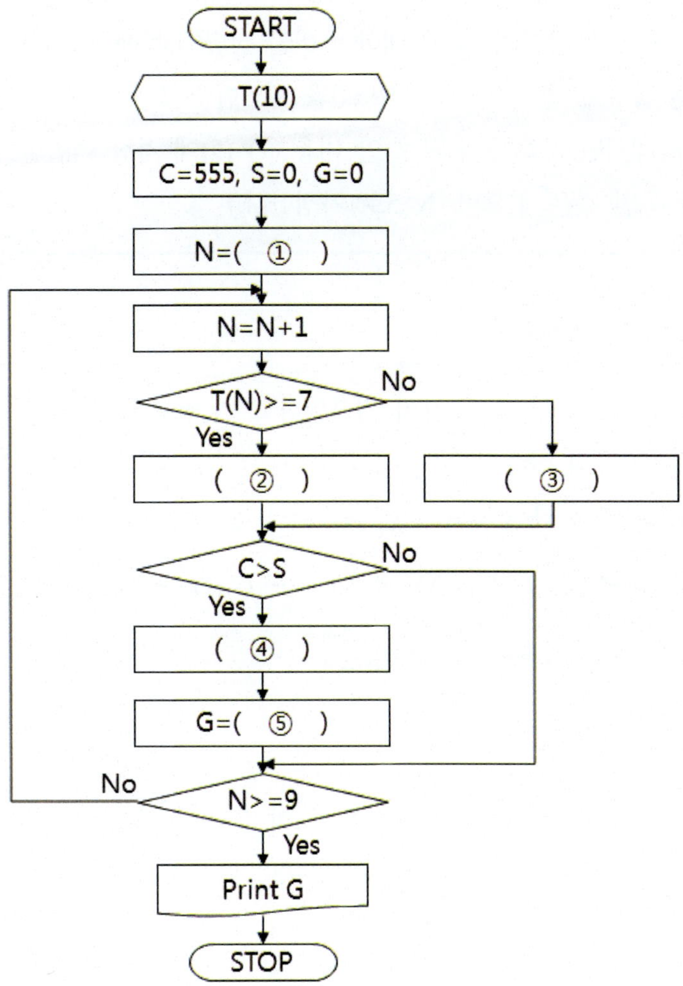
START
T(10)
C=555, S=0, G=0
N=(①)
N=N+1
T(N)>=7
No
Yes
(②)
(③)
C>S
No
Yes
(④)
G=(⑤)
No
N>=9
Yes
Print G
STOP

문제유형 12: **1차원 배열을 이용하여 정렬하기**

배열 A(N)에 저장되어 있는 N개의 정수 값에 대하여 버블 정렬(Bubble Sort)을 이용하여 오름차순으로 정렬하고, 정렬된 정수 값 중 최대값과 최소값을 제외한 N-2개의 정수에 대한 표준편차를 구하여 출력하고자 한다. 제시된 <그림>의 괄호 안 내용 (1)~(5)에 가장 적합한 답안을 작성하시오. (단, N개의 정수 중 동일 값은 없으며, N>5로 가정한다.)

처리 조건

① 배열 A(N)은 N개의 서로 다른 정수 값이 저장된다고 가정한다.

② 오름차순으로 정렬된 N개의 정수 중 최대값과 최소값을 제외한 N-2개의 정수에 대한 표준편차는 다음 식에 의하여 구한다. (※ AVG는 N-2개의 정수 값 평균)

SQRT((A(2) - AVG)^2 + (A(3) - AVG)^2 + …… (A(N-1) - AVG)^2) / (N - 2))

③ SQRT( )는 양의 제곱근을 반환하는 함수이다.

예) SQRT(25) ➜ 5

④ 반복문 설명 :

예를 들어 변수 a에 대하여 "반복 a = 1, 50, 1"의 의미는 a의 초기값 1, 최종값 50, 증가치 1로써 즉, a의 값이 1부터 50까지 1씩 증가하면서 해당 반복문 내의 로직을 반복 수행함을 의미한다.

⑤ 배열 설명 :

크기가 10인 배열 A는 A(10)으로 표시하고, 배열 A의 원소는 A(1)부터 A(10)까지라고 가정한다.

[그림]

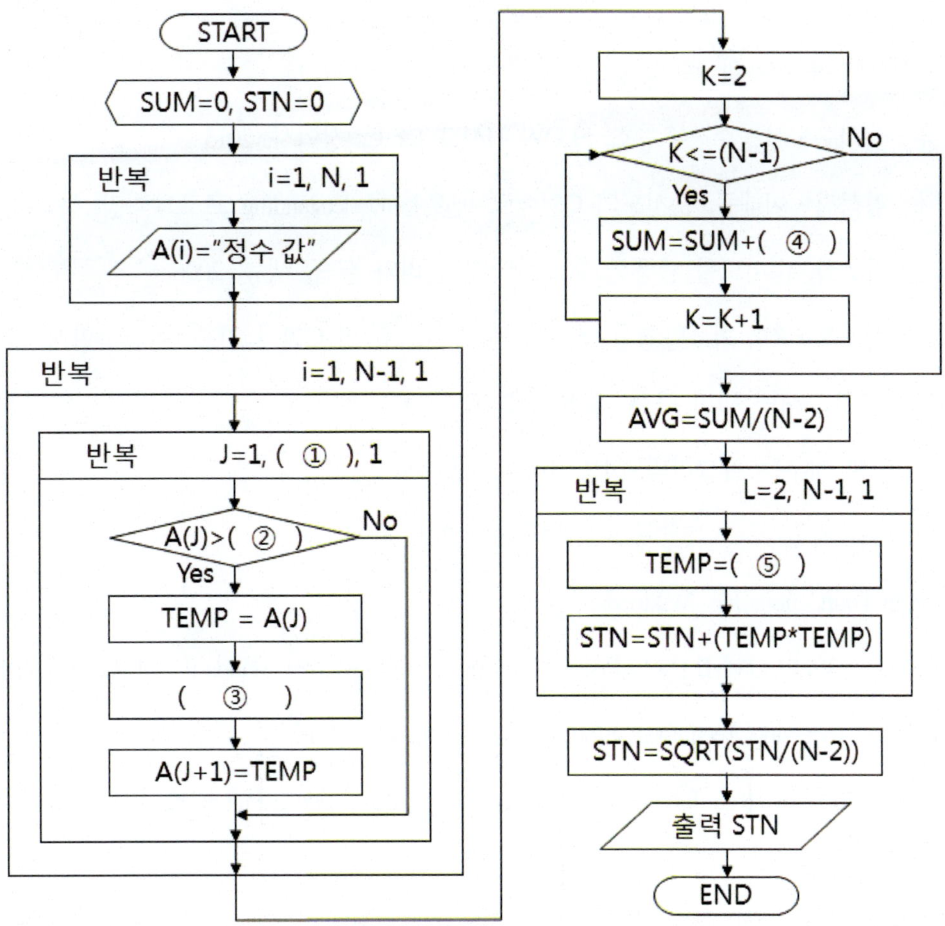

START
SUM=0, STN=0
반복 i=1, N, 1
A(i)="정수 값"
반복 i=1, N-1, 1
반복 J=1, (①), 1
A(J)>(②)
No
Yes
TEMP = A(J)
(③)
A(J+1)=TEMP
K=2
K<=(N-1)
No
Yes
SUM=SUM+(④)
K=K+1
AVG=SUM/(N-2)
반복 L=2, N-1, 1
TEMP=(⑤)
STN=STN+(TEMP*TEMP)
STN=SQRT(STN/(N-2))
출력 STN
END

참 고 문 헌

1.주형석, 순서도를 이용한 프로그램 논리설계, 북스홀릭, 2010

2. 곽노윤 · 임석구 · 한정수 · 홍경호, FLOWCHART for C, 정익사, 2013

3. 최진탁 · 임석진 · 이태동, 순서도와 C언어로 배우는 Understanding 프로그래밍, 북스홀릭, 2013

4. 홍의경 · 박종학, 순서도를 활용한 프로그래밍 원리와 실습, 생능, 2006

5. 박정호 · 이경오 · 최성희 · 황영섭, 순서도를 중심으로 한 C언어 기초, 이한출판사, 2011

6. 박봉석, C프로그래밍 원리 구현, 성안당, 2003

7. 문병로, 쉽게 배우는 알고리즘, 한빛미디어, 2010

8. 박상현, 뇌를 자극하는 알고리즘, 한빛미디어, 2011

9. Wikimedia Foundation, Inc. Wikipedia

10. W.M.Keese, BELLCOMM, INC., Recommendations on Flowchart Standards - Case 320, 1966

11. IBM, Data Processing Techniques-Flowcharting Techniques, 1969

12. Marshall B. Romney, Paul John Steinbart, Accounting Information Systems 9/e, Prentice Hall Business Publishing, 2003.

13. Sunil Mathur, Microprocessor 8086 Architecture, Programming and Interfacing, PHI Learning Pvt. Ltd., 2011, pp.164~166

14. Thomas H. Cormen, Charles E. Leiserson, Ronald L. Rivest, and Clifford Stein, Introduction to Algorithms, The MIT Press, 2009

15. https://www.eskimo.com/~scs/cclass/notes/sx6a.html

16. http://creately.com/diagram-type/objects/flowchart

17. http://www.sandrila.co.uk/articles/visio-articles/visio-flowchart-shapes/

18. http://www.ianswer4u.com/2011/11/waterfall-model.htm

19. System Analysis and Design, http://www.mu.ac.in/myweb_test/MCA study material/M.C.A. (Sem -I) Paper - II - System Ananalysis and Design.pdf

20. Introduction to C++, Unit1, Algorithms, Flowcharts & Program Design, http://www.mu.ac.in/myweb_test/syllFybscit/C++.pdf, pp.1~2

정가 25,000원

알고리즘 이해를 위한 순서도 작성

2015년 5월 20일 초판 인쇄
2015년 5월 26일 초판 발행
저　자 : 김영수
발행자 : 우명찬 · 송　준
발행처 : 홍릉과학출판사
주　소 : 서울시 강북구 인수봉로 50길 10
01093
등　록 : 1976년 10월 21일 제5-66호
전　화 : (02) 999-2274~5, 903-7037
팩　스 : (02) 905-6729
e-mail: hongpub@hongpub.co.kr
http://www.hongpub.co.kr
ISBN: 979-11-5600-367-0

서자와의
협의하에
인지생략

낙장 및 파본은 구입처나 본사에서 교환하여 드립니다.
판권 소유에 위배되는 사항(인쇄, 복제, 제본)은 법에 저촉됩니다.